THÈSE

POUR LE DOCTORAT

PAR

ANTOINE DUPLESSIS

AVOCAT A LA COUR IMPÉRIALE DE PARIS

PARIS

IMPRIMERIE DE J. CLAYE

7, RUE SAINT-BENOIT

1869

FACULTÉ DE DROIT DE PARIS

THÈSE

POUR LE DOCTORAT

ÉTUDE SUR LA NOVATION ET LA DÉLÉGATION
EN DROIT ROMAIN ET EN DROIT FRANÇAIS ANCIEN ET MODERNE
(CIVIL, COMMERCIAL ET FISCAL)

L'acte public ci-après
sera soutenu le 1er juillet, à une heure et demie

PAR

ANTOINE DUPLESSIS
Avocat à la Cour impériale de Paris

PRÉSIDENT : M. BUFNOIR.

SUFFRAGANTS : MM. PELLAT, *doyen honoraire*, COLMET D'AAGE, *doyen*, GIRAUD, *inspecteur général*, professeurs. GIDE, agrégé.

PARIS
IMPRIMERIE DE J. CLAYE
RUE SAINT-BENOÎT

1869

A MON ONCLE

P. DUPLESSIS

TÉMOIGNAGE DE RESPECT ET DE RECONNAISSANCE.

« La chose la plus importante dans tout le cours de la vie, c'est de ne pas croire savoir ce que l'on ignore, et de chercher toujours à s'instruire. »

COLUMELLE, *De re rustica*, lib. XI, cap. 1.

ÉTUDE

SUR

LA NOVATION ET LA DÉLÉGATION

EN DROIT ROMAIN ET EN DROIT FRANÇAIS

TABLE DES MATIÈRES

PREMIÈRE PARTIE.

DROIT ROMAIN.

DEUXIÈME PARTIE.

DROIT FRANÇAIS ANCIEN ET MODERNE.

PREMIÈRE PARTIE

DROIT ROMAIN

(Textes principaux : Dig., *De Novationibus et Delegationibus*, XLVI, 2; *Cod. Just.*, même rubrique, VIII, 42; *Inst.* de Just., III, 29, §§ 2 et 3; Gaius, *Comm.*, II, §§ 38-39, et III, § 128 et suiv.; § 176 et suiv.; Paul, *Sent.*, V, 8).

Préliminaires. — Définition. — Généralités.

« La source des obligations, dit Savigny, nous apparaît sous deux formes différentes, soit comme *source première*, soit comme *transformation* (métamorphose); dans ce dernier cas, on suppose la persistance d'une seule et même obligation (seulement sous une forme modifiée). »

Le savant auteur considère ensuite spécialement les deux sources dont il vient de parler.

« Quant à la *source première*, dit-il, il faut remarquer la terminologie différente qu'emploient les jurisconsultes romains, et dans laquelle on pourrait voir une divergence d'opinions... »

Ce point est sans intérêt pour nous. Arrivons de suite au point qui nous intéresse.

« La *transformation* des obligations, continue Savigny, peut dériver d'un double changement qui est susceptible de modifier leur état antérieur :

« (*a*) — Changement dans les *personnes* entre lesquelles l'obligation existe...

« (*b*) — Changement dans l'*objet* ou le *contenu* de l'obligation... »

Ici M. de Savigny met en note, — et c'est là ce qui nous amène au sujet que nous nous proposons d'étudier : —

« On pourrait être tenté d'ajouter encore une *troisième espèce de changement*, basé sur la simple volonté, comme la *novation*. Mais ce changement consiste moins dans la transformation d'une obligation persistante que dans sa destruction, de sorte que l'endroit convenable pour en parler n'est point la théorie de la source, mais celle des modes d'extinction des obligations. » (Voy. de Savigny, *Droit des obligations*, trad. de MM. Girardin et Jozon, t. II, p. 135 et suiv.)

Quel que soit le respect avec lequel on doive accepter les opinions d'un aussi grand jurisconsulte que M. de Savigny, nous osons avouer que la doctrine contenue dans la note précitée, qui a directement trait à notre matière, ne nous satisfait pas complétement.

Nous ne sommes pas tout à fait de l'avis du savant jurisconsulte d'outre-Rhin, quand il croit devoir reléguer absolument la novation parmi les modes d'extinction des obligations. Ce point de vue nous semble être un peu trop exclusif. En effet, la novation, par sa nature complexe que nous tâcherons de faire ressortir plus loin, peut se rattacher tout aussi bien à la théorie des modes de création qu'à celle des modes d'extinction des obligations, puisque l'acte de nover suppose une obligation qui prend naissance en même temps qu'une obligation qui prend fin.

La novation n'est donc pas complétement étrangère à la théorie de la source des obligations.

M. de Savigny, en écrivant le passage que nous critiquons, s'est peut-être trop préoccupé de la place que tient la novation dans les *Institutes* de Justinien, où elle est, en effet, rangée parmi les modes d'extinction des obligations, au titre : *Quibus modis obligatio tollitur*. Ici, il est vrai, la novation est considérée uniquement comme mode d'extinction des obligations.

Mais si nous ouvrons le *Digeste*, au siége de la matière, sous la rubrique : *De novat. et delegat.* (46,2), nous voyons, chose digne de remarque, que le point de vue sous lequel la novation y est traitée est tout différent de celui des rédacteurs des *Institutes*, auquel s'est attaché M. de Savigny. Au *Digeste*, la novation nous apparaît avec son véritable caractère ; elle nous y apparaît comme un changement dans la *forme* ou le *contenant* de l'obligation. En effet, les compilateurs du *Digeste* ou des *Pandectes*, suivant en cela l'ordre même adopté par l'édit du préteur, et conséquemment par les commentateurs, traitent de la novation à propos de la *forme* quiritaire par excellence de contracter : la stipulation. (Voy. à cet égard Pothier, *Pand.*, *De novat.*, pr.). Il nous est donc acquis dès à présent que la novation est un changement dans la *forme* ou le *contenant* de l'obligation, et que, partant, elle n'est pas complétement étrangère à la théorie de la source des obligations. Aussi faisons-nous un certain reproche à M. de Savigny de n'en avoir pas parlé plus longuement à propos de la *transformation* des obligations. Selon nous, il aurait dû considérer la novation comme une *transformation* dérivant du changement dans la *forme* ou le *contenant* de l'obligation. C'est même là, qu'on le remarque, le changement opérant *transformation* dans le sens propre du mot.

Ainsi nous dirions, en modifiant le passage de Savigny qui précède la note ci-dessus :

« La *transformation* des obligations peut dériver d'un *triple* changement qui est susceptible de modifier leur état antérieur :

« (*a*) — Changement dans les *personnes* entre lesquelles l'obligation existe;

« (*b*) — Changement dans l'*objet* ou le *contenu* de l'obligation ;

« (*c*) — Changement dans la *forme* ou le *contenant* de l'obligation. »

La novation ne touche pas seulement à l'extinction des obligations, elle touche aussi à la création, à la source des obligations. C'est donc un acte complexe tenant le milieu entre les *sources premières* et les *modes d'extinction* des obligations; c'est une *transformation* des obligations dérivant du changement dans la *forme*. Ce changement, comme nous le verrons, est susceptible de modifier l'état antérieur des obligations aussi bien que les deux autres changements dont parle M. de Savigny.

Nulle part mieux que dans Gaius (*loc. cit.*) ne se révèle ce caractère complexe de la novation. Ce jurisconsulte, dont les *Commentaires* ont ordinairement servi de modèles aux rédacteurs des *Institutes* de Justinien, ne parle pas seulement, comme ceux-ci, de la novation à propos des modes d'extinction des obligations, il en parle aussi à propos des sources des obligations, en s'occupant du contrat *litteris* qui, de même que le contrat *verbis*, fournissait un moyen de donner une forme stricte à la volonté des parties contractantes. Ce n'est pas tout. Comme la novation, ainsi que nous le verrons tout à l'heure, transporte quelque chose de l'ancienne obligation dans la nouvelle, Gaius parle enfin de la novation à propos des modes de la translation des droits (voy. *Comm.* II, § 38); après avoir indiqué le seul mode de transport d'une obligation usité à l'origine, Gaius ajoute : « res... quæ dicitur novatio obligationis. » — Ainsi donc Gaius nous montre tour à tour la novation comme un mode de créer, de transférer, d'éteindre une obligation. Par là, la novation touche aux trois buts auxquels peuvent se ramener les divers actes juridiques : *créer*, *transporter*, *éteindre* un droit, — ici une obligation.

On voit donc par ce qui précède combien nous sommes loin du point de vue exclusif auquel se sont placés les rédacteurs des *Institutes*, — ainsi que M. de Savigny et beaucoup d'autres auteurs, — pour traiter de la novation. Loin d'être exclusivement une *solutio obligationis*, elle participe par sa nature de la *causa*, de la *translatio*, de la *solutio obligationis*.

Déterminer la part qui revient à chacune de ces idées et harmoniser leurs conséquences dans une théorie générale de la novation, c'est tenter un problème fort difficile et de beaucoup au-dessus de nos forces; mais nous sommes confiant dans la puissance du travail et de la bonne volonté : aussi nous n'hésitons pas à l'aborder.

N. B. Nous serions heureux de placer sous l'autorité du nom de notre savant maître M. Gide la théorie que nous allons exposer. C'est dans ses enseignements que nous en avons puisé la première notion; mais comme ce professeur n'a pas encore publié lui-même sa doctrine à cet égard, si notre exposition suscite des objections et des critiques, nous en acceptons le poids et la peine; si, au contraire, elle paraît renfermer la vérité, nous en renvoyons l'honneur à notre cher maître.

Ces préliminaires terminés, arrivons à la définition de la novation.

« La novation, d'après Ulpien (loi 1re, *princ. Dig., De novationibus*) est la transfusion et la translation d'une première dette en une autre obligation ou civile ou naturelle, c'est-à-dire lorsque d'une cause précédente on en établit une nouvelle, de telle sorte que la première soit anéantie. Car la novation tire son nom de *nouveau*, c'est-à-dire de *nouvelle obligation.* » — « Novatio est prioris debiti in aliam obligationem vel civilem vel naturalem transfusio atque translatio, hoc est, cum ex præcedenti causa ita nova constituatur ut prior perimatur. Novatio enim a *novo* nomen accepit, id est a *nova obligatione.* »

Nous appelons spécialement l'attention sur ce texte, duquel nous paraît ressortir très-clairement la nature complexe de la novation, que nous regardons moins comme un mode d'extinction ordinaire que comme la transformation d'une obligation en une autre. Remarquez, en effet, que dans le texte cité, la pensée du jurisconsulte romain oscille entre deux idées contraires qu'il limite l'une par l'autre : l'extinction d'une créance et sa continuation dans celle qui lui succède; car cette antithèse constitue la novation; c'est de là que naissent ses difficultés. Aussi voyons-nous les définitions proposées de nos jours perdre en exactitude ce qu'elles gagnent en simplicité.

Quand on dit, avec la plupart des commentateurs modernes, que la novation est la substitution d'une obligation que l'on crée à une obligation que l'on éteint, on fractionne sa nature aussi bien que l'idée d'Ulpien qui, dans sa belle définition citée comme un modèle par nos anciens auteurs, l'exprime tout entière. Expliquons-nous.

En général on voit dans la novation l'extinction d'une ancienne obligation et la création d'une nouvelle obligation; mais cette simple coïncidence suffit-elle pour qu'il y ait novation? Non, il ne suffit pas de la juxtaposition de deux obligations, l'une qui est éteinte et l'autre qui est créée, pour constituer la novation; mais il faut qu'il y ait un acte unique, il faut qu'entre cette obligation qui s'éteint et celle qui prend naissance il y ait quelque chose de commun, et ce trait commun consiste dans la parité d'objet. L'identité d'objet dans les deux obligations est exigée pour qu'il y ait novation. C'est ce que nous trouvons implicitement indiqué dans le texte d'Ulpien : « Novatio est *prioris debiti* in aliam obligationem *translatio* atque *transfusio.* » Nous voyons ici que la novation suppose que quelque chose doit être transporté ou, pour continuer la métaphore du jurisconsulte, *transvasé,* de l'ancienne obligation dans la nouvelle, et ce quelque chose est le *prius debitum.* Ainsi il y a changement dans la *forme,* dans le contenant; mais il n'y a pas de changement dans l'*objet dû* (*debitum*), dans le contenu. Insistons sur ce point qui est loin d'être admis par tout le monde.

D'après l'idée du code Napoléon (art. 1271), qui est l'idée commune, la novation est la substitution d'une obligation à une autre. La novation s'opère notamment quand il y a changement de l'objet dû. Or, il n'en est pas de même dans la définition d'Ulpien : la novation ne s'opère qu'autant que l'objet dû reste le même. Sans doute, il y a bien là une obligation éteinte et une obligation créée; ce qui reste le même, c'est le *debitum* et non l'obligation. Exemple : Ce que je vous dois comme vendeur, je vous le promets. L'obligation *ex empto* n'est pas la même que l'obligation *ex stipulatu,* mais l'objet est le même. Autre exemple : Ce que je dois à Paul, je le promets à Pierre. Il y a bien là quelque chose de changé, mais le même objet reste dû. Voici donc ce qui reste : c'est le *debitum;* le contenu reste le même, le contenant seul change. Ulpien le dit fort bien par ces mots : « *Cum ex præcedenti causa ita nova constituatur ut prior perimatur;* » à la place de la cause précédente on en substitue une nouvelle de façon à ce que l'ancienne soit détruite. Par exemple, quand on a promis ce qui était dû en vertu de la vente, la *causa* a changé, la forme a changé; mais le fond, le contenu, le *debitum* est resté; l'ancienne *causa obligationis* est périmée, parce qu'elle est pour ainsi dire vidée, son contenu ayant été mis dans une nouvelle forme.

Notre grand pandectiste français, Pothier, semble avoir aperçu notre manière de voir quand il dit que pour que la novation s'opère on exige que le contenu même de l'ancienne obligation soit déduit dans la nouvelle : « Enim vero, dit-il, ad novationis formam id generaliter et maxime requitur, ut hoc ipsum quod priori obligatione continebatur, deducatur in posteriorem. » (Pothier, *Pand. Inst.*, tit. *De novat.*, n° XIX; conf. n° XVI, note 5). — Ajoutez : Ant. Pichardi, in *Inst. comm.*, t. I, p. 273 : « Ulterius meminisse oportet, ut initio ex lege 1ª *Dig.*, *De novat.*, docuimus, *novationem esse prioris debiti novam obligationem, nam si aliud debitum in obligationem deducatur, non erit novatio, sed alia separata obligatio :* l. si non sortem, 26, § 4, si centum, *De condict. indeb.* (*Dig.*, 12, 6); nisi id actum inter partes, verbi gratia, si pro homine vel equo, qui prius debebatur, dentur et promittentur decem : notat Bartholus in leg. penult. in fine, *De prætoriis stipulationibus.* » (*Dig.*, 46, 5). Ce dernier auteur, que nous avons découvert à force de recherches, n'est pas très-formel; mais enfin il a aperçu aussi notre manière de voir.

Toutefois cette manière de voir, fort en honneur chez les Allemands, peut être à bon droit considérée comme nouvelle à l'École; aussi devons-nous essayer de l'établir solidement à l'aide des textes et des principes.

(*a*) — Examinons d'abord les textes.

Nous avons vu tout à l'heure que la loi 1re, à notre titre, nous était complétement favorable. Eh bien! prenons les lois postérieures, et nous verrons qu'elles confirment la doctrine contenue dans cette loi. — La loi 2 nous dit : « Omnes res *transire in novationem* possunt; » tous les objets peuvent passer d'une forme dans une autre. — Dans la loi 8, § 1, nous voyons que l'objet de la précédente obligation est déduit dans la stipulation : « legata vel fideicommissa, si *in stipulationem* fuerint *deducta*;... » c'est toujours le même sens. — Enfin dans la loi 34, § 2, la même idée est exprimée d'une manière plus précise encore. Voici l'hypothèse. J'ai deux débiteurs, Titius et Séius; je vais vous trouver et je vous dis : Ce que me doivent Titius et Séius, me le promettez-vous? Si vous dites : Oui, je vous le promets, il y aura novation. Et remarquez les expressions du texte : « quum utriusque obligatio *in unius personam, a quo nunc stipulemur, confluat;* » les obligations viennent confluer sur une même tête; ce sont les dettes de Titius et de Séius qui viennent s'établir et se confondre sur votre tête. — Voilà pour les textes du *Digeste*, à notre titre.

Notons que des expressions analogues, toujours en notre faveur, se rencontrent dans des lois du *Digeste*, à d'autres titres, notamment : l. 71, princ., *Pro socio* (17, 2) : « Si novationis causa id fecissent, tota res *in stipulationem translata* videretur; » — l. 4,

§ 1, in fine, *De usuris* (22, 1) : « Quod non *transfertur in causam novationis* jure pristino peti potest ; » l. 44, § 6, *De obligat. et act.* (44, 7) : « Non tollat priorem, an vero *transferat in se*, et quasi *novatio* prioris fiat. » — C'est toujours la même figure qui montre bien que le *debitum* passe, est transféré d'une obligation en une autre.

Citons maintenant Gaius, après le *Digeste*. Au § 176 de son *Comm.* III, il s'exprime ainsi : « Præterea *novatione* tollitur obligatio, veluti si *quod tu mihi debeas* a Titio dari stipulatus sim. Nam interventu novæ personæ nova nascitur obligatio, et prima tollitur *translata in posteriorem*... » — Conf. Gaius, *Comm.* II, § 38 : « Nam *quod mihi ab aliquo debetur, id si velim tibi deberi*, opus est ut, jubente me, tu ab alio stipuleris. » — Gaius, comme Ulpien, suppose que c'est la même chose qui est stipulée et qui est transférée d'une obligation dans une autre.

Les divers textes que nous venons de citer suffiraient au besoin pour justifier notre manière de voir. Mais nous avons des textes plus formels encore qu'il nous faut analyser.

Un texte nie la possibilité de faire novation par changement d'objet : c'est la loi 29, princ., *De verb. obligat.* (*Dig.*, 45, 1); nous allons chercher ce texte, car il est tiré du même livre d'Ulpien que notre loi 1re (Ulpian., lib. 46, *ad Sabinum*). Ce texte est une preuve évidente que, pour que la novation puisse avoir lieu, l'identité d'objet est requise, et que la substitution d'un objet à un autre n'est pas permise. Voici comment s'exprime Ulpien : « Scire debemus in stipulationibus tot esse stipulationes quot summæ sunt, totque esse stipulationes quot species sunt. Secundum quod evenit ut, mixta una summa vel specie, quæ non fuit in præcedenti stipulatione, non fiat *novatio* sed efficit duas esse *stipulationes*. » Traduisons ce texte : « Nous devons savoir, dit Ulpien, que dans les stipulations il y a autant de stipulations diverses que de sommes, autant de stipulations que d'espèces ; d'où il suit que si dans une seconde stipulation on ajoute une somme ou une espèce qui n'était pas comprise dans la stipulation précédente, il n'y a pas novation, mais cette addition fait qu'il y a deux stipulations. » Donnons un exemple. J'ai stipulé que vous me payeriez 100 sesterces dans un mois, 100 autres dans deux mois, 100 autres dans trois mois. Eh bien! il y aura là trois stipulations, puisque trois sommes ont été stipulées; et cela est important, car il y aura trois actions. Supposons cela. Ensuite j'ai voulu nover, j'ai dit à mon débiteur : Me promettez-vous 100 dans un mois, 100 dans deux mois, et 2 tonneaux de vin dans trois mois. J'ai mêlé un nouvel objet : l'objet nouveau consiste dans les 2 tonneaux de vin. D'après Ulpien, la novation ne se fait pas; mais il y a deux stipulations. Au troisième mois je pourrais donc demander les tonneaux de vin en même temps que l'argent promis, car il reste toujours dû. Ainsi, toutes les fois qu'il y a introduction d'un nouvel objet, il n'y a pas novation, mais deux stipulations, partant deux créances : ici celle des 100 sesterces et celle des 2 tonneaux. Cela paraît être injuste; mais c'est une nécessité de droit. Et si cela est injuste, voici comment il y aura remède à ce mal. Si après avoir payé les 2 tonneaux le débiteur est poursuivi pour les 100 sesterces, alors s'il prouve qu'il y a eu remise tacite de la part du créancier, il aura une exception contre lui. Dans tous les cas il n'y aura pas novation, extinction *ipso jure*, mais seulement extinction *exceptionis ope*. Voilà, croyons-nous, l'explication de la loi 29, *De verb. obligat.*

Un dernier texte, qui montre bien la nécessité de l'identité d'objet, est la loi 91, § 6, *De verb. obligat.* (*Dig.*, 45, 1), qui porte : « Novari an possit hæc obligatio, dubitationis est, quia neque hominem qui non est, *neque pecuniam quæ non debetur*, stipulari possumus. » L'explication de ce texte sera donnée plus loin.

Faisons observer en terminant que si la novation romaine avait pu se faire par changement d'objet, il serait bien étonnant qu'aucun texte du *Digeste* ne prévoie l'hypothèse où les parties veulent opérer une novation par changement d'objet : « Spondesne mihi dare Stichum pro Pamphilo? » Au surplus, Gaius (*Comm.* III, § 177), après nous avoir dit que pour la novation il faut quelque chose de nouveau, *aliquid novi*, recherche en quoi peut consister cet *aliquid novi*, et il ne parle pas du changemement d'objet. N'en faut-il pas conclure qu'un pareil changement répugne à la novation? Cette conclusion est permise, car Gaius, faisant un ouvrage élémentaire, n'aurait certainement pas manqué d'indiquer le changement d'objet comme exemple du *novum*; c'est, en effet, l'exemple le plus évident et celui qu'on cite aujourd'hui en première ligne. Si donc Gaius n'a pas parlé du changement d'objet, c'est que ce changement n'était pas admis en droit romain.

Notre manière de voir se trouve ainsi suffisamment justifiée par les textes; il nous faut maintenant essayer de la justifier par les principes.

(*b*) — On peut s'appuyer sur les principes pour soutenir que la novation ne peut avoir lieu par changement d'objet. En effet, la novation opère comme le payement ou comme l'acceptilation. Or quel peut être l'objet du payement ou de l'acceptilation? C'est la chose même qui était due : on ne peut payer que l'objet dû, et on ne comprendrait pas la remise d'une autre chose que ce qui est dû. Eh bien! de même ici : la novation doit avoir pour objet ce qui était primitivement dû.

Cependant nous devons dire ici que, dans le droit romain, on était arrivé à admettre, en fait de payement, qu'on pouvait donner une chose pour une autre : c'est la *datio in solutum*. Mais nous ferons remarquer que d'après des jurisconsultes autorisés, les Proculéiens, la *datio in solutum* n'opérait pas extinction *ipso jure*, mais seulement *exceptionis ope*; il y avait exception de dol. (Gaius, *Comm.* III, § 168.)

Maintenant pouvait-on admettre en cas de novation une espèce de *datio in solutum*, c'est-à-dire la stipulation d'une chose à la place d'une autre? Évidemment non. Cela va résulter de nos développements.

Et d'abord cela n'a été admis pour le payement qu'après controverse, et il n'y a pas, selon tous les jurisconsultes, extinction *ipso jure*. Or pour la novation on ne pouvait pas être aussi facile, car c'est un contrat formel. Ce qui prouve ce que nous venons d'avancer, c'est que toutes les fois qu'on veut remplacer une chose par une autre on emploie le constitut s'opérant par le simple pacte. Voici, en effet, ce que nous lisons dans la loi 1, § 5, *De const. pec.* (*Dig.*, 13, 5) : « An potest aliud constitui, quam quod debetur, quæsitum est? Sed cum jam placet rem pro re solvi posse, nihil prohibet et aliud pro debito constitui; denique si quis centum debens, frumentum ejusdem pretii constituat, puto valere constitutum. » (Conf., l. 25, *De jure dotium*.) Ulpien nous dit dans ce texte : « Peut-on promettre par constitut autre chose que ce qui est dû, on se le demande? Mais comme il est admis déjà qu'on peut payer une chose pour une autre, il n'y a pas d'inconvénient à admettre que par constitut on peut promettre autre chose que ce qui est dû ; en conséquence, si quelqu'un devant cent, promet par constitut du froment ayant ce prix, je pense que le constitut sera valable. » Eh bien ! l'on voit ici un débiteur qui veut promettre autre chose à son créancier que ce qui lui est dû. Il le pourra au moyen du pacte de constitut, car à la longue on avait fini par admettre pour le constitut un changement d'objet. Loin de voir là un argument d'analogie contre notre idée que la novation ne peut se faire avec changement d'objet, il y a argument *a contrario* en faveur de cette idée. En effet, le constitut est un contrat prétorien réglé par l'équité, et pourtant il y avait eu doute sur le point de savoir si on devait admettre le changement d'objet. La novation étant un contrat de droit strict, on est resté fidèle aux anciennes traditions qui ne permettaient pas le changement d'objet.

Autre point de vue pour montrer la nécessité d'exiger l'identité d'objet pour que la novation soit possible. En droit français, la novation peut se faire par un contrat quelconque. Pourquoi n'en est-il pas de même en droit romain? Il est évident que si la novation en droit romain eût consisté uniquement dans la substitution d'une obligation à une autre, il y aurait eu autant de causes de novation que d'espèces de contrats. La conversion d'un contrat en un autre est admise en droit romain, *v. g.*, conversion du dépôt en *mutuum*. Pourquoi ne dit-on pas qu'il y a là novation? Pourquoi la novation ne peut-elle se faire que par la stipulation? Cela vient de ce que la novation est un simple changement de forme; si c'était un changement de fond, il eût été possible de la faire autrement. Dans le cas de conversion du dépôt en *mutuum*, il y a un contrat remplacé par un autre tout différent : ce n'est pas la novation. Mais l'estampille de la stipulation peut produire novation, car la stipulation est un moule dans lequel on peut verser la matière même d'un contrat. On comprend donc à ce point de vue l'intérêt pratique de la novation en droit romain. Les Romains voulaient avoir des créances ou des dettes qui eussent des formes précises, et cela était fort utile à cause de la rigueur et de la précision des formules d'action. Soit donc un droit variable : on le prend et on le jette dans le moule précis et fixe de la stipulation, afin d'obtenir plus facilement une formule d'action.

Ces généralités exposées, voici le plan que nous nous proposons de suivre pour l'étude de la novation en droit romain. Dans le chapitre qui va suivre nous étudierons les éléments essentiels de la novation, qui sont : 1° une matière fournie par l'ancienne obligation ; 2° une forme fournie par la nouvelle obligation ; 3° l'*animus novandi*. Dans un autre chapitre nous nous occuperons de la capacité de nover. Enfin, dans un dernier chapitre, nous traiterons longuement des effets de la novation comparés à ceux de la litiscontestation.

CHAPITRE PREMIER.

Des éléments essentiels pour qu'il y ait novation.

SECTION I.

DE LA MATIÈRE DE LA NOVATION. — ÉTUDE DE L'ANCIENNE OBLIGATION QUI FOURNIT CETTE MATIÈRE.

Recherchons d'abord la matière de la novation.

Ce point est déjà indiqué en grande partie par la définition que nous avons donnée de la novation.

La matière de la novation est, comme nous l'avons vu, fournie par l'obligation qui va être novée ; l'ancienne forme va se vider, le contenu passera dans la deuxième obligation.

Nous pouvons donc considérer comme suffisamment établi le principe que l'objet de l'ancienne obligation, le *prius debitum*, ɿodi faire aussi l'objet de l'obligation nouvelle. Le trait commun qui doit exister entre les deux obligations qui se succèdent, c'est, comme nous avons essayé de le démontrer, un *idem debitum*. Mais ce principe une fois établi, il nous reste à le préciser dans ses détails.

Premier point. — Il ne faut pas se méprendre sur ces mots : *idem debitum*. Cela veut-il dire que la deuxième obligation doit avoir le même objet matériel que la première? par exemple, l'esclave Stichus faisait l'objet de la première obligation; la seconde obligation devra-t-elle avoir aussi pour objet cet esclave Stichus, en chair et en os? Non; c'est l'objet économique ou juridique qui doit être le même pour les deux obligations, mais non l'objet matériel. L'*idem debitum* exigé n'est pas l'objet matériel, mais l'objet juridique ou économique. Ainsi, quand on est créancier pour avoir stipulé l'esclave Stichus, l'objet de la créance n'est pas Stichus matériellement; mais l'objet, c'est la valeur pécuniaire de Stichus. Ce qui le prouve, c'est que si cette créance est déduite en justice, que pourra-t-on demander sous le système formulaire? La valeur pécuniaire de Stichus, le *quanti interest*. C'est donc là le fond et l'objet juridique du droit du créancier. Ce qui le prouve encore mieux, c'est que si le débiteur vient à tuer l'esclave Stichus, ce qui sera dû ce sera non pas l'esclave, mais son estimation. Si nous disions, en effet, que l'objet de la dette est l'esclave, il faudrait dire que, une fois Stichus mort, la dette est éteinte. Mais l'objet de la dette est la valeur pécuniaire de l'esclave, qui peut être donnée après comme avant la mort de Stichus.

Cela posé, voici la conclusion à en tirer à propos de la novation. C'est que, créancier de l'esclave Stichus, vous pourrez nover cette obligation non-seulement en stipulant Stichus, mais encore en stipulant la valeur pécuniaire de Stichus. Et cela, notez-le bien, peut avoir de l'intérêt pour vous. Stichus peut, en effet, changer de valeur, et si vous agissiez en vertu de votre ancienne créance, vous n'obtiendriez que la valeur de Stichus au moment de la litis-contestation. Eh bien, prévoyant la diminution de valeur de Stichus, vous novez votre obligation en disant à votre débiteur : Me promettez-vous de me donner ce que vaut l'esclave Stichus aujourd'hui? Peu importe ensuite la diminution de valeur; l'esclave aura beau ensuite diminuer de valeur, vous obtiendrez toujours ce que vaut l'esclave aujourd'hui.

Qu'une telle novation soit possible, cela ne saurait faire l'objet d'aucun doute en présence de textes formels du *Digeste*. Nous avons ici, en effet, deux textes à citer, qui nous montrent qu'une pareille novation a été admise, mais non sans quelque difficulté, par les jurisconsultes romains : ce qui prouve bien l'exigence de l'identité d'objet dans l'obligation qui nove et dans l'obligation novée. Ces deux textes sont : d'abord la loi 28 à notre titre, ff. *De novat. et delegat.* (46, 2), puis la loi 91, § 6, ff. *De verb. obligat.* (45, 1).

Nous commencerons par expliquer la moins difficile de ces deux lois : loi 91, § 6, ainsi conçue : « Effectus hujus constitutionis ille est, nous dit Paul, ut adhuc homo peti possit. Sed et acceptum ei posse ferre creditur, et fidejussorem accipi ejus obligationis nomine. *Novari autem an possit hæc obligatio, dubitationis est, quia neque hominem qui non est, neque pecuniam quæ non debetur, stipulari possumus. Ego puto novationem fieri posse, si hoc actum inter partes sit; quod et Juliano placet.* » — Traduisons ce texte : « L'effet de cette règle (que les anciens ont établie et qui est rapportée au § 3 de ladite loi : Toutes les fois qu'il y a faute du du débiteur, l'obligation est perpétuée; comment l'entendre?) est que l'esclave décédé peut encore être demandé en justice. Mais on croit aussi que cette obligation peut s'éteindre par acceptilation, et être garantie par un fidéjusseur (notez l. 42, *De fidejussoribus*). On doute si elle peut servir de matière à une novation, parce qu'on ne peut nover, si l'on stipule un esclave qui n'est plus ou un argent qui n'est pas dû. Moi, je pense que la novation peut avoir lieu, si les parties ont eu cette intention; tel est aussi l'avis de Julien. » — Voici l'espèce : Il s'agit de la stipulation d'un esclave que nous appellerons Stichus. Je suis créancier de Stichus, j'ai mis mon débiteur en demeure, et, après la demeure, l'esclave a péri. En cet état, pourrais-je nover l'obligation dont Stichus était l'objet? Voilà la question que se pose le jurisconsulte Paul, et voici l'objection que s'adresse ce jurisconsulte : Il est douteux qu'on puisse nover cette obligation, parce que, dit Paul, qu'est-ce que nous pourrions stipuler? Il faudrait *idem debitum*. Or cela est impossible. Pourrais-je stipuler Stichus? Non, car il est déjà mort. Pourrais-je stipuler la valeur de Stichus qui est due, puisqu'il y avait demeure du débiteur? Il semble que non, car la valeur de Stichus n'était pas d'abord due : ce n'est pas le contenu de la première obligation; or, pour que le contenu de la seconde obligation fût conforme à celui de la première, il faudrait pouvoir stipuler Stichus, qui n'est plus. Voilà l'objection. Mais le jurisconsulte ne s'y arrête pas; elle est subtile. Il croit que la novation est possible, si telle est l'intention des parties. Oui, je pourrais nover en stipulant la valeur pécuniaire de Stichus : le contenu de la seconde obligation serait alors conforme à celui de la première. Donc la novation est possible. Ainsi, tout en proclamant la décision comme étant douteuse, le jurisconsulte Paul décide, conformément aux principes que nous avons exposés, que la novation s'effectuera par la stipulation de la valeur de l'objet primitivement dû.

Nous sommes heureux de pouvoir invoquer ici en faveur de notre manière de voir l'autorité de notre savant maître, M. Labbé (*Études sur quelques difficultés relatives à la perte de la chose due...*, p. 37 et 38), qui fait observer en terminant qu' « il résulte d'un fragment de Papinien que la novation *qui ne comporte pas la substitution d'une chose à une autre tout à fait différente* se prête au changement d'une chose en sa valeur estimative (l. 28, *Dig.*, 46, 2). »

Ceci nous amène tout naturellement à expliquer la seconde de nos deux lois, assez difficile : loi 28, à notre titre, ainsi conçue : « Fundum Cornelianum stipulatus, nous dit Papinien, *quanti fundus est* postea stipulor. Si non novandi animo secunda stipulatio facta est, cessat novatio; secunda vero stipulatio tenet, ex qua non fundus, sed pecunia debetur. Itaque si reus promittendi fundum solvat, secunda stipulatio jure non tollitur; nec si litem actor ex prima contestatur. Denique meliore vel deteriore facto sine culpa debitoris postea fundo, præsens estimatio fundo petito recte consideretur; in altera vero ea æstimatio venit, quæ secundæ stipulationis tempore fuit. » Traduisons ce texte : « Ayant d'abord stipulé le fonds cornélien, je stipule ensuite la valeur de ce fonds. Si la seconde stipulation n'a pas été faite dans l'intention de nover, point de novation ; mais cette seconde stipulation tient, et en vertu d'icelle, ce n'est pas le fonds, mais de l'argent qui est dû. Aussi bien, si le débiteur paye le fonds, la seconde stipulation n'est pas éteinte au point de vue du droit civil; elle ne l'est pas non plus, si le créancier a engagé la litiscontestation en vertu de la première. Enfin, le fonds dans la suite étant amélioré ou détérioré sans la faute du débiteur, supposons que le créancier, agissant en vertu de la première stipulation, demande le fonds, on considérera régulièrement l'estimation présente (entendez : le juge déterminera l'estimation du fonds au moment de la délivrance de la formule, — Savigny, *Système*, t. VI, p. 221 et suiv.); supposons, au contraire, que le créancier, agissant en vertu de l'autre stipulation, demande la valeur du fonds, on s'arrêtera à l'estimation de la valeur au temps de la seconde stipulation. »

L'explication de ce texte de Papinien demande beaucoup d'attention. Papinien suppose que j'ai d'abord stipulé le fonds cornélien ; après, je stipule *quanti fundus est*, c'est-à-dire la valeur du fonds cornélien; que se passera-t-il ? Papinien dit : Si on n'a pas voulu faire novation, il n'y a pas novation (*cessat novatio*); donc si on a voulu faire novation, il y a novation. Voilà la conclusion à tirer par *a contrario* de la décision du jurisconsulte.

Ainsi, il y aura novation dans l'espèce, si telle a été l'intention des parties; ce qui confirme notre principe, à savoir que la valeur de la chose et la chose elle-même ne sont pas, au point de vue de la novation, deux objets distincts.

Ce résultat signalé, poursuivons l'explication du texte, un des plus obscurs de la matière.

J'étais créancier du fonds cornélien en vertu d'une stipulation, et j'ai stipulé ensuite la valeur de ce fonds sans intention de nover; qu'arrivera-t-il? Il arrivera que, dans ce cas, j'aurai deux créances au lieu d'une : d'abord je serai, en vertu de la première stipulation, créancier du fonds cornélien; ensuite je serai, en vertu de la seconde stipulation, créancier de la valeur du fonds cornélien.

Papinien, dans la dernière phrase du texte qui commence par ces mots : *Denique...*, examine l'intérêt pratique d'une pareille combinaison. A quoi bon, après avoir d'abord stipulé le fonds, stipuler ensuite la valeur du fonds? Quel intérêt peut présenter cette double stipulation? Papinien nous l'indique. Il est possible que le fonds cornélien vienne à changer de valeur. Eh bien! supposez qu'après avoir stipulé le fonds, j'aie stipulé la valeur du fonds. Grâce à ces deux stipulations, le changement de valeur du fonds cornélien pourra me profiter et jamais me nuire. En effet, s'il y a diminution de la valeur du fonds cornélien, je demanderai la valeur qui m'est due en vertu de la seconde stipulation, et qui sera calculée sur la valeur du fonds au moment de cette stipulation; si, au contraire, il y a augmentation de la valeur du fonds cornélien, je demanderai le fonds lui-même, en vertu de la première stipulation, car alors on considérera sa valeur au moment de ma demande. L'intérêt du créancier, comme on le voit, est considérable, puisqu'il n'a plus à craindre les diminutions de valeur qui peuvent survenir dans l'immeuble dû. Voilà donc l'intérêt pour le stipulant d'avoir ainsi fait deux stipulations, l'une du fonds cornélien, l'autre de sa valeur.

Cela semble assez clair. Voici maintenant ce qui l'est moins: voici le nœud de la difficulté.

Nous supposons un créancier ayant deux créances en vertu de deux stipulations distinctes. Supposez qu'il invoque la seconde stipulation, qu'il demande *quanti fundus est;* alors la question qui se présente est la suivante : pourra-t-il encore, après la litiscontestation, agir en vertu de la première stipulation, demander *fundum Cornelianum?* Il semble au premier abord qu'il ne le peut pas. C'est en effet un principe de procédure fort connu, que l'on ne peut pas demander deux fois la même chose en justice : *Bis de eadem re agi non potest.* Or le fonds cornélien et sa valeur n'est-ce pas la même chose? Nous avons dit tout à l'heure que c'était la même chose, puisque la novation est admise. Or, il doit résulter de ce principe de procédure que celui qui a ces deux créances, du fonds et de la valeur du fonds, ne peut agir qu'une seule fois; car, si après avoir demandé la valeur, il demande le fonds lui-même, c'est demander deux fois la même chose, et partant contraire au principe. Il semble que c'est là ce que devrait décider Papinien. Eh bien! non. Il décide que si le créancier engage le procès en vertu de l'une des deux stipulations, l'autre n'est pas éteinte *ipso jure* (il y aura extinction *exceptionis ope* et non *ipso jure,* car il n'y a point tout à fait *idem debitum* dans les deux obligations).

Il semble donc qu'il y ait contradiction dans les deux décisions de Papinien : la première, celle de savoir s'il peut y avoir novation; la seconde, celle de savoir s'il peut y avoir extinction par litiscontestation. Pour ces deux questions : 1° peut-il y avoir novation? 2° peut-il y avoir extinction par litiscontestation? il semble qu'il y a même raison de décider. En effet, si les deux créances sont une seule et même chose, voici les conséquences : 1° l'une peut nover l'autre; 2° si l'une est exercée, l'autre est éteinte. Au contraire, admettez-vous que ce sont deux choses différentes, voici maintenant les conséquences : 1° sans doute l'exercice de l'une n'éteint pas l'autre, mais 2° l'une n'est pas novée par l'autre.

Quoi qu'il en soit, Papinien semble admettre un terme moyen. Il dit implicitement qu'une des créances peut être novée par l'autre; il semble qu'il y a identité d'objet, *idem debitum*. Mais il ajoute : l'une des créances exercée, l'autre n'est pas éteinte; il semble qu'il n'y a pas *idem debitum*.

Nous croyons néanmoins que Papinien pourrait répondre que s'il fait une distinction, cette distinction est fondée sur l'équité. Il faut en effet faire une distinction entre les effets de la novation et de la litiscontestation; ces deux actes produisent des effets différents, ainsi que nous aurons occasion de le voir plus loin. Quand on suppose que le créancier, après avoir stipulé le fonds cornélien, stipule la valeur du fonds, l'on conçoit fort bien que la novation puisse avoir lieu, si telle a été l'intention des parties. Mais si l'on suppose que le créancier du fonds cornélien, qui en a stipulé la valeur, intente l'action, l'on conçoit fort bien aussi que la litiscontestation ne puisse opérer extinction *ipso jure*. Papinien, qui a admis que la novation pouvait avoir lieu dans le premier cas conformément à l'intention des parties, peut, sans contradiction, ne pas admettre que la litiscontestation opère *ipso jure;* car l'espèce de novation judiciaire qui résulte de la litiscontestation est une novation forcée qui s'accomplit contrairement à l'intention des parties. Papinien peut, disons-nous, ne pas admettre cette novation forcée, car après tout les objets des deux créances ne sont pas absolument les mêmes : il n'y a pas identité complète, mais une certaine nuance, partant on peut ne pas appliquer la règle : *Bis de eadem re agi non potest.* Il résulte que si le créancier a mal agi d'abord, il pourra agir de nouveau; c'est équitable, puisqu'il y a une nuance entre le fonds et la valeur. Donc le créancier pourra agir deux fois.

Voilà l'explication de cette loi de Papinien, loi fort difficile en elle-même.

Nous sommes arrivé à cette conséquence que, bien qu'il n'y ait pas identité d'objet parfaite, la novation est possible par la stipulation de la valeur de la chose due. C'est notre premier point.

Deuxième point. — La nécessité de l'*idem debitum* dans les deux obligations ne fait pas obstacle à ce qu'on puisse nover une obligation en partie. On peut nover une obligation en partie; cela est tout simple, puisqu'on peut la payer en partie. La novation partielle est donc admise en droit romain. Il y a toujours identité d'objet dans les deux obligations, car la partie est comprise dans le tout. Et remarquez bien qu'alors le surplus de l'obligation novée reste dû. Ainsi, créancier de 20 sesterces, j'en stipule 10; qu'arrivera-t-il? Il semble que 10 seulement me seront dus. Eh bien, non, 20 sesterces me seront dus, 10 en vertu de la première obligation, et 10 en vertu de la seconde. Si 10 sesterces seulement m'étaient dus en vertu de la seconde obligation qui aurait nové complétement la première, cela serait contraire à notre principe d'après lequel l'objet doit être identique dans les deux obligations. Ici, ce qui passe dans la nouvelle créance, c'est la moitié de l'ancienne créance; l'autre moitié reste donc due en vertu du premier titre. L'identité n'existe que jusqu'à concurrence de 10; c'est dans cette limite seulement que la novation s'opérera.

Nous trouvons encore dans les textes des applications de ce principe. Nous citerons d'abord la loi 4, § 1, ff. *De usur. et fruct.* (*Dig.*, 22, 1.) A la fin de cette loi 4, § 1, on suppose qu'un acheteur, après la vente, étant déjà nanti de l'action *empti* et pouvant par là demander la livraison du fonds et des accessoires, a nové sa créance en stipulant seulement *fundum tradi*, la tradition du fonds acheté. Papinien remarque qu'en vertu de cette stipulation il ne pourra pas demander tout ce qu'il aurait pu demander par l'action *empti*. Ainsi, comme la stipulation est plus stricte, le principal seulement peut être demandé, les accessoires ne peuvent pas être demandés. L'acheteur, agissant *ex stipulatu*, peut seulement demander la tradition du fonds. Mais Papinien ajoute que, puisque tout n'est pas nové, le reste pourra être demandé par l'action *empti*. « Si post contractam emptionem, nous dit Papinien, ante interpositam stipulationem partus editus, aut aliquid per servum venditori adquisitum est, quod ex stipulatu consequi non poterit, judicio empti consequitur; *id enim quod non transfertur in causam novationis, jure pristino peti potest.* »

Voilà une première application de ce principe que la novation partielle est possible.

Le cas que nous venons de voir est bien simple. Mais la novation peut être partielle sous des rapports nombreux.

Voici un exemple plus compliqué que le précédent. Vous êtes créancier d'une rente viagère : après un certain temps vous pouvez nover en stipulant du débiteur ce qu'il vous doit; cette novation sera partielle. La novation, disons-nous, sera partielle. En effet, au moment où vous la faites vous êtes encore vivant; vous n'y faites entrer que les arrérages déjà dus, déjà échus; la créance novée pour le passé subsiste encore pour l'avenir. Nous appelons l'attention sur cet exemple d'application de notre principe, parce qu'il va nous montrer la différence qui existe entre la novation conventionnelle et la litiscontestation.

On trouve cela dans la loi 76, § 1, ff. *De verb. obligat.* (*Dig.*, 45, 1.), ainsi conçue : « Cum stipulamur, nous dit Paul : quidquid te dare facere oportet, id quod præsenti die duntaxat debetur, in stipulationem deducitur; non, ut in judiciis, etiam futurum. Et ideo in stipulatione adjicitur verbum *oportebit,* vel ita : *præsens, in diemve.* Hoc ideo fit, quia qui stipulatur : quidquid te dare oportet, demonstrat eam pecuniam, quæ jam debetur; quod si totam demonstrare vult, dicit : *oportebit,* vel ita : *præsens, in diemve.* » Voici la traduction : « Lorsque nous stipulons « tout ce que vous devez donner ou faire, » nous ne comprenons dans la stipulation que ce qui est dû présentement, mais non, comme dans les instances, ce qui sera dû à l'avenir. C'est pour cela que l'on ajoute dans les stipulations : « Ce que vous me devrez, » ou bien : « Présentement ou à terme. » Cela se fait ainsi, parce que celui qui stipule tout ce que vous devez donner, désigne seulement l'argent qui est déjà dû. Mais s'il veut tout désigner, il y dit : « ou que vous devrez, » ou bien, « présentement ou à terme. »

Paul commence par dire que lorsque je stipule, *quidquid dare facere oportet*, sans rien ajouter, ce qui est déduit *in stipulationem,* c'est seulement ce qui est dû présentement : *id quod præsenti die duntaxat debetur, in stipulationem deducitur.* Et Paul ajoute : il n'en est pas comme dans les demandes en justice, où même ce qui sera dû dans l'avenir est compris : *non, ut in judiciis, etiam futurum.* Voilà le point à signaler.

Supposons donc que, vous, créancier de la rente viagère, au lieu de stipuler de votre débiteur ce qu'il vous doit, vous portiez contre lui une demande en justice pour ce qu'il vous doit. Supposons que le créancier de la rente viagère, au lieu de nover l'obligation du débiteur, ait engagé avec lui la litiscontestation, qu'est-ce qui va arriver? Le créancier de la rente viagère en agissant en justice par la litiscontestation, va consommer son droit pour le tout : il ne pourra plus à l'avenir intenter une deuxième fois l'action. Pourquoi? c'est que celui qui a stipulé une rente viagère n'a qu'une seule stipulation et par suite une seule action. Direz-vous qu'il en a plusieurs? On en demandera le nombre; or, comme la vie est incertaine, il n'est pas possible de le dire, comme dans la loi 29, *eod. tit.* Il faut donc dire qu'il a une seule stipulation, et partant, lorsqu'il a agi une fois, il ne le peut pas une seconde fois. Seulement un moyen avait été inventé pour empêcher ce résultat : c'est la *præscriptio cujus rei dies fuit.* Voici comment s'exprime Gaius à cet égard (*Comm.*, IV, § 131) : « Si velimus, nous dit-il, id quod præstari oportet petere et in judicium deducere, futuram vero obligationis præstationem in incerto reliquere, necesse est ut cum hac præscriptione agamus : *ea res agatur, cujus rei dies fuit;* alioquin si sine hac præscriptione egerimus, *ea scilicet formula qua incertum petimus,* cujus intentio his verbis concepta est : *quidquid ob eam rem Numerium Negidium Aulo Agerio dare facere oportet,* totam obligationem, id est etiam futuram, in hoc judicium deducimus. »

Ainsi la différence entre nos deux actes est celle-ci : la litiscontestation emporte une espèce de novation; la stipulation est donnée pour la vraie novation. Par la stipulation le présent seul est nové; par la litiscontestation le futur est engagé.

Quelle est la raison de cette différence? C'est que les Romains n'ont pas voulu voir multiplier le nombre des actions. Mais pourquoi empêcher de multiplier les stipulations? Ce sont des contrats toujours favorisés par le législateur. La stipulation est possible pour chaque année d'arrérages, et non la litiscontestation. La différence tient donc à la limitation des actions, limitation qui n'existe pas pour les stipulations.

Autre observation sur la novation partielle. Il faut bien se demander ce que c'est que nover une dette pour partie ou pour le tout. Qu'est-ce que la partie? qu'est-ce que le tout? La détermination des cas où nous pouvons dire qu'il y a partie d'un tout donne lieu à quelques difficultés que nous devons examiner.

Prenons un fonds de terre. On peut le diviser en quote-parts d'abord; mais la propriété de ce fonds peut aussi se démembrer : il peut y avoir au profit de tiers constitution de servitudes réelles et personnelles. Dirons-nous que ces démembrements de la propriété sont des parties du fonds? Ajoutez que parmi ces mêmes démembrements les uns se composent de divers éléments : l'*ususfructus* comprend l'*usus* et le *fructus*; la *via* comprend l'*iter* et l'*actus*. Considérerons-nous ces éléments comme étant les parties d'un tout? En d'autres termes, celui à qui appartient un fonds de terre peut-il nover pour l'usufruit ou la nue propriété seulement? Celui qui a une servitude de voie peut-il nover pour l'*iter* ou l'*actus* seulement? La réponse à ces questions est assez délicate et demanderait pour être rendue bien claire une foule de détails minutieux dans lesquels nous ne pouvons pas entrer. Disons seulement que l'on doit répondre négativement en principe.

Avant d'examiner les textes qui ont trait à la novation dans les cas ci-dessus, il sera bon de citer un texte relatif à l'acceptilation, où la même question se présente. L. 13, ff. *De acceptilatione* (*Dig.*, 46, 4). § 1, 2, 3.

« ... § 1. Si id quod in stipulationem deductum divisionem non recipiat, acceptilatio in partem nullius erit momenti, ut, puta, si servitus fuit prædii rustici vel urbani. Plane si *ususfructus* sit in stipulatum deductus, puta fundi Titiani, poterit pro parte acceptilatio fieri, et erit residuæ partis fundi ususfructus. Si tamen *viam* quis stipulatus, accepto iter vel actum fecerit, acceptilatio nullius erit momenti; hoc idem est probandnm, si actus accepto fuerit latus; si autem iter et actus accepto fuerit latus, consequens erit dicere, liberatum eum qui viam promisit.

« § 2. Illud certum est, eum qui *fundum* stipulatus, *usum-*

fructum, vel *viam accepto facit*, in ea esse causa, ut acceptilatio non valeat; qui enim accepto facit, vel totum vel partem ejus quod stipulatus est debet accepto facere; hæ autem partes non sunt, non magis quam si quis domum stipulatus, accepto ferat cæmenta, vel fenestras, vel parietem, vel diætam.

« § 3. Si quis *usumfructum* stipulatus, *usum* accepto tulerit, si quidem sic tulerit acceptum, quasi usu debito : liberatio non continget. Si vero quasi et usufructu, cum possit usus sine fructu constitui, dicendum est acceptilationem valere. »

Parcourons rapidement les diverses décisions contenues dans ces trois paragraphes.

§ 1. Si l'objet de l'obligation est indivisible, comme une servitude prédiale, Ulpien nous dit que l'acceptilation partielle qui en serait faite serait un acte sans valeur, *nullius momenti*. Ainsi serait inutile l'acceptilation partielle, soit de la servitude *iter*, soit de la servitude *actus*, de la part de celui qui a stipulé la servitude *via*. Ulpien ajoute que l'acceptilation, portant à la fois sur l'*iter* et l'*actus*, libérera celui qui a promis la *via*; le jurisconsulte considère par là comme acceptilation de la totalité celle qui porte tout à la fois sur *iter* et sur *actus*. — Maintenant Ulpien nous dit aussi que lorsqu'un droit d'usufruit a été stipulé, il est permis de faire acceptilation d'une partie et de conserver l'autre : c'est que la dette d'un usufruit est parfaitement divisible (arg. l. 5, ff. *De usuf. et quemad.*, *Dig.*, 7, 1).

§ 2. Ici Ulpien déclare nul l'acte par lequel le créancier d'un *fundus* ferait remise au débiteur de la servitude *via*; la *via* est, en effet, une chose essentiellement indépendante du fonds et ne constitue pas une de ses parties (arg. l. 86, *De verb. signif.*). — Ulpien met sur la même ligne le cas où le créancier du *fundus* ferait remise de l'*ususfructus*; car, selon son opinion, l'*ususfructus* ne peut pas être considéré comme une partie du *fundus* (v. pourtant Pomponius, l. 2, *De adimend. legat.*, *Dig.*, 34, 4).

§ 3. En supposant que le créancier de l'*ususfructus* fasse acceptilation de l'*usus*, Ulpien distingue : si le créancier a cru que l'*usus* lui était dû indépendamment du *fructus*, l'acceptilation sera nulle; s'il a agi sachant bien que l'*usus* était compris nécessairement dans l'*ususfructus*, l'acceptilation vaudra : *cum possit usus sine fructu constitui*, disent les *Pandectes*; *cum possit fructus sine usu constitui*, dit plus justement Cujas (*Observ.*, lib. XIII, cap. XII). Notons en passant qu'Ulpien, qui ici admet la possibilité de constituer le *fructus sine usu*, dit ailleurs : « *Fructus sine usu non potest* » (l. 14, § 1, *De usu et habitatione*). Pour nous tirer de cette difficulté, il nous suffira de remarquer avec Pothier que, lorsque Ulpien parle d'un *fructus sine usu*, ce n'est pas d'un *fructus sine ullo usu* qu'il s'agit, puisqu'une pareille chose ne saurait exister, mais d'un *fructus* diminué, restreint par le droit d'*usus*, détaché de l'usufruit au profit de l'usager, *usus* qui se réduit aux besoins personnels de ce dernier.

Ceci dit, abordons l'examen des textes qui ont trait à la novation dans les mêmes hypothèses.

Citons d'abord la loi 9, § 2, à notre titre *De novat.* Ulpien s'exprime ainsi dans cette loi : « Qui actum stipulatur, deinde iter, nihil agit. Item usumfructum stipulatus, si usum stipulatur, nihil agit. Sed qui iter stipulatus, actum postea stipuletur, aliud magis stipulatur : aliud est enim iter, aliud actus. » On voit dans ce texte que celui qui est créancier de l'*actus* ne pourrait stipuler ensuite l'*iter* pour nover sa créance partiellement. Même décision à l'égard de l'usufruit et de l'usage; le créancier de l'usufruit ne pouvait nover sa créance en stipulant l'usage. Pas de novation dans ces divers cas. L'ancienne créance subsiste donc. Cette première décision ne fait pas de doute. Mais quel sera le sort de la seconde stipulation? Les jurisconsultes se prononcent différemment, suivant les cas; elle sera donc tantôt inutile, tantôt valable, suivant des distinctions sur lesquelles nous reviendrons.

La question qui nous occupe pour le moment est celle de savoir si, quand on a un droit complexe, on peut en stipuler le démembrement. Eh bien, non.

Ce principe est confirmé dans la loi 56, § 7, *De verb. obligat.* (*Dig.*, 45, 1), ainsi conçue : « Si a te stipulatus fuero fundum Sempronianum, deinde eumdem fundum detracto usufructu ab alio stipuler, *prior stipulatio non novabitur, quia nec solvendo fundum detracto usufructu liberaberis*, sed adhuc a te recte fundi usumfructum peterem. Quid ergo est? Cum mihi fundum dederis, is quoque liberabitur, a quo detracto usufructu fundum stipulatus fueram. »

Voici l'espèce prévue par Julien dans cette loi : Je suis créancier du fonds sempronien, et puis je vais stipuler d'un tiers la nue propriété de ce fonds ; y aura-t-il novation? Il semble qu'on pourrait dire : Oui, il y a novation partielle; l'on considérerait l'usufruit comme une partie du fonds, et la nue propriété comme une autre partie du fonds. Ainsi il semble qu'il pourrait y avoir novation pour la nue propriété qui serait due en vertu de la nouvelle stipulation, de sorte qu'il n'y aurait plus que l'usufruit qui serait dû en vertu de l'ancienne stipulation. Le jurisconsulte rejette cette décision. « Si, dit-il, j'ai stipulé de vous le fonds cornélien, et si ensuite je stipule d'un autre le même fonds, déduction faite de l'usufruit, la première stipulation ne sera pas novée, puisqu'en me livrant le fonds, déduction faite de l'usufruit, vous ne seriez pas libéré, mais je vous demanderais encore valablement l'usufruit du fonds. Qu'arrivera-t-il donc? Lorsque vous m'aurez donné le fonds, celui-là de qui j'avais stipulé le fonds, déduction faite de l'usufruit, sera aussi libéré. »

Ainsi donc, le créancier d'un droit complexe ne peut nover en stipulant un des éléments de ce droit.

Toutefois la loi 58 du même titre *De verb. obligat.* donne sur ce point une décision contraire. « Qui usumfructum fundi stipulatur, deinde fundum, similis est ei qui partem fundi stipulatur, deinde totum : quia fundus dari non intelligitur, si ususfructus detrahatur. Et e contrario qui fundum stipulatus est, deinde usumfructum, similis est ei qui totum stipulatur, deinde partem. Sed qui actum stipulatur, deinde iter, posteriore stipulatione nihil agit : sicuti qui decem, deinde quinque stipulatur, nihil agit. Item si quis fructum, deinde usum stipulatus fuerit, nihil agit. *Nisi in omnibus novandi animo hoc facere specialiter expresserit;* tunc enim priore obligatione exspirante, ex secunda introducitur petitio; et tam iter, quam usus, necnon quinque exigi possunt. »

Traduisons cette loi :

« Celui qui stipule *l'usufruit d'un fonds de terre,* et ensuite *le fonds,* est semblable à celui qui stipule une partie d'un fonds et ensuite le tout, parce que le fonds n'est pas censé donné si l'on en retranche l'usufruit. Au contraire, celui qui a stipulé *un fonds*, et ensuite *l'usufruit*, est semblable à celui qui stipule un tout, ensuite une partie. Mais celui qui stipule un *droit de conduite* (*actus*), et ensuite un *droit de passage* (*iter*), fait en dernier lieu une stipulation inutile; de même celui qui a stipulé *dix* et ensuite *cinq*, ne fait rien en second lieu; de même encore celui qui a stipulé *l'usufruit* et qui stipule ensuite *l'usage* ne fait rien, à moins que, dans tous ces cas, il n'ait exprimé spécialement qu'il le faisait pour opérer une novation; alors, la première obligation étant par là éteinte, il naîtra une action de la seconde, et l'on pourra demander le passage, l'usage, ou les cinq. »

La dernière phrase de ce texte vient contredire notre principe, appuyé sur le texte de la loi 56, § 7, à savoir que le créancier d'un droit complexe ne peut nover en stipulant un des éléments de ce droit.

La contradiction existant sur ce point entre la loi 58 et la loi 56, § 7, *De verb. obligat.*, est d'autant plus remarquable que ces deux lois sont du même auteur et tirées du même ouvrage (Julianus, lib. 52 et 54 *Digestorum*). Or, il est impossible d'admettre une telle contradiction de la part d'un jurisconsulte comme Julien, auteur de l'*Édit perpétuel*. Aussi nous n'hésitons pas à voir une interpolation dans la loi 58 *in fine*, interpolation faite par Justinien.

Dire qu'il n'y a pas novation, quand on a stipulé l'un des éléments d'un droit complexe, qu'est-ce à dire? C'est dire que si l'extinction de l'ancienne obligation n'avait pas lieu *ipso jure*, du moins elle avait lieu *exceptionis ope*. En effet, quand je dis que, lorsque vous me devez l'usufruit, et que je stipule l'usage, il n'y a pas novation, cela peut sembler au premier abord contraire à l'intention des parties; aussi il y aura extinction de la première obligation *exceptionis ope*.

Eh bien, à l'époque de Justinien, la distinction entre les modes d'extinction *ipso jure* et *exceptionis ope* était presque effacée. De sorte que sous Justinien il était oiseux de se demander s'il y avait eu ou non novation, quand après avoir stipulé l'usufruit on avait stipulé l'usage. Qu'il y eût extinction *ipso jure* ou *exceptionis ope*, c'était une question de pure forme : la créance de l'usage se trouvait substituée à l'autre. C'est pourquoi Justinien se montre moins sévère pour l'identité d'objet. Voyez loi 8, cod. *De novat.* (8,42), où Justinien demande avant tout l'intention de nover, intention qui doit être exprimée *specialiter*. Or, dans notre loi 58 *in fine,* nous trouvons une phrase semblable à ce qui se trouve dans la loi 8 du code. Il y a là une phrase, un mot, le même mot que dans la loi 8, qui contredit tout le commencement de la loi 58; cela doit donc être considéré comme une interpolation, interpolation que nous rencontrerons d'ailleurs dans d'autres textes.

Ainsi donc, il faut lever l'antinomie qui existe entre la loi 56, § 7 et la loi 58, *De verb. obligat.,* à l'aide de la doctrine contenue dans la loi dernière au code *De novat.*

En continuant l'examen des questions que peut faire naître la novation partielle, nous allons lever maintenant l'antinomie qui existe entre trois lois de notre titre, *De novat.,* à l'aide d'un texte de Gaius.

Voici la question et les textes.

Question. — Supposons un homme qui a à la fois plusieurs créances : il est créancier de deux personnes, de Primus et de Secundus. Il peut nover ces créances par deux novations ou même par une seule; il peut les nover par une seule novation en stipulant en ces termes d'une personne quelconque : Me promettez-vous ce que me doivent Primus et Secundus? C'est une stipulation semblable que nous voyons indiquée dans la loi 34, § 2, à notre titre, déjà citée. Gaius nous dit dans cette loi, *in fine :*

« In summa admonendi sumus nihil vetare una stipulatione plures obligationes novari : veluti si ita stipulemur : *Quod Titium et Seium mihi dare oportet, id dare spondes?* Licet enim ex diversis causis singuli fuerint obligati, utrique tamen novationis jure liberantur, cum utriusque obligatio in unius personam, a quo nunc stipulemur, confluat. »

Cette première hypothèse ne présente pas de difficultés. Mais en la modifiant un peu, nous nous trouvons en présence d'une difficulté assez grande. Au lieu de dire : Me promettez-vous ce que me doivent Primus et Secundus, je dis : Me promettez-vous ce que me doit Primus ou ce que me doit Secundus? Ici vous ne me répondez pas : Je vous promets ce que me doivent

Primus et Secundus, comme tout à l'heure; mais bien : Je vous promets ce que vous doit Primus ou ce que vous doit Secundus. Alors la question est de savoir quel sera l'effet d'une telle stipulation. Les deux dettes sont-elles novées l'une et l'autre? Ne sont-elles pas novées ni l'une ni l'autre? Ou bien enfin, n'y en a-t-il qu'une de novée, et laquelle?

Sur ce point, que nous nous proposons d'examiner, nous avons une contradiction à signaler dans les textes. Trois lois de notre titre ont trait à la question : l. 8, § 4, d'Ulpien; l. 26, de Celsus; l. 32, de Paul. Citons ces textes.

L. 8, § 4 : « *Si decem, quæ mihi Titius debet, aut decem quæ Seius debet,* a Tertio stipulatus fuero, putat Marcellus neutrum liberari, sed Tertium eligere posse pro quo decem solvere velit. »

L. 26 : « Si is, cui decem Titius, quindecim Seius, debebat, ab Attio stipulatus est, *quod ille aut quod ille debeat, dari sibi,* novatum utrumque non est; sed in potestate Attii est, pro quo velit, solvere, et eum liberare. Fingamus autem ita actum, *ut alterutrum daret;* nam alioquin utrumque stipulatus videtur, et utrumque novatum, si novandi animo hoc fiat. »

L. 32 : « Te hominem, et Seium decem mihi dare oportet; stipulor ab altero novandi causa ita, *quod te aut Seium dare oportet;* utrumque novatur. Paulus : merito, quia utrumque in posteriorem deducitur stipulationem. »

Il est facile de voir que ces trois textes ne sont pas d'accord sur notre question. Les deux premiers disent qu'aucune des deux dettes n'est novée; le dernier texte, au contraire, dit qu'elles sont novées l'une et l'autre. Voilà une contradiction flagrante.

En présence d'une antinomie aussi évidente, on a eu recours aux procédés de conciliation énergiques, et on a tâché de lever la difficulté en modifiant le texte de la loi 32. Dans la stipulation prévue par cette loi : *quod te aut Seium dare oportet,* on a remplacé le mot *aut* par le mot *et,* de sorte que le cas prévu par cette loi 32 serait le même que celui que nous avons rencontré dans la loi 34, § 2, du même titre. Mais c'est par trop commode.

Nous ne pensons pas qu'on doive admettre cette altération d'un texte, et nous croyons que l'antinomie peut s'expliquer.

Proposons-nous d'abord de résoudre la question par les principes. Comment résoudre notre question d'après les principes généraux?

Primus m'a promis cent, Secundus m'a promis un esclave. Je stipule ce que m'a promis Primus ou Secundus. Quelle est la nature de l'obligation résultant d'une telle stipulation? C'est ce qu'on appelle en droit une obligation alternative. Or, pour bien saisir la difficulté, il faut voir la nature de l'obligation alternative. Quelle est la nature d'une telle obligation? Par exemple si l'on demandait : Y a-t-il deux objets dans une obligation de ce genre? il faudrait répondre que non. Dans cette espèce d'obligation il n'y a qu'un seul objet. Alors quel est cet objet? Voici ce qu'il faudrait dire : Cette obligation est en quelque sorte conditionnelle. Je suis, en vertu de cette obligation, créancier de l'esclave, si l'on ne me paye pas les cent, créancier des cent, si l'on ne me paye pas l'esclave. L'objet est en suspens : ce sera l'esclave ou les cent; cela dépend ordinairement de l'option du débiteur. En quelque sorte, il y a là deux créances sous une condition contraire. L'obligation alternative est donc une obligation conditionnelle.

Maintenant, cela compris, nous allons revenir à la novation, et nous demander quel effet une telle stipulation peut avoir pour la novation. Eh bien, sur l'effet de la stipulation conditionnelle pour nover, il y a doute chez les anciens auteurs. Gaius le rapporte dans ses *Commentaires*. Plus tard, nous aurons à examiner ce point en détail. Mais dès maintenant nous devons en dire un mot. En effet, de ce que l'obligation alternative portant sur les cent ou sur l'esclave est conditionnelle, il faut bien, quand on examine l'effet d'une telle obligation pour la novation, se demander l'effet d'une stipulation conditionnelle pour la novation. Cent sont dus purement et simplement; ensuite les mêmes cent sont stipulés sous condition : quel est l'effet d'une telle stipulation? C'est là-dessus que porte le désaccord (Gaius, *Comm.* III, § 178). D'après quelques-uns, parmi lesquels Gaius cite Servius Sulpicius, il y avait immédiatement novation. Au contraire, d'après les autres, et c'était l'opinion la plus générale adoptée par Gaius, il n'y avait pas immédiatement novation. Dans l'opinion commune, on disait que la stipulation conditionnelle n'a d'effet pour nover que si la condition s'accomplit. Si donc, créancier de cent, vous les stipulez sous condition, la novation ne s'accomplira que du jour où la condition aura lieu. En d'autres termes, l'ancienne obligation persistera jusqu'à l'arrivée de la condition. Voilà la divergence entre les anciens jurisconsultes sur l'effet novatoire de la stipulation conditionnelle.

Ceci dit, nous pouvons appliquer les mêmes principes à la dette alternative. Ainsi nous les appliquerons au cas où, créancier de Primus et de Secundus, je stipule l'un ou l'autre des deux objets. L'obligation alternative étant conditionnelle, la divergence entre les anciens jurisconsultes va se reproduire ici. D'après Servius Sulpicius, nous dirons qu'il y a immédiatement novation : Primus et Secundus sont libérés. Au contraire, d'après l'opinion des autres, et c'était la majorité, nous dirons que la novation contient une condition, qu'il n'y a aucune novation actuellement : ni Primus, ni Secundus ne sont libérés ; la libération pour l'un ou pour l'autre n'aura lieu qu'au moment de l'option du promettant. C'est cette seconde opinion qu'admettent les lois 8, § 4, et 26 précitées. Au contraire, dans la loi 32, on admet qu'*utrumque novatur*. Mais cette opinion divergente ne doit plus nous étonner, quand, d'après Gaius, nous savons la divergence qui existait entre les anciens auteurs sur les effets de la stipulation conditionnelle *novandi animo*. Il est naturel que la divergence qui s'élevait à propos de la stipulation conditionnelle se rencontre aussi quand il s'agit d'une obligation alternative, qui n'est pas autre chose qu'une obligation conditionnelle.

Ainsi donc il y a antinomie véritable entre les lois prémentionnées. Nous ne tâcherons pas de lever cette antinomie, en corrigeant, en altérant les textes, ni en faisant des hypothèses plus compliquées ; nous nous bornons à l'expliquer.

Mais cette explication proposée, il nous reste encore à nous rendre compte de l'existence de cette antinomie dans le *Digeste*. Comment expliquer que des lois aussi divergentes aient été ainsi admises et même rapprochées dans le *Digeste?* Que faire en pratique si le *Digeste* était encore appliqué aujourd'hui comme dans le Droit écrit? Grâce à nos divers textes du *Digeste*, nous devrions nous diriger d'après l'intention des parties. Et c'est bien raisonnable ; car, en examinant de près les textes contradictoires, nous voyons qu'ils portent sur des hypothèses un peu différentes. Prenons d'abord l'hypothèse des deux lois qui repoussent la novation. Primus m'a promis cent, Secundus son esclave, et je vais stipuler d'une autre personne ce que me doit Primus ou ce que me doit Secundus. Consultez l'intention probable des parties. En l'absence de Primus et de Secundus, il n'est pas probable que j'aie voulu renoncer à l'une des dettes, il est probable au contraire que j'ai voulu garder l'une et l'autre; j'ai voulu toujours pouvoir réclamer cent à l'un des débiteurs, si l'on me donnait l'esclave, ou inversement. Voilà l'hypothèse de la loi 8, § 4, et de la loi 26. Cette décision est parfaitement raisonnable. Maintenant l'hypothèse de la loi 32 est un peu différente. Au lieu d'aller trouver un tiers comme tout à l'heure, le créancier de Primus et Secundus est allé trouver Primus, l'un des débiteurs, et a stipulé de lui les cent qu'il devait ou l'esclave que devait Secundus. Comment interpréter cela? En allant trouver Primus qui était déjà obligé, mon intention a été sans aucun doute que si Primus me donnait l'esclave dû par Secundus, il ne me payerait pas les cent; le contraire serait injuste. J'ai voulu, en agissant ainsi, lui laisser une liberté, et lui donner le droit d payer l'une ou l'autre des choses primitivement dues. Il est naturel qu'on se soit, dans ce cas, rattaché à l'opinion de Servius.

Voilà notre question tranchée; nous l'avons traitée longuement, car elle fait l'objet de trois lois du titre *De novationibus*.

Nous avons vu jusqu'à présent que, dans la novation, la matière de l'ancienne obligation passe dans la nouvelle, celle-ci tirant toute sa matière et son contenu de la première. C'est ici le lieu d'insister sur les conséquences de ce principe.

La nouvelle obligation tirant toute sa matière de l'ancienne obligation, il faut bien que l'ancienne ait existé. Cela semble au premier abord si simple qu'il paraît qu'il n'était pas nécessaire de le dire. Mais cela a une importance capitale qu'il faut essayer de faire ressortir.

Supposons que j'aie dit : Me promettez-vous ce que vous me devez? Cela suppose que vous me deviez déjà quelque chose, cela suppose une dette antérieure. Eh bien, imaginons que cela ne soit pas. Je vous ai dit : Me promettez-vous ce que vous devez? et il ne m'était rien dû, il n'y avait pas de dette antérieure. Êtes-vous obligé? Cette stipulation est-elle valable? Elle ne l'est pas pour nover; mais l'est-elle pour obliger?

Examinons la question au point de vue des principes. Raisonnons en nous plaçant à deux points de vue différents.

Dans un sens on peut dire : Quand je vous ai promis ce que je vous devais, et que je ne vous devais rien, c'est comme si j'avais promis une chose n'existant pas, et en conséquence il faut dire que la stipulation est nulle. Voilà une première manière de voir.

Dans un autre sens on peut dire : Quand je vous promets ce que je ne vous devais pas, n'est-ce pas comme si je vous payais ce que je ne vous devais pas? Il y a évidemment analogie. Or, quand je vous paye ce que je ne vous devais pas, qu'est-ce qui se passe? L'acte est-il nul? Point, il y a *datio* valable : la *condictio indebiti* le prouve. Eh bien, on dit la même chose en cas de promesse de l'indû : il y aura obligation valable. Seulement, de même qu'au cas de payement de l'indû il y a une *condictio indebiti*, de même ici il y aura une *condictio*, pour que les choses soient remises au même état que s'il n'y avait pas eu promesse. Ainsi à côté de la *condictio indebiti soluti* on peut dire qu'il y a une *condictio indebiti promissi* (arg. l. 31, *Dig.*, 12, 6). Ces deux *condictiones* sont assimilées dans plusieurs textes que nous rencontrerons plus tard sur une autre question. Voilà la seconde manière de voir, partagée par des auteurs modernes allemands.

Nous venons d'indiquer les deux points de vue sous lesquels on pouvait envisager la chose. La différence théorique est capitale, mais la différence pratique est peu importante.

Précisons davantage. Quand je vous ai promis ce que je vous devais et que rien ne vous était dû, *quid juris?* La question est controversée : deux systèmes. Le premier système dit : La stipulation est nulle, faute d'objet. Le second système dit, au contraire : La stipulation est valable; seulement il y aura *condictio indebiti promissi*.

Entre ces deux systèmes, lequel faut-il choisir? On ne peut rejeter absolument ni l'un ni l'autre : mais on peut les appliquer l'un et l'autre, suivant une distinction tirée de la formule de la stipulation : distinction bien naturelle quand il s'agit d'interpréter un droit formaliste comme le droit romain. Nous distinguerons donc dans quelle forme la stipulation est intervenue. Premier exemple de stipulation : Sur ma stipulation, vous avez dit : Je vous promets *quidquid ex vendito dare facere oportet* (l. 27, à notre titre); s'il n'y a pas eu vente, la stipulation est entièrement nulle; ici nous appliquons le premier système. Second exemple de stipulation : Sur ma stipulation, au lieu de promettre *quidquid ex vendito*, vous avez dit : Je vous promets *cent sesterces, que je vous devais à titre de vente*; s'il n'y a pas eu vente, la stipulation n'en est pas moins valable, sauf la *condictio indebiti promissi*; alors nous appliquons le second système. Pourquoi la décision est-elle différente ici? C'est que dans ce cas la stipulation a un objet déterminé, elle tient par elle-même; l'adjonction de ces mots : *que je vous devais à titre de vente*, n'empêche pas la stipulation de produire son effet; c'est une *falsa demonstratio* qui n'empêche pas la stipulation d'exister. (Conf. Cujas ad l. 29, *De verb. obligat.*)

Par suite des explications que nous venons de donner, nous voyons dans quel sens il faut une obligation antérieure valable, afin qu'il y ait novation. Faisons un pas de plus. L'obligation antérieure, en supposant qu'elle existe, quelle doit-elle être? quelle peut-être cette obligation que l'on se propose de nover? Répondons qu'en principe toute obligation peut être novée. C'est ce qui résulte d'abord de la loi 1, § 1, à notre titre, où nous lisons, après la définition de la novation : « Illud non interest, qualis præcessit obligatio, utrum naturalis, an civilis, an honoraria; et utrum verbis, an re, an consensu. *Qualiscumque igitur obligatio sit quæ præcessit*, novari verbis potest..... » Ainsi, pour que la novation s'opère, peu importent le caractère et la source de la première obligation : peu importe qu'elle soit naturelle, civile ou prétorienne, qu'elle provienne d'un contrat verbal, réel ou consensuel. Quelle que soit donc l'obligation antécédente, elle peut être novée par des paroles (*verbis*). De même Ulpien, dans la loi 2, à notre titre, nous dit qu'on peut faire entrer dans la novation toute espèce d'obligation et toutes choses : « Omnes res transire in novationem possunt; quodcumque enim sive verbis contractum est, sive non verbis, novari potest, et transire in verborum obligationem *ex quacumque obligatione*..... » Ainsi donc, toute obligation peut être novée. Il semble toutefois que la novation étant un contrat civil devrait surtout intervenir pour les obligations civiles; mais il n'en est pas ainsi : les obligations honoraires, et les obligations naturelles peuvent être novées comme les obligations civiles. Cela est logique. Une obligation même naturelle a un objet; donc elle peut être novée. Elle peut, en effet, fournir une matière à la nouvelle obligation. Aussi Ulpien, l'auteur des deux lois que nous venons de citer, nous montre-t-il ailleurs que l'obligation naturelle de l'esclave et l'obligation naturelle du pupille non autorisé peuvent servir de base à une novation valable, en sorte que la nouvelle promesse n'a pas le caractère d'une donation. Voici comment ce jurisconsulte s'exprime dans la loi 19, § 4, *De donat.* (*Dig.*, 39, 5) : « Si quis servo pecuniam crediderit, deinde is, liber factus, eam *expromiserit*, non erit donatio, sed debiti solutio. Idem in pupillo, qui sine tutoris auctoritate debuerit, dicendum est, si postea tutore auctore promittit. »

En résumé, pour qu'une novation puisse avoir lieu, il faut sans doute qu'il y ait matière à novation, c'est-à-dire une obligation à transformer en une autre. Mais on peut d'ailleurs nover toutes sortes d'obligations, réelles, verbales, littérales ou consensuelles, et même les obligations honoraires et naturelles.

Pour montrer quelle peut être l'étendue de la novation, à combien d'obligations elle peut s'appliquer, nous devons mentionner un texte très-important en cette matière, la formule de la *Aquiliana stipulatio*, que nous avons complète, aux *Institutes* de Justinien (liv. III, t. 29, § 2) : « Est prodita *stipulatio*, nous dit Justinien, quæ vulgo *Aquiliana* appellatur, per quam stipulationem contingit ut omnium rerum obligatio in stipulatum deducatur, et ea per acceptilationem tollatur. Stipulatio enim Aquiliana novat omnes obligationes et à Gallo Aquilio ita composita est : « Quidquid « te mihi ex quacumque causa dare facere oportet, oportebit, « præsens in diemve; quarumque rerum mihi tecum actio, quæque « adversus te petitio vel adversus te persecutio est eritve, quodve « tu meum habes, tenes possidesve, dolove malo fecisti quominus « possideas : quanti quæque earum rerum res erit; tantam pecu- « niam dari stipulatus est Aulus Agerius, spopondit Numerius Negi- « dius. Item ex diverso Numerius Negidius interrogavit Aulum Age-

« rium : Quidquid tibi hodierno die per Aquilianam stipulationem « spopondi, id omne habesne acceptum? Respondit Aulus Agerius : « Habeo, acceptumque tuli. » (Conf. Florentinus, l. 18, *Dig.*, *De accept.* (46, 4.)

Aquilius Gallus, jurisconsulte distingué, habile surtout dans l'art de rédiger les formules, comme l'attestent sa formule *De dolo malo*, regardée par Cicéron, dont il était le collègue et l'ami, comme un remède à toutes les fraudes; « everriculum omnium malitiarum » (*De officiis*, 3), et la formule qu'il inventa pour permettre l'institution du petit-fils naissant héritier sien après la mort de son grand-père (l. 29, pr., *De liberis et posthumis*), fut aussi l'auteur de celle-ci, à laquelle il donna son nom.

Cette formule est intéressante à étudier au point de vue de la novation et de l'acceptilation. La stipulation aquilienne avait pour objet de nover toutes espèces d'obligations d'un seul coup et par une seule formule. Par exemple, il y a un rapport d'affaires entre nous : une foule d'obligations sont nées de ce rapport. Eh bien ! je vais vous trouver et je vous dis : Toutes ces obligations, me les promettez-vous? Quelle est l'utilité de cette formule? D'abord elle présente de l'utilité au point de vue de la novation, en ce qu'elle permet de réunir par la novation plusieurs obligations en une seule et de simplifier ainsi les rapports existant entre deux parties. Ensuite elle présente de l'utilité au point de vue de l'acceptilation, en ce qu'elle permet d'appliquer l'acceptilation (qui de sa nature était exclusivement applicable aux obligations contractées *verbis*) à toutes espèces d'obligations (*omnibus causis*). Voilà l'utilité pratique de la stipulation aquilienne.

Il nous faut maintenant remarquer quel soin et quelle précision Aquilius Gallus a mis pour que sa formule embrassât tous les droits possibles : *causa* est l'expression générique; *oportet, oportebit* embrasse le présent et l'avenir; *præsens in diemve* est relatif à la modalité des dettes à terme. Maintenant nous savons d'après Ulpien (l. 178, § 2, *De verb. signif.*) le sens de ces trois termes : *actio, petitio, persecutio*; *actio* signifie l'action *in personam*, *petitio* l'action *in rem*, *persecutio* toute *cognitio extraordinaria*; enfin quant aux trois mots : *habes, tenes, possidesve*, pour attribuer à chacun une portée différente, nous dirons que *habes* a trait à la vindication proprement dite (M. Ortolan), *tenes* à la simple prétention, *possides* à la possession civile.

Remarquons encore, sur cette formule, qu'elle a de l'analogie avec les formules d'actions : *quidquid dare facere oportet, quanti ea res erit.* C'est une preuve de plus de l'analogie qui existe entre la novation et la litiscontestation ; dans un cas comme dans l'autre c'est un droit qui est transformé.

Cette analogie nous permettra peut-être de nous rendre compte d'une particularité remarquable qui se rencontre dans cette formule. En effet, Aquilius Gallus semble indiquer dans sa formule que les droits réels pourront, aussi bien que les droits personnels, être transformés en une obligation naissant d'une stipulation, laquelle sera ensuite éteinte par l'acceptilation. Comment appliquer la novation à des droits réels? Cela semble bien bizarre. En effet, il y a un abîme entre les droits réels et les droits personnels ; ils ne peuvent ni s'acquérir ni se perdre de la même manière ; un droit de propriété ne peut ni s'acquérir ni se perdre par stipulation : la stipulation est bonne seulement pour les droits d'obligation. Voilà les principes du droit romain. Puisque ces principes sont constants, comment se peut-il donc qu'Aquilius Gallus ait mis dans sa formule les actions réelles à côté des actions personnelles? Pour expliquer cela, il faut se rappeler l'analogie qui existe entre la stipulation aquilienne et la litiscontestation. Si un droit réel est revendiqué, ce droit réel sera transformé, et pour ainsi dire nové en une certaine somme ; une sorte de droit personnel sera acquis : la condamnation a lieu en argent. Cela admis, comme tout droit, même réel, peut faire l'objet de la litiscontestation, qui le transforme et le nove, ne peut-il pas aussi faire l'objet de la stipulation aquilienne, qui tient la place de la *litiscontestatio,* puisqu'elle est faite pour éviter tout débat et pour écarter les procès? Évidemment, la *litiscontestatio* étant remplacée par la stipulation aquilienne, celle-ci pourra naturellement absorber et empêcher par avance tous les procès qu'on aurait pu intenter au moyen d'actions tant réelles que personnelles. Maintenant quelle sera la position de celui qui, ayant bien des réclamations à exercer contre son débiteur qui détient en outre un de ses immeubles, fait la stipulation aquilienne avec ce débiteur? Pourra-t-il perdre par là son droit de propriété?

Nous ne le pensons pas. Tout ce qu'il aura perdu, c'est la revendication contre ce débiteur; mais il pourrait revendiquer l'immeuble contre d'autres. Son droit de propriété existe encore à l'égard des autres, mais il est perdu à l'égard du débiteur, quand il y a eu stipulation aquilienne suivie d'acceptilation. (Comp. Étienne, *Instit. expliq.*, t. II, p. 246.)

Lorsque nous nous sommes demandé en principe quelles obligations pouvaient être novées, nous avons répondu d'une manière générale, en nous appuyant sur les termes généraux de la loi 1, § 1, et de la loi 2, à notre titre, que toute espèce d'obligation pouvait faire l'objet d'une novation valable. La loi 2 porte, en effet : « *Omnes res transire in novationem possunt* ; » toutes choses, c'est-à-dire toutes matières, peuvent passer d'une obligation dans une autre. Telle est la règle générale. Cependant cette règle, malgré sa généralité, souffre quelques exceptions, comme le prouve la loi 4 à notre titre. En effet, il y a certaines matières qui ne peuvent subir de déplacement sans se dénaturer, il y a certains objets qui ne peuvent subir le transfert d'une obligation dans une autre sans être modifiés; or, pour ces matières, pour ces objets, la novation est impossible, car elle suppose qu'en passant d'une obligation dans une autre, la matière reste intacte, que le *debitum* reste le même dans les deux obligations. Si donc la matière ne peut rester intacte, il n'y a pas de novation possible.

Le cas prévu par la loi 4 suppose qu'il s'agit d'une de ces matières.

Ulpien s'exprime ainsi dans cette loi : « Si ususfructus debitorem meum delegavero tibi, non novetur obligatio mea (voyez sur ce point la note de Pothier, *De novat.*, n° XVI), quamvis, exceptione doli vel in factum, tutus debeat esse adversus me is qui delegatus fuerit; et non solum donec manet ejus ususfructus cui delegavi, sed etiam post interitum ejus videbimus; quia etiam hoc incommodum sentit, si post mortem meam maneat ei ususfructus; et hæc eadem dicenda sunt in qualibet obligatione personæ cohærenti. »

Traduisons ce texte : « Si je vous délègue mon débiteur d'un usufruit, mon obligation n'est point novée, quoique, par l'exception *doli* ou l'exception *in factum*, le délégué soit protégé contre moi; et non-seulement pendant que l'usufruit demeure au délégataire, mais encore après la mort de celui-ci. Pourquoi? parce que le débiteur délégué souffre un dommage si, après ma mort, l'usufruit subsiste au profit du délégataire: et ce que nous venons de dire relativement à l'usufruit, il faut le dire relativement à toute obligation attachée à la personne. »

Ce texte prévoit l'hypothèse d'une délégation. Il y a délégation notamment quand vous dites à votre débiteur d'aller promettre à Tertius ce qu'il vous doit; s'il va promettre, il y a novation : il y a là, en effet, *translatio debiti*. Ceci dit, voici l'espèce de la loi précitée : Vous m'avez promis l'usufruit du fonds cornélien, et je vous dis : Allez promettre cet usufruit à Tertius. Supposons que cela s'accomplisse. Vous qui m'avez promis l'usufruit du fonds cornélien, vous allez trouver Tertius et lui dire : Je vous promets l'usufruit du fonds cornélien. Il semble bien qu'il y a là novation. La même chose que vous m'avez promise à moi, il semble que vous la promettez à Tertius. Y a-t-il donc là novation? Non, dit Ulpien. Et pourquoi n'y a-t-il pas novation? Voici sans doute la pensée d'Ulpien : Dans la forme vous avez bien promis à Tertius la même chose qu'à moi, mais au fond vous ne lui avez pas promis la même chose qu'à moi. En effet, l'usufruit que vous m'avez promis est attaché à ma personne, il est individuel, il durera autant que moi. Au contraire, l'usufruit que vous avez promis à Tertius se mesurera sur sa vie, durera autant que lui. Ce sera donc tout autre chose; c'est la même chose dans la forme, au fond, c'est une chose toute différente. La novation ne peut donc s'accomplir; *non novetur obligatio mea*... Qu'arrivera-t-il donc? Notez qu'il s'agit ici d'une créance d'usufruit et d'une simple promesse d'usufruit; et c'est parce que l'usufruit de l'un diffère nécessairement de celui de l'autre, qu'il n'y a pas novation. Qu'en résulte-t-il? Il résulte de l'impossibilité de la novation dans cette espèce que ma créance n'est pas éteinte, que je conserve ma créance; mais, d'un autre côté, la promesse faite à Tertius est valable en elle-même, quoiqu'elle ne puisse opérer novation de la créance qui existe à mon profit. Voici maintenant notre question : Faut-il admettre la coexistence de deux dettes à la charge du débiteur? Débiteur d'usufruit envers moi et envers Tertius, il y a, ce semble, deux créances d'usufruit. Voilà, en effet, ce qui résulterait de ce qu'il n'y a pas novation dans notre hypothèse, si nous appliquions le droit strict. Mais telle n'est pas l'intention des parties. Quand je vous ai dit : Allez promettre à Tertius l'usufruit que vous me devez, j'ai voulu abandonner mon usufruit. Si la remise de mon usufruit ne résulte pas de la novation, elle résulte de ma volonté. En conséquence, si je vais vous demander mon usufruit, disant qu'il n'est pas nové, vous m'opposerez l'exception de pacte de remise tacite : « Quamvis exceptione doli vel in factum tutus debeat esse adversus me is qui delegatus fuerit, » dit Ulpien. Ainsi l'exception de dol ou *in factum* protége le délégué; qu'est-ce à dire? Voici comment il faut entendre cela. Le délégué poursuivi par ma *condictio* m'opposera l'exception de dol; il me dira : Il y a dol de votre part à me demander l'usufruit, parce que, quand vous m'avez envoyé promettre cet usufruit à Tertius, vous avez voulu abandonner votre droit; n'abusez donc pas du formalisme. Ou bien le délégué, par moi poursuivi, m'opposera l'exception *in factum*; elle aura cet avantage que, si elle est insérée dans la formule, le juge ne pourra s'y méprendre. Cette exception se formulera à peu près ainsi : *Si je n'ai pas promis l'usufruit du fonds cornélien par ton ordre.* Jusqu'ici il n'y a rien que de très-simple. Mais voici le difficile. L'exception de dol est possible. Cela se conçoit tant que Tertius, le délégataire, est en vie. Mais supposez qu'il soit mort. Ne puis-je pas, moi déléguant, venir dire au délégué : Fournissez-moi mon droit d'usufruit qui n'a pas été nové. Tertius vivant tenait ma place; mais, une fois Tertius mort, reste mon droit. Vous ne pouvez m'opposer l'exception de dol, et dire que je vous fais tort, car vous n'êtes plus tenu de servir l'usufruit à Tertius. Ulpien répond péremptoirement à ce raisonnement. « Voyons, dit-il, si l[a] même exception n'est pas appliquable après la mort de Tertius. » Et il répond qu'elle s'applique. Alors même que Tertius est mort, la même exception subsiste contre moi, exception de pacte ou de dol. Dans ce cas, en effet, vous pourrez me dire que je vous cause un dommage; vous me tiendrez ce langage : Tertius est mort avant vous, c'est vrai; mais Tertius aurait pu vous survivre. Or, si Tertius était devenu très-vieux, n'aurais-je pas été obligé de lui servir l'usufruit jusqu'à sa mort? Évidemment, car il y avait promesse de ma part; j'avais donc cette mauvaise chance de voir ma dette d'usufruit s'aggraver. Eh bien, de même je dois avoir la bonne chance, je dois profiter de ce que Tertius est mort avant vous. Ulpien exprime cela brièvement : « Et non solum, dit-il, donec manet ejus ususfructus, cui delegavi, sed etiam post interitum ejus videbimus, quia etiam hoc incommodum sentit, si post mortem meam maneat ejus ususfructus. » Il en est ainsi parce qu'il faut, pour que les positions soient égales, que là où est l'*incommodum*, là aussi soit le *commodum*. En résumé, une fois que je vous aurai délégué à Tertius, il n'y aura pas novation de ma créance d'usufruit, mais vous pourrez opposer à ma demande de cet usufruit une exception; vous le pourrez, non-seulement pendant la vie de Tertius, ce qui est incontestable, mais même après la mort de Tertius, ce qui est équitable.

A la fin du texte, Ulpien ajoute : « Et hæc eadem dicenda sunt in qualibet obligatione personæ cohærenti; » il faut appliquer les mêmes principes à toutes les obligations analogues, *quæ personæ cohærent*. Ainsi, je suis votre créancier d'un droit d'usage, d'une rente viagère, de services personnels; je vous dis : Allez promettre à Tertius ce que vous me devez; vous le faites : il n'y aura pas novation, car ces obligations changeraient en passant d'une personne à une autre : il n'y aurait pas *translatio debiti*; seulement, s'il n'y a pas novation, il y aura extinction *exceptionis ope*, d'après l'intention des parties.

La doctrine émise laconiquement par Ulpien dans le texte précité prouve de la manière la plus positive la vérité de notre principe sur la matière de la novation, à savoir que, pour que la novation puisse avoir lieu, il faut qu'il y ait *idem debitum*, identité d'objet dans la première et dans la seconde obligation. En effet, dans l'espèce prévue par Ulpien, les parties ont voulu éteindre une ancienne obligation; faire novation, elles l'ont voulu, puisque les formes usitées pour arriver à ce résultat ont été employées; où donc se trouvait l'obstacle qui a empêché la novation d'avoir lieu? C'est évidemment dans l'objet de la dette qu'il s'agissait de nover.

Revenons maintenant sur la nécessité d'une ancienne obligation juridiquement valable pour que la novation soit possible. Il faut, avons-nous dit, une ancienne obligation qui donne sa matière à la nouvelle. Une question nous reste à examiner : Faut-il que cette ancienne obligation soit actuelle ? ou bien peut-elle être à terme, ou conditionnelle, ou même future ?

Occupons-nous successivement de l'obligation à terme, de l'obligation conditonnelle, de l'obligation future, et voyons si ces diverses espèces d'obligations peuvent être novées.

Et d'abord l'obligation à terme peut-elle être novée ? Ainsi je vous ai promis un esclave que je ne dois vous livrer qu'au bout de l'an. Mon obligation est à terme. Pourrai-je la nover aujourd'hui ? Oui, évidemment. Pas de difficulté sur ce point. Cette obligation, je pourrais vous la payer aujourd'hui, et je n'aurais pas la *condictio indebiti*, puisqu'à ce point de vue l'obligation est actuelle (loi 10, *Dig.*, 12, 6). Or, la novation n'étant qu'un payement, une novation actuelle est donc possible. C'est ce que dit la loi 5, à notre titre, ainsi conçue : « In diem obligatio, dit Ulpien, novari potest, et priusquam dies advenerit. Et generaliter constat et stipulatione in diem facta novationem contingere, sed non statim ex ea stipulatione agi posse, antequam dies venerit. » Ainsi une obligation à terme peut être novée, même avant que le terme soit arrivé. Seulement voici la question qui se présente : Si cet esclave que je vous dois comme vendeur au bout de l'an, je vous le promets aujourd'hui, suis-je tenu de vous le livrer aujourd'hui ? ou bien le terme du bout de l'an est-il transféré de l'ancienne obligation dans la nouvelle ? autrement dit, ai-je le terme du bout de l'an pour l'action *ex stipulatu*, comme je l'avais pour l'action *ex empto ?* Cette question importante est résolue différemment dans les textes. La novation a lieu *statim*, dit la loi 8, à notre titre, qui est d'Ulpien. Au contraire, le même Ulpien nous dit dans la loi 47, *De verb. obligat.* (*Dig.*, 45, 1) : « Qui sic stipulatur : *Quod te mihi illis kalendis dare oportet*, id dare *spondes ?* videtur non hodie stipulari, sed sua die, hoc est kalendis. » D'après ce dernier texte, la novation n'a pas lieu pour aujourd'hui, mais pour les kalendes. Comment lever cette antinomie ? On pourrait peut-être dire qu'il y a là une question d'intention. Mais cela nous semble douteux, car dans la loi 47 le jurisconsulte semble tirer la solution de la formule même de la stipulation. Nous croyons que c'est à ce point de vue qu'il faut se placer, et que c'est de la formule employée pour faire la novation qu'on doit tirer la solution de notre question. La novation peut être faite de façons différentes. Quand je vous promets ce que je vous dois en vertu de la vente, il y a deux manières de le faire; je puis vous promettre *quidquid ex empto dare facere oportet*, ou bien *servum Stichum dare*. Si je vous promets *quidquid...*, qu'est-ce qui entre dans la stipulation? C'est mon obligation de vendeur avec ses accessoires. L'obligation de vendeur est-elle à terme, de même l'obligation *ex stipulatu* sera aussi à terme. Si, au contraire, j'ai promis, au lieu de *quidquid*, mon esclave Stichus, *servum Stichum*, dans ce cas, vous pourrez me demander cet esclave immédiatement, car alors l'obligation n'est plus celle *ex empto* avec tous ses tempéraments, mais l'obligation nouvelle porte uniquement sur l'esclave Stichus, et dès lors on conçoit que le terme ne passe pas dans l'obligation nouvelle *ex stipulatu*. Voilà une explication qui concilie assez bien la loi 8, § 1, à notre titre, et la loi 47, *De verb. obligat.*

Arrivons maintenant à l'obligation conditionnelle. Ce que nous avons dit de l'obligation à terme peut-il s'appliquer à l'obligation conditionnelle? Primus m'a promis un esclave, *si navis ex Asia venerit*. Puis-je aller trouver Secundus et lui dire : Me promets-tu ce que Primus me doit? Si nous faisions ici l'application de ce que nous avons dit relativement à l'obligation à terme, il n'y aurait pas de difficulté pour l'affirmative; mais il y a différence entre l'obligation à terme et l'obligation conditionnelle. Nous avons dit que pour l'obligation à terme, il y avait *debitum* actuel, en ce sens que le payement était valable, qu'il n'y avait pas répétition. Au contraire, pour l'obligation conditionnelle, *tantum spes est debitum iri*; il n'y a pas encore *debitum*, en ce sens que celui qui paye ce qu'il ne doit que sous condition, celui-là paye *indebitum*, et par conséquent il peut répéter (l. 18, *De cond. indeb.*, *Dig.*, 12, 6). Aussi bien, dans notre espèce, Primus, mon débiteur sous condition, n'est pas actuellement obligé. Que décider donc si, allant aujourd'hui trouver Secundus, je lui ai dit : Me promettez-vous ce que Primus me doit? Il semble qu'on pourrait dire que la novation est nulle, car Primus ne doit rien pour le moment. On n'est pas allé jusque-là; on s'est borné à dire que la novation serait conditionnelle. Ainsi Secundus a promis ce que Primus avait promis sous condition; l'obligation de Secundus n'est pas nulle, mais elle est subordonnée à la même condition que celle de Primus. Cela est juste. En effet, Secundus ne pourra pas objecter qu'il a promis ce que devait Primus, quand il n'était rien dû par Primus. Au surplus, il est logique de sous-entendre dans l'obligation de Secundus la condition qui se trouvait dans l'obligation Primus. Eh bien, supposons que la condition arrive, que le navire touche au port; alors deux effets se produisent : Primus deviendra débiteur, et au même moment il y aura novation; la dette venant de naître sur sa tête passera sur la tête de Secundus. Voici le double effet de l'arrivée du navire : d'une part naissance de l'obligation de Primus, d'autre part transfert de cette obligation sur la tête de Secundus. C'est ce qu'explique Ulpien dans la loi 14, § 1, à notre titre : « Sed si, quod sub conditione debetur, pure quis novandi causa stipuletur, nec nunc quidem statim novat, licet pura stipulatio aliquid egisse videatur, sed tunc novabit, quum exstiterit conditio; etenim existens conditio primam stipulationem committit, commissamque in secundam transfert. Et ideo si forte persona promissoris pendente conditione fuerit deportata, Marcellus scribit, ne quidem existente conditione ullam contingere novationem, quoniam nunc, quum exstitit conditio, non est personæ, quæ obligetur. »

Ainsi il n'y a pas de novation actuelle quand quelqu'un stipule purement ce qui était dû sous condition. Cependant la stipulation pure et simple va faire quelque chose alors que la condition sera accomplie, car la condition en s'accomplissant donne effet, donne naissance à la première obligation, et en même temps, cette obligation une fois née, elle la transfère en une seconde : « *Etenim existens conditio primam stipulationem committit, commisamque in secundam transfert.* » Voilà ce que nous décidons pour l'obligation conditionnelle, du moins dans l'espèce indiquée ci-dessus, car tout à l'heure des difficultés vont surgir. Dans notre espèce, il y a novation à l'arrivée du navire, c'est-à-dire quand il y aura naissance de l'obligation primitive.

Maintenant, pour qu'une condition puisse se réaliser, il faut le concours de certaines circonstances. En effet, c'est au moment où la condition s'accomplit que tout est censé prendre naissance; jusque-là tout est suspendu. Or, puisque la novation a lieu seulement à l'arrivée de la condition, il faut que les éléments du contrat existent au moment de l'arrivée de la condition. Il en est de la novation comme de tout autre contrat. Ainsi, s'il y a eu vente *si navis ex Asia venerit*, il faut une chose et des parties capables à l'événement de la condition; si la chose était périe, s'il y avait eu mort civile d'une des parties, il n'y aurait pas vente : les éléments feraient défaut. Eh bien, de même ici de la stipulation *novandi animo*. Il faut qu'au moment où le navire arrive d'Asie nous ayons les éléments essentiels de la novation. Voyons comment ils pourraient manquer. Ils manqueraient, dans l'hypothèse que nous avons formée en commençant, si l'une des parties avait été frappée de mort civile *pendente conditione*. Primus ou Secundus ont subi la déportation, il n'y a pas de novation possible. Examinons les deux cas. D'abord, c'est Primus qui a subi la déportation, il n'est plus capable au moment où le navire arrive d'Asie, la novation ne pourra pas s'accomplir. Pourtant Secundus est capable, et dès lors il semble qu'on pourrait dire que Secundus est obligé. Point. Primus se trouvant hors d'état d'être obligé à l'événement de la condition, l'obligation à nover ne peut plus s'accomplir, et par conséquent, cette obligation ne pouvant pas naître sur la tête de Primus, elle ne peut passer sur celle de Secundus. Si nous supposons, au contraire, que c'est Secundus qui est incapable à l'arrivée de la condition, l'obligation prend bien naissance sur la tête de Primus, mais elle reste fixée sur lui, puisque Secundus est incapable d'être obligé. En résumé, l'arrivée de la condition, l'arrivée du navire, devait produire deux effets : faire naître et transférer l'obligation. Il fallait pour ces deux effets que Primus et Secundus fussent capables à l'époque où la condition se réalise; si donc l'un d'eux est incapable à cette époque, il n'y a pas de novation possible. Voilà, croyons-nous, l'espèce prévue par Ulpien dans la fin du texte précité. « Si, dit-il, la personne du promettant a subi la déportation, pendant que la condition était en suspens, Marcellus écrit que, la condition existât-elle, il n'y aura pas novation, parce qu'alors que la condition existe, il n'y a pas de personne qui soit obligée. » Ce qui fait l'intérêt de l'hypothèse sur laquelle nous avons raisonné jusqu'ici, c'est que l'assertion d'Ulpien se réalise, quelle que soit la personne (Primus ou Secundus) devenue incapable *pendente conditione novationis*.

La loi 8, § 1, à notre titre, applique aux legs conditionnels la solution que nous venons de donner en principe pour les obligations conditionnelles en général. Citons ce texte auquel nous avons déjà eu l'occasion de faire allusion à propos de l'obligation à terme : « Legata vel fideicommissa, dit Ulpien, si in stipulationem fuerint deducta, *et hoc actum sit ut novetur,* fiet novatio; si quidem pure vel in diem fuerint relicta, statim; si vero sub conditione, non statim, sed ubi conditio exstiterit... » Ainsi donc l'obligation conditionnelle *ex legato* peut faire l'objet d'une novation. Ulpien, voulant montrer qu'on peut nover une obligation conditionnelle, semble avoir choisi à dessein cet exemple du legs ou du fidéicommis conditionnel, car il prend encore le même exemple dans d'autres textes, notamment dans la loi 4, *De transact.* (*Dig.*, 2, 15), où nous lisons : « ... Etiam legata sub conditione relicta in stipulationem Aquilianam deducuntur. » (Nous nous en tenons aux savantes explications de M. Bufnoir, *Théorie de la condition,* sur un autre texte embarrassant du même Ulpien, l. 41, *Dig.*, *De condit. et demonst.*, 35, 1.) — Pourquoi choisir de préférence l'exemple du legs conditionnel? C'est, il semble, qu'on pouvait élever ici une difficulté n'existant pas pour les autres obligations conditionnelles. Voici le raisonnement qu'on pouvait faire. On pouvait dire : S'il est permis de nover, *pendente conditione,* une obligation conditionnelle *ex contractu*, c'est que la condition une fois accomplie, il y a rétroactivité, et par suite l'obligation est censée avoir existé au moment où la novation est intervenue. La novation n'a donc pas frappé dans le vide : la condition accomplie, il y a fiction de rétroactivité. Or cette fiction de rétroactivité n'est pas applicable en matière de legs ou de fidéicommis conditionnels; ici la condition rend le legs ou le fidéicommis quelque chose d'exclusivement *futur,* le legs sous condition ne prend naissance dans la force du terme qu'à l'arrivée de la condition, de sorte que quand il y novation d'un legs conditionnel, c'est nover, en apparence, le néant. Voilà pourquoi les jurisconsultes ont pris soin de dire qu'il y avait novation possible d'un legs conditionnel. Tel est le raisonnement qu'on aurait pu tenir.

Nous croyons qu'il faut repousser le raisonnement qui rattache la possibilité de nover une obligation conditionnelle à la rétroactivité attribuée à l'accomplissement de la condition. Aussi bien il faut dire qu'on peut nover non-seulement une obligation conditionnelle, mais même une obligation complétement future, c'est-à-dire une obligation dont aucune fiction de rétroactivité ne fait remonter l'existence à une époque antérieure à celle à laquelle elle est née.

Qu'on puisse nover une obligation, même future, cela se conçoit, puisque la novation se faisant en forme de stipulation peut prendre toutes les modalités possibles. Au surplus, nous avons à cet égard un texte précis d'Ulpien, la loi 8, § 2, à notre titre. Immédiatement après l'exemple du legs ou du fidéicommis conditionnel, Ulpien nous donne l'exemple d'une obligation future. Voici ce texte :

« Si quis ita stipulatus a Seio sit : Quod a Titio stipulatus fuero, dare spondes? an si postea a Titio stipulatus sim, fiat novatio, solusque teneatur Seius? *Et ait Celsus :* novationem fieri, *si modo id actum sit ut novetur :* id est, ut Seius debeat quod Titius promisit. Nam eodem tempore et impleri prioris stipulationis conditionem, et novari *ait*. Eoque jure utimur. »

L'espèce est assez simple. Vous avez un agent d'affaires, un intendant, Titius; je vous dis : Tout ce que je stipulerai de Titius, me le promettez-vous? Vous répondez : oui. Notez qu'il n'y a encore rien de stipulé au moment où la promesse intervient. Alors voici ce qui va se passer. Toutes les fois que je stipulerai quelque chose de Titius, votre intendant, l'obligation, en prenant naissance sur la tête de Titius, passera à l'instant sur la vôtre. Titius jouera uniquement le rôle d'un figurant, car il ne sera pas tenu un simple instant de raison, puisque l'obligation, au moment où elle prendra naissance sur sa tête, passera immédiatement sur la vôtre. Cette hypothèse paraît bien bizarre au premier abord. Il fallait sans doute l'esprit subtil des jurisconsultes romains pour la découvrir. Ulpien pourtant à la fin du texte précité s'appuie sur les anciens jurisconsultes, puisqu'il dit : c'est l'usage (*eoque jure utimur*). En effet, cette combinaison, bien qu'en apparence bizarre, était très-logique et fort pratique : on suppléait par là à une lacune de la législation romaine, qui admettait difficilement la représentation. A Rome, personne ne l'ignore, on n'admettait en principe ni la promesse ni la stipulation pour autrui, d'où la conséquence qu'à Rome le mandataire ne représente pas le mandant, en ce sens que c'est lui qui devient créancier et que c'est lui qui s'oblige. Le mandataire, disons-nous, est obligé, il n'oblige pas le mandant; retenons seulement cela. Or il y avait de grands inconvénients à cela. Par exemple, moi mandant, je puis avoir beaucoup de crédit, tandis que mon mandataire, ordinairement un affranchi, aura peu de crédit; j'aurais donc tout intérêt à pouvoir être représenté par mon mandataire, puisque alors il jouirait de mon crédit. Comment donc constituer un mandataire obligeant le mandant, comme aujourd'hui? Cela fut possible de bonne heure pour les affaires commerciales : l'*actio exercitoria* et l'*actio institoria* le prouvent. Mais en dehors de ces cas exceptionnels, il y avait aussi possibilité à cela par le système de novation indiqué par Ulpien. Avant de partir en voyage, je dis à un tiers : Tout ce que vous stipulerez de mon gérant d'affaires, je vous le promets. Alors le tiers, en stipulant de mon mandataire, acquérait action non contre le mandataire, mais bien contre moi, et par suite je ne perdais pas mon crédit. C'était un moyen commode qui devait être fort usité en pratique, ainsi que l'atteste Ulpien dans notre loi 8, § 2, *in fine*.

Voilà comment on peut prendre pour objet de la novation même une dette future.

Tous les cas annoncés ont été parcourus; nous savons mainte-qu'on peut nover l'obligation à terme, l'obligation conditionnelle, l'obligation future, aussi bien que l'obligation actuelle.

Après avoir posé le principe que sans obligation antérieure il n'y a pas de novation possible, et après avoir donné tous les développements que comporte ce principe, nous nous proposons de montrer la contre-partie de ce principe, à savoir que, là où une obligation antérieure existe, il n'y a pas toujours novation résultant de la stipulation qui intervient après.

La loi 6, § 1, d'Ulpien, et loi 7 de Pomponius, à notre titre, prouvent ce que nous venons d'annoncer. Voici ces deux textes :

L. 6, § 1. « Cum pecuniam dedit quis sine stipulatione, et ex continenti fecit stipulationem, *unus contractus est*. Idem erit dicendum, et si ante stipulatio facta est, mox pecunia numerata sit. »

L. 7, § 1. « Cum enim pecunia mutua data stipulamur, *non puto obligationem numeratione nasci, et deinde eam stipulatione novari : quia id agitur ut sola stipulaito teneat, et magis implendæ stipulationis gratia numeratio intelligenda est fieri.* »

Rapprochez de la doctrine contenue dans ces deux lois ce que dit Paul dans la loi 126, § 2, *De verb. obligat.* (*Dig.*, 45, 1) : « Quoties pecuniam mutuam dantes, eamdem stipulamur, *non duæ obligationes nascuntur, sed una verborum.* » Dans un instant, nous aurons à étudier cette dernière loi dans son ensemble.

L'espèce prévue par ces textes est fort simple. Je vous ai prêté de l'argent, ensuite je stipule de vous la restitution de cet argent; y aura-t-il novation? Il faut distinguer. Si après la numération des deniers, et un certain intervalle écoulé, je stipule de vous la somme prêtée, il y aura ici deux obligations successives dont l'une a nové l'autre : la seconde obligation, c'est-à-dire celle résultant de la stipulation, aura remplacé la première, produite par la numération des deniers; en un mot, il y aura novation. Cela, notons-le bien, s'opérera ainsi, si le prêt et la stipulation se sont succédé avec intervalle. Mais il est possible que les choses se passent autrement. La stipulation peut avoir lieu en même temps que le prêt, que la numération des deniers. Ici, disent les textes précités, il n'y a pas deux obligations, l'une *ex mutuo*, l'autre *ex stipulatu*, mais une seule *ex stipulatu*, car les deux opérations sont bien concomitantes : dans ce cas donc pas de novation. Donnons la traduction des deux lois de notre titre : « Lorsque quelqu'un, nous dit Ulpien (l. 6, § 1), a prêté de l'argent sans stipulation, et qu'incontinent il a fait une stipulation, il n'y a qu'un seul contrat (*unus contractus est*)... » « Car, nous dit à son tour Pomponius (l. 7), lorsqu'après un prêt effectué, nous stipulons, je ne pense pas qu'une obligation naisse de la numération pour être ensuite novée par la stipulation, parce que l'intention des parties, c'est qu'il y ait obligation seulement en vertu de la stipulation ; la numération est plutôt faite pour motiver la stipulation que pour produire un contrat spécial. » Voilà nos deux lois expliquées. La décision est raisonnable, et de plus elle est conforme à l'intention des parties. Quand je vous compte les deniers, il y a bien dans ce fait la cause d'un *mutuum*; mais pour que le *mutuum* se réalise, il faut avoir l'intention de faire un *mutuum*; or telle n'a pas été, dans l'hypothèse de nos lois, l'intention des parties. Dans l'espèce, elles n'ont pas voulu faire un *mutuum*, elles ont eu uniquement en vue la stipulation : *Id agitur*, dit Pomponius, *ut sola stipulatio teneat.* Il n'y a donc pas deux contrats, mais un seul : *Unus contractus est*, dit Ulpien.

Insistons un peu sur ce point : *unus contractus est*, q[illegible]-ce à dire? Dans cette assertion, il y en a deux; dans ces mots : *unus contractus est*, il y a deux assertions implicites :

1° Vous avez prêté et stipulé, vous n'avez pas deux actions : action *ex stipulatu*, action *ex mutuo*; vous n'avez qu'une *actio ex stipulatu*, et pas de *condictio ex mutuo*.

2° Vous avez prêté et stipulé, il n'y a pas eu deux contrats successifs, d'abord *ex mutuo*, puis *ex stipulatu*; jamais il n'y a eu de contrat *ex mutuo*; il n'y a jamais eu, à aucune époque, d'action *ex mutuo*, puisqu'on n'a pas voulu la faire naître.

Voilà les deux assertions contenues dans ces mots : *unus contractus est*; elles peuvent se résumer ainsi : 1° Il n'y a pas d'action *ex mutuo*; 2° il n'y en a jamais eu.

Tout cela est facile à comprendre en théorie. Mais quelle est l'utilité de la décision, de nos deux décisions? Ceci est beaucoup plus difficile à expliquer. Essayons pourtant de le faire. Reprenons les deux assertions signalées et montrons l'intérêt pratique qu'elles présentent.

(*a*) — D'abord, avons-nous dit, il n'y a pas d'action *ex mutuo* : il y a seulement action *ex stipulatu*. A quoi bon dire cela? L'action ne sera-t-elle pas toujours la même? ne sera-ce pas toujours la *condictio certæ pecuniæ*? Pourquoi donc se demander s'il y a *mutuum* ou *stipulatio*? Voici l'intérêt. Il consiste en ce que la position du créancier n'est pas tout à fait la même dans les deux cas. Le créancier n'agit pas de la même manière et avec le même droit selon qu'il invoque le *mutuum* ou la *stipulatio*. On peut signaler à cet égard trois différences très-délicates.

1° Y a-t-il action *ex mutuo*, il faudra prouver la numération des espèces. Au contraire, y a-t-il action *ex stipulatu*, il faudra prouver seulement la stipulation. Or, prouver la *stipulatio* est beaucoup plus facile que de prouver la *datio*, car alors la preuve de la propriété est nécessaire. Cette différence remarquable n'est pas toujours si absolue, car le demandeur qui invoque la stipulation pourra se voir opposer par le défendeur l'exception *non numeratæ pecuniæ*, et alors aussi il y aura nécessité pour le demandeur de prouver, outre la stipulation, la numération. La situation du demandeur *ex stipulatu* n'est donc guère meilleure que celle du créancier *ex mutuo*. Cependant elle est encore un peu meilleure, car l'exception *non numeratæ pecuniæ* ne peut être opposée que pendant un certain délai : délai de cinq ans réduit à deux ans par Justinien, *Inst.*, pr., *in fine*, *Litter. oblig.*, III, 21. — (Compl. nos explications sur cette première différence par ce que dit notre savant maître M. Vernet : *Théorie des obligat.*, p. 41, note 1re.)

2° Autre différence. Celui qui est créancier *ex stipulatu* peut éteindre sa créance par un mode d'extinction particulier à l'obligation *verbis* : l'acceptilation. Au contraire, ce mode d'extinction des obligations n'est pas ouvert à celui qui est créancier *ex mutuo*. Ainsi, facilité de l'extinction *verbis*, voilà la deuxième différence.

Ce que nous venons de dire relativement à l'emploi de l'acceptilation comporte un certain tempérament indiqué par Ulpien dans le § 7 de la loi 13, *Dig.*, *De accept.* (46, 4,) ainsi concu : « Si fidejussor accepto fuerit latum, cum reus re, non verbis fuisset obligatus, an reus quoque liberatur? Et hoc jure utimur, ut licet reus non sit verbis obligatus, tamen acceptilatione per fidejussorem liberetur. »

3° Enfin supposons que dans notre espèce le contrat soit intervenu dans l'intérêt d'autrui; ici encore la différence sera grande suivant que le contrat se sera formé *re* ou *verbis*. *Ex re* on peut faire naître une créance pour autrui. Mais en principe on ne peut stipuler pour autrui. Ainsi celui qui, dans notre espèce, a prêté et stipulé, agissait-il, non pour son compte, mais dans l'intérêt d'autrui? Si l'on dit qu'il y a *mutuum*, la *condictio* sera acquise à celui au nom de qui il a agi. Au contraire, si l'on dit qu'il y a *stipulatio*, la *condictio* ne sera pas acquise à celui au nom de qui il a agi. (Voy. Ulpien, l. 9, § 4 et § 8, *De rebus creditis*, *Dig.*, 12, 1.) Telle est la troisième différence que nous avions à signaler.

Les différences qui existent entre les deux situations que nous venons d'examiner expliquent pourquoi les textes traitent la question d'une manière si fréquente : nous la voyons non-seulement présentée dans les deux lois de notre titre précitées, mais encore dans les lois 126, § 2, *De verb. oblig.*, *Dig.*, 45, 1, et 52, *De oblig. et act.*, *Dig.*, 44, 7.) Analysons ces deux lois qui paraissent contredire les lois de notre titre que nous venons d'expliquer.

Tandis que les lois 6 et 7, *De novat.*, disent qu'il y a un seul contrat, et que c'est le contrat *ex stipulatu*, la loi 126, § 2, semble dire, dans un endroit, qu'il y a une seule action, l'action *ex mutuo;* enfin la loi 52 semble dire qu'il y a deux contrats à la fois : *re* et *verbis*. On voit donc l'importance de la question, qui paraît être résolue diversement par les jurisconsultes romains. Mais la règle se trouve, croyons-nous, dans les lois 6, § 1, et 7 de notre titre. Il est facile, au surplus, d'écarter les autres lois.

Et d'abord la loi 126, § 2, que sa longueur nous empêche de citer, s'explique très-facilement. Quand on dit, comme dans les lois de notre titre, que lorsque quelqu'un a prêté et stipulé, il n'y a qu'un seul contrat : la stipulation, cela n'a lieu qu'à la condition que la stipulation soit valable; mais si le prêt est bien fait et la stipulation nulle, on doit donner une autre décision. Or, c'est précisément là le cas de la loi 126, § 2; il s'agit là d'un affranchi qui, gérant les affaires de son patron, a prêté et stipulé pour son patron. Dans ce cas le jurisconsulte Paul décide qu'il y aura action *ex mutuo*. Cela est tout naturel. La stipulation pour autrui étant nulle, on garde le *mutuum* qui est valable. Paul interprète l'acte tout entier dans le sens qui peut lui faire produire des effets. On voit donc que la contradiction, ici, n'est qu'apparente.

Reste la loi 52, § 3, *De obligat et act.*, qui semble dire qu'il y a en même temps contrat *re* et contrat *verbis*. Mais cette antinomie ne doit pas nous préoccuper beaucoup, si nous remarquons que la loi 52 est de Modestin, le dernier des jurisconsultes classiques. En effet, il est possible que du temps de ce jurisconsulte on ait permis au créancier, *æquitatis causa*, d'agir à son choix *ex mutuo* ou *ex stipulatu*. On peut voir par ce que nous avons dit l'intérêt qu'il a à agir par l'une plutôt que par l'autre action.

Voilà la première assertion expliquée : il n'y pas obligation *ex mutuo*, mais seulement *ex stipulatu*.

(*b*) — Cette assertion ayant été examinée, nous passons à la seconde, à savoir : qu'il n'y a jamais eu obligation *ex mutuo*.

A quoi bon dire cela? Du moment qu'il n'y a pas d'obligation *ex mutuo*, qu'importe qu'il n'y en ait jamais eu? Ceci est plus délicat. Pour montrer l'intérêt de la question il nous faut généraliser un peu, et sortir de notre espèce. Prenons deux stipulations dont l'une est intervenue pour nover un prêt, tandis que l'autre a pris naissance sans aucune idée de novation. On va voir la différence qui existe entre ces deux stipulations. Pour cela, il nous faut supposer qu'elles ont été constatées par écrit : et c'est l'usage. (Voyez à cet égard M. Ortolan, *Explic. des Instit.*, n° 1360 et n° 1376.)

Supposons donc deux billets (*cautiones*) contenant ces deux stipulations.

Voici le premier billet : « Je reconnais avoir promis sur votre stipulation 1,000 sesterces que je vous devais en vertu d'un prêt que vous m'avez consenti il y a deux ans. » La stipulation est ici faite *ob causam præteritam, novandi animo.*

Voici maintenant le second billet : « Je reconnais avoir promis sur votre stipulation 1,000 sesterces que vous allez me compter, ou que vous me comptez au moment même. » La stipulation est ici faite *ob causam præsentem, pecuniæ numerandæ causa.* C'est l'hypothèse de nos lois : 6, § 1, et 7, *De novat.*

Ainsi, premier billet : stipulation, *ob præteritam causam, novandi animo*; second billet : stipulation *ob præsentem causam, pecuniæ numerandæ causa.*

Supposons ces deux obligations *verbis* et comparons-les. L'une et l'autre pourront être attaquées *ob falsam causam.* Moi, qui ai souscrit les billets, je pourrai les attaquer en contestant la sincérité de la cause qui y est énoncée, en disant qu'il y a *falsa causa*, en opposant donc une exception; jusqu'ici pas de difficulté. Voilà la ressemblance entre les deux cas. Mais voici la différence importante. Si vous m'attaquez en vertu du premier billet, que vous dirai-je dans mon exception? Je prétendrai que la cause indiquée dans l'écrit était mensongère. Mais comme j'ai fait l'aveu de cette cause en souscrivant le billet, ce sera à moi à démontrer qu'il n'y avait pas eu *mutuum*; je devrai prouver l'inexistence du *mutuum* et ma juste erreur. Au contraire, si vous me poursuivez en vertu du second billet, j'opposerai encore une exception par laquelle je prétendrai que je me suis obligé sans cause, et ce sera à vous à prouver l'existence de cette cause, c'est-à-dire la numération des deniers. Ici c'est l'exception *non numeratæ pecuniæ* qui est opposée ; tout à l'heure c'était l'exception de dol. Voilà la différence. Sans entrer ici dans des détails difficiles et peu connus, il nous est facile de montrer que la différence est raisonnable, en faisant remarquer qu'elle tient à ce que la première stipulation a eu lieu *ob causam præteritam*, tandis que la seconde stipulation a eu lieu *ob causam præsentem*. Il est raisonnable de distinguer entre ces deux cas. En effet, par cela seul que vous promettez *ob causam præteritam*, vous reconnaissez, vous faites présumer l'existence de la dette; et par suite, si vous voulez plus tard la nier, il est naturel que la preuve vous incombe. Au contraire, si vous affirmez une promesse de 1,000 sesterces à compter, rien ne prouve que l'argent vous ait été réellement compté; bien plus, dans la pratique romaine, l'usage était de faire souscrire les billets avant la numétation des deniers; et par suite, si vous niez cette numération, il est juste de mettre la preuve à la charge de celui qui se prétend créancier. (Voyez à cet égard, sur l'exception *non muneratæ pecuniæ*, M. Ortolan : *Explic. des Instit.*, t. III, nº 1435 et suiv.; Étienne : *Institutes expliquées*, t. II, p. 162 et suivantes. Consultez aussi, loi 25, § 4, *De probat.* (*Dig.*, 22, 3.), et loi 13, *De non numerata pecunia* (*Cod.*, 4, 30).

SECTION II.

DE LA FORME DE LA NOVATION. — ÉTUDE DE LA NOUVELLE OBLIGATION QUI FOURNIT CETTE FORME.

Il faut avant tout une forme pour que la novation puisse se faire; cela est tout naturel, puisque la novation est la transformation d'une obligation en une autre.

Maintenant quelle était la forme usitée pour faire la novation?

A vue des textes qui nous sont parvenus, nous pouvons dire que la novation se faisait régulièrement en droit romain par une stipulation. La *stipulatio*, voilà la forme par excellence, la forme-type qui sert à opérer la novation. Toutefois il est très-probable que la novation a pu se faire aussi par *expensilatio*. En effet,

Gaius nous cite deux cas d'application des *nomina transcriptitia*, qui semblent bien être des cas de novation. Voici à cet égard le texte de Gaius (*Comm.* II, § 128 à 130) : « Litteris obligatio fit, veluti in nominibus transcriptitiis. Fit autem nomen transcriptitium duplici modo, vel a re in personam, vel a persona in personam. A re in personam transcriptio fit, veluti si id quod ex emptionis causa aut conductionis aut societatis mihi debeas, id expensum tibi tulero. A persona in personam transcriptio fit, veluti si id quod mihi Titius debet, tibi expensum tulero, *id est si Titius te delegaverit mihi.* » Quoi qu'il en soit, il règne à cet égard une grande obscurité, et les éclaircissements sur ce point demanderaient, pour être complets, une dissertation à part que nous ne pouvons pas entreprendre ici. (Voy. les éléments de la question dans le *Cours de Droit romain* de M. Demangeat, t. II, p. 433 et p. 294 de la 2e édition; pour les développements consult. Pagenstecher, *De litterarum obligatione*, etc., Heidelberg, 1851; ajout. les excellentes explications de M. Ortolan sur l'*Obligation littérale*; à la page 260, *in notis*, t. III de la 7e édition, se trouve, selon nous, la clef de ce petit texte de Paul (*Sent.*, V, 8) : « Novationes fiunt quoties *cautio* renovatur) ». Ce qu'il y a de certain, c'est que sous Justinien la stipulation est le seul contrat formel qui nous apparaisse clairement, et qu'il ne peut y avoir novation sans la stipulation. (Voy. M. Machelard, *Obligat. nat.*, p. 85.)

Insistons sur ce point que la stipulation est la seule forme pouvant servir à opérer novation : que la novation devait s'accomplir au moyen de l'emploi du contrat *verbis*.

Et d'abord la novation ne peut pas résulter d'un simple pacte; c'est évident, puisqu'un simple pacte ne peut ni éteindre ni faire naître une obligation au point de vue civil, si ce n'est dans des cas tout à fait exceptionnels notés avec soin dans les ouvrages élémentaires. La comparaison entre le pacte et la stipulation au point de vue qui nous occupe, se trouve dans un texte de Paul sur le sens duquel on n'est pas, il est vrai, parfaitement d'accord : c'est la loi 27, § 2, *De pactis*, ainsi conçue : « Pactus *ne peteret*, postea convenit ut *peteret*, prius pactum per posterius elidetur : non quidem ipso jure, *sicut tollitur stipulatio per stipulationem*, si hoc actum est, quia in stipulationibus jus continetur, in pactis factum versatur : et ideo replicatione elidetur... » (Voy. sur ce texte Machelard, *op. cit.*, p. 40 et suiv.)

Quid maintenant du pacte de constitut considéré au point de vue de la novation? On sait que le pacte de constitut était un pacte prétorien par lequel une personne s'obligeait à payer à jour fixe une dette préexistante. La question est de savoir jusqu'à quel point le pacte de constitut doit influer sur la persistance de l'obligation originaire. A cet égard grande divergence entre les maîtres de la science. Sans entrer dans les détails, voici notre manière de voir. Nous croyons qu'en principe il faut décider que le but du pacte de constitut était non pas d'éteindre l'obligation primitive, mais bien de la fortifier par l'addition d'une nouvelle action (*constitutoria actio*). Pothier, *Pand. Inst.*, *De const. pec.*, n° 22, s'exprime ainsi : « Constitutum non tollit priorem obligationem, sed novam inducit quæ priori accedit. » Toutefois, comme nous sommes ici en présence d'une institution prétorienne, c'est-à-dire qui devait être réglée par les principes de l'équité et de la bonne foi, nous ne craignons pas de dire que le pacte de constitut pouvait avoir dans certains cas un but extinctif : tout dépendait en cette matière de la volonté des parties. Mais cet effet extinctif du pacte de constitut étant admis, faut-il voir là un mode d'opérer novation? Nous ne le croyons pas, car il est incontestable que dans les principes du droit romain le consentement ne pouvait à lui seul opérer novation, et que ce mode d'extinction des obligations était assujetti à des formes précises : *expensilatio*, *stipulatio*. (Comp. sur les effets du pacte de constitut : M. de Savigny, *Droit des obligat.*, t. I, p. 187 ; M. Demangeat, *Obligat. solid.*, p. 87 à 90 ; M. Machelard, *Obligat. nat.*, p. 84 et suiv., et enfin une excellente dissertation de M. Bódin, *Rev. histor.*, t. XII, p. 209 et suiv.)

Voyons enfin si, pour faire la novation, on n'aurait pas pu employer certains contrats formés *consensu* ou bien *re*, tels que la vente, le louage, le prêt, le dépôt. La novation est-elle possible par ces contrats? Non; car, pour opérer une novation, il faut non-seulement une forme précise, mais encore une forme vide dans laquelle on puisse faire passer toute la matière de l'ancienne obligation. Or, chacun des contrats désignés porte en lui-même une matière d'obligation qui est de sa nature et de son essence, et par suite le *debitum* en passant de l'un dans l'autre serait quelque peu modifié. Donc la novation n'est pas possible par ces contrats, puisqu'il n'y aurait pas alors, comme le veut Ulpien, *prioris debiti in aliam obligationem transfusio atque translatio.* Prenons l'exemple le plus frappant : Supposons un dépôt et un *mutuum* portant sur la même somme; c'est un dépôt qui est converti en *mutuum :* y aura-t-il novation? Non, car il n'y a pas absolument *idem debitum* dans les deux obligations. Il y a d'abord dette de pièces d'or déterminées, et ensuite dette d'une quantité de pièces d'or (arg. l. 1, § 2 et § 5, *De oblig.* et *Act., Dig.*, 44, 7) : l'obligation est transformée; partant, il n'y a pas là novation. Une preuve bien frappante de ce que nous venons d'avancer, c'est que les jurisconsultes romains, qui ont traité avec soin ce cas, n'ont jamais vu là une novation. Ainsi la novation ne peut pas avoir lieu par la conversion du dépôt en *mutuum.* Peut-elle davantage avoir lieu par la conversion du mandat en *mutuum?* Non. Ulpien traitant de ce cas dans la loi 15, *De reb. cred.* (*Dig.*, 12, 1), ne voit pas là une novation, et pour cause : c'est qu'à son gré la novation ne pouvait s'opérer que *verbis.* — Cela résulte surabondamment des deux fragments suivants de notre titre (46, 2) : l. 1, § 1 : « ... Qualiscumque igitur obligatio sit quæ præcessit, novari *verbis* potest; » — l. 2 : « ... Quodcumque enim sive verbis contractum, sive non verbis, novari potest et transire in *verborum obligationem.* » (Conf. Gaius, *Comm.* II, § 38; et *Comm.* III, §§ 170, 176, 177; dans tous ces passages la novation est présentée comme se produisant par la stipulation.)

Disons donc, pour nous résumer, avec Vinnius (*Instit., De novat.* : « ... SOLA STIPULATIONE *præcedentes obligationes novari,* non etiam nudis pactis, ac ne contractu quidem alio, veluti mandato (ces derniers mots font allusion à une manière de voir de Bartole, fondée sur la loi 45, *in fine, Dig., mand.*)*;* tantum ex contractibus, qui solo consensu perficiuntur, ajoute Vinnius, hoc accidit, ut nudus consensus contractum dissolvat, et alium ejusdem generis constituat. »

Ainsi, pour que la novation se produise, il faut une forme, et la forme de la stipulation; car il faut une forme vide. Or, ainsi que le remarque fort bien M. Accarias (*Théor. des contr. innom.*, p. 10 et suiv.). « Cette forme de la stipulation, comme un vêtement élastique, s'adapte à toute espèce de convention; c'est un moule flexible dans lequel on peut jeter une opération juridique quelconque. » (*Inst.*, § 3, *De div. stipul.*, III, 18.) »

Après avoir dit qu'il faut, pour opérer novation, la forme de la stipulation, on doit affirmer maintenant que cette forme suffit. La stipulation fût-elle inutile au fond, la novation s'opérera quand même.

Voilà une nouvelle question à étudier.

La solution de cette question se trouve, non pas dans le *Digeste*, où il n'est plus guère tenu grand compte des formes, mais dans Gaius. Voici ce qu'on lit dans Gaius (*Comm.* III, § 176) : « Præterea novatione tollitur obligatio, veluti si quod tu mihi debeas, a Titio dari stipulatus sim. Nam interventu novæ personæ nova nascitur obligatio, et prima tollitur translata in posteriorem; *adeo ut interdum, licet posterior stipulatio inutilis sit, tamen prima novationis jure tollatur*, veluti si quod mihi debes a Titio post mortem ejus vel a muliere pupillove sine tutore auctore stipulatus fuero, *quo casu rem amitto; nam et prior debitor liberatur, et posterior obligatio nulla est*. Non idem juris est, si a servo stipulatus fuero : nam tunc proinde adhuc obligatus tenetur ac si postea a nullo stipulatus fuissem. »

Gaius dans le passage précité semble bien dire qu'il faut la forme et qu'elle suffit. La première obligation est éteinte alors même que l'obligation nouvelle qu'on se proposait de créer serait au fond vicieuse et inutile. Il en est ici de la novation comme de la litiscontestation, qui éteint le droit déduit en justice, encore bien que le procès soit mal engagé, pourvu que la formule ait été délivrée par le magistrat. Une stipulation, régulière en la forme, suffit donc pour opérer novation; encore bien que le fond de cette stipulation soit vicieux, l'obligation primitive est cependant éteinte : « licet posterior stipulatio inutilis sit, tamen prima novationis jure tollitur. »

Gaius donne trois exemples de cela. Ainsi d'abord ce que vous me devez, je suis allé le stipuler de Titius qui a promis de payer après sa mort. Cette stipulation *post mortem debitoris* est inutile, (Gaius, *Comm.* III, § 100), et cependant elle vaudra pour opérer novation; ou bien, ce que vous me devez, je suis allé le stipuler d'un pupille non autorisé. Ici encore novation, bien que l'obligation du pupille soit inutile; ou bien enfin, ce que vous me devez, je suis allé le stipuler d'une femme non autorisée. Ici encore la novation aura lieu, malgré l'inutilité de la nouvelle obligation.

Avant d'aller plus loin, et de citer d'autres cas où la novation s'opère encore bien que la stipulation à l'effet de nover soit inutile, nous devons faire remarquer que les exemples que nous venons de donner ne suffisent pas pour prouver notre assertion, à savoir : que la forme suffit pour opérer novation; car dans les trois cas donnés par Gaius il y obligation naturelle ou quelque chose d'approchant : (Voy. Gaius, *Comm.* III, § 119, qui nous apprend que dans ces cas l'adjonction d'un *sponsor* ou d'un *fidepromissor* était admise). Or, pourrait-on dire, si dans les exemples cités par Gaius il y a novation, cela se conçoit : car, si la seconde stipulation a produit un effet *extinctif*, elle a produit aussi jusqu'à un certain point un effet *positif*. Donc, il n'est pas prouvé d'une manière irréfragable que la forme de la stipulation soit suffisante pour opérer la novation.

Quoi qu'il en soit, nous croyons devoir maintenir notre assertion, car nous pouvons citer des cas où l'on ne peut pas prétendre, du moins avec une apparence de raison comme tout à l'heure, qu'une obligation naturelle résulte de la stipulation à l'effet de nover et où cependant la novation s'opère.

Voici d'abord un cas assez fréquent où cela a lieu : vous me devez quelque chose, je suis allé le stipuler d'une femme qui a intercédé pour vous contrairement au Velléien. Cette femme n'est pas tenue même naturellement (*totam obligationem senatus improbat*), et pourtant son obligation suffit pour emporter novation. (Arg. l. 8, § 1; l. 13, § 1; l. 16, § 1; l. 20. *Dig.*, *ad senatusc. Vel.*, 16, 1.)

Un autre cas très-intéressant nous est présenté dans la loi 91, *De solut. et liberat.* (*Dig.*, 46, 3), ainsi conçue : « *Labeo* : Si debitor tuus non vult a te liberari, et præsens est, non potest invitus à te solvi. *Paulus* : Imo debitorem tuum etiam præsentem, etiam invitum, liberare ita poteris, supponendo, a quo debitum novandi causa stipuleris; quod etiam si acceptum non feceris, tamen statim, quod ad te attinet, res peribit : nam et petentem te doli mali præscriptio excludet. » (Il est intéressant de rapprocher du cas prévu par cette loi les cas prévus dans les lois 13, § 10, *De accept.*, et 27, *De pec. const.*). Le texte de Paul que nous venons de citer nous fournit un exemple remarquable d'une stipulation ne produisant qu'une obligation nominale, et suffisant néanmoins pour faire novation. Analysons ce texte. Voici d'abord l'ordre d'idées dans lequel il se trouve : comment libérer un débiteur absent ou refusant? Il semble que cela soit impossible, car, pour le payement, il faut le fait et la volonté du débiteur; et de même pour l'acceptilation où on dit : *quod tibi debeo, habesne acceptum?* Le débiteur présent et ne voulant pas être libéré! Ce cas sera sans doute bien rare. Pourtant Labéon et Paul, après lui, supposent ce cas. Pour le concevoir il faut peut-être supposer l'hypothèse où le débiteur est un *sponsor*, qui espère avoir recours par l'*actio depensi in duplum* contre le débiteur principal, le *reus*, à l'effet de se faire rembourser de ce qu'il aura payé pour ce débiteur principal (Gaius, *Comm.* III, § 127) : ce *sponsor* pourrait bien alors ne pas vouloir être libéré par acceptilation. Enfin, supposons un débiteur présent qui ne veut pas être libéré par son créancier. Labéon formulait cette proposition : qu'il est impossible de libérer ce débiteur. Mais Paul était d'un avis contraire; il prétend qu'il est possible de libérer ce débiteur *etiam præsentem, etiam invitum*. Voici comment. Vous avez un débiteur qui est présent et qui ne veut pas être libéré. Pour le libérer malgré lui, vous irez trouver un ami qui veut bien servir de comparse, et vous lui direz : Me promets-tu ce que me doit Primus, mon débiteur? L'ami répond : Oui, je te le promets. Eh bien! le débiteur est alors libéré par novation. Or, qu'on le remarque bien, qu'avez-vous voulu faire en stipulant comme ci-dessus? Vous avez voulu, non pas acquérir une créance contre l'ami qui s'est prêté à cette comédie, mais uniquement libérer le débiteur. Votre créance sera donc éteinte par novation, sans qu'une nouvelle créance vous soit acquise. Cela est juste. Car dans l'intention des parties la stipulation a eu pour but de libérer et non d'obliger. C'est ce que décide Paul. Il nous dit en effet que, quand bien même vous n'auriez pas fait acceptilation au nouveau promettant de qui vous n'avez stipulé que pour libérer l'ancien, cependant aussitôt (*statim*) vous cessez d'avoir tout droit, car votre demande en vertu de la stipulation serait repoussée par une exception de dol. Voilà donc un cas où la stipulation produit un effet *extinctif*, sans produire d'effet *positif*.

Maintenant que nous avons cité deux cas où le créancier perd, *jure novationis*, son ancienne créance sans en acquérir une nouvelle, nous pouvons faire remarquer, avec tout le monde, que la situation de ce créancier est des plus fâcheuses. Voilà, en effet, un créancier qui se trouve avoir perdu son droit sans avoir rien acquis à la place; l'ancienne créance est éteinte et la nouvelle ne vaut rien : l'échange est, comme on voit, très-onéreux. C'est fâcheux pour ce créancier. Pas dans notre dernier cas, toutefois, où il a fait sciemment une stipulation inutile. Mais *quid* quand c'est à son insu, comme cela peut avoir lieu dans notre premier cas : il croyait que la femme agissait pour elle et il s'est trompé? Alors, l'équité l'exigeant, le préteur restituera au créancier son ancienne créance, par une *in integrum restitutio :* la créance renaîtra sous forme d'action utile, *restitutoria*. Mais cela ne fait que confirmer notre principe. En effet, pour que le préteur ait recours à ce moyen extrême de l'*in integrum restitutio*, il faut qu'il ne soit rien resté en droit civil. La créance était donc éteinte, *jure novationis*, malgré l'inutilité de la stipulation.

Ainsi donc, il suffit qu'il y ait une forme pour qu'il y ait novation. Pour faire la novation, il faut une stipulation régulière en la forme, ce qui est nécessaire et suffisant. Mais bien que ceci paraisse suffisamment démontré par les exemples que nous venons de parcourir, nous devons encore insister sur ce point et voir s'il n'est pas contredit par les textes.

Ulpien, dans la loi 1re, à notre texte, après avoir dit que toute espèce d'obligation peut être novée au moyen du contrat verbal, « *qualiscumque igitur obligatio sit quæ præcessit, novari* VERBIS *potest*, » ajoute : pourvu seulement que l'obligation suivante tienne civilement, ou naturellement, par exemple, si un pupille a promis sans l'autorisation de son tuteur, « *dummodo sequens obligatio aut* CIVILITER *teneat, aut* NATURALITER, *ut puta si pupillus sine tutoris auctoritate promiserit.* » Ulpien, dans cette loi, exige que l'obligation par laquelle s'opère la novation *aut civiliter, aut naturaliter teneat*. Or, ceci paraît venir contredire ce que nous avons vu dans la loi 91, *De solutionibus*, où, bien qu'il n'y ait rien de semblable, la novation s'opère pourtant. Vaine apparence! tout s'explique en effet si l'on attribue à ces expressions : *civiliter*, *naturaliter*, leur véritable signification. Il faut entendre ces mots ainsi : *civiliter* désigne l'obligation purement civile (*mere civilis*); *naturaliter* désigne l'obligation purement naturelle (*naturalis tantum*). Le mot *civiliter* d'Ulpien est opposé à l'obligation purement naturelle; il doit donc être entendu dans un sens strict. Expliquons-nous : à Rome, une créance peut avoir un fondement civil et naturel, la créance est alors à la fois civile et naturelle. Maintenant, au lieu de se réunir et de se corroborer, le droit civil et le droit naturel peuvent être séparés. Il est possible qu'une créance soit valable en droit naturel et nulle en droit civil, et, à l'inverse, nulle en droit naturel et valable en droit civil. Le contraste est frappant. L'obligation naturelle produit une exception, mais pas d'action. Au contraire, l'obligation civile pure produit une action, mais cette action est paralysée par une exception. Dans ce dernier cas, le droit naturel résiste aux subtilités du droit civil. C'est là l'obligation *mere civilis* des commentateurs. Eh bien, une obligation de ce genre suffit, d'après Ulpien, pour opérer la novation. Et s'il en est ainsi, la loi 1, § 1, *De novat.*, ne vient nullement contredire la loi 91, *De solut.*; car, dans cette dernière loi, nous avons un cas d'obligation *mere civilis;* il y a une action résultant de la stipulation, seulement elle est paralysée par une exception. Quant à l'obligation de la femme qui intercède, contrairement au Velléien, c'est là aussi un cas d'obligation *mere civilis.* Nous avons donc dans les deux exemples que nous avons cités plus haut tout ce qu'exige Ulpien. On voit, par conséquent, qu'en prenant le mot *civiliter* du texte d'Ulpien dans le sens strict et étroit que nous lui donnons, nos solutions ne sont pas contrariées par les textes.

Il résulte de nos explications qu'il suffit, pour opérer la novation, d'une stipulation régulière en la forme.

Autre point de vue. Une stipulation régulière en la forme est nécessaire pour opérer la novation.

Nous ne citerons pas ici comme exemple d'une stipulation irrégulière en la forme, ne pouvant pas opérer la novation, le cas où la demande et la réponse ne seraient pas *congruentes*; ce cas est trop facile.

Mais nous devons examiner trois cas cités par Gaius dans lesquels le doute était possible. Voici le texte de Gaius (*Comm.* III, § 179) : « Quod autem diximus si conditio adjiciatur novationem fieri, sic intelligi oportet, ut dicamus factam novationem si conditio exstiterit; *alioquin si defecerit, durat prior obligatio;* sed videamus num is qui eo nomine agat, doli mali aut pacti conventi exceptione possit submoveri : *et videtur inter eos id actum, ut ità eà res peteretur, si posterioris stipulationis exstiterit conditio.* Servius tamen Sulpicius existimavit statim, et pendente conditione, novationem fieri, *et si defecerit conditio ex neutrà causa agi posse; eo modo rem perire;* qui consequenter et illud respondit. Si quis id quod sibi Lucius Titius deberet, a servo fuerit stipulatus, novationem fieri *et rem perire, quia cum servo agi non potest;* sed in utroque casu alio jure utimur; non magis his casibus novatio fit, quam si id quod tu mihi debeas a peregrino, cum quo sponsionis communio non est, SPONDES verbo, stipulatus sim. » (Voy. sur ce texte M. Machelard, *Obligat. nat.*, p. 7, 87 et 172.)

Dans ce texte, Gaius indique trois exemples de stipulations ne pouvant servir à opérer la novation : 1° stipulation conditionnelle; 2° stipulation faite avec un esclave; 3° stipulation faite avec un pérégrin en employant le verbe *spondes.*

Reprenons ces trois cas en commençant par le dernier qui est de beaucoup le plus facile.

1° Ce que vous me devez, je le stipule par le mot *spondes* d'un pérégrin; cette stipulation n'opère pas novation. En effet, bien qu'on puisse en général faire stipulation avec un pérégrin, on ne le peut pas en se servant de la formule : *spondesne? spondeo;* cette formule est interdite au pérégrin. La stipulation est alors irrégulière en la forme, et par suite la novation ne s'opère pas.

2° Ce que Titius me devait, je suis allé le stipuler d'un esclave; la novation ne s'opère pas non plus, car la stipulation faite avec un esclave est également nulle en la forme. Toutefois nous savons par Gaius que cela avait été contesté. Servius Sulpicius était d'un avis contraire; il pensait que, du moment où les paroles avaient été prononcées, la novation s'opérait. Mais alors, observe Gaius dans le § 176, *in fine*, les paroles ont été vainement prononcées, car stipuler d'un esclave, c'est stipuler *a nullo*, partant la novation ne saurait s'opérer. On pourrait cependant objecter à cette solution que l'esclave en promettant s'est obligé naturellement, ainsi que le demande la loi 1, § 1, à notre titre; mais on peut répondre que cette loi ne veut pas dire qu'une obligation naturelle suffit pour la novation : elle indique même qu'il faut quelque chose de plus, à savoir : la forme de la stipulation, qui fait défaut dans notre espèce. On pourrait encore objecter qu'en stipulant d'un esclave j'ai pu acquérir une créance efficace par les actions *de peculio, quod jussu, exercitoria* ou *institoria*; mais nous répondrions que toutes ces actions sont prétoriennes, et que par suite elles ne peuvent avoir pour effet de produire un acte civil comme la novation. Enfin, en troisième lieu, on pourrait objecter des lois de notre titre (loi 16, l. 34) où il est dit que l'esclave peut nover en certains cas. Comment expliquer ces lois en présence du texte de Gaius? Par une distinction bien simple. L'esclave peut nover une obligation comme stipulant, mais jamais comme promettant. On comprend aisément la raison de cette différence. Quand l'esclave stipule, ce n'est pas lui personnellement qui stipule : il stipule comme représentant de son maître, pour lequel il peut acquérir une créance; au contraire, quand l'esclave promet, il ne représente plus son maître, qu'il ne peut pas obliger; alors l'esclave reste seul, c'est *nullus*.

3° Troisième cas de stipulation nulle en la forme. C'est la stipulation conditionnelle. Ici encore Servius Sulpicius, qui avait son système pour la novation, disait : Il y a eu stipulation, et partant novation. Mais Gaius et les autres jurisconsultes disaient : La stipulation conditionnelle ne peut opérer novation, car la condition fait partie intégrante de la stipulation. Il n'y a pas stipulation actuelle et partant il ne peut pas y avoir novation actuelle. La novation est suspendue par la condition. Et si la condition n'arrive pas, alors le contrat *verbis* destiné à opérer la novation manque, et par suite l'ancienne obligation subsiste. On voit la différence entre les deux doctrines. Peut-être la doctrine de Servius Sulpicius était ancienne, et l'autre doctrine était un progrès.

Laissant de côté le cas de *sponsio* du pérégrin, occupons-nous seulement des deux dernières hypothèses, à savoir : quand j'ai stipulé, *novandi animo*, d'un esclave ou sous condition; nous avons démontré qu'il n'y a pas alors novation : vous restez débiteur;

mais il s'agit maintenant de savoir si vous n'êtes pas libéré, au moins d'après l'équité, *exceptionis ope*. Il y a là, ce semble, une pure question d'intention; toutefois prenons garde que les jurisconsultes romains n'avaient pas abandonné cette question à l'arbitraire du juge, car ils avaient établi sur ce point des distinctions à la fois ingénieuses et raisonnables que nous trouvons dans le § 179 précité de Gaius, et surtout dans la loi 30, §§ 1 et 2, *De pactis* (*Dig.*, 2, 14), loi empruntée à un autre écrit de Gaius. Ces deux textes de Gaius vont donc nous servir à résoudre notre question. Vous étiez mon débiteur, puis j'ai stipulé d'un esclave ou sous condition, vous n'êtes pas libéré *ipso jure;* êtes-vous au moins libéré *exceptionis ope?*

Premier cas. — Je stipule d'un esclave : êtes-vous libéré par suite d'un pacte de remise tacite? Il faut distinguer, selon que la stipulation faite avec l'esclave a produit ou non quelque effet. La stipulation est-elle absolument inutile, même au point de vue prétorien? alors, il est très-probable que je n'ai pas entendu vous libérer : il n'y a pas pacte de remise; donc vous restez tenu au point de vue civil et prétorien. Au contraire, la stipulation est-elle utile au point de vue prétorien? Par exemple, l'esclave a promis sur l'ordre du maître, ou il avait un pécule, ou cet esclave était *institor;* cas auxquels j'ai acquis contre le maître une action peut-être aussi efficace que celle que j'avais contre vous; alors l'exception de pacte est admise : donc vous n'êtes plus tenu au point de vue prétorien. Telle est la distinction qui paraît résulter de la loi 30, § 1, ainsi conçue : « Qui pecuniam a servo stipulatus est, quam sibi Titius debebat, si a Titio petat, an exceptione pacti conventi summoveri et possit et debeat, quia pactus videatur ne a Titio petat, quæsitum est. *Julianus ita summovendum putat, si stipulatori in dominum istius servi de peculio actio danda est :* id est si justam causam intercedendi habuit; quia forte tantumdem pecuniam Titio debuit. Quod si quasi fidejussor intervenit, ex qua causa in peculium actio non daretur : non esse inhibendum creditorem, quominus a Titio petat. Æque nullo modo prohiberi eum debere, si eum servum liberum esse credidisset. » Voilà pour le cas où j'ai stipulé de l'esclave ce que vous me devriez.

Deuxième cas. — J'ai stipulé sous condition ce qui m'était dû purement et simplement. Dans ce cas voici la distinction qui est admise dans les textes cités. Quand j'ai stipulé de Secundus sous condition ce que vous me deviez purement, je suis censé n'avoir voulu abandonner ma créance contre vous, que pour le cas où je serais pourvu d'une créance contre Secundus à l'arrivée de la condition; dès lors, si la condition vient à défaillir, je puis vous poursuivre sans que vous puissiez m'opposer l'exception de pacte : « Si sub conditione, nous dit Gaius, stipulatus fuerim a te, quod Titius mihi pure deberet, an deficiente conditione si a Titio petam, exceptione pacti conventi et possim et debeam summoveri? *Et magis est, exceptionem non esse opponendam.* » Voilà la décision de la loi 30, § 2 : l'exception de pacte n'est pas admise. Maintenant Gaius, dans le § 170 prémentionné, se plaçant dans une autre hypothèse, décide que l'exception de pacte est admise. J'ai stipulé de vous-même, sous condition, ce que vous deviez purement et simplement : comment interpréter cela? Évidemment j'ai voulu vous faire remise de la dette pour le cas où la condition n'arriverait pas, sans quoi nous aurions fait un jeu absurde, puisque je serais tenu, à tout événement, de la même dette envers vous. Aussi Gaius admet-il pour ce cas l'exception de pacte qu'il refusait tout à l'heure. La distinction est rationnelle. (Voy. M. Bufnoir, *Théorie de la condition*, p. 262)

Nous avons vu ce qu'il fallait pour opérer la novation. Nous croyons avoir démontré qu'une stipulation valable en la forme était nécessaire, mais suffisante.

Voyons maintenant comment une stipulation peut produire cet effet spécial de nover. Nous avons dit ce que c'est que la novation; c'est la translation de la matière d'une obligation dans une autre : *novatio est prioris debiti in aliam obligationem transfusio atque translatio*. Pour que la stipulation produise cet effet spécial de nover, il faut donc qu'elle désigne par son contenu l'ancienne obligation. Il faut que la seconde stipulation désigne, frappe, atteigne la première, et par là même la détruise. Il en est ici comme dans la *litiscontestatio* (la comparaison entre ces deux actes continue); dans la litiscontestation on dit : *quidquid ob eam rem...* Tout est compris dans la formule, l'ancien droit est absorbé; or, il doit en être de même dans la stipulation à l'effet de nover, comme l'atteste la formule de la stipulation aquilienne que nous avons rapportée plus haut. La stipulation à l'effet de nover doit, disons-nous, rappeler l'ancienne obligation. Cela est possible de deux manières; nous trouvons deux formules de stipulation indiquées dans les textes. Une première manière de stipuler nous est indiquée par la loi 27, à notre titre : *quidquid ex vendito dare facere oportet, spondesne?* Une autre manière de stipuler se trouve dans la loi 8, § 4, *ibid.* : *decem quæ mihi Titius debet, spondesne?* L'identité du *debitum*, de l'ancien et du nouveau, ressort clairement de ces deux manières de stipuler. Il faut donc que l'identité de la dette soit désignée par la stipulation; il faut que la stipulation à l'effet de nover frappe l'ancien objet.

Ainsi il faut que l'identité du *debitum* apparaisse dans la seconde stipulation; d'où il suit qu'il faut que vous stipuliez la chose même qui faisait l'objet de la première stipulation.

Ici toutefois se rencontre un principe embarrassant, à savoir qu'on ne peut stipuler deux fois la même chose. Pomponius, dans les lois 18 et 25, *Dig.*, *De verb. obligat.* (45, 1), indique le principe, l. 18 : « Qui bis idem promittit, ipso jure amplius quam semel non tenetur »; — l. 25 : « Si dari stipuler id quod mihi jam ex stipulatu debeatur, cujus stipulationis nomine exceptione tutus sit promissor, *obligabitur ex posteriore stipulatione*, quia superior quasi nulla sit exceptione obstante. » Il résulte de ces lois que si vous avez stipulé une première fois et une seconde fois la même chose, la deuxième stipulation ne sera utile qu'à la condition que la première ne le serait pas; celle-ci est-elle utile? la seconde est inutile. Cela découle de ce principe qu'on ne peut stipuler utilement qu'autant qu'on a intérêt à stipuler. Ce qui fait défaut ici, ce n'est pas la forme, c'est l'intérêt, comme dans le cas de stipulation pour autrui ou de stipulation *post mortem* de sa propre chose. Il faut avoir intérêt pour stipuler, voilà le principe; donc on ne peut stipuler deux fois la même chose. Et c'est en vertu de ce même principe que la stipulation de partie d'une chose, quand on a déjà stipulé cette chose, ne peut produire aucun effet; ainsi notamment celui qui après avoir stipulé *fundus*, stipule *ususfructus*, ou bien celui qui après avoir stipulé *actus* stipule *iter*, ne fait rien, nihil *agit*; c'est ce que nous avons trouvé constaté dans la loi 9, § 2, à notre titre; cette loi confirme notre principe qu'on ne peut stipuler deux fois la même chose.

Voici donc la difficulté que nous avons à résoudre; nous avons deux principes en présence : d'une part, le principe qu'on ne peut stipuler deux fois la même chose; d'autre part, le principe posé pour la novation, à savoir que la seconde stipulation doit avoir le même objet que la première; comment concilier cela ?

La solution de cette difficulté se trouve dans Gaius, qui nous dit que la seconde stipulation, pour être valable, devra contenir quelque chose de nouveau, *aliquid novi* (Gaius, *Comm.* III, § 177, conf. Justinien, § 3 du titre 29 du livre III).

Ainsi donc, pour que la novation puisse avoir lieu, il faut que la seconde stipulation contienne *aliquid novi*. Ulpien nous a dit, en effet, dans sa belle définition de la novation : *novatio* A NOVO *nomen accipit* (voy. l. 1, *pr.*, à notre titre).

Maintenant nous devons nous demander en quoi peut consister le *novum* exigé par Ulpien. Nous avons dit que pour faire la novation il faut *idem debitum* dans les deux stipulations : comment trouver *aliquid novi ?* Cela semble impossible; mais la difficulté n'est qu'apparente. Sans doute le *nouveau* ne peut exister au point de vue de l'objet, puisque l'identité de *debitum* est nécessaire; mais voici où le *nouveau* sera possible : il pourra être 1° dans la forme, 2° dans les personnes, 3° dans les modalités de l'obligation. Reprenons ces trois cas.

1° *Changement dans la forme de l'obligation.* — Vous étiez créancier en vertu d'une vente; ce que je vous dois en vertu de la vente, vous le stipulez; au lieu de l'action *ex empto*, vous avez l'action *ex stipulatu*; c'est un changement suffisant pour que la novation s'opère. Autre changement. Créancier comme prêteur, vous stipulez la chose prêtée; le changement est moins grand, car il y a toujours pour vous la *condictio certæ pecuniæ*; néanmoins il y a changement suffisant, car, ainsi que nous l'avons vu, les créances *ex mutuo* et *ex stipulatu* ne s'éteignent pas de la même manière et ne sont pas acquises aux mêmes personnes. Allons plus loin. Il y aura encore, selon nous, changement suffisant dans l'hypothèse suivante : Je vous avais promis dans la forme de la stipulation 100 sesterces; vous stipulez de moi en ces termes : *quod ex stipulatu mihi debes, dare spondes?* Voici le changement (consultez à cet égard la loi 75, § 6, *De verb. obligat., Dig.*, 45, 1) : Lorsque j'ai stipulé de vous 100 sesterces, j'ai acquis une *condictio certæ pecuniæ;* au contraire, lorsque je vais stipuler de vous la même chose en ces termes : *quod mihi ex stipulatu dare debes, spondes?* je stipule quelque chose d'incertain dans la forme; ce n'est pas un chiffre, c'est le *quod,* il n'y a là qu'un énoncé général, la stipulation ne produira qu'une *condictio incerti.* Eh bien ! c'est là quelque chose de nouveau : la *condictio certæ pecuniæ* est changée en *condictio incerti,* et le changement est plus considérable qu'il ne semble. En effet, le défendeur condamné en vertu de la première encourait une peine considérable : *sponsio tertiæ partis* (voy. Gaius, *Comm.* IV, § 171, *in fine*). — Voilà le premier cas : ce qui est changé, c'est la forme de l'obligation, la *causa obligationis.*

2° *Changement dans les personnes.* — Il peut y avoir changement de créancier ou de débiteur (voy. les détails à cet égard dans l'*Explic. des Inst.* de M. Ortolan, t. III, n°ˢ 1,697 et suiv.). Or, à ce changement se rattache la matière de la délégation que l'on a rapprochée de la matière de la novation dans le titre du *Digeste* que nous étudions spécialement : *De novat. et delegat.* (*Dig.*, 46, 2). C'est donc ici le lieu de dire quelques mots sur la délégation, sur les effets de laquelle nous nous expliquerons en traitant des effets de la novation.

On se méprend souvent, à vue de l'intitulé de notre titre, sur la délégation. On voit dans la délégation une espèce de novation. Tel était le sentiment des glossateurs : « Gl. ad rubr. *Dig. De novat.* : — Nota, quod *per delegationem fit novatio.* — Ideo tamen posuit *genus et speciem,* quia maxime tractat *de ea novatione, quæ fit per delegationem.* — Gl. : *Non est interposita* ad cod. 3. *eod.: Delegatio præsupponit novationem* et sic : *ubicunque est delegatio, est novatio,* sed non convertitur quia novatio etiam in eadem persona fieri potest, sed non delegatio. » Il y a là une erreur. La délégation n'est pas de sa nature une espèce de novation. Rien de plus simple que la délégation : c'est quand on donne *jussus* à quelqu'un d'aller promettre à un tiers. C'est dans ce *jussus,* dans cet ordre, ce mandat, qu'est la délégation. Or il n'y a pas là novation. Allons plus loin. Le *jussus*, l'ordre exécuté, y a-t-il novation? On n'en sait rien. Il est possible qu'on ait voulu faire simplement une libéralité. Je vous dis : Allez promettre à Tertius ce que vous voulez me promettre. Tertius devient là délégataire, et pourtant il n'y a pas là novation, car il n'existe pas de dette de vous envers moi (voy. des renseignements sur ce point dans le *Traité des obligat.* de M. Maynz, p. 477 et suiv., *in notis*). *Delegare* est proprement *mandare :* la délégation est un mandat, comme nous dit Cujas (paratitl. in tit. cod. *De novat. et delegat.*) : « Delegatio est *mandatum in stipulationem novandæ et transferendæ prioris obligationis,* quod fit, exempli gratia, creditore jubente debitorem suum in id quod sibi debet, creditori suo promittere. — *Perficitur autem delegatio secuta novatione, — nam origo et causa delegationis est mandatum, executio et exitus stipulatio novandi causa interposita.* »

Ainsi donc l'idée de novation et l'idée de délégation sont parfaitement distinctes l'une de l'autre ; il peut y avoir délégation sans novation, comme il y a novation possible sans délégation, car autre chose est la délégation, autre chose la novation. Mais ce qui arrivera le plus souvent, et de là vient sans doute l'erreur que nous avons signalée, c'est que la délégation en s'exécutant emporte novation ; et cela peut avoir lieu de deux manières :

1° Je suis votre créancier, et je vous dis : Allez promettre à Tertius ce que vous me devez. Vous exécutez mon ordre ; ma créance est alors éteinte, ou mieux transférée à Tertius ; il y a novation par changement de créancier : Tertius devient créancier à ma place de la même dette.

2° Je suis débiteur de Tertius, je vous dis : Allez promettre à Tertius ce que je lui dois. Vous exécutez mon ordre; ici encore il y a novation, car il y a substitution d'un débiteur à un autre : Tertius vous a pour débiteur à ma place.

Voilà les deux cas où la délégation en s'exécutant pourra entraîner novation.

Maintenant ces deux cas peuvent concourir. Par exemple, je suis débiteur de Tertius de 100,000 sesterces, et votre créancier de 100,000 sesterces; je vous dis : Allez promettre sur la stipulation de Tertius les 100,000 sesterces.

Alors la question est de savoir si par cette stipulation, faite en exécution de la délégation, les deux dettes seront éteintes : la mienne envers Tertius, et la vôtre envers moi.

Généralement on décide que les deux seront éteintes, qu'il se fait dans ce cas une double novation : novation de ma dette par changement de débiteur, novation de la vôtre par changement de créancier.

Pourtant on a soutenu, en Allemagne, qu'une seule des deux dettes sera alors éteinte, du moins *jure novationis*, par la raison que la seconde stipulation pour nover doit porter sur le même objet que la stipulation à nover; or si nous avons, comme dans l'espèce, deux stipulations à nover, partant deux objets, il faudrait deux nouvelles stipulations, tandis qu'ici nous n'en avons qu'une seule.

Mais si l'on décide qu'une seule des deux dettes est éteinte, il s'agit maintenant de savoir laquelle. Cela dépendra, dit-on, de la forme employée dans la stipulation de Tertius. Ainsi je suis débiteur de 100 sesterces envers Tertius, et votre créancier de 100 sesterces; je vous dis : Allez promettre sur la stipulation de Tertius. Si vous avez promis à Tertius *ce que vous me devez*, en ce cas c'est votre dette envers moi qui est éteinte. Que si, au contraire, vous avez promis à Tertius *ce que je lui dois*, en ce cas c'est ma dette envers Tertius qui est éteinte.

La doctrine que nous venons d'indiquer brièvement et par cela même un peu obscurément (*brevis esse laboro, obscurus fio*, dit le poëte), nous paraît insoutenable en présence de la loi 34, *in fine*, *De novat.*, qui nous apprend qu'on peut éteindre plusieurs dettes par une seule stipulation. D'ailleurs les formules de stipulation supposées par les auteurs que nous combattons n'étaient pas les seules employées. (Voy. sur le point délicat que nous ne faisons qu'indiquer ici, à cause de la longueur des développements que l'examen de cette controverse allemande nécessiterait : C. Bernstein, *De delegationis natura*, Berlin, 1865, qui réfute une opinion de Fitting.)

Notons ici que la loi 11, à notre titre, rapporte les deux cas de délégation que nous avons analysés, et qui, comme nous l'avons vu, peuvent se combiner : « Delegare, dit Ulpien, dans le *princ.* de cette loi, est vice sua alium reum dare creditori, vel cui jusserit; » déléguer, c'est donner à sa place un autre débiteur au créancier, *creditori :* voilà la délégation par changement de débiteur; maintenant le texte ajoute *vel cui jusserit :* cela veut dire, sans doute, *vel cui creditor jusserit,* c'est-à-dire donner à sa place un autre débiteur à celui que le créancier désignera. Cette définition, comme on peut le voir, n'a pas le mérite d'être claire; et c'est bien le lieu de rappeler la maxime contenue dans la loi 202, *De reg. juris :* « Omnis definitio in jure civili periculosa est; parum est enim ut non subverti possit. »

Nous arrêtons ici nos explications sur la novation résultant du *changement dans les personnes* (et sur la nature de la délégation); c'est là un cas fort remarquable de novation, sur lequel il y aurait bien des détails à donner; mais nous avons hâte d'arriver à la troisième espèce de changement duquel peut résulter la novation.

3° *Changement dans les modalités.* — Voici à ce sujet ce que nous lisons dans Gaius (*Comm.* III, §§ 177 et 178) : « Sed si eadem persona sit a qua postea stipuler, *ita demum novatio fit, si quid in posteriore stipulatione novi sit,* forte si conditio, vel sponsor aut dies adjiciatur vel detrahatur. — Sed quod de sponsore dixi non constat; nam diversæ scholæ auctoribus placuit, nihil ad novationem proficere sponsoris adjectionem aut detractationem. » Sur ce texte, un des plus embarrassants à expliquer, on n'a présenté jusqu'à présent que des conjectures plus ou moins plausibles, qui ne sont pas de nature à fixer la science et dans l'examen desquelles nous croyons inutile d'entrer. Un seul point a attiré notre attention : comment concevoir que la novation puisse résulter de l'adjonction ou de la suppression d'un *sponsor,* point sur lequel les deux écoles rivales étaient en désaccord? A cet égard qu'il nous soit permis de hasarder la conjecture suivante. On sait que le *sponsor* ne pouvait accéder qu'à une obligation contractée *verbis* (Gaius, *Comm.* III, § 119). Or supposons qu'on veuille adjoindre un *sponsor* à une obligation, quand celle-ci n'a pas été contractée *verbis;* pour y arriver on fera ce qu'on fait lorsqu'on veut éteindre cette obligation par l'acceptilation, qui de sa propre nature n'était également applicable qu'aux obligations contractées *verbis,* c'est-à-dire qu'on commencera par nover cette obligation au moyen de la stipulation. Voilà pour l'adjonction du *sponsor*. Il y a plus de difficulté pour la suppression du *sponsor*. Toutefois, supposons une obligation garantie par un *sponsor*; on veut éteindre la *sponsio*, tout en désirant avoir le débiteur pour obligé; comment s'y prendre ? On pourrait faire une acceptilation avec le *sponsor*, puis une stipulation avec le *reus*: mais cette seconde stipulation ne saurait emporter novation, car la novation suppose un acte unique; nous croyons donc que dans l'espèce on procédera ainsi : le créancier qui a un *reus* et un *sponsor* et qui veut abandonner le *sponsor* tout en conservant le *reus*, stipulera du *reus* seul ce qu'il avait d'abord stipulé et du *reus* et du *sponsor*; il y aura là novation, car la situation du *reus* vis-à-vis du créancier se trouve alors notablement changée, car autre chose est d'être tenu seul d'une obligation, autre chose d'en être tenu avec un autre : (auquel cas la dette flotte sur deux têtes). Voilà notre conjecture. Nous avouons sans peine qu'elle peut laisser à désirer. — Notons ici que la difficulté que présente le § 177 de Gaius se reproduit sur le § correspondant de Justinien qui dit qu'il peut y avoir novation quand on ajoute ou quand on retranche un *fidejussor*. Comment expliquer cela? Sur ce point encore les interprètes sont loin d'être d'accord. (Voy. les explications de M. Demangeat, t. II, p. 433 de la 2e édit.; ce sont les plus satisfaisantes.)

SECTION III.

DE L'INTENTION DE NOVER. — ÉTUDE DE L'ANIMUS NOVANDI.

Nous venons d'étudier en détail les deux premiers éléments essentiels de la novation, à savoir : la matière, fournie par l'ancienne obligation; la forme, fournie par la nouvelle obligation. Comme troisième élément de la novation, il faut enfin que les parties aient eu l'intention de nover. L'intention de nover, l'*animus novandi*, voilà un dernier élément essentiel de la novation qu'il nous faut maintenant étudier. Occupons-nous donc de l'*animus novandi*.

La nécessité de l'*animus novandi* est fondamentale; elle est imposée par une foule de textes du *Digeste* et du *Code*. Mais la question de savoir en quoi consiste précisément cet élément en quelque sorte métaphysique et intellectuel de la novation est des plus obscures, vu l'insuffisance de documents positifs à cet égard. Ajoutons que sur cette question difficile, qui, pour être bien élucidée, demanderait un travail spécial, nous n'avons trouvé que des renseignements peu complets dans les ouvrages que nous avons pu consulter. Aussi les explications que nous allons donner sur l'*animus novandi* laisseront-elles nécessairement à désirer.

Afin de bien montrer l'importance de l'*animus novandi*, prenons un exemple. Supposons qu'une personne stipule de Secundus ce que lui doit déjà Primus. Dans quel but a-t-elle fait cette stipulation? Elle peut s'être proposé plusieurs buts : ou bien elle a voulu avoir Secundus pour débiteur à la place de Primus, alors la deuxième obligation novera la première; ou bien elle a voulu avoir Secundus pour débiteur à côté de Primus, alors la deuxième obligation viendra s'adjoindre à la première, et alors il y aura corréalité ou fidéjussion, selon les cas. De ces deux choses laquelle a-t-elle voulu faire? Là est la difficulté. Une loi de notre titre le montre : loi 8, § 5. Voici le texte : « Si ab alio promissam sibi dotem, maritus ab uxore dotis nomine, stipulatus sit, non duplari dotem, sed fieri novationem placet, *si hoc actum est*. Quid enim interest, ipsa an alius quilibet promittat? Quod enim ego debeo, si alius promittat, liberare me potest, si novationis causa hoc fiat. Si autem non novandi animo hoc intervenit, uterque quidem tenetur : sed altero solvente, alter liberatur... » L'espèce est assez simple. Si un mari, à qui un tiers a promis une dot de 100,000 sesterces, stipule cette même somme de sa femme, à titre de dot, que se passera-t-il? Ce mari aura-t-il deux débiteurs, et par suite deux dots, ou n'en aura-t-il qu'une? C'est cette dernière décision que le jurisconsulte admet; Ulpien dit : *non duplari dotem*, la dot ne sera pas doublée. Mais que va-t-il advenir? De deux choses l'une : il y aura novation ou corréalité. *Fieri novationem placet, si hoc actum est*. On peut dire qu'il y aura novation, si telle a été l'intention des parties. Dans ce cas, le tiers aura cessé d'être débiteur et la femme sera devenue débitrice à sa place. Ulpien dit : « Qu'importe que ce soit la femme ou un tiers qui promette? » Cela veut dire, sans doute, que c'est toujours la même chose qui a été promise. Ulpien continue alors ainsi : « Car, dit-il, si un tiers promet ce que je dois, il me libère quand il agit dans le but de nover; que s'il n'y a aucun but de novation, les deux promettants sont tenus, mais l'un des deux payant, l'autre est libéré; » ajoutez en droit classique : « de même la *litiscontestatio* engagée avec l'un libère l'autre. » Telle est la décision qu'Ulpien fonde sur l'intention des parties. On voit la distinction entre les deux cas : novation ou corréalité. Il faut se demander *quid actum*, quelle est l'intention des parties. On aperçoit donc clairement cet élément intellectuel, on voit le rôle de cet élément. Toutes les fois qu'une personne stipule de Secundus ce que lui doit déjà Primus, deux choses peuvent se produire : Secundus peut être seul débiteur à la place de Primus, ou bien débiteur avec Primus; en d'autres termes, Secundus peut être ou *expromissor*, ou *correus*, ou *fidejussor*. Comment distinguer? C'est l'*intention des parties* qui fait tout.

Voilà l'importance de l'*animus novandi*.

Malheureusement de grandes difficultés se présentent au sujet de l'*animus novandi*. Essayons de les aplanir dans la mesure de nos forces.

En comparant les *Commentaires* de Gaius et les *Institutes* de Justinien sur la novation, on est tout d'abord frappé d'une différence capitale entre ces deux ouvrages, au sujet de l'intention de nover. Prenons d'abord Gaius (*Comm.* III, § 176 et suiv.). Cet excellent jurisconsulte ne s'occupe pas de l'*animus novandi*, il ne dit pas un mot de cela, et pourtant il fait un livre élémentaire qui doit tout comprendre. En revanche, si Gaius ne parle pas de l'*animus novandi*, il s'occupe soigneusement de l'*aliquid novi*, consistant en changements matériels qui doivent exister dans la seconde stipulation. Maintenant, si de Gaius nous passons à Justinien, nous voyons que l'*animus novandi* tient une place spéciale. Aux *Institutes* (liv. III, t. 29, § 3, *in fine*), il nous dit qu'il n'y a novation que si l'intention de nover est exprimée, et il nous renvoie à cet égard à une de ses constitutions qui forme la loi 8, *De novat.* (*Cod.* 8, 42), et où il est dit que l'expression de la volonté de nover doit être spéciale. Comment expliquer cette différence? Il faut voir là le résultat d'un changement de législation. Il est évident qu'il y a eu changement de législation, introduit par Justinien. Cela résulte suffisamment de la manière dont s'exprime Justinien dans les deux endroits prémentionnés.

Ainsi donc il y a eu sur le point qui nous occupe un changement de législation. Y a-t-il oui ou non novation dans tel cas donné? Sous Justinien, c'est une question d'intention; sous Gaius, au contraire, c'est une question de formule. Cela ne doit pas nous surprendre. C'est tout à fait conforme à la marche ordinaire des développements et des progrès du droit romain, qui tendaient à la suppression du formalisme. Sous Justinien la question d'intention prend la place de la question de forme.

Quoi qu'il en soit, on comprend sans peine l'importance de la forme à l'époque classique. On sait en effet que la stipulation était employée pour préciser les obligations. Il est donc probable que du temps de Gaius, jurisconsulte de l'époque classique, on pouvait, à la simple inspection de la formule employée, voir s'il y avait novation ou autre chose. Ainsi sous Gaius, supposez la stipulation de Secundus intervenue ainsi que celle de Primus relativement au même objet; c'est à la forme qu'on devait reconnaître quel est celui des trois effets signalés plus haut qui devait se produire, c'est-à-dire s'il y avait novation, ou corréalité, ou fidéjussion. A la simple inspection de la formule on devait voir si Secundus prenait la place de Primus, ou bien s'il devenait *correus* ou *fidejussor* de Primus.

Toutefois pour établir ce point les textes nous font un peu défaut, car ils n'ont pas pu passer dans la compilation de Justinien qui introduisait un droit nouveau et si différent de celui des jurisconsultes classiques. Cependant il y en a quelques traces que nous devons soigneusement recueillir.

A quels signes pouvait-on donc reconnaître s'il y avait novation, ou corréalité, ou fidéjussion?

Et d'abord comment distinguer la corréalité de la novation? Comment distinguer si Secundus était *expromissor* ou *correus?* (Voir à cet égard : *Instit.* de Justinien, liv. III. t. 16, *princ.*) Pour faire naître la corréalité, il faut interroger successivement Primus et Secundus : *Primus, me promettez-vous cinq sous d'or? Secundus, me promettez-vous les mêmes cinq sous d'or?* Et Primus et Secundus doivent répondre alors chacun de son côté : *Je le promets.*

Que si on interroge Primus et qu'il réponde avant l'interrogation faite à Secundus qui répond à son tour, il n'y a pas corréalité, il n'y a pas *duo rei promittendi*, car pour qu'il y ait corréalité passive il faut que personne ne réponde *nisi post omnes interrogatos*. On voit donc le signe caractéristique de la corréalité. Justinien a probablement tiré cela d'un ancien jurisconsulte. On voit que quand il s'agit de la corréalité il faut que les deux stipulations prennent naissance en même temps. S'il s'était écoulé un intervalle entre la naissance de l'une et celle de l'autre, il pourrait y avoir novation. Il était donc assez facile de distinguer s'il y avait corréalité ou novation.

Maintenant comment distinguer la fidéjussion de la novation? (Voir à cet égard : *Comm.* de Gaius, liv. III, § 116.) Quel est le signe distinctif de la fidéjussion? Ici les textes sont moins certains. Cependant pour faire naître la fidéjussion on interrogeait dans la forme suivante : *idem spondes? idem fide tua esse jubes?* etc. Au contraire pour la novation on interrogeait ainsi : *quod mihi Primus debet dare spondes?* On voit la différence de la formule. Ceci paraît bien subtil; mais en y regardant de près, il y a une différence au point de vue grammatical. En promettant *idem*, Secundus promet en quelque sorte un deuxième exemplaire de la dette de Primus. En promettant *quod Primus debet*, Secundus prend la place de Primus; il n'y a plus deux dettes, mais une seule. Tel paraît être le signe distinctif de la novation et de la fidéjussion au point de vue formulaire.

Nous venons de voir comment dans l'ancien droit, à l'aide de certaines nuances de formules, on pouvait distinguer si Secundus, venant stipuler la même chose que Primus, devenait *expromissor*, ou *correus*, ou *fidejussor*.

Mais toutes ces différences de formules s'étaient peu à peu effacées par suite de la décadence du formalisme. Sous Ulpien, même à l'époque classique, il y avait une telle confusion dans les formules qu'il fallait recourir à l'intention des parties pour voir ce qu'elles avaient voulu faire. Cela est indiqué par une loi du titre *De duobus reis* (*Dig.*, 45, 2), la loi 3, qui semble en contradiction formelle avec le texte des *Institutes* auquel nous avons fait allusion. Voici cette loi; elle est d'Ulpien, l'un des derniers jurisconsultes de l'époque classique. « In duobus reis promittendi, nous dit Ulpien, *frustra timetur novatio*. Nam, licet ante prior responderit, posterior etsi ex intervallo accipiatur, consequens est dicere pristinam obligationem durare, sequentem accedere. Et parvi refert, simul spondeant, an separatim promittant, *cum hoc actum inter eos sit, ut duo rei constituantur, neque ulla novatio fiat.* » Dans ce texte, Ulpien nous dit que lorsqu'il s'agit de faire naître une obligation corréale, *frustra timetur novatio,* il n'y a pas à craindre de novation; car, alors même que les deux stipulations n'auraient pas été faites en même temps comme anciennement, témoin le texte des *Institutes,* eh bien! il est cependant raisonnable que la première subsiste et que la deuxième s'y ajoute, c'est-à-dire il n'y a pas moins corréalité; et peu importe que les deux débiteurs aient répondu en même temps ou séparément, « *cum hoc actum inter eos sit ut duo rei constituantur, neque ulla novatio fiat,* » du moment qu'il est entendu que l'on constitue deux *rei* et qu'il n'y aura pas novation. Ainsi dans ce texte nous voyons que le signe distinctif de la corréalité et de la novation n'est plus la forme, mais l'intention des parties. C'est la substitution d'une théorie à une autre.

On voit clairement quel système Ulpien substitue à l'ancien. Il est non plus question de la forme, mais de l'intention.

Dans notre titre *De novat.,* Ulpien développe la même idée; il dit que la question de novation est une question d'intention. La loi 2 pose le principe d'une manière générale. Nous voyons, en effet, à la fin du texte, la novation indiquée comme résultant de l'intention des parties : l'intention de nover faisant défaut, il y aura coexistence des deux obligations. «... *Dummodo sciamus,* dit Ulpien, *novationem ita demum fieri, si hoc agatur, ut novetur obligatio. Cæterum si hoc non agatur, duæ erunt obligationes.* »

Ulpien dans tout le reste du titre semble s'appliquer à développer cette idée, qui était nouvelle dans la doctrine, idée d'après laquelle il n'y aura jamais de novation sans l'intention des parties. Voici comment procède Ulpien. Il prend toutes les anciennes formules où la novation était admise par la tradition des vieux docteurs, et y reconnaît des cas de novation en disant qu'en présence de ces formules il faut voir une présomption, une intention de nover. Ulpien prenant une à une ces formules d'où les *veteres* faisaient résulter la novation, dit : oui, il y a novation; mais il faut l'intention de nover : l'intention de nover est présumée.

Ce raisonnement d'Ulpien apparaît très-clairement dans la loi 6, § 1, de notre titre, loi inexplicable sans cela : « Si ita fuero stipulatus, dit Ulpien : Quanto minus a Titio debitore exegissem, tantum fidejubes? non fit novatio : *quia non hoc agitur, ut novetur.* » Le jurisconsulte suppose que vous avez d'abord stipulé de Titius; vous allez trouver Secundus, et vous stipulez de celui-ci en ces termes : Tout ce que j'aurai reçu en moins de Titius, mon débiteur, me le promettez-vous? Dans ce cas-là l'obligation de Titius n'est évidemment pas éteinte par novation; car d'abord vous vous êtes servi de la formule de la fidéjussion : *fidejubes ne?* et bien plus, le second débiteur n'a pas promis ce que devait le premier, il a promis non pas *idem*, mais *quanto minus.* Il est évident qu'au point de vue de la formule, et à cause du changement d'objet, il n'y a pas novation dans l'espèce. La forme de la stipulation eût été dans l'ancien droit une preuve suffisante du défaut de novation, car on n'eût pu faire dans ce cas qu'une espèce de fidéjussion appelée par les interprètes : *fidejussio indemnitatis.* Pourtant voyez Ulpien; passant sur cette observation relative à la forme, il décide que dans l'espèce il n'y a pas novation, parce que, dit-il, l'intention des parties n'était pas de nover : « *Non fit novatio, quia non hoc agitur ut novetur.* » Voilà comment Ulpien ramène le cas à sa doctrine dont il semblait éloigné.

Citons encore une loi d'Ulpien où le même raisonnement apparaît : loi 8, § 3, ainsi conçue : « Idem Celsus ait, judicatum solvi stipulatione actionem judicati non novari : merito; *quia hoc solum agitur ea stipulatione, ut fidejussoribus cautum sit, non ut ab obligatione judicati discedatur.* » (Conf. Paul, *Recept. Sent.* lib. V, t. 9, § 3). Le jurisconsulte parle ici de la caution *judicatum solvi* exigée du défendeur dans un procès; dans quels cas? Pour ne parler que du droit antérieur à Justinien, nous voyons que la caution *judicatum solvi* était exigée en général de tout défendeur à l'action *in rem*, tandis qu'elle n'était exigée du défendeur à l'action *in personam* qu'autant qu'il plaidait *alieno nomine.* (Voy. les détails dans les commentaires du titre 11, livre IV des *Institutes* de Justinien.) La caution *judicatum solvi* était une garantie du payement, de la *res judicata*, par le défendeur. Tel était en un mot l'objet de la caution *judicatum solvi*. Elle n'avait pas pour objet de détruire l'obligation du défendeur d'accomplir la condamnation ; au contraire, elle avait pour objet de confirmer cette obligation. Il est probable que la formule employée pour établir la caution *judicatum solvi* indiquait cet objet. Celsus nous dit que par la stipulation *judicatum solvi*, l'action de la chose jugée n'est pas novée. Cela, disons-nous, devait résulter anciennement de la forme de la stipulation. Mais Ulpien, sans s'attacher à cette idée, approuve l'opinion de Celsus en ces termes : *merito*, cela est vrai ; mais l'intention des parties était en ce sens. Ici encore, on voit qu'Ulpien rattache tout à l'intention des parties.

Ainsi il nous paraît résulter des textes cités qu'Ulpien s'est fait le promoteur d'une théorie nouvelle qui substituait à la forme, comme caractère distinctif de la novation, l'intention des parties.

On voit donc que, dans le dernier état du droit classique, la novation n'avait lieu qu'autant que les parties l'avaient voulu ; mais on admettait que cette volonté pouvait s'induire des termes mêmes de la formule. Autrement dit, l'intention de nover était exigée, mais elle était facilement présumée.

Un mot maintenant sur l'innovation de Justinien. Cet empereur se proposa de faire cesser les controverses des Prudents relativement à l'*animus novandi*, et, dans ce but, il inséra au *Code* la constitution VIII, *De novat. et delegat.*, qui est analysée dans les *Institutes*, à l'endroit déjà cité. Justinien, *veteris juris ambiguitates resecans*, décide que la novation résultera à l'avenir de l'intention des parties *seulement*, et il semble ainsi rejeter toute présomption tirée de la formule. L'intention des parties doit être désormais le seul élément d'appréciation ; mais cette intention comment se formule-t-elle?

La constitution n'est pas très-claire à cet endroit. On y lit d'abord que les contractants doivent faire spécialement remise de la première obligation et exprimer qu'ils s'en tiennent à la seconde ; si les parties n'ont pas fait spécialement remise de la première obligation, si elles n'ont pas exprimé qu'elles choisissent la nouvelle à la place de l'ancienne, il n'y a pas novation, l'ancienne obligation subsiste et la nouvelle s'y ajoute : « Nihil penitus prioris cautelæ innovari, sed anteriora stare, et posteriora incrementum illis accedere; *nisi specialiter remiserint quidem priorem obligationem, et hoc expresserint, quod secundam magis pro anterioribus elegerint.* » Puis elle ajoute, en généralisant, que si la volonté de nover n'est pas manifestée expressément, elle ne doit pas se sous-entendre : « Et generaliter definimus, *voluntate solum esse, non lege novandum, etsi non verbis exprimatur*, ut sine novatione causa procedat, hoc enim naturalibus inesse rebus volumus, et non verbis extrinsecus supervenire. »

L'obscurité de cette rédaction a ouvert un champ libre aux controverses. Sans entrer dans l'examen de ces controverses, nous pensons qu'il faut entendre la constitution de Justinien en ce sens tout naturel : qu'il y aura novation seulement quand cela aura été exprimé spécialement par les parties contractantes; le mot *specialiter*, auquel il faut s'attacher de préférence, comme l'attestent les tribonianismes que l'on rencontre dans plusieurs textes du *Digeste* (voy. l. 29, l. 31, § 1, *De novat.*, et l. 58, *De verb. obligat.*), indique une volonté spéciale de nover qui devra résulter des entrailles mêmes de l'acte et non des circonstances extérieures, sans qu'il soit besoin d'ailleurs de termes sacramentels pour exprimer cette volonté.

Voici donc, pour nous résumer, l'historique de l'*animus novandi*. Nous avons distingué trois époques. Dans le très-ancien droit on s'attache uniquement à la formule. Dans le droit classique on s'attache à l'intention se révélant par la formule. Enfin dans le droit de Justinien on s'attache à l'intention seule.

CHAPITRE II.

De la capacité de nover.

La règle en cette matière découle naturellement de la nature et des effets de la novation. Or Vénuléius, dans la loi 31, § 3, à notre titre *De novat.* (*Dig.*, 46, 2), dit de la novation ce qui est dit plusieurs fois de l'acceptilation : *similis est solutioni.* « Nous considérons, dit-il, la stipulation à l'effet de nover comme semblable au payement. » Le principe est donc, ainsi que nous l'expliquerons dans le chapitre suivant, que, relativement à l'extinction de la dette, la novation opère comme le payement. En d'autres termes, la novation a de l'analogie avec le payement. Et cette analogie se conçoit facilement. En effet, quand vous me payez, vous m'apportez, vous me remettez la chose due; et, quand vous novez, vous me promettez cette même chose : vous me l'apportez encore en quelque sorte, seulement je vous la prête de nouveau. Ainsi, le payement consiste dans la dation effective de la chose due, et la novation consiste dans la dation de cette même chose sous l'enveloppe d'une promesse nouvelle. L'analogie est frappante. Il est donc vrai de dire que la novation opère comme le payement; c'est un *équivalent* du payement. Eh bien, ce n'est pas là un principe abstrait. Cette analogie entre la novation et le payement se traduit en conséquences pratiques. Puisque la novation est analogue au payement, il en résulte que celui-là est capable de nover qui peut valablement recevoir un payement : *Cui recte solvitur, is etiam novare potest,* » nous dit la loi 10, ff. *eod. tit.*

La novation étant quelque chose d'équipollent au payement, il est tout naturel de dire, comme le fait le jurisconsulte Paul dans la loi 10, que « ceux à qui on peut payer valablement peuvent aussi faire novation. »

Toutefois, il ne faut pas prendre cette idée sans certaines précautions, car quelque grande que soit l'analogie existant entre la novation et le payement, chacune de ces opérations a une physionomie particulière et produit des résultats différents. Ainsi, tandis que le payement anéantit entièrement la dette, désintéresse complètement le créancier qui obtient la réalisation complète et intégrale de sa créance, la novation, au contraire, ne fait que transformer la dette et la remplacer par un autre engagement dont les suites peuvent devenir fort graves pour le créancier, qui n'obtient qu'une nouvelle créance soumise à toutes les éventualités de la fortune du débiteur.

C'est pour cela précisément que le législateur a entouré la novation de quelques règles spéciales qui n'existent pas dans la matière du payement et dont le jeu ne manque pas d'intérêt.

On en pourra remarquer les principales applications dans les explications qui vont suivre ; nous verrons qu'il y a certaines personnes qui, bien qu'elles puissent recevoir valablement le payement, ne peuvent cependant pas faire novation.

Ceci dit, revenons à notre règle : *cui recte solvitur, is etiam novare protest.* Bien que posée d'une manière générale, cette règle, ainsi que nous venons de le faire observer, n'est pas sans exception. Nous verrons plus loin les exceptions qu'elle comporte ; parcourons d'abord les divers cas dans lesquels elle s'applique.

En tête des personnes qui peuvent valablement recevoir le payement, et qui, partant, peuvent nover, se trouve le créancier.

Qu'est-co qui peut nover ? Celui, disons-nous, qui peut recevoir le payement. Celui qui peut recevoir un payement peut nover : celui qui peut disposer de sa créance, en recevant la chose due, peut également en disposer par la novation. Or, qui peut recevoir le payement ? C'est le créancier.

En principe, tout créancier, et le créancier seul, peut recevoir le payement. Mais cela souffre exception. Deux points sont à noter. D'une part, il peut se faire qu'un créancier ne puisse pas recevoir le payement, et, d'autre part, il peut se faire qu'un autre que le créancier puisse recevoir le payement.

Nous allons examiner successivement ces deux points, et nous allons voir s'ils sont applicables à la novation.

Et d'abord il peut se faire que le créancier ne puisse pas recevoir le payement. En effet, pour recevoir le payement, le créancier doit être capable. La capacité du créancier pour recevoir le payement est réglée dans les *Institutes* (lib. II, tit. 8, § 2). Pour que le payement fait au créancier soit valable, il faut qu'il soit capable d'aliéner. On ne peut donc pas payer valablement à un pupille sans l'autorisation de son tuteur, car il ne peut rien aliéner sans cette autorisation. Pourtant si le débiteur a fait un payement à un pupille sans autorisation et que la chose payée existe encore, ou que cette chose payée ait tourné au profit du pupille, le débiteur aura l'exception *doli mali* contre la demande que le pupille pourra former à l'égard de cette même chose, car il est de principe que personne ne doit s'enrichir aux dépens d'autrui. Telle est, en résumé, la doctrine contenue dans ce passage des *Institutes*. Notez, au surplus, que ce qui est dit ici du pupille s'applique aussi au prodigue, au fou; en un mot, à toutes les personnes incapables. Pour que le créancier puisse valablement recevoir le payement il faut donc qu'il soit capable.

Eh bien, nous exigerons la même condition de capacité pour que le créancier puisse nover. De même qu'un pupille, un prodigue, ne peuvent valablement recevoir le payement, de même aussi ils ne peuvent valablement faire novation.

Ainsi le pupille ne peut nover sans le consentement de son tuteur. « *Pupillus sine tutoris auctoritate non potest novare,* » nous dit la loi 20, à notre titre. En effet, s'il ne peut recevoir le payement, à plus forte raison même ne peut-il pas nover; car, quand on reçoit le payement, on a entre les mains la chose due, on sait ce qu'on fait; mais, quand on nove, on peut acquérir une chose moins bonne, la nouvelle créance peut être moins solide que l'ancienne. La novation consistant dans la substitution d'une créance à une autre, exige donc un discernement dont n'est pas capable le pupille, qui ne peut pas même recevoir le payement. Cela tient, avons-nous dit, à ce que le pupille ne peut pas aliéner. Or, la loi 15, ff. *De solutionibus* (*Dig.*, 46, 3), vient confirmer cette idée : « Pupillo *solvi* sine tutoris auctoritate non potest, » dit Paul, et il ajoute : « Sed nec *delegare* potest : quia nec alienare ullam rem potest. » — « Si tamen, continue le jurisconsulte, solverit ei debitor, et nummi salvi sint, petentem pupillum doli mali exceptione debitor summovebit. »

Ce que nous venons de dire du pupille peut être également dit du prodigue : « *Cui bonis interdictum est, novare suam obligationem non potest,* » porte la loi 3, ff. *De novat.* En effet, le prodigue, pas plus que le pupille, ne peut aliéner. Toutefois la loi précitée ajoute : « *Nisi meliorem suam conditionem fecerit,* » à moins qu'il ne rende sa condition meilleure. Qu'est-ce à dire? Cette restriction paraît rentrer tout naturellement dans la théorie générale, d'après laquelle il est permis à un incapable de faire sa condition meilleure. Mais l'application de ce principe en matière de novation n'est pas sans difficulté. Car au premier abord on ne sait pas si l'opération est onéreuse ou avantageuse pour l'incapable : la nouvelle créance est-elle pire ou meilleure que l'ancienne? on n'en sait rien *a priori*, puisqu'elle est soumise à toutes les éventualités de la fortune du débiteur. Ainsi il est possible que la stipulation faite avec Secundus soit meilleure que celle faite avec Primus; mais on ne peut pas le savoir tout d'abord. Ce sera le préteur ou le magistrat qui pourra vérifier ici si l'interdit a fait un acte avantageux ou non. Par la novation qu'il a consentie, l'incapable a-t-il fait sa condition meilleure ou pire? Le préteur le verra. On peut donc dire de prime abord que la novation faite par l'interdit, et aussi par le pupille, est nulle. Seulement quand l'ancien débiteur, Primus, dont l'obligation a été novée, sera poursuivi, quand il sera actionné par l'interdit, il pourra opposer l'exception de dol si la bonté de la créance contre Secundus, deuxième débiteur délégué, est prouvée; car, dans cette limite, il y a pour l'incapable un enrichissement qui fait obstacle à ce qu'il exerce valablement son action contre Primus. Voilà, croyons-nous, dans quel sens on peut dire que la novation faite par un incapable est possible, quand elle rend sa condition meilleure. Ici encore il y a analogie avec le payement. Le payement fait à un incapable est nul, à moins qu'il n'y ait preuve d'enrichissement. (Vid., l. 15, *supra cit.*, *De solutionibus.*)

Nous avons ainsi terminé sur notre premier point. Certains créanciers ne peuvent recevoir le payement et partant ne peuvent faire novation. Pour la novation, comme pour le payement, il faut que le créancier soit capable.

En sens inverse, il y a d'autres personnes que le créancier qui peuvent recevoir le payement, et partant peuvent nover. C'est notre deuxième point. Voyons quelles sont ces personnes.

C'est d'abord le *procurator omnium bonorum*. (L. 20, § 1, *in fine*, ff. *De novat.*) L'auteur de cette loi, Paul, nous dit en effet ailleurs que : « Procurator, cui generaliter libera administratio rerum commissa est, potest exigere, aliud pro alio permutare. » L. 58, ff. *De procuratoribus* (*Dig.*, 13, 3).

C'est encore le tuteur ou le curateur, ainsi que cela résulte des lois 20, §§ 1, et 34, § 1, à notre titre. Après avoir dit que le pupille ne peut nover sans l'autorisation de son tuteur, la loi 20 ajoute : « Tutor potest, si hoc pupillo expediat. » Et la loi 34, § 1, nous dit : « Adgnatum furiosi, aut prodigi curatorem, novandi jus habere minime dubitandum est, si hoc furioso vel prodigo expediat. » Ainsi donc le tuteur et le curateur peuvent nover. Mais dans nos deux lois on ajoute cependant que le tuteur ou le curateur peut nover : si cela est avantageux à son protégé (*si hoc expediat*). Que peut signifier cette restriction? Cela paraît assez embarrassant, surtout si c'est rapproché de la loi 3, ff. *eod. tit.*, qui dit que l'incapable ne peut nover « *nisi meliorem suam conditionem fecerit.* » Il semblerait que le tuteur ou le curateur n'a pas plus de capacité, pour nover, que le pupille ou l'interdit. Dans un cas, la novation est possible, si elle rend la condition de l'incapable meilleure; dans l'autre, elle est possible, si elle est avantageuse à cet incapable. La situation est-elle donc la même dans les deux cas? Nous ne le pensons pas. Nous avons expliqué les mots de la loi 3 d'une certaine manière. Dans les lois 20 et 34, ces mots: « *si hoc* (*pupillo, furioso, prodigo*) *expediat,* » doivent s'entendre d'une autre manière. Dans le cas de la loi 3, nous avons dit que la novation consentie par l'incapable était tout d'abord nulle. Au contraire, dans les cas prévus par les lois 20 et 34, nous dirons que la novation faite par le tuteur ou le curateur de l'incapable est tout d'abord valable. Toutefois (et c'est ainsi qu'il faut entendre la restriction contenue dans ces deux lois), des moyens de secours même extraordinaires pourront être donnés au pupille ou à l'interdit, si la novation est désavantageuse. Quels seront ces moyens de secours? Ce sera d'abord une action contre le comptable, une action en responsabilité contre le tuteur, quand aura lieu le compte de tutelle. Maintenant ce pourra être aussi un moyen extraordinaire, une *in integrum restitutio,* dans les cas pressants. Si le tuteur est insolvable, alors le pupille sera rétabli dans son ancienne créance au moyen de l'*in integrum restitutio,* qui fera considérer la novation comme non avenue. Mais cela n'empêche pas la novation, consentie par le tuteur ou le curateur, d'être valable en principe. Une preuve même qu'elle est valable en principe, c'est qu'un moyen extraordinaire doit être employé pour la faire tomber.

Voilà les personnes, autres que le créancier, qui, pouvant recevoir le payement, peuvent aussi nover.

Jusqu'ici il y a identité parfaite entre les principes qui régissent la novation et ceux qui régissent le payement. Il y a identité complète aux deux points de vue que nous venons d'examiner. En effet, de même que tout créancier ne peut recevoir le payement, de même tout créancier ne peut nover : il faut pour nover, comme pour recevoir le payement, que le créancier soit capable. Et, en sens inverse, de même qu'un autre que le créancier peut recevoir le payement, de même aussi un autre que le créancier peut nover.

N'y a-t-il pas encore identité à un troisième point de vue? Oui, dirons-nous. Si nous supposons que la même créance appartienne à plusieurs personnes, tels que des créanciers solidaires (*correi stipulandi*), chacun d'eux pouvant recevoir le payement, chacun d'eux pourra nover. C'est un nouveau point d'analogie entre le payement et la novation : *Cui recte solvitur, is etiam novare potest.* Il suit de là qu'un créancier solidaire peut faire novation. Mais cette proposition qui, *a priori,* ne semble souffrir aucune difficulté, paraît contredite par un texte. Nous reviendrons dans un instant sur la controverse qui s'élève à cet égard.

Jusqu'à présent nous avons parcouru les diverses applications de la règle : *cui recte solvitur, is etiam novare potest.* C'est maintenant le lieu d'examiner les diverses exceptions que comporte cette règle.

Il y a entre la novation et le payement, au point de vue de la capacité des parties, des différences toutes naturelles résultant des diverses conséquences de ces actes. La novation est un acte plus dangereux que le payement. En recevant le payement on retire tout de son créancier. Ici il est possible de tout perdre, puisqu'une mauvaise créance peut être substituée à une excellente créance. Voilà la différence d'une manière générale. C'est ce qui explique pourquoi il y a des personnes qui peuvent recevoir le payement, et qui cependant ne peuvent faire novation. S'il y a un *procurator omnium bonorum,* il peut, nous l'avons vu, recevoir le payement et aussi nover. Mais s'il y a un mandataire spécial, chargé seulement de recevoir le payement, il ne peut pas faire novation. Le jurisconsulte Paul après avoir posé dans la loi 10, à notre titre, la règle : « Cui recte solvitur is etiam novare potest, » ajoute immédiatement : « Excepto eo, si *mihi aut Titio* stipulatus sim : nam Titius *novare non potest, licet ei recte solvitur.* » Cela est très-important en pratique. En pratique on disait au débiteur : Me promets-tu à moi ou à Titius? Le mandat de Titius est spécial ; il peut toucher le payement, mais il ne peut pas nover. Titius est ce qu'on appelle, en droit, un *solutionis gratia* ou *solutionis causa adjectus*. L'*adjectus solutionis gratia* est une personne dont il est fait mention dans un contrat, et qui est destinée à recevoir le payement à défaut du créancier. Quelquefois, nous dit la loi 12, § 1, *De solutionibus*, on peut payer régulièrement à celui qui n'est pas *procurator*, comme par exemple à celui dont le nom a été inséré dans la stipulation (*utputa cujus stipulationi nomen insertum est*), si le stipulant a dit qu'il stipulait pour lui ou pour Titius (*sibi aut Titio*). Eh bien, cet *adjectus solutionis gratia*, qui peut valablement recevoir le payement, ne peut pas nover. Le même jurisconsulte Paul, auteur de la loi 10, supra, *De novat.*, nous dit encore dans un autre endroit que ce Titius, dont le nom est inséré dans la stipulation, ne peut pas nover, bien qu'il puisse recevoir le payement : « Quod stipulatus ita sum, dit-il, *mihi aut Titio?* Titius nec petere, nec novare, nec acceptum facere potest, tantumque ei solvi potest.. »

Ce que nous venons de dire de l'*adjectus solutionis gratia* doit être également dit du mandataire *ad exactionem tantum*. Il n'est pas permis à ce mandataire de compromettre, en novant, la position du créancier. Voy. l. 4, ff. *De novat.* (C. 8, 42.)

Nous arrivons à une autre application de cette idée, à savoir que certaines personnes qui peuvent recevoir le payement ne peuvent pourtant pas nover. Cette application n'était pas moins importante dans la pratique romaine que celle que nous venons de voir relativement à l'*adjectus solutionis gratia*. A Rome, le fils de famille, l'esclave avaient des pécules. Eh bien, dans l'octroi du pécule, consenti par le *paterfamilias*, le fils, l'esclave pouvaient recouvrer le payement, mais ils ne pouvaient pas nover; car, pour pouvoir nover, il fallait un mandat spécial. Voilà donc une nouvelle catégorie de personnes qui peuvent recevoir le payement, et qui cependant ne peuvent pas nover : ce sont les personnes qui sont sous la puissance d'autrui (*alieni juris*). « *Non ideo novare veterem obligationem quisquam recte potest, quod interdum ei recte solvitur,* » nous dit la loi 25, à notre titre; « nam et his qui in nostra potestate sunt, quod ab his creditum est, recte interdum solvitur, cum nemo eorum per se novare priorem obligationem jure possit. » (Conf. l. 27, *De pactis.*) Tâchons d'expliquer cette loi en pesant soigneusement les expressions dont s'est servi le jurisconsulte. Il ne faut pas croire, nous dit Celsus, l'auteur de cette loi, que celui qui peut toucher le payement, peut nover valablement. En effet, les personnes qui sont en notre puissance, par exemple le fils, l'esclave, peuvent toucher un payement dans certains cas (*interdum,* parfois), c'est-à-dire quand ces personnes, fils, esclave, auront une dette dans leur pécule : c'est ce que doit signifier le mot *interdum;* mais ces mêmes personnes ne pourront jamais nover valablement. Toutefois, la manière dont s'exprime la fin du texte mérite d'être remarquée; le jurisconsulte dit qu'aucune des personnes qui sont en notre puissance ne peut *par elle-même* (*per se*) nover la précédente obligation; les mots soulignés indiquent sans doute que, pour arriver à une novation valable, il faudrait qu'à la volonté de la personne en puissance vînt s'ajouter une autre volonté, c'est-à-dire celle du père, s'il s'agit d'un fils de famille, ou du maître, s'il s'agit d'un esclave. En un mot, l'individu soumis à ma puissance, mon fils ou mon esclave, qui peut recevoir le payement *interdum,* c'est-à-dire quand il aura une dette dans son pécule, ne peut la nover *per se,* c'est-à-dire que, pour qu'il la nove valablement, il faudra qu'à sa volonté il s'en ajoute une autre, la mienne.

Ainsi, le fils de famille, alors même qu'il peut recevoir le payement, et à plus forte raison lorsqu'il ne le peut pas, n'a pas le pouvoir de faire novation. Mais ceci doit s'entendre en ce sens qu'il ne peut nover sans la volonté de son père : *Filius patris actionem, ignorante eo, novare non potest.* (L. 23, ff. *eod. tit.*) De même l'esclave ne peut pas nover une obligation de son pécule sans le consentement de son maître, quoiqu'il puisse en recevoir le payement; et en stipulant *animo novandi* l'esclave acquiert plutôt une nouvelle créance qu'il n'éteint l'ancienne : « *Servus nec peculiarem quidem obligationem citra voluntatem domini novare potest;* sed adjicit potius obligationem quam pristinam novat. » (L. 16, ff. *eod. tit.*)

Il résulte surabondamment des observations que nous venons de présenter que les personnes soumises à notre puissance, qui ne peuvent pas nover par elles-mêmes, peuvent du moins nover avec notre assentiment. Ces personnes peuvent nover, non-seulement si nous leur en donnons l'ordre spécial, mais encore si nous leur avons confié la libre administration du pécule. Quand le père ou le maître a octroyé au fils ou à l'esclave une administration large du pécule, le fils ou l'esclave peut nover, ainsi que l'indique la loi 34, *princ.*, à notre titre : « Dubitari non debet, nous dit Gaius, quin filius, servusve, cui administratio peculii permissa est, novandi quoque peculiaria debita jus habeat; utique si ipsi stipulentur; maxime si etiam meliorem suam conditionem faciunt. Nam si alium jubeant stipulari, interest utrum donandi animo alium jubeant stipulari, an ut ipsi filio servove negotium gerat : quo nomine etiam mandati actio peculio adquiritur. »

Pour nous résumer sur le point qui vient de nous occuper en dernier lieu, nous dirons que l'individu *alieni juris*, fils ou esclave, ne peut pas en principe faire novation. Pour qu'il puisse nover, il faut de deux choses l'une : ou bien qu'un ordre soit donné à cet individu en puissance, ou bien que cet individu ait reçu la *libera administratio* de son pécule. En d'autres termes, pour que la novation soit possible de la part du fils ou de l'esclave, il faut qu'à la volonté de ce fils ou de cet esclave vienne s'ajouter une autre volonté, celle du père ou du maître.

Nous croyons avoir montré comment en général la capacité de faire novation suppose la capacité de recevoir le payement, ou mieux, comment en général la capacité de recevoir le payement entraîne la capacité de nover, sauf les exceptions que nous venons d'examiner.

Il nous reste un dernier point à expliquer. Jusqu'à présent nous avons supposé une novation s'opérant entre deux personnes, le créancier et le débiteur; mais nous pouvons supposer maintenant que la novation s'opère par l'intervention d'une tierce personne qui deviendra créancière ou débitrice, de sorte qu'il y ait changement de créancier ou de débiteur. Supposons donc l'intervention d'une tierce personne pour opérer novation. Ici encore nous allons trouver de l'analogie entre la novation et le payement. Comparons la novation avec le payement dans l'hypothèse où une tierce personne intervient dans l'opération. Occupons-nous d'abord du payement. Un tiers peut-il payer ma dette ou toucher le remboursement de ma créance sans ma volonté? Il faut faire une distinction. Un tiers peut bien payer ma dette sans ma volonté; mais il ne peut pas sans ma volonté recouvrer ma créance. Eh bien, ce que nous venons de dire du payement, il faut le dire également de la novation. Ainsi, je suis obligé : un tiers peut-il aller promettre à ma place? Oui, un tiers peut sans mon consentement aller promettre à mon créancier ce que je lui dois, et alors je suis libéré à mon insu et malgré moi : « Quod enim ego debeo, si alius promittat, liberare me potest, si novationis causa hoc factum est..... » (Voy. l. 8, § 5, ff. *eod. tit.* Conf. l. 91, ff. *De solutionibus,* déjà expliquée *supra.*) Au contraire, je suis créancier : un tiers peut-il aller stipuler à ma place? Non; il ne peut me faire perdre ma créance malgré moi; il faut mon consentement pour que ce tiers puisse faire novation de ma créance. Mais mon consentement peut résulter d'un simple signe : « Delegare scriptura, vel *nutu*, ubi fari non potest, debitorem suum quis potest. » (L. 17, ff. *eod. tit.*) Ajoutez que si quelqu'un était allé, en mon absence, stipuler *novandi animo* de mon débiteur, la ratification que je donnerais après cette stipulation rendrait la novation valable : « Si quis absente me a debitore meo stipulatus est novandi animo, *ego postea ratum habuero, novo obligationem.* » (L. 22, ff. *eod. tit.*)

Ainsi toutes les fois que vous voulez faire une novation pour devenir débiteur à ma place, vous le pouvez à mon insu et même malgré ma volonté; que si, au contraire, vous voulez faire la novation pour devenir créancier à ma place, vous ne le pouvez sans mon aveu. Ici encore les principes du payement sont appliqués à la novation. Ce nouvel effet de l'analogie qui existe entre la novation et le payement nous est ainsi donné par Ulpien : « Non tamen si quis stipuletur quod mihi debetur, aufert mihi actionem, *nisi ex voluntate mea stipuletur :* liberat autem me is qui quod debeo promittit, *etiam si nolim.* » (L. 8, § 5, ff. *eod. tit.*, déjà citée.)

Après les explications que nous venons de donner sur la capacité de nover, il sera facile d'interpréter un texte des *Sentences* de Paul (V, 8, § 1) où nous lisons : « Non solum per nosmetipsos novamus quod nobis debetur, sed per eos etiam per quos stipulari possumus, veluti per filium familias vel servum, *jubendo* vel *ratum habendo*. Procurator quoque noster *ex jussu nostro* receptum est ut novare possit. » Ce texte se trouve suffisamment expliqué par les observations que nous avons présentées dans le cours de ce chapitre.

Nous aurions terminé sur la capacité de nover, si nous ne nous étions réservé pour la fin l'examen d'une controverse sérieuse qui s'élève en cette matière. Il s'agit de savoir si une obligation corréale peut être novée par l'un des *rei stipulandi*. Appliquant ici la règle : *cui recte solvitur, is etiam novare potest,* nous avons dit plus haut que l'un des *rei stipulandi* pouvant recevoir le payement, pouvait en conséquence nover. Mais cette solution, qui au premier abord semble ne devoir souffrir aucune difficulté, était-elle admise par tous les jurisconsultes romains ? C'est ce que nous allons maintenant rechercher.

Il existe à cet égard deux textes du *Digeste* qui paraissent opposés. Dans la loi 31, § 1, *De novat.,* Vénuléius nous dit que l'un des *rei stipulandi* peut éteindre, en faisant novation, la créance commune. Et Paul, dans la loi 27, princ. *De pactis,* semble bien donner la décision contraire. La conciliation est-elle possible. Analysons d'abord les deux textes.

Voici le texte de Vénuléius : « Si duo rei stipulandi sint, an alter jus novandi habeat, quæritur, et quid juris unusquisque sibi adquisierit? Fere autem convenit, et uni recte solvi, et *unum judicium petentem totam rem in litem deducere;* item unius acceptilatione perimi utriusque obligationem. Ex quibus colligitur unumquemque perinde sibi adquisiisse ac si solus stipulatus esset; excepto eo quod etiam facto ejus cum quo commune jus stipulantis est, amittere debitorem potest. Secundum quæ, si unus ab aliquo stipulatur, *novatione quoque liberare eum ab altero poterit, cum id specialiter agit;* eo magis quum *eam stipulationem similem esse solutioni existimemus.* Alioquin quid dicemus si unus delegaverit creditori suo communem debitorem, isque ab eo stipulatus fuerit? aut mulier fundum jusserit doti promittere viro ; vel, nuptura ipsi, doti eum promiserit? *Nam debitor ab utroque liberabitur.* » Ce texte, ainsi que le remarque M. Demangeat, se distingue par une grande puissance de déduction, et est sans contredit un des plus importants qui nous soient parvenus sur la matière des obligations corréales. Le jurisconsulte commence par poser la question : En supsant, dit-il, deux *rei stipulandi*, on se demande si l'un a le droit de nover (et quel est précisément le droit acquis à chacun). Après être ainsi entré en matière, Vénuléius arrive à la solution affirmative, qu'il déduit logiquement des principes. Il raisonne de la manière suivante : « L'un des *rei stipulandi*, dit-il, peut recevoir le payement, peut éteindre la créance corréale en actionnant le débiteur ou en lui faisant acceptilation : donc chaque *correus stipulandi* acquiert autant de droit que s'il avait seul stipulé, sauf qu'il peut perdre sa créance par le fait de son *correus*; dès lors il doit pouvoir par la novation libérer le débiteur même envers l'autre créancier..., d'autant plus que nous regardons la stipulation *novandi animo* comme quelque chose d'analogue au payement. » « Autrement, continue Vénuléius, que dirons-nous si l'un des costipulants délègue à son propre créancier le débiteur commun, et que celui-ci stipule de lui, ou si une femme ordonne à ce débiteur commun de promettre (par diction) un fonds en dot au mari, ou bien qu'épousant ce débiteur elle lui promette (lui constitue par diction) ce fonds en dot? En effet, le débiteur est libéré envers tous les deux : Alioquin quid dicemus, si unus delegaverit creditori suo communem debitorem, isque ab eo stipulatus fuerit? *aut mulier fundum jusserit doti promittere viro, vel nuptura ipsi doti eum promiserit?* nam debitor ab utroque liberabitur. » — « Évidemment, observe M. Pellat sur la fin de notre texte, Vénuléius avait dit *doti dicere... doti eum dixerit*, au lieu de *doti promittere... doti eum promiserit :* sans cela il n'eût pas ajouté à l'exemple général de la stipulation faite *animo novandi*, l'exemple spécial de la stipulation d'une dot, qui n'a rien de particulier... » Au surplus, si dans le dernier cas Vénuléius avait parlé d'une *promissio dotis* faite au futur mari par la femme, sa créancière solidaire avec un tiers, il n'aurait pas pu dire pour ce cas : « Debitor ab utroque liberabitur, » car le futur mari libéré vis-à-vis de sa femme, *exceptionis ope*, resterait néanmoins obligé envers le *correus* de sa femme. Tandis qu'en admettant que Vénuléius parlait d'une *dictio dotis*, le texte s'explique parfaitement, parce que, dans l'opinion de plusieurs jurisconsultes, la *dictio* qui intervenait de la part du créancier au profit du débiteur équivalait à une *acceptilatio*.

Ainsi, d'après Vénuléius, l'un des *rei stipulandi* en faisant novation peut libérer le débiteur; mais il y a au milieu du texte les expressions suivantes : *cum id spectaliter agit.* Quel est précisément le sens de ces expressions ? Un auteur allemand, cité par M. Demangeat qui le réfute, les entend comme signifiant que ce n'est pas toute novation qui éteint les créances corréales existant au jour de l'opération, c'est uniquement la novation, dans laquelle l'intention spéciale des parties a porté sur une extinction totale. Selon nous, toute novation éteint d'une manière absolue toutes les créances corréales; seulement toute nouvelle stipulation intervenant entre les parties n'est pas une véritable novation. D'après cela, il faut entendre ces expressions comme signifiant que le créancier qui s'est borné à stipuler ne pourra pas être considéré comme ayant fait une novation; pour qu'il y ait novation, il faut qu'il ait expressément manifesté sa volonté de nover. Nous croyons que ces expressions, loin de faire partie du texte primitif de Vénuléius, ont été ajoutées par les compilateurs, pour mettre notre texte en harmonie avec la prescription postérieure de Justinien sur la manifestation spéciale de l'intention de nover (l. 8, c. *De novat.*). C'est ainsi que dans la loi 29 de ce même titre *De novat.*, au *Digeste*, les expressions *si id specialiter actum est* ont certainement le sens et l'origine que nous indiquons ici.

Arrivons maintenant au texte de Paul. Ce texte est ainsi conçu : « Si unus ex argentariis sociis cum debitore pactus sit : an etiam alteri noceat exceptio ? Neratius, Aticilinus, Proculus, nec si in rem pactus sit, alteri nocere; tantum enim constitutum, ut solidum alter petere possit. Idem Labeo, *nam nec novare alium posse, quamvis ei recte solvatur; sic enim et his, qui in nostra potestate sunt, recte solvi quod crediderint, licet novare non possint;* quod verum est. *Idemque in duobus reis stipulandi dicendum est.* » Ce texte, ainsi que le remarque M. de Savigny, exige un examen attentif; car sa teneur, quelque peu équivoque, a provoqué chez nos auteurs plusieurs erreurs. Voici l'espèce : deux individus sont associés pour faire la banque, l'un d'eux consent un pacte *de non petendo* à un débiteur social. Le jurisconsulte se demande si ce pacte pourra être opposé à l'autre associé, s'il exige le payement de la créance. Paul rapporte les décisions négatives de Nératius, Aticilinus et Proculus, car tout ce qui a été établi, c'est que l'un peut demander l'obligation entière. Ainsi il y aurait seulement entre eux un mandat réciproque afin de recevoir le payement. Labéon, qui est de la même opinion, a fait naître la difficulté qui va nous occuper dans un instant, car, selon Paul, il s'appuyerait sur un autre argument. M. Demangeat a traduit ce passage ainsi : « Labéon est également de cet avis, par le motif que l'un ne peut pas faire novation, bien qu'il puisse recevoir le payement; c'est ainsi que les personnes qui sont en notre puissance recouvrent très-bien ce qu'elles ont prêté, quoiqu'elles ne puissent nover. » — « Et cela est vrai, ajoute Paul. Il faut en dire autant de deux *rei stipulandi.* »

Ce texte de Paul paraît bien présenter une décision tout à fait contraire à celle de Vénuléius, prémentionnée, car à prendre ce texte dans son sens le plus obvie, il signifie, à ce qu'il semble, ceci : l'un des *argentarii socii* ne peut pas faire un pacte opposable aux autres, car il ne peut pas nover la créance commune, bien qu'il puisse en recevoir le payement ; il a cela de commun avec d'autres personnes, notamment les personnes en puissance, qui ne peuvent pas nover une créance dont elles peuvent recevoir le payement. Il en est de même de deux *rei stipulandi.*

Ainsi, d'après Paul, il y aurait pour les *correi stipulandi* une exception à la règle : *cui recte solvitur, is etiam novare potest;* tandis que, d'après Vénuléius, il y aurait pour ces *correi* une application de la règle précitée. Vénuléius, nous l'avons vu, prouve savamment que le créancier corré a le droit de nover la créance commune. Comment, dit-il, pourrait-on lui refuser ce droit, alors que l'on admet qu'il peut valablement recevoir le payement, faire acceptilation, porter la demande en justice? Ne résulte-t-il pas de tous ces pouvoirs qu'il a acquis la créance, absolument comme s'il avait seul stipulé, avec cette restriction néanmoins qu'il peut perdre son droit par le fait de son créancier? Évidemment; donc il a le droit d'éteindre totalement la créance commune par la novation, d'autant plus que nous regardons cette novation comme produisant le même effet qu'un payement (*similis est solutioni*). On le voit, le raisonnement de Vénuléius paraît concluant, et il ne resterait aucun doute si Paul, dans le texte qui nous occupe, ne s'était exprimé d'une façon un peu obscure, si bien que Paul semble dire tout le contraire de ce qui vient d'être parfaitement dit par Vénuléius.

On a essayé de plusieurs manières de concilier les deux lois que nous venons d'analyser. La difficulté de cette conciliation a donné naissance à une grande divergence d'opinions dont quelques-unes même témoignent des derniers efforts d'un esprit aux abois. C'est ainsi qu'un certain Robertus (cité par Pérézius, *Prælectiones in codicem*, lib. VIII, t. 40, *De duobus reis*), a proposé de lire, dans deux endroits du passage embarrassant de la loi de Paul, *donare* pour *novare*. De semblables subterfuges ne sont guère employés de nos jours; c'est seulement dans des cas fort rares et où l'on a pour soi l'évidence, que l'on se permet d'altérer les textes.

D'autres auteurs, et notre grand Cujas est de ce nombre, ont considéré les deux lois qui nous occupent comme consacrant une véritable antinomie; chacun des deux jurisconsultes aurait eu sa manière de voir, et Vénuléius n'aurait cherché à bien motiver la sienne que pour la faire triompher de l'opinion contraire professée par les Proculéiens et suivie par Paul.— Malgré l'autorité qui s'attache au nom des auteurs dont nous reproduisons en ce moment l'opinion, on ne doit pas perdre de vue qu'admettre une antinomie est un moyen extrême qui suppose que tous les moyens de conciliation ont été épuisés. Aussi diverses conciliations dignes d'examen ont-elles été présentées par des jurisconsultes d'un grand mérite; voyons si ces conciliations sont plausibles.

Molitor, dans son *Cours de droit romain approfondi* (tr. des obligations, n° 1,043), pense que la question de savoir si l'un des créanciers solidaires peut éteindre totalement la créance commune doit se résoudre par une distinction; la solution sera différente selon que l'on supposera l'existence ou la non-existence d'un contrat de société entre ces créanciers; d'après cet auteur, Vénuléius aurait pris pour espèce le cas où ils ne sont pas *socii*, tandis que Paul raisonnerait dans l'hypothèse où ils sont *socii*. Cette opinion de Molitor ne nous semble guère plausible. La solution qu'il propose tombe devant les termes absolus de la loi 31 qui accorde à l'un des *correi* le droit de nover la créance commune, sans distinguer s'ils sont ou non *socii*. Ainsi Vénuléius parle d'une manière générale, et on ne saurait admettre qu'il oublie une distinction aussi importante dans une loi qui est un modèle de logique et de précision. Au surplus, le seul effet que l'existence d'une société entre les créanciers solidaires pourrait produire, ce serait que le *correus stipulandi* qui a nové, serait obligé par l'action *pro socio* de tenir compte à son *correus* de l'intérêt que celui-ci pourrait avoir à ce que la créance ne fût point éteinte; mais cette société ne doit pas changer la condition du débiteur, qui doit être traité de la même manière, que les créanciers soient *socii* ou qu'ils ne le soient pas.

Une autre conciliation beaucoup plus spécieuse est présentée par plusieurs auteurs anciens et modernes, notamment par Pothier (*Pand. Just;* titre *De pactis*, n° 45, note 1). « *Verum Pacius*, remarque Pothier, Paulum cum Venuleio ita conciliat, dicendo hæc verba *nam nec novare alium posse*, non esse accipienda de alio correo, sed de alio quovis. Sensum autem argumentationis Pauli hunc esse : Ex eo quod solutio uni ex correis factaab omnibus liberat, concludi non potest pactum unius correi ab omnibus correis liberare ; nec enim valere potest argumentum a solutione ad pactum *de non petendo*. Nam etsi novatio magis adhuc imitetur solutionem quam pactum *de non petendo*, tamen non semper valet argumentum a solutione ad novationem : sunt enim alii *quibus recte solvi* potest, et tamen *novare* non possunt, etc. » Ainsi, d'après Pothier, la loi 27, *De pactis*, n'est pas en contradiction avec la loi 3, § 1, *De novat.*, car elle ne s'occupe que du point de savoir si un *pacte de remise* fait par un intéressé, créancier solidaire ou argentier, peut nuire aux autres intéressés. Après avoir dit, en parlant des *argentarii socii*, que le pacte *de non petendo* fait par l'un ne nuit pas aux autres, Paul, dans la loi 27, s'étaye de l'opinion de Labéon. A partir des mots : « *idem Labeo* » jusqu'à ceux : « *quod verum est*,» c'est Labéon qui parle en termes très-généraux, et Paul se saisit de sa pensée pour justifier l'opinion qu'il adopte sur l'effet tout relatif du *pacte de remise*. Labéon dit en effet : « On voit souvent des personnes (le mot « ALIUM » a un sens abstrait et général, et ne s'applique ni à l'*argentarius* ni au *correus stipulandi*) avoir le droit de recevoir un payement et ne pouvoir nover : telles sont celles soumises à la puissance d'autrui, auxquelles on peut payer ce qu'elles ont prêté, sans que pour cela elles puissent faire novation. » De là Paul conclut *a fortiori* à l'impossibilité d'une remise générale. Voici le sens de son argumentation : De ce que l'un des *argentarii socii* peut recevoir le payement, il ne faut pas conclure qu'il puisse faire un pacte de *non petendo* opposable aux autres, car une personne quelconque (*alium*) qui a le droit de recevoir le payement n'a pas toujours pour cela le droit de nover. Or le pacte de *non petendo* diffère du payement plus encore que la novation. Donc si l'on ne peut pas conclure du droit de recevoir le payement au droit de faire novation, on ne peut pas conclure du droit de recevoir le payement de la créance commune au droit de la paralyser par un pacte de *non petendo*, car, encore une fois, la novation a plus d'analogie avec le payement que le pacte de *non petendo*. Après tous ces raisonnements sur le pacte de *non petendo*, le jurisconsulte ajoute : « Il faut en dire autant des *correi stipulandi*, » c'est-à-dire que le pacte fait par l'un d'eux ne peut pas nuire aux autres. Quant à la novation, il n'en est pas question; il n'en a été parlé qu'incidemment pour venir à l'appui de ce qui était dit touchant le pacte de *non petendo* de l'*argentarius*. Il faut donc enfermer dans une parenthèse tout ce qui est compris entre les mots : « *idem Labeo* » et « *idemque*, » et rapporter la dernière phrase de la loi 27 à ce qui est dit du pacte de *non petendo*. (Conf. Voët, ad *Pand.*, titre *De duobus reis*, n° 5.)

Il est difficile d'admettre cette ingénieuse conciliation de nos deux textes. Sans doute le raisonnement qu'on prête à Paul d'après Labéon peut avoir été dans la pensée de ces deux jurisconsultes; mais à coup sûr, comme l'a dit fort justement M. Demangeat, elle n'est pas dans le texte, dont les termes sont torturés pour faire désigner par *alium* une personne autre qu'un des deux *argentarii socii*; en effet, ce mot « *alium* » doit se référer logiquement aux *argentarii socii*, puisque, dans tout ce qui précède, le jurisconsulte Paul s'occupe de ces *argentarii*. Qu'on n'objecte pas que s'il en était ainsi il y aurait nécessairement dans le texte : *alterum* et non pas *alium*; car, bien qu'*alter* soit l'expression la plus exacte et la plus précise, cependant, quand on doit parler de l'une d'entre deux personnes, on trouve aussi *alius* pour *alter*. (Voy., en effet, l. 7, *Dig.*, *De duobus reis*; l. 1, § 43, *Depositi*.)

Une autre conciliation est adoptée par M. de Savigny. Elle consiste à dire que les mots : « *idemque in duobus reis stipulandi dicendum est,* » ne se réfèrent point à tout ce qui précède dans le texte, mais seulement à la question de savoir si l'un des *argentarii socii* peut faire un pacte qui serait opposable à l'autre. En d'autres termes, voici quel serait l'enchaînement des idées de Paul : le pacte consenti par l'un des *argentarii socii* est-il opposable à l'autre? Trois jurisconsultes, Nératius, Aticilinus et Proculus, résolvent négativement cette question avec l'assentiment de Paul, bien entendu, même pour le cas où le pacte serait conçu *in rem* (c'est-à-dire sans être restreint à la personne). En effet, disent-ils, tout ce qui a été établi (*constitum*), c'est que l'un des *argentarii socii* peut demander le montant intégral de l'obligation (et ils semblent dire par là que l'un des *argentarii* ne peut pas conclure un pacte de remise totale.) Labéon est également de l'avis des précédents jurisconsultes, mais en faisant valoir un autre argument. Eh bien, Paul n'aurait eu en vue que ce qui est décidé relativement au pacte de remise fait par l'un des *argentarii socii,* quand il ajoute : « *Idemque in duobus reis stipulandi dicendum est.* » Voici, en un mot, la pensée de Paul : il faut aussi dire de deux *rei stipulandi* que le pacte de remise de l'un n'enchaîne pas l'autre, alors même que le pacte serait conçu *in rem.*

« Toute la partie du texte dont il nous reste encore à parler (depuis *idem Labeo* jusqu'à *quod est verum*) doit être considérée comme une parenthèse destinée à confirmer la proposition qui précède, mais n'ayant aucunement trait aux expressions finales du texte, qui se rapportent uniquement à la proposition qui précède cette parenthèse. Labéon dit que l'un de ces deux *argentarii* peut sans doute encaisser le montant de la créance, mais non la nover; car il ne serait pas exact de conclure du droit d'encaisser une créance à celui de la nover; et à l'appui de cette dernière proposition il cite comme exemple les fils de famille et les esclaves qui sont sous notre puissance et qui pourraient également recouvrer (pour notre compte) l'argent qu'ils ont prêté, mais ne seraient pas autorisés à transformer la créance au moyen d'une novation. » Ainsi s'exprime M. de Savigny dans la traduction de MM. Gérardin et Jozon (t. Ier, p. 195 et suiv.).

D'après M. de Savigny, Paul aurait donc voulu indiquer une

similitude de position entre les *argentarii socii* et les *rei stipulandi*, au point de vue du pacte de *non petendo* consenti au débiteur par l'un de ses créanciers, mais non au point de vue du pouvoir de nover, que Labéon et Paul après lui refusent à un des *argentarii socii.*

M. Demangeat combat cette explication et voit, avec Cujas, dans la loi 27, *De pactis*, comparée avec la loi 31, *De novat.*, la trace d'une divergence entre les jurisconsultes romains. D'abord, dit M. Demangeat, il y a évidemment quelque chose de très-arbitraire à dire que le renvoi qui termine le texte ne s'applique pas à tout ce qui précède, mais seulement à ce qui a été décidé au sujet du pacte; le sens naturel est que Paul, après Labéon, admet qu'un des *argentarii socii* ne peut ni faire un pacte opposable à l'autre ni nover la créance commune; et que, suivant le même Paul, ce qui est vrai lorsqu'il s'agit de deux *argentarii socii*, doit l'être également lorsqu'il s'agit de deux *rei stipulandi.* Ensuite, même en faisant abstraction du texte, il n'est pas facile, comme le remarque très-bien M. de Vangerow et après lui M. Demangeat, il n'est pas facile d'apercevoir pourquoi l'on distinguerait ainsi sur un point particulier entre les *argentarii socii* et les *rei stipulandi*; il serait véritablement extraordinaire que la créance commune pût être novée par un seul, ou au contraire ne pût pas l'être, suivant qu'il s'agirait des uns ou des autres de ces co-créanciers.

En fin de compte, M. Demangeat, qui a examiné les diverses conciliations que nous venons d'exposer, tient pour certain que le pouvoir de faire novation, reconnu par Vénuléius à l'un des deux *rei stipulandi*, lui était au contraire refusé par Paul. Mais M. Demangeat reconnaît, avec tout le monde, que la décision de Vénuléius est bien plus conforme aux principes que celle de Paul. « Ne serait-il pas singulier, dit-il, que celui qui peut éteindre le droit de son *correus* en poursuivant le débiteur, même en lui faisant *acceptilatio*, ne pût pas l'éteindre au moyen d'une novation, c'est-à-dire d'un mode auquel le droit civil attache aussi les effets du payement ? » (*Oblig. solid.*, p. 308.)

Oui, dirons-nous avec M. Demangeat, il serait très-singulier que celui qui peut éteindre le droit de son *correus* en recevant le payement, en intentant une action (*actione in litem deducta*), en faisant acceptilation, ne pût pas l'éteindre au moyen d'une novation, c'est-à-dire d'un mode auquel le droit civil attache aussi les effets du payement. Mais Paul a-t-il donc admis une telle singularité? M. Demangeat, d'accord en cela avec Cujas, se résout à le croire : « Je tiens pour certain, dit-il, que le pouvoir de faire novation, reconnu par Vénuléius à l'un des *rei stipulandi*, lui était au contraire refusé par Paul. » Quant à nous, nous hésitons à partager sur ce point la certitude de notre savant professeur. Comment, en effet, le jurisconsulte Paul qui a posé la règle : « Cui recte solvitur, is etiam novare potest...., » aurait-il pu, sans se mettre en désaccord avec lui-même, se refuser à l'appliquer à l'un des *rei stipulandi?* Nous savons bien que cette règle n'est pas sans exception. Nous avons vu Paul lui-même mettre à côté de la règle une exception : « *Excepto eo,* ajoute-t-il après avoir posé la règle ci-dessus, si mihi aut Titio stipulatus sim, nam Titius novare non potest, licet ei recte solvatur. » C'est avec beaucoup de raison que Paul admet cette exception pour l'*adjectus*. En effet, l'*adjectus solutionis gratia* a uniquement le pouvoir de recevoir le payement, ainsi que le même Paul nous l'apprend dans la loi 10, au titre *De solut.* (*Dig.*, 46, 3). « Quand j'ai stipulé ainsi, nous dit-il : *Mihi aut Titio?* Titius ne peut ni intenter l'action, ni nover, ni faire acceptilation : il peut seulement recevoir le payement. » Le jurisconsulte, qu'on le remarque bien, met ici sur la même ligne le droit d'agir en justice (*petere*), de nover, de faire acceptilation. L'*adjectus solutionis causa* n'a aucun de ces droits, puisqu'il a seulement le droit de recevoir le payement. Cet *adjectus* pourrait-il du moins consentir un pacte de constitut? Non encore, et pour la même raison. Ulpien nous l'apprend en ces termes dans la loi 7, § 1, *De pec. const.* (*Dig.*, 13, 5) : « Si mihi aut Titio stipuler, *constitui suo nomine non posse Julianus ait :* quia non habet petitionem, tametsi solvi ei possit. » Il est, on le voit, parfaitement logique que l'*adjectus solutionis gratia* ne puisse consentir un pacte de constitut; il ne le peut pas de même qu'il ne peut pas faire novation : cela est à noter. Puisque cet *adjectus* ne peut ni actionner le débiteur, ni lui faire acceptilation, ni stipuler de lui *novandi animo*, c'est, par *a fortiori,* qu'il ne doit pas pouvoir lui consentir un pacte de constitut; car, s'il ne peut pas employer efficacement à son égard les divers modes auxquels le droit civil accorde tous les effets du payement, il est bien clair qu'il ne peut pas employer un mode prétorien opérant bien moins énergiquement. Eh bien, toutes ces déductions logiques cessent, comme on va le voir, si on se résout à admettre avec M. Demangeat que Paul voyait une autre exception à la règle prémentionnée dans le cas de corréalité active, si on se résout à admettre qu'il faisait pour l'un des *rei stipulandi* la même exception que pour l'*adjectus solutionis gratia*. Il y a plus. Paul, en se prononçant pour cette seconde exception, ne se trouverait pas seulement en désaccord avec les principes, mais il se serait encore mis en contradiction flagrante avec lui-même. Chose digne de remarque, en effet, le même Paul, qui dans la loi 27, *De pactis*, refuserait au *correus* le pouvoir de faire novation, lui accorde formellement dans la loi 10, *De pec. const.*, le pouvoir de faire un pacte de constitut : « *Idem est*, dit-il, *et si duobus reis stipulandi post alteri constitutum, alteri postea solutum est : quia loco ejus cui jam solutum est, haberi debet is cui constituitur.* » Empruntons à M. Demangeat l'explication de ce texte : « De deux *rei stipulandi*, l'un, Primus, a fait pacte constitut avec le débiteur commun. Au fond, Paul applique ici la même doctrine que nous avons vu Vénuléius appliquer au cas où le créancier Primus aurait fait novation : l'obligation corréale est éteinte : si le débiteur paye maintenant entre les mains de Secundus, il payera mal, il restera tenu envers Primus, et il aura seulement une *condictio indebiti* pour recouvrer ce qu'il a payé indûment. Paul motive cette décision d'une manière bien remarquable : Lorsque le débiteur, dit-il, a fait le pacte de constitut avec le créancier Primus, c'est comme s'il avait payé entre les mains de Primus, ce qui assurément eût éteint le droit de Secundus. « *Loco ejus cui jam solutum est, haberi debet is cui constituitur.* » Ainsi Paul, dans la loi précitée, déclare que le constitut fait par l'un des créanciers (*rei stipulandi*) avec le débiteur commun équivaut au payement de la dette et par suite anéantit le droit des autres créanciers. Or, nous nous le demandons, se peut-il que Paul, qui admet ici que l'un des *rei stipulandi* a le pouvoir d'éteindre la créance commune quand il se sert d'un pacte de constitut, n'accorde pas le même pouvoir à l'un de ces *rei stipulandi* quand il se sert non plus d'un pacte de constitut, mais d'une stipulation à l'effet de nover? Se peut-il en d'autres termes que Paul qui, dans la loi 10, *De pec. const.*, nous dit que le pacte de constitut fait par l'un des *rei stipulandi* éteindra la créance commune parce que ce pacte doit être considéré comme analogue au payement, ait voulu nous dire, dans la loi 27, *De pactis*, que la stipulation à l'effet de nover faite par l'un des *rei stipulandi* n'éteindra pas la créance commune parce que cette stipulation ne doit pas être considérée comme analogue au payement? Non, cela ne se peut pas. Il ne se peut pas que l'analogie avec le payement, invoquée par Paul dans un cas, soit repoussée par lui dans l'autre. Le jurisconsulte Paul ne peut donc pas, à moins de se mettre en contradiction, non-seulement avec les principes, mais encore avec lui-même (dans ses *Commentaires sur l'Édit*), refuser à l'un des *rei stipulandi* le droit de consommer la créance commune par la stipulation à l'effet de nover, quand nous avons vu le même Paul accorder à l'un de ces *rei stipulandi* le droit de consommer la créance commune par le pacte de constitut. Comment, en effet, l'un des *rei stipulandi* ne pourrait-il pas faire au moyen d'une novation véritable ce qu'il peut faire au moyen d'une sorte de novation prétorienne? Le constitut opérant *jure prætorio* aurait-il donc plus d'effet que la novation par stipulation opérant *jure civili?*

Sous le bénéfice de ces observations, bien imparfaites sans doute, nous croyons donc qu'il faut s'efforcer de concilier Paul avec Vénuléius, et, parmi les conciliations proposées, celle de M. de Savigny nous paraît la plus plausible.

Quoi qu'il en soit, si l'on persistait à admettre l'antinomie que nous avons essayé de contester, il nous semble que s'il s'agissait d'appliquer aujourd'hui le droit romain comme droit écrit, on devrait suivre l'opinion si bien motivée de Vénuléius, non-seulement comme étant la plus conforme aux principes, mais encore comme paraissant être l'opinion des rédacteurs des *Pandectes*. Il est probable, en effet, que Justinien adoptait cette opinion; cela résulte d'abord de la rubrique sous laquelle il a placé chacune de nos deux lois; cela résulte aussi de ce que Paul ne résout qu'incidemment la question qui nous occupe (si toutefois il la résout), tandis que Vénuléius la discute longuement et la tranche *ex professo*.

CHAPITRE III.

Des effets de la novation.

Tous les effets de la novation se déduisent très-bien de sa nature, car ils sont tous renfermés dans l'application de ce principe, que l'obligation novée disparaît pour se transformer en une nouvelle. Le but de la novation étant de transformer une obligation en une autre, il en résulte évidemment que si les conditions exigées ont été remplies, l'effet de la novation sera double : cet effet sera l'extinction d'une première obligation et la création d'une seconde obligation. Nous allons examiner successivement les effets de la novation, d'abord quant à l'ancienne obligation, puis quant à la nouvelle obligation.

A. — *Quant à l'ancienne obligation.*

L'effet saillant et fondamental de la novation est l'extinction de l'ancienne obligation opérée aussi bien que le ferait un payement. Cet effet extinctif, négatif, est très-remarqnable. Aussi, avant d'en indiquer les diverses applications, croyons-nous devoir entrer dans quelques généralités à cet égard.

La novation considérée comme mode d'extinction des obligations a de l'analogie avec le payement, et ce n'est sans doute pas fortuitement que les rédacteurs du *Digeste* et des *Institutes* ont rapproché ces deux actes. Au surplus, Vénuléius ne nous a-t-il pas appris dans la loi 31 déjà expliquée que la novation était considérée par les jurisconsultes romains comme semblable au payement (*similis solutioni*)? Ainsi donc la novation a une grande affinité avec le payement. Comme lui, en effet, elle s'adresse d'une manière générale à toute espèce d'obligation, quelle que soit son origine et sa source : son origine, qu'elle soit *civilis* ou *naturalis*; sa source, qu'elle soit née *re*, *verbis*, *litteris* ou *consensu*. Et dans tous ces cas le principe est que l'obligation est éteinte par la novation, *ipso jure*, comme s'il y avait eu payement.

Puisque la novation est, comme le payement, un mode d'extinction *ipso jure*, c'est ici le lieu d'indiquer brièvement l'intérêt pratique de la distinction entre les modes d'extinction opérant *ipso jure* et ceux opérant *exceptionis ope*.

Les obligations s'éteignent soit *ipso jure*, soit *exceptionis ope*. Dans le premier cas, le lien de droit est définitivement rompu; dans le second, il subsiste encore, sauf au débiteur à paralyser ses effets au moyen d'une exception.

De cette différence fort saillante entre ces deux manières d'agir sur l'obligation découlent plusieurs conséquences pratiques.

1° Au point de vue de la procédure. Sous le système formulaire, le défendeur peut faire valoir un mode d'extinction *ipso jure* devant le juge, sans l'avoir fait insérer dans la formule délivrée par le préteur; au contraire, le moyen d'extinction *exceptionis ope* ne peut être invoqué devant le juge qu'autant que le défendeur a eu soin de le faire insérer dans la formule par le préteur, qui ajoutait alors une exception à la formule d'action qu'il délivrait. Sous le système reproduit par Dioclétien, cet intérêt de procédure ne disparaît pas complétement. A partir de cette époque, les modes d'extinction *ipso jure* peuvent être invoqués tant que la sentence n'est pas rendue, tandis que les autres doivent être opposés *in limine litis*, au début de l'instance.

2° Au point de vue des personnes qui peuvent s'en prévaloir. Lorsqu'une obligation est éteinte *ipso jure*, en général toute personne intéressée peut faire valoir la cause d'extinction. Au contraire, quand il s'agit d'une cause d'extinction *exceptionis ope*, il peut se faire qu'un seul parmi les intéressés ait le droit de proposer l'exception. Le *reus promittendi*, par exemple, peut se refuser à payer toutes les fois que la dette est éteinte *ipso jure*; mais si l'extinction n'a eu lieu qu'*exceptionis ope*, il peut se faire qu'il soit tenu de payer.

3° Enfin au point de vue de la durée des effets de ces deux modes d'extinction. Quand l'obligation est éteinte *ipso jure*, comme elle est éteinte d'une manière définitive, il va de soi qu'elle ne revivra pas. Au contraire, là où on dit que l'obligation est éteinte *exceptionis ope*, si l'exception qui a pour effet de la paralyser vient à disparaître, cette obligation se retrouve avec toute sa force. Par exemple, après qu'il a été convenu entre le créancier et le débiteur que le payement ne sera pas demandé, il peut très-bien être convenu qu'il sera demandé. L'hypothèse est prévue par Paul dans la loi 27, § 2, *De pactis,* dont nous avons déjà expliqué plus haut le *princ.*

Eh bien, au nombre des causes d'extinction *ipso jure,* nous trouvons la novation, et dès lors il faut lui attribuer tous les effets que nous venons de mentionner, comme propres au groupe dans lequel on l'a placée.

Maintenant nous pouvons passer à l'examen des diverses applications de l'effet extinctif de la novation. Toutefois, pour rendre cet examen intéressant, et pour nous conformer d'ailleurs aux précédents qui nous sont fournis par les jurisconsultes romains eux-mêmes, nous croyons devoir rapprocher ici de l'effet extinctif de la novation, l'effet extinctif d'un autre acte également fort important en droit romain : la litiscontestation.

Citons ici un passage de l'excellent ouvrage de M. Demangeat sur les *obligations solidaires,* auquel nous avons déjà beaucoup emprunté: « Un des effets les plus importants attachés à cette partie de la procédure qu'on désigne par les mots *litiscontestatio, judicium acceptum,* c'est qu'une fois qu'un droit a été ainsi déduit *in judicium,* il se trouve éteint, la même prétention ne pourra plus être renouvelée, le droit d'agir est consommé. Plusieurs textes du *Digeste* font allusion à ce principe. Ainsi, dans la loi 11, § 1, *De novat.,* Ulpien nous dit que la délégation se réalise *vel per stipulationem, vel per litiscontestationem;* or, comme la stipulation faite *animo novandi* est certainement un mode d'extinction des obligations, il était permis, à vue de ce texte, d'assigner le même caractère à la *litiscontestatio,* mise ici sur la même ligne. Dans la loi 29 du même titre, Paul signale une différence entre la *novatio voluntaria* et le *judicium acceptum;* par cela même qu'on prend la peine de signaler une différence, c'est qu'il y a un effet commun, lequel n'est autre que l'extinction de l'obligation originaire. Enfin, dans la loi 23, *De solut.,* le jurisconsulte Pomponius suppose que la *litiscontestatio* peut équivaloir au payement, quand il dit : « *Solutione, vel judicium pro nobis accipiendo, et inviti et ignorantes* « *liberari possumus.* » Mais les *Institutes* de Gaius nous ont donné des renseignements plus explicites sur cet effet de la *litiscontestatio*. Elles nous ont appris notamment que l'obligation ainsi éteinte ne l'est pas toujours *ipso jure*, qu'il faut distinguer à cet égard, s'il s'agit d'un *judicium legitimum* ou d'un *judicium imperio continens* (voy. Gaius, *Comm.* III, § 180 à 181, et *Comm.* IV, § 106 et 107). » (Voy. Demangeat, *op. cit.*, p. 64 et 65.)

Ainsi, dans les textes précités, la litiscontestation nous est présentée comme produisant un effet extinctif analogue à celui produit par la novation et aussi par le payement. Cela justifie suffisamment la comparaison que nous avons annoncée entre la novation et la litiscontestation. Mais avant d'entreprendre cette comparaison, il nous faut encore dire quelles conditions devra remplir la litiscontestation pour que nous puissions la comparer avec la novation. Celle-ci, comme nous l'avons vu, opérant *ipso jure*, il est bien entendu que nous ne pouvons la comparer qu'avec une litiscontestation opérant aussi *ipso jure*. Or, pour que la *litiscontestatio* éteigne *ipso jure* le droit déduit *in judicium*, il faut qu'elle remplisse les trois conditions suivantes : 1° Qu'il s'agisse d'un droit d'obligation ; 2° d'une formule conçue *in jus ;* 3° enfin que l'action soit intentée dans un *judicium legitimum*. En effet, lorsqu'une de ces trois conditions manque, c'est-à-dire lorsque l'action était civile réelle, ou *in factum*, ou se produisait dans un *judicium imperio continens*, la litiscontestation qui y était relative n'éteignait le droit primitif qu'*exceptionis ope*, c'est-à-dire que le défendeur, lorsque la même action lui était intentée, ne pouvait en paralyser les effets qu'en faisant insérer dans cette nouvelle formule l'*exceptio rei in judicium deductæ*. Cela se comprend facilement ; car d'abord quant à l'action *in rem* et à l'action *in factum*, le droit réel ou le fait ne pouvaient pas être transformés et pour ainsi dire novés comme une obligation ; quant au *judicium imperio continens*, il tirait sa puissance de l'autorité du magistrat ; or, cette autorité ne pouvait avoir qu'une influence indirecte sur le droit civil. (Voy. Zimmern., *Traité des actions*, § 120.)

Ainsi donc, ce n'est qu'autant qu'il s'agit d'une action *in personam*, d'une action *in jus*, c'est-à-dire exercée au moyen d'une formule dont l'intention pose une question de droit, et enfin d'une action déduite dans un *judicium legitimum*, c'est-à-dire dans un procès ayant lieu entre citoyens romains, devant un juge citoyen, et à Rome même ou dans le circuit du premier milliaire, que le droit dont on réclame le payement est éteint en vertu des principes du droit civil ; ce n'est qu'autant que toutes ces conditions concourent que la litiscontestation opère *ipso jure*, en ce sens que si le demandeur veut renouveler son action, le défendeur n'a besoin de faire insérer dans la formule aucune exception pour repousser son adversaire. Eh bien, la litiscontestation doit se présenter dans ces conditions, pour que nous puissions faire notre comparaison entre la litiscontestation et la novation dont elle se rapproche. C'est évidemment pour les cas où la *litiscontestatio* éteignait *ipso jure*, d'une manière directe, une obligation civile, que les jurisconsultes romains ayant voulu ramener toutes les diverses conséquences de la *litiscontestatio* à un principe, la novation se présenta à leur esprit tout naturellement. C'est évidemment pour ces cas qu'ils virent dans la litiscontestation quelque chose d'analogue à la novation, et c'est pourquoi on voit quelquefois présenter dans les textes la comparaison que nous nous proposons de faire entre ces deux actes.

Toutefois il ne paraît pas que les Romains soient jamais allés jusqu'à voir dans la *litiscontestatio*, même opérant *ipso jure*, une novation particulière (*necessaria novatio*). Si le nom de novation a pu être donné à la litiscontestation opérant *ipso jure*, c'est apparemment dans un sens non technique. Il est vrai que le jurisconsulte Ulpien (l. 11, § 1, *De novat.*) dit que la délégation est possible, soit par stipulation, soit par litiscontestation : *fit autem delegatio vel per stipulationem, vel per litiscontestationem*, ce qui laisse bien entendre qu'il y a identité dans le résultat, et que si l'un des procédés produit incontestablement une novation, il doit en être de même pour l'autre. Et, en effet, nous trouvons, même en cette matière, l'expression *novatio* employée pour désigner l'effet de la litiscontestation. (*Fragmenta Vaticana*, § 263) : « .... *Nec interpositis delegationibus aut inchoatis litibus actiones* NOVAVIT...» Mais ce texte de Papinien est le seul où l'expression *novatio* se trouve formellement employée, quant à l'effet de la litiscontestation : ce qui prouve bien que, dans la langue des jurisconsultes romains, l'expression *novatio* était habituellement réservée au cas où la novation se faisait par convention (*per stipulationem*). Ajoutez que dans Gaius (*Comm.* III, §§ 176 à 181) on trouve *novatio per stipulationem* distinct de *tolli litiscontestatione*. En effet, Gaius s'occupant des divers modes d'extinction des obligations et immédiatement après avoir parlé de la novation qui s'opère au moyen d'une stipulation, ajoute : *Tollitur adhuc obligatio litiscontestatione :* ce qui paraît bien indiquer que Gaius voyait dans la litiscontestation un mode d'extinction *sui generis*, car il est permis de croire qu'il se serait exprimé autrement s'il n'avait vu dans la litiscontestation autre chose qu'une novation. A vue du commencement du § 180, rapproché de ce qui le précède dans le commentaire de Gaius, nous croyons pouvoir dire, avec M. Demangeat (*Cours élém.*, t. II), que... « voir une novation dans l'extinction qu'entraîne forcément la *litiscontestatio*, c'est se permettre de réformer la langue des jurisconsultes romains, c'est donner arbitrairement et sans aucune espèce d'utilité au mot *novatio* un sens que certes ils n'ont jamais songé à lui donner, eux pour qui l'*animus novandi* est la condition essentielle de la novation. » — Notons ici que Gaius n'est pas le seul jurisconsulte qui, par la manière dont il s'exprime, semble voir dans l'effet de la litiscontestation autre chose qu'une novation véritable. Et d'abord on se rappelle la façon dont s'exprime Vénuléius dans l. 31, § 1, à notre titre, où il se demande si l'un des *rei stipulandi* a le pouvoir de faire novation; comme argument en faveur de l'affirmative il dit : « Fere convenit et uni recte solvi, *et unum judicium petentem totam rem in litem deducere;* » or, nous pouvons remarquer à ce propos que Vénuléius a bien l'air de ne point considérer l'extinction que produit la *litiscontestatio* comme étant le résultat d'une novation : car, s'il la considérait ainsi, il serait naturel qu'il exprimât sa pensée en disant : « Ce que l'un des *rei stipulandi* peut très-bien faire par une novation nécessaire, pourquoi ne le ferait-il pas de même par une novation volontaire? » Maintenant nous pouvons citer dans le même sens des textes de Paul et d'Ulpien, où l'on trouve *novare* opposé à *in judicium deducere*. Paul, dans la loi 22, ff. *De adm. tut.* (*Dig.*, 26, 7), semble bien considérer qu'autre chose est la litiscontestation, autre chose la novation : « Tutor, dit-il, ad utilitatem pupilli et *novare* et *rem in judicium deducere* potest. » De même

Ulpien dans la loi 28, *in fine*, ff. *De hæred. vel act. vend.* (*Dig.*, 18, 4); parlant des actions que l'héritier doit céder à l'acheteur de l'hérédité, il nous dit : « Sed si *novaverit*, vel *in judicium deduxerit* actionem, præstare debebit hanc ipsam actionem quam nactus est. » Si la *litiscontestatio* eût opéré novation, les deux derniers jurisconsultes dont nous venons d'invoquer l'autorité auraient-ils jugé nécessaire de préciser que le principe posé par eux s'étend à l'introduction d'instance? Enfin, un de ces mêmes jurisconsultes est encore plus explicite dans un autre texte. Ulpien, dans la loi 11, *pr.* et § 1, ff. *De pign. act.* (*Dig.*, 13, 7), compare par *a contrario* la *novatio* et le *judicium acceptum* : « *Solutum non videtur, si lis contestata cum debitore sit de ipso debito, vel si fidejussor conventus fuerat.* — § 1 : *Novata autem debiti obligatio, pignus perimit : nisi convenit ut pignus repetatur.* » Ulpien n'appelle novation que la novation véritable, il la regarde comme différant essentiellement de la litiscontestation; or, les effets étant autres, les causes ne peuvent être identiques. — Ainsi, quand les jurisconsultes romains parlent de l'effet de la litiscontestation comparé à celui de la novation, ils n'emploient pas pour désigner le premier de ces effets la dénomination de *novatio* : cette dénomination est réservée pour désigner uniquement le second de ces effets, c'est-à-dire pour désigner la convention faite *animo novandi*. Cette différence dans les expressions employées pour qualifier les deux effets dont nous venons de parler s'explique peut-être par la circonstance qu'une extinction indirecte, comme celle résultant de la *litiscontestatio* ou *judicium acceptum* ne doit pas porter le nom de *novare*, réservé au cas où l'extinction a lieu directement par la transformation d'une obligation en une autre. Que l'on n'objecte pas, à ce que nous venons de dire, que l'on trouve dans un fragment du *Digeste*, à notre titre même, l'expression *novatio voluntaria* mise à côté du *judicium acceptum*. On lit en effet dans la loi 29, *De novat.* : « Aliam causam esse *novationis voluntariæ*, aliam *judicii accepti* multa exempla ostendunt..... » Le jurisconsulte Paul mettant ici en parallèle le *judicium acceptum* avec la novation qu'il appelle *voluntaria*, c'est, dit-on, qu'il voit tacitement dans la litiscontestation une novation qui n'est pas volontaire, mais forcée, qui est produite par la délivrance de la formule; car il est bien inutile de parler d'une novation *volontaire*, si elle ne peut exister que de cette façon. A cela on peut répondre que quand le jurisconsulte, dans la loi 29, *supra*, place la novation et la litiscontestation sur la même ligne, c'est précisément pour faire ressortir la différence des résultats produits par ces deux actes, qu'il distingue très-positivement d'ailleurs; en outre, on peut dire que, dans cette opposition faite par Paul dans la loi précitée entre la *novatio voluntaria* et le *judicium acceptum*, le mot *voluntaria* ne figure pas techniquement, mais comme explicatif.

M. Demangeat (*Oblig. solid.*, p. 419 et 420) résume ainsi son opinion sur le point que nous venons d'examiner. « ... Comme, d'une part, dit-il, la *litiscontestatio*, tout en éteignant l'obligation primitive (*dare oportere*), en fait naître une nouvelle (*condemnari oportere*), et comme, d'autre part, cette extinction est indépendante de la volonté des parties, les interprètes ont imaginé de dire qu'il y a là une *novatio necessaria*. Mais je crois que, lorsqu'on emploie cette expression, on s'écarte sans aucun profit des habitudes de langage des jurisconsultes romains : pour eux, il n'y a point novation là où il n'y a point *animus novandi*. Je ne considère donc la *litiscontestatio* comme emportant novation que dans l'hypothèse où les parties utilisent son effet extinctif pour réaliser leur volonté de changer quelques-uns des éléments d'une obligation préexistante, par exemple dans le cas de délégation. (Voy. en ce sens : *Fragm. Vatic.*, § 263; l. 11, § 1, *De novat.* Je rattache à la même idée la l. 60, *De fidej.*).... » Nous adhérons pleinement à cette manière de voir du savant professeur.

Ces observations présentées, nous pouvons aborder maintenant la comparaison que nous avons annoncée. Nous allons comparer l'effet extinctif de la novation avec l'effet extinctif de la litiscontestation.

L'analogie qui existe entre ces deux actes nous apparaît frappante au point de vue du formalisme romain. Sans parler de la formule de la stipulation aquilienne où nous avons déjà vu percer cette analogie, prenons une formule de novation indiquée par Papinien dans la loi 27, à notre titre, où le jurisconsulte suppose qu'un acheteur, sur la délégation de son vendeur, promet en ces termes : *quidquid ex vendito dare facere oportet*. C'est là évidemment une formule de novation se rapprochant beaucoup de la formule d'où résulte la litiscontestation; on a, en effet, dans le cas de notre loi 27, une formule de novation semblable à celle de l'*intentio* d'une action portée en justice (*quidquid paret* Numerium Negidium Aulo Agerio *dare facere oportere*. Gaius, *Comm.* IV, § 41). Eh bien, s'agit-il de la novation, tous les droits compris dans la formule seront déduits *in stipulationem;* s'agit-il de la litiscontestation, tous les droits compris dans formule sont déduits *in judicium.* L'analogie est, on le voit, frappante. Dans un cas comme dans l'autre, même résultat : tous les droits exprimés dans une telle formule seront consommés par la litiscontestation comme par la novation; l'on en a fait un usage complet et définitif.

Il y a donc entre la litiscontestation et la novation des effets communs. La litiscontestation, comme la novation, est un mode d'extinction des obligations : « *Tollitur obligatio litiscontestatione,* nous dit Gaius, qui venait de dire également : *novatione tollitur obligatio.* » (Comp. *Comm.* III, §§ 176 et 180.)

Mais la novation a un effet extinctif particulier. Elle opère plus absolument que la litiscontestation. Il y a quelque chose de plus dans la novation que dans la litiscontestation; et c'est ce quelque chose de plus qu'il nous faut mettre en lumière. Or, l'effet particulier qui distingue la novation de la litiscontestation se déduit naturellement de cette idée que la novation est un acte essentiellement volontaire, tandis que la litiscontestation est un acte forcé. La novation est volontaire, la litiscontestation est forcée : tel est le point capital à noter; quand on nove, c'est volontairement, on agit de plein gré; au contraire, on ne plaide pas volontairement, on n'agit pas de plein gré, mais pour vaincre la résistance du débiteur. De cette différence dans la nature de la novation et de la litiscontestation il s'ensuit qu'il y a une différence bien naturelle entre les divers effets produits par ces deux actes. L'effet extinctif de la litiscontestation sera mitigé; l'effet extinctif de la novation sera absolu. Puisque la litiscontestation est forcée, il ne faut pas que le créancier y perde quelques-uns de ses droits; mais que la novation diminue les droits du créancier, cela ne présente rien d'étonnant. Cette distinction entre les effets de la litiscontestation et de la novation se comprend donc très-facilement. Le créancier qui fait novation de son plein gré doit calculer les avantages et les inconvénients attachés à la résolution qu'il prend librement; il lui suffit d'ailleurs, comme nous le verrons, de ne pas manquer de précaution pour conserver les sûretés dont il jouissait. Quand, au contraire, un créancier qui n'est point payé est forcé de recourir à des poursuites, il serait inique de le dépouiller des garanties qui accompagnaient son droit, et dont l'utilité se fait précisément sentir. Les tempéraments apportés aux conséquences ordinaires de la novation n'ont certainement rien que de raisonnable en cas de litiscontestation. Ainsi la différence d'effets entre la litiscontestation et la novation consiste principalement en ce que la première, sans qu'il y eût de stipulation à ce sujet, avait pour effet de faire passer dans la nouvelle obligation résultant du *judicium acceptum*, non-seulement le principal de la première (*deducta in judicium*), mais encore ses accessoires, tels que l'hypothèque, les intérêts et les priviléges; aussi disait-on : « *Non deteriorem causam nostram facimus actionem exercentes.* » De là, en effet, le principe que la litiscontestation, tout en consommant l'ancien droit, ne doit pas diminuer ce droit. Quant à la nature de l'extinction opérée, tout ce que nous en savons se déduit, comme on le voit, de deux principes, dont l'un est formulé par Gaius, au § 180 déjà cité de son *Commentaire* III, tandis que l'autre est consacré notamment par la loi 87, *De div. reg. juris* (*Dig.*, 50, 17), et qui sont ainsi conçus : « *Ante litem contestatam dare debitorem oportere, post litem contestatam condemnari oportere, post condemnationem judicatum facere.* » — « *Nemo in persequendo deteriorem causam, sed meliorem facit.* » Or, autre chose se produit quand le droit, au lieu d'être déduit *in judicium*, se trouve déduit *in stipulationem novandi animo*.

On trouve cette différence entre la novation et la litiscontestation très-bien caractérisée dans la loi 29, à notre titre, *De novat.* On peut dire que cette loi de Paul est le siége de la matière qui nous occupe en ce moment; aussi croyons-nous devoir citer cette loi en son entier, avant de présenter les diverses conséquences pratiques qui résultent de ce que la litiscontestation est forcée, tandis que la novation est volontaire.

« *Aliam causam*, nous dit Paul (lib. 24 *Quæst.*), *esse novationis voluntariæ, aliam judicii accepti*, multa exempla ostendunt. Perit privilegium dotis et tutelæ, si post divortium dos *in stipulationem deducatur*, vel post pubertatem tutelæ actio *novetur*, si id specialiter actum est, quod nemo dixit *lite contestata; neque enim deteriorem causam nostram facimus actionem exercentes, sed meliorem, ut solet dici in his actionibus, quæ tempore vel morte finiri possunt.* »

Nous allons analyser ce texte en le rapprochant de divers autres textes qui viendront soit confirmer, soit appliquer la doctrine qu'il contient.

Le jurisconsulte Paul nous dit dans notre loi 29 : Autre chose est la novation *voluntaria*, c'est-à-dire qui est un acte volontaire, autre chose est la litiscontestation (*judicium acceptum*), qui par contre n'est pas un acte volontaire. Beaucoup d'exemples nous le montrent. Laissons pour le moment ces exemples de côté, pour arriver de suite au motif de différence entre ces deux actes. Le motif de différence donné par Paul est celui-ci : « Car en exerçant une action, nous ne faisons jamais notre condition pire (en effet, nous plaidons malgré nous, tandis que lorsque nous novons, c'est volontairement) ; mais nous pouvons seulement la faire meilleure, comme on a coutume de le dire à l'égard de ces actions qui peuvent finir par le temps ou par la mort. »

La phrase de Paul que nous venons de traduire est incidente; mais il nous faut cependant l'expliquer en quelques mots.

Quelles sont donc ces actions qui s'éteignent par la mort ou par le laps de temps?

1° *Par la mort.* — Les actions auxquelles le jurisconsulte fait ici allusion sont les actions intransmissibles, telles que l'action d'injures et en général toute autre action semblable (*actiones quæ vindiciam spirant*). Par la litiscontestation ces actions sont rendues transmissibles. « Pœnales actiones quas supra diximus, lisons-nous aux *Institutes* de Justinien, si ab ipsis principalibus personis fuerint contestatæ, et hæredibus dantur et contra hæredes transeunt. » Ajoutez sur ce point les lois 86 et 87, et aussi la loi 164, au titre *De div. reg. juris* (*Dig.*, 50, 17), où le jurisconsulte Paul développe et applique sa doctrine : « Non solet deterior conditio fieri eorum, qui litem contestati sunt, quam si non : sed plerumque melior : nemo enim in persequendo deteriorem causam, sed meliorem facit. Denique post litem contestatam hæredi quoque prospiceretur, et hæres tenetur ex omnibus causis (l. 86 et 87). — Pœnalia judicia semel accepta in hæredes transmitti possunt (l. 164). » Il existe pourtant à cet égard un autre texte de Paul qui est assez embarrassant, l. 33, *De oblig. et act.* (*Dig.*, 44, 7) : « Constitutionibus, quibus ostenditur hæredes pœna non teneri, placuit, si vivus conventus fuerat, etiam pœnæ persecutionem transmissam videri, quasi lite contestata cum mortuo. » — « Probablement, observe M. Demangeat (*Cours élémentaire*, t. II, p. 651), il s'agit là d'une peine fiscale poursuivie *extra ordininem*, et le délinquant était mort après avoir été actionné, *post conventionem*, mais, bien entendu, sans qu'il y eût eu véritablement *litiscontestatio*. »

2° *Par le laps de temps.* — Les actions auxquelles le jurisconsulte fait ici allusion sont les actions temporaires, telles que les actions prétoriennes qui, en général, ne duraient qu'un an. Par la litiscontestation, ces actions sont rendues perpétuelles. Ulpien nous dit, en effet, l. 9, § 3, ff. *De jurej.* (*Dig.*, 12, 2) : « Si is, qui temporaria actione mihi obligatus erat, detulerit jusjurandum, ut jurem eum dare oportere, tempore non liberatur : quia post litem contestatam cum eo perpetuatur adversus eum obligatio. »

En résumé donc, l'action qui était intransmissible ou temporaire avant la litiscontestation, devenait transmissible ou perpétuelle après. Ce résultat, attribué par Paul au *judicium acceptum* dans notre loi 29 *in fine*, se trouve confirmé dans une autre loi du même jurisconsulte, l. 8, § 1, *in fine*, ff. *De fidej. et nomin.* (*Dig.*, 27, 7) : « ... Litiscontestatione et pœnales actiones transmittuntur ab utraque parte, et temporales perpetuantur. » Enfin, qui ne connaît la fameuse règle posée par Gaius, l. 139, ff. *De reg. juris* : « Omnes actiones quæ morte aut tempore pereunt, semel inclusæ judicio salvæ permanent? »

Il est temps de laisser de côté la phrase incidente de Paul, sur laquelle nous avons cru devoir donner quelques explications *transeundo*, et de revenir à ce qui nous intéresse plus directement dans la loi de ce jurisconsulte.

Nous savons maintenant qu'il y a tout à la fois analogie et contraste entre la litiscontestation et la novation. Pour faire cette comparaison, nous avons supposé une litiscontestation opérant *ipso jure*; car, si partout dans les textes la novation nous apparaît comme un acte qui opère *ipso jure*, ce n'est qu'autant que nous avons une litiscontestation qui opère aussi *ipso jure*, que nous pouvons dire que la litiscontestation est un mode d'extinction comme la novation. Ainsi, dans la litiscontestation comme dans la novation, il y a consommation du droit primitif *ipso jure* : voilà l'analogie. Mais la novation opère bien plus énergiquement que la litiscontestation : et c'est là le contraste. Eh bien, c'est sur ce contraste très-bien mis en lumière par Paul dans la loi 29 prémentionnée, que nous devons particulièrement insister dans la suite de nos explications sur l'effet extinctif de la novation comparé à celui de la litiscontestation.

Parcourons donc les divers exemples où se manifeste une différence entre les effets de nos deux actes.

Et d'abord, puisque la litiscontestation, ainsi que nous avons déjà eu occasion de le faire remarquer, éteint le droit primitif déduit *in judicium*, non par suite de la volonté du créancier, mais bien par suite du formalisme qui est une nécessité, il en résulte que ce droit primitif doit subsister au moins naturellement. (Consultez à cet égard M. Machelard, *Oblig. nat.*, p. 362 et suiv.) Au contraire, dans le cas de la novation qui est l'œuvre de la volonté du créancier (*voluntaria*), le droit primitif déduit *in stipulationem* est éteint complétement, c'est-à-dire tant au point de vue naturel qu'au point de vue civil. En d'autres termes, tandis que la litiscontestation relative à une dette à la fois civile et naturelle éteint la dette civile, mais laisse subsister la dette naturelle, la novation, au contraire, relative à une pareille dette, éteint et la dette civile et la dette naturelle. Cette distinction qui consiste à faire de la litiscontestation un mode d'extinction simplement civil, et de la novation un mode d'extinction à la fois civil et naturel, cette distinction se comprend facilement : en effet, il y a dans la *stipulatio novandi animo* un élément naturel qui manque dans le *judicium acceptum*; cet élément naturel, c'est la volonté.

Ainsi, il y a une obligation naturelle survivant à la litiscontestation; et il n'en est pas de même en cas de novation, où l'obligation naturelle disparaît comme l'obligation civile. Voilà la différence que nous devons signaler en première ligne entre les effets de la litiscontestation et de la novation.

Cette différence est capitale. Elle servira à montrer presque toutes les autres. En effet, puisque l'obligation naturelle subsiste encore malgré la litiscontestation, on comprend qu'après la litiscontestation certains accessoires, accidents, débris du droit primitif, puissent subsister en venant se grouper autour de cette obligation naturelle. Au contraire, dans la novation, qui est un acte volontaire affectant aussi bien l'obligation naturelle que l'obligation civile, tous ces accessoires du droit primitif disparaîtront. Seulement, remarquez bien ceci : tous les accessoires disparaîtront, il est vrai, en cas de novation et non en cas de litiscontestation ; mais pourquoi ? C'est que dans la novation le créancier est censé avoir voulu abandonner ces accessoires, tandis que dans la litiscontestation il est censé avoir voulu les conserver. Cette extinction, cette destruction des accessoires est fondée non pas tant sur la puissance de la formule, qui est la même dans les deux cas, que sur la volonté des parties. De là il faut conclure que, dans la novation véritable, la disparition des accessoires étant fondée, non pas sur la formule, puisqu'elle est la même qu'en cas de litiscontestation où ils subsistent, mais sur la volonté des parties, cette disparition des accessoires pourra être empêchée par la volonté contraire des parties. Ainsi le contraste entre la litiscontestation et la novation, au point de vue qui nous occupe, est celui-ci : s'agit-il de la litiscontestation, les droits accessoires subsistent de plein droit ; s'agit-il de la novation, les droits accessoires disparaissent en général ; mais cette disparition des accessoires n'est pas nécessaire et il est possible aux parties de les réserver.

Ces prémisses posées, demandons-nous quels sont les accessoires dont nous venons de parler. Quels sont donc ces droits accessoires qui sont conservés en cas de litiscontestation et qui peuvent périr en cas de novation ?

Nous revenons ici à notre loi 29, *De novat.*, pour compléter l'explication que nous avons déjà donnée de cette loi. Autre chose, nous a dit Paul, est la novation, qui est un acte volontaire, autre chose la litiscontestation, qui n'est pas un acte volontaire ; beaucoup d'exemples le prouvent, *multa exempla ostendunt*. Ce sont ces exemples choisis par le *Digeste* que nous avons d'abord à parcourir.

(*a*) — Deux exemples sont cités par Paul dans notre loi 29, et sont relatifs au même accessoire, au *privilegium*. « Perit privilegium dotis et tutelæ, si post divortium dos in stipulationem deducatur, vel post pubertatem tutelæ actio novetur, *si id specialiter actum est*, quod nemo dixit lite contestata. »

Ainsi, l'accessoire qui se présente en premier lieu comme périssant en cas de novation, c'est le *privilegium*. Or, en droit romain, le privilége, c'est la faculté pour le créancier auquel il est accordé de se faire payer de préférence à tout autre créancier. Paul nous parle de deux priviléges importants, du *privilegium dotis* et du *privilegium tutelæ*, c'est-à-dire du privilége accordé à la femme mariée et au pupille. (Voyez sur la nature de ces deux priviléges M. Machelard, *Oblig. nat.*, p. 351, en note.) En cas de novation, le privilége de la dot ou celui de la tutelle périt : si la femme, après le divorce, déduit la créance de sa dot, contre son mari, dans une stipulation, de manière à acquérir un action *ex stipulatu* à la place de l'*actio rei uxoriæ*; ou si le pupille, après sa puberté, nove son action *tutelæ* contre son tuteur, pour se procurer également une action *ex stipulatu*. Voilà les deux exemples donnés par Paul. Notez, en passant, que le jurisconsulte suppose que la stipulation en vertu de laquelle il y aura novation et perte du *privilegium* n'a lieu que *post divortium* ou *post pubertatem*, parce que la femme, durant le mariage, ne peut faire aucune convention qui compromette le sort de sa dot, de même que, en règle générale, l'impubère est incapable de rendre sa condition pire.

Ainsi donc on perd le privilége de la dot et celui de la tutelle, si après le divorce on stipule la dot, ou qu'après la puberté l'action de tutelle subisse une novation (*si hoc specialiter actum est*).

Le jurisconsulte ajoute : ce que personne ne dit de la litiscontestation : *quod nemo dixit lite contestata*. En d'autres termes, Paul, après avoir dit qu'il y a perte du privilége en cas de novation, nous dit que, de l'aveu de tous, il en est autrement en cas de litiscontestation. Il est bien certain, en effet, que si la femme ou le mineur exercent l'action *rei uxoriæ* ou *tutelæ*, ils ne doivent pas perdre leur privilége *dotis* ou *tutelæ*. Loin de vouloir l'abandonner, ils marchent, au contraire, vers l'exercice de ce privilége, dont l'utilité se fait précisément sentir quand ils sont dans la nécessité de poursuivre leur débiteur afin de se faire payer. Aussi est-ce avec beaucoup de raison que Paul dans notre loi 29 dit que le créancier muni d'un *privilegium* ne le perdra pas pour avoir obtenu une action contre son débiteur, tandis qu'il en serait autrement s'il avait fait novation au moyen d'une convention. Ceci se trouve confirmé dans une autre loi de Paul, relativement au privilége du pupille : « Defensor tutoris condemnatus non auferet privilegium pupilli : *neque enim sua sponte cum eo pupillus contraxit.* » L. 22, ff. *De tut. et rat.* (*Dig.*, 27, 3).

Mais remarquez bien que si en cas de novation, à la différence de ce qui a lieu en cas de litiscontestation, le *privilegium* est perdu, ce n'est pas une nécessité; ce privilége pourra être conservé, si bien que Paul, après avoir dit qu'il y a perte du privilége ajoute : *si id specialiter actum est.* Nous n'hésitons pas à voir là une interpolation des compilateurs. La preuve en est que Justinien est le premier qui exige cette expression spéciale de volonté. Or, Tribonien aura voulu probablement mettre le fragment de Paul en harmonie avec le droit établi par Justinien dans sa constitution 8, au code *De novat.* Il ne manque pas d'ailleurs, comme nous l'avons vu, d'autres textes qui ont subi une interpolation de ce genre. Que faut-il donc conclure de là? C'est que sous Justinien, pour abandonner son droit par la novation, il fallait la volonté spéciale des parties; tandis que dans l'ancien droit il fallait sans doute aussi la volonté des parties, mais cette volonté n'avait pas besoin d'être exprimée d'une façon spéciale, elle pouvait l'être n'importe comment, et elle était facilement présumée.

Pour nous résumer sur ce que nous venons de dire du sort du *privilegium* dans la litiscontestation et dans la novation, nous dirons qu'en cas de litiscontestation le privilége est conservé, tandis qu'en cas de novation il est perdu, à moins de volonté contraire.

(*b*) — Ayant terminé sur le *privilegium,* nous passons à d'autres accessoires qui s'en rapprochent : tels sont *hypothecæ, pignora.* Eh bien! ce que Paul, dans la loi du 29, dit à l'égard du *privilegium,* il faut le dire également en ce qui concerne les hypothèques et le gage. En effet, la loi 18, *De Novat.*, dit de l'hypothèque et du gage ce que la loi 29, *eod.*, a dit du privilége. Le même Paul, dans la loi 18, nous dit : *Novatione legitime facta, liberantur hypothecæ et pignus* (*usuræ non currunt*). En cas de novation légitimement faite, il y a perte des hypothèques et du gage. Au contraire, l'hypothèque n'est pas éteinte en cas de litiscontestation. C'est ce que nous dit le jurisconsulte Marcien, dans la loi 13, § 4, ff. *De pignor. et hyp.* (*Dig.*, 20, 1) : « Etiam si creditor judicatum debitorem fecerit, hypotheca manet obligata, *quia suas conditiones habet hypothecaria actio : id est, si soluta est pecunia, aut satisfactum est, quibus cessantibus tenet :* et si cum defensore in personam egero, licet is mihi satisdederit et damnatus sit, æque hypotheca manet obligata ; multo magis ergo si in personam actum sit, sive cum reo, sive cum fidejussore, sive cum utrisque pro parte ; licet damnati sint, hypotheca manet obligata. *Nec per hoc videtur satisfactum creditori, quod habet judicati actionem.* »

Ulpien, l. 13, *princ.*, et § 1, ff. *De pigner. act.* (*Dig.*, 13, 7), met très-bien en évidence ce nouveau contraste qui existe entre les effets de la litiscontestation et ceux de la novation au point de vue de l'hypothèque : « *Solutum non videtur*, dit-il, *si lis contestata cum debitore sit de ipso debito vel si fidejussor conventus fuerit.* — § 1. *Novata autem debiti obligatio, pignus perimit : nisi convenit ut repetatur.* » D'après Ulpien, si le créancier a fait litiscontestation avec son débiteur, cet acte-là n'est point l'équivalent du payement (*solutum non videtur*), partant il n'est pas suffisant pour éteindre le gage ; au contraire, si le créancier a fait novation avec le débiteur, cet acte-là détruit le gage. Ici l'opposition est bien marquée entre la novation et la litiscontestation. Pourquoi y a-t-il extinction du gage en cas de novation et non en cas de litiscontestation ? C'est que la novation équivaut à payement, à la différence de la litiscontestation. Le créancier qui fait novation se tient pour satisfait ; mais il n'en n'est pas de même du créancier qui fait novation. Voilà pourquoi dans un cas le gage est détruit, tandis que dans l'autre il est conservé.

Mais si, comme nous venons de le dire, il y a perte du gage en cas de novation parce qu'alors le créancier se tient pour satisfait, cette perte du gage dépend donc de sa volonté, c'est comme s'il y avait une remise présumée du gage ; dès lors il nous faut dire que cette perte du gage n'est pas nécessaire. En d'autres termes, si la volonté du créancier est considérée pour déclarer qu'il y a perte du gage par l'effet de la novation, il faut admettre que le créancier peut manifester, tout en novant, sa volonté de conserver le gage. Effectivement, le créancier peut convenir que le gage sera conservé en cas de novation. *Novata debiti obligatio*, nous dit Ulpien dans la loi précitée, *pignus perimit*, NISI CONVENIT UT PIGNUS REPETATUR. Ainsi, la novation entraîne l'extinction du gage, à moins que le créancier n'ait voulu conserver ce gage.

Voici maintenant ce qu'il a y de remarquable dans cette conservation du gage ou de l'hypothèque. C'est que le gage, l'hypothèque, sera conservé à sa date. Dans ce cas, le créancier conserve donc son rang d'hypothèque. C'est, du reste, ce que Papinien exprime de la manière la plus formelle dans la loi 3, *princ.*, ff. *Qui pot. in pignor.* (*Dig.*, 20, 4) : « Creditor, acceptis pignoribus, quæ secunda conventione secundus creditor accepit, novatione postea facta pignora prioribus addidit : *superioris temporis ordinem manere primo creditori placuit, tanquam in suum locum succedenti.* » Ainsi le créancier, qui s'est réservé son hypothèque, conservera le rang qu'il avait dejà et pourra exercer son droit d'hypothèque à la date de la première créance : *tanquam in suum locum succedens*, comme prenant lui-même la place qu'il occupait d'abord à un autre titre. Mais la loi 12, § 5, du même titre *Qui potiores*, qui n'est que le développement de la précédente, nous fait observer avec raison que si la seconde créance est supérieure à la première, le créancier ne devra retenir du prix de vente de l'objet grevé d'hypothèque ou de gage que le montant de cette première créance, et qu'il sera obligé de restituer l'excédant au second créancier hypothécaire. « Papinianus respondit, nous dit Marcien, si prior creditor postea novatione facta *eadem pignora cum aliis acceperit*, in suum locum succedere. Sed, si secundus non offerat pecuniam, posse priorem vendere, *ut primam tantum pecuniam expensam ferat, non etiam quam postea credidit : et quod superfluum ex anteriore credito accepit, hoc secundo restituat.* »

Il nous reste à faire observer sur cette réserve de l'hypothèque attachée à l'obligation novée, que le créancier ne peut la faire qu'au moment même de la novation. S'il y a eu novation sans aucune réserve de l'hypothèque, le créancier ne peut ensuite ressusciter cette hypothèque. Ainsi, pour que cette réserve, cette conservation, cette *répétition* de l'hypothèque ou du gage autorisée par Ulpien soit possible, il faut qu'elle soit concomitante à la novation. Cela avait besoin d'être dit, car il y a à ce sujet un texte de notre titre sur le sens duquel les interprètes ne sont pas d'accord : c'est la loi 30, ainsi conçue : « Paulus respondit : Si creditor a Sempronio novandi animo stipulatus esset, *ita ut a prima obligatione in universum discederetur, rursum easdem res a posteriore debitore sine consensu prioris obligari non posse.* » Traduisons cette loi. « Paul répond : Si un créancier (*v. g.* de Séius) a, dans l'intention de nover, stipulé de Sempronius, nouveau débiteur, en des termes tels qu'il ait abandonné l'ancienne obligation pour le tout et sans réserve aucune (*ita ut a prima obligatione in universum discederetur*); dans ce cas, si, après coup (*rursum*), ce créancier veut que les mêmes choses qui lui avaient été hypothéquées par le premier débiteur garantissent la dette nouvelle, il ne peut obtenir cela du nouveau débiteur sans le consentement du premier. » L'hypothèse de cette loi est assez simple. Le créancier de Séius avec hypothèque sur les biens de celui-ci va stipuler de Sempronius, sans faire aucune réserve de l'hypothèque; puis il se ravise, il voudrait bien obtenir du nouveau débiteur l'ancienne hypothèque; mais il ne le pourra, il est trop tard, cette hypothèque est perdue irrévocablement; pour la rétablir, il lui faudra le consentement du premier débiteur. Voilà comment nous interprétons cette loi. Nous croyons qu'il est trop absolu de décider que, quand la novation s'opère par changement de débiteur, le consentement du premier débiteur est dans tous les cas indispensable pour la conservation des gages. Nous croyons qu'au moment même de la novation le créancier peut réserver une partie des charges du premier débiteur sans son consentement; le consentement de ce débiteur n'est indispensable que pour le cas où le créancier, après l'avoir déchargé sans restriction, voudrait ensuite ressusciter les gages qui grevaient ses biens. (Voy. M. Demangeat, *Obligat. solid.*, p. 48 et suiv.; ce savant professeur, qui donne de la loi 30 la même explication que nous, enseigne pourtant, en se fondant sur la l. unic., c. *Etiam ob chirograph. pec.* (8, 27), que dans la doctrine romaine le premier débiteur devait dans tous les cas consentir à la conservation des gages.)

Pour nous résumer sur le second accessoire dont nous venons

de nous occuper, constatons qu'en cas de litiscontestation les hypothèques sont conservées, tandis qu'en cas de novation elles disparaissent, à moins que le créancier ne les ait réservées au moment même de la novation, cas auquel elles subsistent avec leur date primitive.

(c) — Nous arrivons à un troisième accessoire dont nous devons déterminer le sort, soit au cas de novation, soit au cas de litiscontestation : c'est la clause pénale qui garantissait l'exécution de l'obligation principale. Exemple d'une stipulation avec clause pénale : je stipule de vous 1,000 sesterces, et j'ajoute qu'à titre de peine vous m'en devez 10 en sus, si vous ne me payez pas les 1,000 au bout de l'an. Voyons ce qui arrivera si je fais ensuite novation ou bien litiscontestation. Quand je fais novation, la peine disparaît, c'est comme s'il y avait eu payement. Un texte de notre titre le dit formellement : « *Si creditor pœnam stipulatus fuerat, si ad diem pecunia soluta non esset, novatione facta non committitur stipulatio.* » L. 15, ff. *De novat.* Mais il en serait autrement en cas de litiscontestation. Si je poursuis mon débiteur sous clause pénale, sera-t-il libéré de la peine? Non, car il n'en est pas moins vrai qu'il ne m'a pas payé; il est en faute, la peine doit donc rester due. On peut argumenter en ce sens de la loi 90, ff. *De verb. obligat.* (*Dig.*, 45, 1) : « Cum stipulati sumus pro usuris legitimis pœnam in singulos menses, si sors soluta non sit; *etiamsi sortis obligatio in judicium sit deducta, adhuc tamen pœna crescit;* quia verum est solutam pecuniam non esse. »

Ainsi donc, la litiscontestation conserve la stipulation de peine, tandis que la novation en libère.

(d) — Un quatrième accessoire nous reste enfin à examiner : cet accessoire, qui se rapproche de la clause pénale, c'est la convention d'intérêts. De même qu'en faisant novation de la dette sous clause pénale, cette clause disparaît, de même aussi en novant la dette productive d'intérêts, les intérêts cessent d'être dus, car ici encore le créancier, qui stipule une nouvelle obligation, est censé satisfait quant à l'ancienne. Au contraire, en cas de litiscontestation, de même que la clause pénale reste due, de même aussi les intérêts continuent à courir.

Cette différence d'effets de la novation et de la litiscontestation relativement aux intérêts que produirait la créance à l'occasion de laquelle survient l'un ou l'autre de ces faits, apparaît clairement dans les textes du *Digeste*. Ainsi Paul nous dit, dans la loi 18, à notre titre, déjà citée, que la novation régulièrement faite (*legitime facta*), c'est-à-dire de la part de celui qui a le droit de nover, en même temps qu'elle éteint les hypothèques et le gage, arrête aussi le cours des intérêts : *usuræ non currunt*, dit-il, *in fine*. Il faut rapprocher de ce texte la loi 35, ff. *De usur. et fruct.* (*Dig.*, 22, 1) ainsi conçue : « *Lite contestata usuræ currunt.* » Ainsi, nonobstant la litiscontestation, les intérêts continuent à courir, tandis que par l'effet de la novation ils cessent de courir. Il y a tout lieu de croire que Paul dans les deux textes que nous venons de citer avait rapproché, sous le point de vue qui nous occupe, la novation et la litiscontestation. En effet, ces deux textes sont empruntés au commentaire de Paul sur l'édit (lib. 57, ad *Edictum*), et probablement, dans ce passage de Paul, l'idée contenue dans la loi 35, *De usur.*, ne faisait que compléter celle contenue dans la loi 18, *De novat.*; après avoir dit, en parlant de la novation : *novatione legitime facta, liberantur hypothecæ et pignus, usuræ non currunt*, il ajoutait sans doute aussitôt, comparant la litiscontestation à la novation : *lite contestata usuræ currunt*. Il résulte de ce rapprochement, qui n'est point du tout arbitraire, que le contraste est parfait entre les effets des deux actes que nous comparons au point de vue des intérêts. Par la novation, ils cessent de courir; par la litiscontestation, ils continuent à courir.

Nous venons de dire que les intérêts cessaient de courir quand il y avait eu novation de l'obligation primitive. Il faut nous arrêter un instant là-dessus. En effet, Papinien, loi 27, à notre titre, fait une application de cette doctrine au cas où le débiteur d'un prix de vente, dette qui porte intérêts de plein droit après la tradition, serait délégué par le vendeur et s'engagerait, sur une stipulation, a tout ce dont il était tenu *ex vendito*. L'obligation nouvelle, suivant les règles des contrats de droit strict, ne produisait pas d'intérêts. Il faudrait, en cette matière, que les intérêts eussent été l'objet d'une stipulation particulière. Voici d'ailleurs comment s'exprime Papinien dans cette loi, que nous avons déjà eu l'occasion de citer, et dont nous complétons maintenant l'explication : « *Emptor*, dit-il, *cum delegante venditore pecuniam ita promittit : quidquid ex vendito dare facere oportet, novatione secuta, usuras neutri post insecuti temporis debet.* » L'espèce est fort simple. Le jurisconsulte suppose un acheteur débiteur de son prix (la dette est productive d'intérêts, si la chose vendue était productive de fruits); sur la délégation du vendeur, cet acheteur promet à un tiers tout ce dont il était tenu *ex vendito* : il suit de là qu'il y a eu novation de la dette primitive. Dans cette supposition, le jurisconsulte nous dit que l'acheteur ne sera plus tenu des intérêts : *usuras neutri post insecuti temporis debet.* La novation faite, il ne doit les intérêts *neutri*, ni à l'un ni à l'autre, c'est-à-dire ni au vendeur déléguant, ni au tiers délégataire. Voilà pour les intérêts postérieurs à la promesse. A partir de la novation, ils cessent de courir. Mais *quid* des intérêts antérieurs? C'est une question qui nous reste à examiner.

Qu'en sera-t-il donc des intérêts antérieurs à la novation? Puisqu'il n'y a pas eu payement, mais novation, il est évident qu'ils sont toujours dus par l'acheteur. Mais la question est de savoir à qui ils sont dus? Est-ce à Tertius délégataire, ou bien au vendeur déléguant? La solution de cette question délicate dépend d'une distinction. Il faut distinguer, suivant la formule employée pour la seconde stipulation. C'est dans la différence des formules employées pour opérer la novation que nous trouverons le principe qui doit nous guider dans notre réponse. Si on a employé la formule que nous avons déjà remarquée dans la loi 27 : *quidquid ex vendito dare facere oportet,* nous pensons que le créancier, en vertu de la nouvelle stipulation, pourra réclamer les intérêts déjà courus, car l'action nouvelle doit lui faire obtenir tout ce qui pourrait être réclamé en vertu de l'action *ex vendito* ou *venditi,* et, par suite, les intérêts échus. Que si, au contraire, on a employé une autre formule, par exemple *centum mille aureos quos ex vendito dare debet,* nous pensons que les intérêts déjà courus n'ont pas été déduits dans la novation, et que partant le créancier, en vertu de la nouvelle stipulation, ne peut les réclamer; dès lors, les intérêts déjà échus resteront dus au vendeur : la novation, alors, n'a été que partielle, elle n'a pas atteint les intérêts. Ces distinctions nous semblent autorisées par la loi 4, § 1, *De usur. et fruct.* (*Dig.*, 22, 1), ainsi conçue : « Si post contractam emptionem, ante interpositam stipulationem partus editus, aut aliquid per servum venditori adquisitum est, *quod ex stipulatu consequi non poterit, judicio empti consequetur : id enim quod non transfertur in causam novationis, jure pristino peti potest.* » Ainsi, dans le cas de délégation d'un prix de vente, à qui seront dus les intérêts déjà échus? Sera-ce au Tertius délégataire ou au vendeur déléguant? Nous distinguons. Si l'acheteur a promis à Tertius *quidquid ex vendito...*, tout est dû au délégataire, les intérêts comme le capital. Au contraire, l'acheteur a-t-il promis *centum...*, les intérêts ne passent point au délégataire ; ils restent dus au vendeur déléguant, car ils n'ont pas été compris dans la novation.

Nous avons terminé par là sur les intérêts, qui, en cas de novation, cessent de courir, tandis qu'en cas de litiscontestation ils continuent à courir.

Nous venons de voir divers accessoires qui sont conservés ou perdus, suivant qu'il s'agit de la litiscontestation ou bien de la novation. Ces accessoires sont : le privilége, les hypothèques, la clause pénale, les intérêts. Allons plus loin : ne serons-nous pas conduit à une idée plus générale? Évidemment si.

(*e*) — Continuant notre parallèle, nous dirons : la novation, en général, purge la demeure du débiteur ; mais la litiscontestation ne produit pas cet effet. La novation purge donc la demeure du débiteur à qui on la consent, et il n'en est pas de même de la litiscontestation : la litiscontestation ne purge pas la demeure, mais la fait continuer. Cette nouvelle différence entre la novation et la litiscontestation se conçoit facilement. En effet, quand vous exercez une poursuite contre votre débiteur, ça ne fait qu'accuser sa demeure d'une manière plus évidente ; il n'en est que plus en retard et plus en demeure, et vous n'entendez évidemment pas le décharger des suites de cette demeure. Au contraire, quand votre débiteur, étant en demeure, vous allez stipuler de lui *novandi animo*, cela purge la demeure, à moins de convention contraire.

Ainsi la demeure est purgée en cas de novation, à moins que le créancier n'ait expressément réservé les effets de la demeure. Cette *purgatio moræ* est donc fondée sur la volonté du créancier, qui fait novation après la demeure. Partant de cette idée que la purge de la demeure dépend de la volonté du créancier et non de l'acte formel de novation, nous en conclurons qu'un acte ne produisant pas tous ses effets comme novation, pourrait tout de même purger la demeure (voy. à cet égard Doneau, *Comm. de jure civili*, lib. XVI, cap. 2, *De mora*, § 11). En effet, la demeure (*mora*) est une attache de fait plutôt que de droit, ainsi que cela résulte de la loi 32, *De usuris et mora* (*Dig.*, 22, 1). Une novation, même irrégulière, c'est-à-dire ne produisant pas les effets juridiques de cet acte, peut donc être une manifestation de volonté suffisante pour purger sa demeure. Et nous trouvons deux exemples de cette idée dans les textes.

Le premier exemple, où une novation inefficace nous est présentée comme suffisante pour purger la demeure, se trouve dans la loi 8, *princ.*, à notre titre, déjà citée sur une autre question : « Si j'ai stipulé, nous dit Ulpien, que vous me donneriez l'esclave Stichus, et qu'ensuite, lorsque vous étiez en demeure, j'aie stipulé de nouveau le même Stichus (*rursus eumdem*), dans ce cas, vous cessez d'être tenu des risques, et la demeure est considérée comme purgée (*desinit periculum ad promissorem pertinere, quasi mora purgata*). Ainsi donc, si après avoir stipulé Stichus, je stipule *eumdem rursus*, vous n'êtes plus tenu des risques; votre demeure est purgée, elle cesse; par conséquent, si Stichus venait à périr le lendemain par cas fortuit, vous seriez libéré. Ce qu'il y a de remarquable dans ce texte d'Ulpien, c'est que dans l'espèce qu'il suppose, il n'y a pas novation, il n'y a qu'une apparence de novation; car les deux stipulations, qui ont été faites de la même chose (*ejusdem Stichi*), étant absolument semblables, on sait que la seconde, faite *novandi animo*, ne peut produire d'effet au point de vue de la novation; cette deuxième stipulation qui ne contient pas *aliquid novi* est nulle, et partant il n'y a pas là novation efficace. Mais, pourrait-on dire, s'il n'y a pas novation, la demeure subsiste, elle n'est pas purgée. On aurait pu, en effet, soutenir ici que la novation ne s'étant pas produite efficacement, la seconde stipulation devait rester sans aucun effet, et que, par conséquent, la demeure ne devait pas être purgée. Mais, on le voit, la solution d'Ulpien est différente, et nous savons pour quels motifs. Sans doute, la seconde stipulation faite *novandi animo* est nulle et ne peut produire aucun résultat juridique; la convention est nulle comme novation; mais elle peut produire un résultat de fait, la cessation de la demeure (*purgatio moræ*).

Ce que nous venons de dire, avec observations à l'appui, de la stipulation inefficace, c'est-à-dire absolument dénuée d'effet au point de vue de la novation, il faut le dire *a fortiori* de la stipulation ne produisant pas un effet actuel, c'est-à-dire de la stipulation conditionnelle faite *novandi animo* : il n'y a pas novation, ainsi que nous l'avons vu, tant que la condition n'est pas arrivée, et partant la stipulation conditionnelle faite *novandi animo* est suffisante pour purger la demeure. Il est vrai qu'on aurait pu dire ici : puisque la novation n'est pas actuelle, il ne doit pas y avoir *purgatio moræ*. Mais on peut répondre que, sans doute, la convention ne peut produire aucun résultat de droit actuel, mais qu'elle peut produire un résultat de fait actuel, à savoir la *purgatio moræ*. Par suite d'une interprétation équitable, on doit donc dire que la stipulation conditionnelle ainsi faite *novandi animo*, bien que ne produisant pas actuellement novation, est néanmoins suffisante pour purger la demeure. Toutefois, nous devons avouer que cette solution est bien contestée et assurément très-contestable en présence des textes du *Digeste* qui ne s'accordent pas tous.

Les textes relatifs à ce point délicat présentent, en effet, des divergences, et quelques efforts que l'on ait faits jusqu'à présent pour les concilier, le résultat n'a pas encore été atteint. Aussi l'opinion la plus probable admet-elle que les jurisconsultes romains professèrent sur ce point des doctrines différentes. D'après notre savant maître, M. Bufnoir, qui a traité la question *ex professo* dans son excellente *Théorie de la condition en droit romain* (p. 250 et suiv.) il faut se résoudre à reconnaître, dans les textes, trois doctrines différentes sur la difficulté qui nous occupe.

1° — Suivant Marcellus, dont la doctrine est partagée par Ulpien dans la loi 14, *pr.*, à notre titre *De novat.* (46,2), la stipulation conditionnelle faite *novandi animo* avait pour effet de purger la demeure, c'est-à-dire que la chose, due d'abord purement et ensuite promise sous condition, venant à périr avant l'arrivée de la condition, le débiteur n'était tenu ni en vertu de la deuxième obligation, qui ne prenait pas naissance faute d'objet, ni en vertu de la première qui se trouvait éteinte par la perte de la chose sans le fait ni la demeure du débiteur. Voici le texte d'Ulpien : « Quoties quod pure debetur, novandi causa sub conditione promittitur, non statim fit novatio, sed tunc demum, quum conditio exstiterit. Et ideo si forte Stichus fuerit in obligatione, et pendente conditione decesserit, *nec novatio continget, quia non subest res eo tempore, quo conditio impletur.* Unde Marcellus, etsi post moram Stichus in conditionalem obligationem deductus sit, *purgari moram, nec in sequentem deduci obligationem putat.* »

Notons sur ce texte : que Marcellus, dont Ulpien rapporte ici l'opinion, rattachait la cessation de la demeure, dans notre hypothèse, à cette idée que la stipulation conditionnelle faite *novandi causa* équivalait à des offres. Et cette analogie de la novation avec les offres frappe tellement Marcellus qu'il la reproduit trois fois dans la loi 72, ff. *De solut. et liber.* (*Dig.*, 46, 3), où sa doctrine se trouve développée (§§ 1, 2, 3). Or, partant de cette idée que la stipulation conditionnelle équivaut à des offres, il n'admettait pas que la demeure fût purgée quand, au moment de la promesse conditionnelle, la chose due se trouvait à une telle distance qu'il était impossible de la donner au créancier. En d'autres termes, d'après Marcellus, la novation ne purge la demeure que si le débiteur a *copiam rei offerendæ,* car dans ce cas-là seul il est juste d'assimiler la nouvelle obligation à une offre de payement : si donc la chose promise n'était pas présente au moment de la stipulation, il n'y aurait pas purge de la demeure, parce qu'alors l'objet dû n'a pas pu être offert au créancier.

Ainsi donc Marcellus apporte une restriction à sa décision, en exigeant, pour que la novation conditionnelle purge la demeure, que le débiteur puisse immédiatement offrir la chose au moment de la seconde stipulation. Mais cette restriction est assez difficile à justifier, car, du moment que le créancier veut bien se contenter d'une nouvelle promesse, peu importe que la chose soit présente ou non. C'est pourquoi on ne s'était pas tenu à cette restriction ; en effet, les jurisconsultes qui partagent l'opinion de Marcellus ne distinguent pas si la chose due était présente ou non au moment de la nouvelle promesse ; ils admettent que la stipulation conditionnelle faite *novandi animo* purge la demeure dans tous les cas.

Ceci résulte notamment de ce qu'Ulpien, dans la loi 14 précitée, ne reproduit pas la distinction de Marcellus. Ajoutez que cette distinction paraît même formellement repoussée par Papinien dans la loi 17, *De condict. furtiv.* (*Dig.*, 13, 1), ainsi conçue : « Parvi refert ad tollendam condictionem, offeratur servus fugitivus, an in aliud nomen aliumque statum obligationis transferatur. *Nec me movet, præsens homo fuerit necne :* cum mora, quæ eveniebat ex furto, veluti quadam DELEGATIONE finiatur. » Que l'on n'objecte pas que le jurisconsulte n'a ici en vue que la novation pure et simple et non la novation conditionnelle. A cela on peut répondre que si Papinien, en n'exigeant même pas la présence de la chose, ne se préoccupait que du cas où le créancier a stipulé purement et simplement, et par conséquent s'est montré plus rigoureux, *a fortiori* devrait-on décider de même dans le cas où ce créancier, se montrant plus facile à satisfaire, stipule conditionnellement et veut bien se contenter d'une promesse conditionnelle.

En résumé, dans une première opinion partagée par Marcellus, Ulpien et Papinien, la stipulation conditionnelle faite *novandi animo* avait pour effet de purger la demeure.

2° Tout autre paraît être sur cette question l'opinion de Vénuléius, dans la loi 31, à notre titre *De novat.* D'après lui, la stipulation conditionnelle *novandi animo* n'avait pas cet effet de purger la demeure; partant de là, il en concluait que la chose due était censée subsister en tant qu'objet de l'obligation, bien qu'elle eût péri postérieurement par cas fortuit, et par suite que cette perte survenue *pendente conditione novationis* ne mettait pas obstacle à la novation. Telle est, si nous ne nous trompons, la doctrine contenue dans la loi 31 prémentionnée, où on lit : « Si rem aliquam dari stipulatus sum, deinde eamdem sub conditione novandi animo ab eodem stipuler, *manere oportet rem in rebus humanis, ut novationi locus sit, nisi si per promissorem steterit quominus daret;* ideoque si hominem dare te mihi oporteat, et in mora fueris quominus dares, etiam defuncto eo teneris; et si, priusquam decederet, quum jam mora facta sit, eumdem a te sub conditione stipulatus fuero, et servus postea decesserit, deinde conditio exstiterit, *quum jam ex stipulatu obligatus es mihi, novatio quoque fiet.* »

Voici l'espèce que prévoit le jurisconsulte et sa décision : J'ai stipulé une chose, et ensuite je stipule la même chose sous condition ; je la stipule, *animo novandi*, de la même personne. Pour que la novation puisse avoir lieu, il faut que la chose subsiste jusqu'à l'arrivée de la condition, à moins que le promettant ne se soit mis par son fait dans l'impossibilité de la donner. Partant de ce principe, si vous devez me donner un esclave, et qu'il vienne à décéder depuis que vous êtes en demeure de le donner, vous serez tenu même après son décès; et si, avant qu'il fût décédé, mais alors que la demeure existait déjà, j'ai stipulé de vous le même sous condition, et que cet esclave soit décédé après cela, qu'ensuite la condition s'accomplisse, comme dès lors vous êtes tenu envers moi en vertu de cette stipulation, la novation aura également lieu. Voilà presque la traduction du texte. N'en résulte-t-il pas jusqu'à l'évidence que dans la pensée de Vénuléius la stipulation conditionnelle n'entraîne pas *purgatio moræ?* En effet sa décision est qu'il y a novation, qu'il y a obligation dès lors en vertu de la stipulation dont la condition vient de se réaliser. Or, quel peut être l'objet de cette obligation? Ce n'est certes pas l'esclave, puisqu'il est mort : c'est l'estimation de cet esclave, laquelle est due parce que l'effet de la mise en demeure avait été de mettre cet esclave aux risques du débiteur et qu'il y est resté après la stipulation conditionnelle *novandi animo;* donc celle-ci n'a pas eu pour effet de purger la demeure. En d'autres termes, la *mora* est passée de la première obligation à la seconde, et partant n'a pas été purgée. Et ce qui prouve que c'est bien là l'idée de Vénuléius, c'est qu'elle est prévue par Marcellus qui la repousse en général : « *Marcellus*, nous dit Ulpien qui rappelle sa doctrine dans la loi 14, à notre titre, *Marcellus purgari moram, nec in sequentem deduci obligationem, putat.* » Il fallait bien que certaines personnes eussent pensé que la *mora* était déduite dans la seconde obligation en la perpétuant après la perte de la chose due, pour que Marcellus, reproduit par Ulpien, prît soin de nous avertir que telle n'était pas sa pensée.

Ainsi donc Vénuléius donne une décision qui suppose qu'il n'admettait pas, contrairement à l'avis de Marcellus et d'Ulpien, que la stipulation conditionnelle faite *novandi animo* opérât purge de la demeure.

En examinant les textes sans parti pris, l'antinomie paraît bien réelle ; cependant on a essayé diverses conciliations, que nous devons rapporter en quelques mots.

Ab Jove principium... Notre grand Pothier (*De novat.*, n° 7), supposant reçue la distinction prémentionnée de Marcellus (l. 72, § 3, *De solut.*), pense que Vénuléius se place dans un cas où l'esclave était absent à l'époque de la seconde stipulation. Mais d'abord le texte est muet sur cette circonstance, qu'il eût été fort important de noter, puisque la décision devait en dépendre; en outre, nous avons vu que la distinction elle-même de Marcellus était irrationnelle, si bien qu'Ulpien n'en tenait pas compte et que Papinien la rejetait formellement. Quelle que soit l'autorité qui s'attache au nom de Pothier, cette conciliation nous paraît donc inadmissible.

Trouvera-t-on plus plausible la conciliation de Voët (*De novat.*, n° 10)? Selon cet auteur, dont l'esprit entreprenant a résolu bien des difficultés, mais non sans s'y heurter quelquefois, « il n'y a aucune antinomie entre Ulpien et Vénuléius; car celui-ci, affirmant qu'il y a novation dans la même espèce, celle où l'esclave dû, après avoir été depuis la demeure l'objet d'une stipulation conditionnelle, est mort *pendente conditione*, a voulu simplement dire ceci : que par cette seconde stipulation conditionnelle a été purgée la demeure qui était résultée de la première obligation. » Ainsi, d'après Voët, Vénuléius conclut, comme Marcellus et Ulpien, que la demeure est purgée en cas de stipulation conditionnelle *novandi animo*; et quand il dit : *Novatio quoque fiet*, c'est une manière elliptique de s'exprimer : il faut sous-entendre que, si la novation s'opère, c'est en ce sens seulement que la *mora* est purgée. Ceci reviendrait à dire que le mot *novatio* de la loi 31 doit être traduit par la *purgatio moræ*; mais c'est passablement audacieux. Si tel était, en effet, le véritable sens de ce fragment de Vénuléius, il faudrait avouer que ce jurisconsulte se serait exprimé d'une façon toute divinatoire. Pour le prouver, rappelons en deux mots l'hypothèse prévue dans notre loi 31. Vous me devez un esclave, et vous avez été mis en demeure de me le livrer; je le stipule de vous sous condition; sur ces entrefaites l'esclave meurt, puis la condition se réalise; le jurisconsulte décide que la novation s'opérera : *novatio quoque fiet*. Qu'est-ce à dire? En raisonnant sans parti pris, il faut dire évidemment : puisque la novation s'opère, quoique l'objet dû n'existe plus au moment où se forme la deuxième stipulation, c'est sans doute que quelque chose a été mis à la place de cet objet pour en tenir lieu; or, le jurisconsulte parle d'une mise en demeure qui a précisément pour effet de substituer à l'esclave dû son estimation; donc, décider que la novation s'opère, c'est reconnaître très-expressément la persistance de la mise en demeure, sans quoi la seconde obligation ne saurait prendre naissance faute d'objet, et dès lors la novation ne saurait s'opérer. Eh bien! si ce raisonnement se trouve être exact, est-il donc possible d'entendre avec Voët ces mots : *novatio quoque fiet*, en ce sens qu'il y aura *purgatio moræ?* Évidemment non; car cela ne reviendrait-il pas à dire que la novation aura lieu en l'absence d'un de ses éléments essentiels, qu'elle aura lieu malgré la perte de l'objet dû qui ne serait remplacé par rien, puisque l'on suppose cette perte arrivée depuis la cessation de la demeure.

Ainsi donc on a tenté de concilier Vénuléius avec Ulpien et Marcellus; mais les conciliations proposées ne sont pas très-satisfaisantes. Aussi croyons-nous qu'il est préférable de voir entre ces auteurs une divergence d'opinions. Au surplus Ulpien, dans la loi 14, semble lui-même reconnaître cette divergence, car il ne pose pas nettement l'opinion de Marcellus, qu'il approuve pourtant. Et précisément Vénuléius, dans la loi 31, se montrerait partisan de l'opinion contraire. Ce dissentiment entre les jurisconsultes romains résulte même, sans équivoque possible, du rapprochement de la loi 31 avec la loi 14; dans les deux fragments on commence par poser le principe que la perte de la chose promise sous condition, *novandi animo*, survenue *pendente conditione*, empêche la novation de s'opérer. Mais tandis qu'Ulpien déclare que la solution reste la même quand le débiteur était en demeure, parce que la demeure est purgée, Vénuléius dit au contraire expressément que ce cas fait exception, *nisi per promissorem steterit quominus daret.* L'opposition de doctrine, ainsi que le remarque fort bien M. Bufnoir, ne saurait être plus nettement accusée.

3° Nous arrivons enfin à la troisième opinion qui paraît avoir existé chez les jurisconsultes romains sur la difficulté qui nous occupe. Julien, dans la loi 56, § 8, *De verb. oblig.* (*Dig.*, 45, 1), paraît avoir professé une doctrine différente des deux précédentes.

Julien, dans cette loi, paraît avoir été de l'avis de Vénuléius contre Ulpien et Marcellus, pour soutenir que la stipulation conditionnelle *novandi animo* ne purge pas la demeure. Seulement, tandis que Vénuléius, exagérant peut-être les effets de la *mora*, et partant le principe *mora perpetuat obligationem*, admet que la perte de la chose *post moram* n'empêche pas la formation de l'obligation nouvelle, et que par suite la novation se produit; Julien, au contraire, admet que la perte de la chose *post moram* empêche la formation de l'obligation nouvelle, et que par suite la novation ne se produit pas. « Si hominem, nous dit Julien, quem a Titio pure stipulatus fueram, Seius mihi sub conditione promiserit, et is pendente conditione post moram Titii decesserit, *confestim cum Titio agere potero, nec Seius existente conditione obligetur;* at si Titio acceptum fecissem, Seius existente conditione obligari potest. Idcirco hæc tam varie, quod *homine mortuo desinit esse res, in quam Seius obligaretur;* acceptilatione interposita superest homo, quem Seius promiserat. » Julien, avons-nous dit, paraît avoir été de l'avis de Vénuléius contre Ulpien et Marcellus. Il suppose en effet que l'esclave que j'avais stipulé purement et simplement de Titius, Séius me l'a promis sous condition. Cet esclave est mort, *pendente conditione*, depuis la demeure de Titius; je pourrai aussitôt agir contre Titius (*confestim cum Titio agere potero*), et Séius ne sera pas obligé, quand même la condition viendrait à se réaliser. *Confestim cum Titio agere potero...* La demeure n'a donc pas été purgée à l'égard de Titius. Ceci vient confirmer l'opinion de Vénuléius. Toutefois remarquez la divergence d'opinion qui existe entre Julien et Vénuléius. Julien est bien d'accord avec Vénuléius pour décider que la demeure n'est pas purgée par une stipulation conditionnelle intervenue *novandi causa;* mais il n'est plus d'accord avec lui quand il s'agit de savoir si la perte de la chose *pendente conditione*, dans les circonstances que l'on connaît, laisse encore place à la possibilité de la novation lorsque la condition vient à s'accomplir : selon Vénuléius : *novatio quoque fiet*, ce que n'admet pas Julien.

Telle est, si nous l'avons bien comprise, l'explication que donne de notre loi 56, § 8, M. Bufnoir, qui entre à cet égard dans des développements sur lesquels nous devons nous expliquer brièvement.

Le savant professeur s'efforce particulièrement d'établir que la loi prémentionnée statue bien dans notre hypothèse d'une stipulation conditionnelle intervenue *post moram debitoris*, pour nover une obligation antérieure.

Ceci est, en effet, très-important à établir, car il existe de sérieuses divergences sur l'explication qu'il convient de donner du texte de Julien.

Maintenant que nous connaissons l'explication qu'en a donnée M. Bufnoir, il nous faut examiner les diverses autres explications qui en ont été proposées, et montrer comment notre savant maître les repousse.

Première explication. — Le texte de Julien statue bien dans l'hypothèse d'une stipulation conditionnelle intervenue pour nover une obligation antérieure. Seulement cette stipulation est intervenue, non pas *post moram debitoris*, mais *ante moram debitoris*, et voilà pourquoi il n'y a pas eu *purgatio moræ*. Si, dit-on, la demeure n'a pas été purgée par la stipulation conditionnelle *novandi causa*, c'est que la demeure n'existait pas encore, c'est que la demeure est postérieure à cette stipulation. — M. Bufnoir objecte avec beaucoup de raison qu'une fois la stipulation conditionnelle *novandi causa* intervenue, on ne saurait admettre la possibilité d'une mise en demeure du débiteur *pendente conditione novationis*. Du moment, en effet, que cette stipulation conditionnelle *novandi causa* a eu lieu, le débiteur en vertu de l'ancienne obligation n'est plus tenu que conditionnellement sous la condition contraire à celle de cette stipulation *novandi causa*, et, par conséquent, toute mise en demeure ultérieure est impossible. (Arg. l. 36, *De reb. cred.*, *Dig.*, 12, 1; l. 60, § 1, *De condict. indeb.*, *Dig.*, 12, 6; *Inst.*, lib. IV, t. 6, § 33.)

Deuxième explication. — Le texte de Julien n'est d'aucune autorité dans le cas qui nous occupe; il ne statue pas dans l'hypothèse d'une stipulation conditionnelle intervenue pour nover une obligation antérieure. Il s'agit dans ce texte de deux débiteurs tenus au payement de la même chose : l'un purement et simplement, l'autre sous condition. Le débiteur pur et simple est mis en demeure, puis la chose périt, alors il est tenu : *obligatio fit perpetua*. Le débiteur conditionnel est, au contraire, libéré, la condition sous laquelle il était obligé ne s'étant pas réalisée avant la perte de la chose. Ainsi, dans l'hypothèse du texte, Séius, l'obligé conditionnel, n'est pas intervenu comme *expromissor*, mais dans l'intention de se constituer co-obligé de Titius. Cela admis, la décision de Julien s'explique facilement; il devient tout naturel que Titius soit mis *in mora*, et poursuivi *pendente conditione*, tandis que Séius, qui ne doit être obligé qu'autant que la condition sera réalisée, est libéré par la perte de la chose survenue sans sa faute. A cela M. Bufnoir répond : « qu'il s'agit bien dans le texte d'une novation conditionnelle. En voici la preuve : c'est que le jurisconsulte établit comme deux idées corrélatives la possibilité d'une poursuite immédiate contre le premier obligé et l'inefficacité de la deuxième obligation. Si Titius peut être poursuivi sur-le-champ, *confestim*, c'est que l'obligation de Séius ne peut plus prendre naissance. Donc la possibilité de la naissance de l'obligation à la charge de Séius s'opposerait provisoirement à toute action contre Titius, le débiteur primitif, ce qui n'aurait pas lieu à supposer que Séius fût intervenu dans le but de se constituer co-débiteur *in solidum*. » En d'autres termes, si le texte n'a pas en vue un cas de novation, pourquoi attendre la mort de l'esclave pour permettre au créancier de poursuivre Titius?

Après avoir parcouru les diverses explications proposées sur la loi 56, § 8, nous en sommes encore à nous demander comment il faut entendre cette loi difficile? Toutefois, comme il faut se décider, nous adopterons l'opinion qui nous semble la meilleure; mais *c'est*, ainsi que dit notre illustre compatriote, le judicieux Guy Coquille, *en réservant dans notre esprit une place pour l'opinion contraire*. Or, quoiqu'il nous en coûte beaucoup de nous séparer de notre cher maître, M. Bufnoir, il nous paraît préférable de dire que la loi 56, § 8, n'a pas en vue un cas de novation. Et ce qui prouve, selon nous, que la loi 58, § 8, ne s'occupe pas d'un cas de novation, c'est que le texte supposant, dans la même hypothèse, une acceptilation faite au débiteur primitif, admet néanmoins que la nouvelle dette pourra prendre naissance à l'arrivée de la condition. Or, la novation serait impossible la première dette étant éteinte : (*acceptilatione*).

Nous avons terminé sur les effets de la novation comparés à ceux de la litiscontestation, au point de vue de la demeure.

(*f*) — Nous arrivons enfin à notre dernière distinction entre les effets produits par la novation et ceux produits par la litiscontestation.

La dernière classe d'accessoires dont nous allons nous occuper comprend les fidéjusseurs et autres débiteurs accessoires.

La nouvelle dette sera-t-elle garantie par ces accessoires (*mandatores pecuniæ credendæ, fidejussores, correi promittendi*)? Il faut distinguer entre la novation et la litiscontestation.

La novation entraîne libération des accessoires en général. La loi 4, au Code, ff. *De fidej. et mand.* (cod. 8, 41), nous dit relativement aux *fidejussores* et aux *mandatores* ce que la loi 18 au *Dig.*, *De novat.*, nous a dit relativement aux hypothèques et au *pignus*: « Novatione legitime perfecta debiti in alium translati, porte cette loi 4, prioris contractus fidejussores, vel mandatores, liberatos esse non ambigitur, si modo in sequenti se non obligaverunt. » (Conf. l. 60, *De fidej.*, *Dig.*, 46, 1). *Quid* des *correi promittendi?* S'il y a plusieurs *correi promittendi*, la novation faite avec l'un d'eux libère-t-elle les autres? La réponse affirmative n'est pas douteuse. En effet, la novation faite avec l'un des *correi promittendi* peut être considérée comme une sorte de payement ou de *datio in solutum*; dès lors on doit admettre sans difficulté que la novation faite par le créancier, même avec un seul des *rei promittendi*, détruit pleinement l'obligation primitive. On peut invoquer en ce sens Africain, l. 20, ff. ad *senatusc. Vell.* (*Dig.*, 16, 1): « Si pro uno reo intercessit mulier, adversus utrumque restituitur actio creditoris. »

Ainsi donc, en cas de novation, le principe est que tous les débiteurs accessoires sont libérés. Au contraire, pour la litiscontestation, bien des distinctions sont à faire.

Plaçons-nous d'abord à l'époque des jurisconsultes. Le principe général en matière de litiscontestation est qu'on ne peut demander deux fois la même chose: *Bis de eadem re agi non potest.* (Voy. Gaius, *Comm.* IV, § 108). En conséquence, si plusieurs débiteurs vous ont promis la même chose, vous ne pourrez la demander qu'une seule fois. Il vous faut donc faire attention de bien choisir. L'action intentée contre l'un épuise le droit contre les autres, et cela quel que soit le résultat de cette action, qu'elle ait abouti ou non à une condamnation et à un payement. Il en est autrement pour ceux qui ont promis une chose différente : les poursuites exercées contre l'un des débiteurs ne font pas perdre le droit d'agir contre les autres.

Faisons l'application de ce principe aux divers débiteurs accessoires dont nous nous occupons.

S'il y a plusieurs *correi promittendi* et que l'un d'eux soit poursuivi par le créancier, la *litiscontestatio* éteint-elle le droit du créancier à l'égard des autres *correi?* Oui, sans doute, car bien qu'il y ait plusieurs *correi promittendi*, il n'y a cependant, au point de vue de l'objet, qu'une seule obligation; l'obligation corréale, comme disent les modernes, est *une objectivement*, mais *multiple subjectivement*. Et nous venons de voir que, d'après une règle de l'ancien droit romain, une action une fois exercée ne pouvait plus être reproduite. Donc, puisqu'au point de vue de l'objet il y a, malgré la pluralité des débiteurs, unité d'obligation, il résulte par suite de l'application de la règle: *Bis de eadem re agi non potest*, que l'exercice de l'action contre l'un des *correi promittendi* libérait les autres (l. 2, *De duobus reis*, *Dig.*, 45, 1). — De même pour les fidéjusseurs: le débiteur et le fidéjusseur étant tenus de la même dette, la poursuite dirigée contre l'un libérait l'autre, par application de l'ancienne règle: *Bis de eadem re agi non potest*.

Ainsi donc, nous sommes conduit à dire que la litiscontestation intervenue entre le créancier commun et l'un des *correi promittendi* libère les autres; et, sous ce point de vue, les fidéjusseurs sont assimilés aux corrés, les fidéjusseurs sont considérés comme *correi* du débiteur principal (arg. l. 4, § 1, *De fidej.*). C'est ce qui a fait dire métaphoriquement que le créancier corré se trouve dans la situation d'un tireur d'arc qui, n'ayant qu'une flèche dans son carquois, ne peut atteindre qu'une personne; il doit, en conséquence, essayer de frapper juste du premier coup.

Jusqu'à présent, nous ne rencontrons aucune différence entre les effets de la litiscontestation et ceux de la novation, relativement aux débiteurs accessoires. Ils sont libérés dans un cas comme dans l'autre. Or, après avoir vu comment les Romains, en ce qui concerne la litiscontestation, modifiaient les effets de la novation véritable de manière à ménager les intérêts du créancier, il est permis de se demander pourquoi ils s'écartaient de ce système si équitable en n'accordant à celui qui avait plusieurs *correi* qu'une seule action à exercer contre l'un d'eux, quel que fût l'insuccès de cette action. Cette doctrine, « cette conséquence (du principe que toute action, une fois intentée et conduite jusqu'à la litiscontestation, ne pouvait pas être intentée à nouveau), déjà grave pour le rapport ordinaire de corréalité, présentait un danger extrême dans le cas du rapport accessoire de corréalité de la caution, dont le but pouvait ainsi se trouver complétement annihilé. Car quand le créancier avait une fois poursuivi le débiteur principal, ce fait consommait pour toujours et d'un seul coup l'action contre la caution (qui était pour la même dette un second *reus promittendi*), et empêchait de la renouveler à tout jamais, alors même que cette poursuite faisait apparaître l'insolvabilité du débiteur principal ; c'était dans cette hypothèse, cependant, que le cautionnement aurait, à vrai dire, dû être d'un grand secours au créancier. On cherchait à se protéger contre cette conséquence illogique par des moyens artificiels, et spécialement par une disposition particulière du contrat de cautionnement qui lui enlevait son caractère d'obligation corréale. » (Savigny, *Droit des obligat.*, t. Ier, p. 202.) Le moyen artificiel auquel l'auteur fait allusion est ce que les commentateurs ont appelé la *fidejussio indemnitatis*, matière très-bien élucidée par notre illustre doyen, M. Pellat. (*Textes choisis des Pandectes*, 10e partie, p. 163 à 173 de la 2e édit.)

Comment justifier cette doctrine? Elle est assez difficile à justifier. On s'explique difficilement cette libération qui résulte de la poursuite intentée contre l'un des co-obligés. Aussi les maîtres de la science ne sont-ils pas parfaitement d'accord sur l'explication qu'il convient d'en donner. Il semble que la manière dont on traitait le créancier qui avait plusieurs débiteurs *correi* le mettait dans la même position que si ces débiteurs n'avaient été tenus qu'alternativement. Le terme *electio* est même employé ici, comme pour les obligations alternatives dans leur objet. Voyez notamment Paul, *Sent.*, liv. II, t. 17, § 16. Mais, à nos yeux, c'est l'identité de la dette qui a été la considération déterminante. Aussi, quand cette identité ne se rencontrera pas, la litiscontestation n'aura pas cet effet de libérer les co-obligés. (Comp. à cet égard M. Demangeat, *Oblig. solid.*, p. 71 et suiv.; et M. Machelard, *Textes sur la possession*, etc., p. 162 et suiv.; ajout. *Obligat. nat.*, p. 356 et suiv.)

Cette dernière observation nous sert naturellement de transition pour arriver à ce qui concerne les *mandatores pecuniæ credendæ*. L'obligation du *mandator* est parfaitement distincte de celle du *reus* : le débiteur et le *mandator pecuniæ credendæ* sont liés envers le créancier par deux obligations distinctes, provenant de contrats différents ; aussi le créancier en demandant à l'un l'exécution de son obligation, ne soumet point au juge l'obligation de l'autre ; ce dernier, s'il est ensuite poursuivi, ne pourra donc pas lui opposer que le droit d'agir est consommé et obtenir son absolution : après qu'il y a eu *litiscontestatio* avec l'un deux, l'obligation de l'autre n'en subsiste pas moins. Ainsi, je vous ai donné mandat de prêter à mon ami : c'est à mes risques ; je suis responsable envers vous en vertu de mandat, et mon ami est obligé envers vous en vertu du prêt. Dans ce cas, la poursuite que vous exercez contre mon ami ne me libèrera pas : car mon obligation qui résulte du mandat que j'ai donné est différente de celle dont vous avez demandé l'exécution et qui résulte du prêt effectué. Et ici, remarquez-le bien, nous rencontrons une différence entre la litiscontestation et la novation. En effet, la novation que vous feriez avec mon ami me libèrerait, car alors vous vous seriez tenu pour satisfait. Voilà donc une différence entre la novation et la litiscontestation en cas de *mandatum pecuniæ credendæ*, différence que nous n'avons pas rencontrée en cas de fidéjussion ou de corréalité. — Cela tient à ce qu'au point de vue de la consommation du droit en justice, le *mandator* n'est point traité comme le *fidejussor* ou le *correus*. Le contraste entre le *fidejussor* et le *mandator* se trouve dans le § 16 des *Sent.* de Paul (lib. II, t. 17) ainsi conçu : « Electo reo principali, fidejussor vel hæres ejus liberatur, non idem in mandatoribus observatur. » Notons qu'à ce point de vue celui qui fait le pacte de *constitut* pour la dette d'autrui est traité comme le *mandator pecuniæ credendæ* et non comme le *fidejussor*. (Voy. M. Demangeat, *Cours élém.*, t. II, p. 534.)

Jusqu'ici nous n'avons parlé que de l'ancien droit. Si maintenant nous nous plaçons à l'époque de Justinien, nous voyons apparaître dans toute sa plénitude la différence entre les effets de la novation et ceux de la litiscontestation relativement aux débiteurs accessoires. La différence que nous venons de signaler entre la novation et la litiscontestation en cas de *mandatum pecuniæ credendæ* s'est généralisée ; elle se présente non plus seulement dans ce cas, mais aussi en cas de corréalité passive et de fidéjussion. C'est que, sous Justinien, il est permis au créancier de renouveler l'action avec tous les débiteurs, même *correi*. En d'autres termes, Justinien a appliqué aux *correi promittendi* et aux *fidejussores* ce qui existait déjà pour les *mandatores pecuniæ credendæ*. Ainsi, à partir de Justinien, la litiscontestation engagée avec l'un de plusieurs débiteurs ne libère pas les autres, tandis que la novation faite avec l'un d'eux libère les autres ; à ce point de vue donc, la différence entre nos deux actes est radicale sous Justinien. (Consult. sur ce point, la const. de Justinien, de l'an 531, qui forme la loi 28, cod. *De fidejuss. et mand.*, 8, 41, expliquée par M. Demangeat, *Oblig. solid.*, p. 76 et suiv.)

Nous avons ainsi terminé l'examen des principales différences qui séparent les effets de la litiscontestation de ceux de la novation ; nous en avons trouvé jusqu'à six, relatives : 1° au *privilegium ;* 2° aux *hypothecæ* et aux *pignora ;* 3° à la *pœna ;* 4° aux *usuræ ;* 5° à la *mora ;* 6° aux *mandatores*, *fidejussores*, *correi ;* résumons en quelques mots ces différences :

1° La litiscontestation ne fait pas perdre le privilége ; la novation le fait perdre ;

2° La litiscontestation laisse subsister les gages et les hypothèques de la créance primitive ; la novation les éteint, sauf le cas où ils sont réservés ;

3° La litiscontestation ne fait pas disparaître la peine stipulée pour le cas d'inexécution ; la novation la fait disparaître ;

4° La litiscontestation laisse courir les intérêts conventionnels ; la novation en arrête le cours ;

5° La litiscontestation ne purge pas la demeure ; la novation purge la demeure ;

6° La litiscontestation engagée avec le débiteur principal ne libère pas le *mandator pecuniæ credendæ ;* au contraire, la novation faite avec le débiteur principal libère le *mandator*. Voilà pour l'ancien droit. Sous Justinien, il faut dire du *fidejussor* et du *correus promittendi* ce qui était dit anciennement du *mandator pecuniæ credendæ*. La litiscontestation engagée avec le débiteur principal ne libère pas le fidéjusseur, celle engagée avec un *correus promittendi* ne libère pas les autres *correi;* au contraire, la novation faite avec le débiteur principal libère le fidéjusseur, celle faite avec un *correus promittendi* libère les autres *correi.*

A ces différences que nous avons développées, on peut en ajouter une autre :

7° La novation faite avec les héritiers du débiteur enlève au créancier le droit de demander la séparation des patrimoines ; mais le créancier peut actionner les héritiers sans perdre ce bénéfice.

Ce nouveau contraste résulte du rapprochement de deux lois, au titre *De separationibus* (*Dig.*, 42, 6).

Ulpien, l. 1, § 10, nous dit : « Illud sciendum est, eos demum creditores posse impetrare separationem, qui non novandi animo ab hærede stipulati sunt ; ceterum si cum hoc animo secuti sunt, amiserunt separationis commodum... »

Au contraire, Marcien, loi 7, pose cette règle : « Qui judicium dictaverunt hæredi, separationem quasi hæreditarii possunt impetrare : *quia ex necessitate hoc fecerunt.* »

Ces différences que nous venons de signaler entre la litiscontestation et la novation tiennent toutes à cette idée que nous avons trouvée dans la loi 29, *De novat.,* savoir, que le créancier en exerçant une action, améliore sa condition loin de la rendre pire : « Neque deteriorem causam nostram facimus, actionem exercentes, sed meliorem. » A travers les complications que nous avons rencontrées en exposant notre série de différences, nous n'avons pas perdu de vue cette idée, que nous avions essayé de mettre en lumière en commençant. En effet, nous avons eu soin de faire la remarque suivante. Quand il s'agit de la litiscontestation, l'extinction de l'ancienne obligation tient à la rigueur des formes et non à la volonté du créancier : aussi la condition de ce créancier doit-elle être ménagée ; c'est ainsi qu'après la litiscontestation, l'obligation naturelle subsiste, et, par suite, certains accessoires. Au contraire, quand il s'agit de la novation, acte essentiellement volontaire, l'extinction de l'ancienne obligation tient à la volonté du créancier : aussi ce créancier est-il censé faire remise tacite de tous ses droits ; c'est pourquoi la novation anéantit non-seulement l'obligation civile et tout ce qui dépend d'elle, mais encore l'obligation naturelle. Voilà l'idée qui sert en grande partie à expliquer les différences signalées entre la litiscontestation et la novation.

Maintenant que nous avons étudié assez longuement les effets de la novation quant à l'ancienne obligation, nous allons passer à l'examen des effets de la novation quant à la nouvelle obligation. Nous avons examiné l'effet négatif, extinctif, de la novation; il nous faut donc, à la suite de nos explications, étudier son effet positif.

B. — *Quant à la nouvelle obligation.*

Si l'ancienne obligation est éteinte par la novation, elle est remplacée par une nouvelle obligation. Et ce sont précisément les caractères de cette nouvelle obligation que nous nous proposons de rechercher. Une obligation nouvelle est créée en même temps que l'ancienne est l'éteinte. Quels sont donc les caracteres de cette nouvelle obligation? C'est là une question très-délicate qui mérite toute notre attention.

Au premier abord la question paraît très-simple: une nouvelle obligation naît par suite de la stipulation *novandi animo*; dès lors, la nouvelle créance fournie par la stipulation semble devoir suivre les règles ordinaires des créances nées *ex stipulatu.* Mais remarquez-le bien, cette nouvelle obligation, cette nouvelle créance, part, dérive de l'ancienne obligation. Or, on peut se demander si la nouvelle obligation ne sera pas affectée des vices de l'ancienne, si elle ne présentera pas les mêmes caractères que l'ancienne. La question est importante: elle s'agite surtout quand la novation a lieu par changement de personnes, c'est-à-dire quand la novation résulte d'une délégation. Supposons, en effet, qu'un créancier ait délégué son débiteur à un autre créancier. Si toutes les exceptions qu'avait le débiteur contre l'ancienne créance sont admises contre la nouvelle, on arrive alors à un résultat reconnu par quelques auteurs au delà du Rhin; l'opération serait alors, d'après eux, un transport de créance. Que si, au contraire, les exceptions opposables à l'ancien créancier ne sont pas opposables au nouveau, on a tout autre chose qu'un transport de créance. Essayons d'éclaircir cela.

Ouvrons une parenthèse pour présenter la comparaison entre la délégation et le transport de créance. Il est bon de dire quelques mots sur ce point délicat, car les idées généralement émises par les auteurs laissent quelque peu à désirer.

Gaius (*Comm.* II, § 38) nous propose la délégation pour arriver au transport de créance; il nous dit qu'à l'origine la novation par délégation a été employée comme un moyen de transférer une créance. C'est qu'en effet la novation par délégation ressemble beaucoup à notre transport de créance moderne. Ajoutons que cette ressemblance est beaucoup plus grande qu'on ne le croit généralement.

Voici le texte de Gaius prémentionné. Après avoir parlé des différentes manières d'acquérir la propriété (*mancipatio, in jure cessio*, etc.), cet excellent jurisconsulte nous dit : « Obligationes quoquo modo contractæ, nihil eorum recipiunt : nam quod mihi ab aliquo debetur, id si velim tibi deberi, *nullo eorum modo quibus res corporales ad alium transferuntur efficere possum*; sed opus est ut, jubente me, tu ab eo stipuleris. Quæ res efficit ut à me liberetur et incipit tibi teneri; *quæ dicitur novatio obligationis.* » Ainsi donc, à une époque où la cession de créance était encore difficilement admise, la novation par changement de créancieer était un moyen d'y suppléer.

Toutefois M. Demangeat (*Cours élém.*, t. II, p. 428), à qui nous venons d'emprunter la remarque qu'il fait sur notre passage de Gaius, ajoute quelques mots que nous avons omis à dessein. Il dit qu'à cette époque la novation par changement de créancier était un moyen, « moyen bien *défectueux*, du reste, » de suppléer à la cession de créance. Et il ajoute en note : « Défectueux pour deux raisons : 1° parce qu'il faut nécessairement le concours du débiteur; 2° parce que les sûretés qui peuvent garantir le payement de la créance sont détruites par la novation. »

Ainsi, d'après le savant professeur, il faudrait signaler deux différences entre la délégation et la cession de créance :

1° Les sûretés qui peuvent garantir le payement de la créance sont détruites par la délégation, tandis qu'elles sont maintenues en cas de transport.

2° Pour la délégation, il faut nécessairement le concours du débiteur, concours qui n'est point exigé en cas de transport.

Quoiqu'il nous en coûte beaucoup de nous écarter des idées

de M. Demangeat, nous pensons que les deux différences qu'il signale entre la délégation et le transport véritable ne sont pas essentielles.

Et d'abord, dit-il, par la délégation la créance passe au nouveau créancier entièrement nue des sûretés qui peuvent en garantir le payement. A cela on peut répondre que ce résultat n'est pas toujours exact. Sans doute les sûretés disparaîtront par la novation si les parties n'ont rien dit; mais si les parties le veulent, les sûretés resteront, ainsi que nous avons déjà eu occasion de le voir. En effet, la conservation des accessoires dépend de la volonté des parties; les sûretés qui peuvent garantir le payement de la créance ne sont pas détruites par la novation, quand les parties ont manifesté l'intention de les conserver. Et s'il en est ainsi, l'extinction des sûretés n'est donc pas essentielle en cas de délégation, et, par suite, il faut écarter cet inconvénient de la délégation comme moyen de suppléer à la cession.

Ensuite, dit notre savant maître, la délégation n'est pas possible sans le consentement du débiteur. Il faut nécessairement le consentement du débiteur. Et c'est là encore un inconvénient de la délégation proposée comme moyen de suppléer à la cession. Eh bien, cela encore ne nous semble pas devoir être admis sans restriction. Rappelons-nous, en effet, ce que nous dit Ulpien dans la loi 11, à notre titre. Après avoir donné la définition de la délégation, le jurisconsulte ajoute : « *Fit autem delegatio vel per stipulationem vel per litiscontestationem.* » Il résulte évidemment de ce texte que la délgéation peut s'opérer de deux manières, ou par stipulation, si je vous dis : Allez stipuler de mon débiteur; ou bien par litiscontestation, si je vous dis : Allez poursuivre mon débiteur. Ce sont deux formes diverses de novation par délégation. Or, de ces deux formes, l'une exige le consentement du débiteur, l'autre ne l'exige pas. Pour la stipulation, le consentement du débiteur est nécessaire; mais pour la poursuite en justice, on peut se passer du consentement du débiteur, sa volonté est indifférente. Quand donc je voudrai vous déléguer mon débiteur, si je vous ai d'abord dit : Allez stipuler de mon débiteur, et que celui-ci se refuse à prendre part à la stipulation, je vous dirai alors : Allez poursuivre ce débiteur récalcitrant. La délégation est donc possible sans le consentement du débiteur : on peut le vaincre. Si la délégation ne peut avoir lieu par la forme de la stipulation, à cause de la mauvaise volonté du débiteur, on emploiera la forme de la litiscontestation, au moyen de laquelle la délégation peut avoir lieu malgré la volonté de ce débiteur. Et remarquez que ces deux procédés employés pour arriver à la délégation aboutissent au même but. Dans les deux cas les résultats sont analogues. Qu'on emploie la forme ou de la stipulation ou de la litiscontestation, cela importe peu : ces deux formes sont identiques et produisent le même effet. Dans un cas vous stipulez de mon débiteur tout ce qui m'est dû; dans l'autre, vous le poursuivez pour tout ce qui m'est dû. Dans les deux cas, mon nom à moi déléguant sera remplacé par le vôtre à vous délégataire.

Voilà les observations que nous avions à présenter sur les différences signalées par M. Demangeat; ces différences ne sont pas essentielles, absolues.

Est-ce donc à dire pourtant que la délégation et la cession de créance soient la même chose? Assurément non. On a raison d'indiquer des différences entre ces deux actes. Mais voici la vraie distinction. La différence consiste surtout en ce que, en cas de cession, le nouveau créancier a toujours une action identique à celle qu'avait l'ancien, tandis que, en cas de délégation, le nouveau créancier n'aura pas toujours une action identique dans la forme à celle qu'avait l'ancien. En effet, si vous stipulez de mon débiteur ce qu'il me doit, vous ne pourrez jamais acquérir par là qu'une *condictio incerti;* or l'action que j'avais pouvait être autre chose, une action de bonne foi, une *condictio certi*, qui se trouverait alors transformée en une *condictio incerti.* Mais ce sera là une différence de procédure.

Comme on le voit, la différence entre les deux actes se réduit à une différence de procédure. Nous sommes donc autorisé à dire que la délégation ressemble au transport du droit moderne plus qu'on ne le croit généralement.

Maintenant faut-il dire pour cela que les caractères de l'ancienne obligation passent à la nouvelle? Nous revenons ainsi à la question que nous avons posée dans le principe et nous nous demandons si la créance nouvelle passe entre les mains du nouveau créancier avec les modifications, vices et défectuosités de l'ancienne. En d'autres termes, en cas de délégation, la créance passera-t-elle du déléguant au délégataire avec tous ses anciens caractères, notamment avec les exceptions qui l'affectaient? Remarquez que, s'il en était ainsi, la délégation serait quelque chose d'analogue au transport-cession d'aujourd'hui.

La question que nous venons de rappeler est des plus difficiles. Nous la résoudrons au moyen d'une distinction tirée de la formule. Nous avons souvent différencié deux formules de stipulation employées pour la novation. On peut d'abord stipuler en ces termes : Me promets-tu tout ce que tu dois à Primus en vertu d'une vente : *quidquid ex vendito dare facere oportet* (arg. l. 27, *De novat.*)? On peut stipuler aussi d'une autre manière : Me promets-tu les dix, les cent sesterces que tu dois à Primus (arg. l. 8, § 4, *eod. tit.*)? Dans les deux cas, la nouvelle créance se référera bien à l'ancienne. Seulement, dans le premier cas, on s'est référé à l'ancienne dette d'une manière générale; dans le second cas, au contraire, on a spécialisé l'ancienne dette.

Reprenons chacune de ces formules, et voyons la solution qu'il faut donner de notre question selon qu'on a employé l'une ou l'autre de ces formules.

Dans la première formule, la novation ne portant que sur ce qui était dû, quoi que ce fût, il en résulte que s'il n'était rien dû en vertu de la première créance, rien ne sera dû en vertu de la seconde; et par suite, que s'il était dû quelque chose en vertu de la première créance, mais sous certaines restrictions, il y aura les mêmes restrictions dans la deuxième créance. Cela paraît avoir été établi pour le terme; si dans l'ancienne créance il y avait un terme accordé au débiteur, la créance nouvelle sera sujette au même terme; ajoutez enfin que si la première créance était soumise à des exceptions, la deuxième sera soumise aux mêmes exceptions. Or, il en serait autrement dans la deuxième formule, dans laquelle l'objet dû a été spécialisé. En effet, si on a spécialisé la nouvelle créance, la stipulation a un objet déterminé; qu'importe que la première créance ne subsiste pas? la seconde a un objet parfaitement distinct, ce sont dix, cent sesterces que les parties ont désignés; si elles ont ajouté qu'ils étaient dus en vertu d'une vente qu'on reconnaît n'avoir pas eu lieu, il n'y a qu'une *falsa demonstratio.* Ajoutez que, dans ce cas, les restrictions, exceptions à l'égard de l'ancienne créance n'existent pas à l'égard de la nouvelle.

Insistons particulièrement sur ce qui concerne les exceptions. Dans la première formule, si l'ancienne créance pouvait être arrêtée par des exceptions, les mêmes exceptions seront opposables à la nouvelle. *Secus* en supposant la seconde formule. Ainsi voilà un mari qui doit restituer une dot à sa femme; étant tenu par l'*actio rei uxoriæ* il a une foule d'exceptions. Eh bien, s'il vient promettre *quidquid ex dote,* il pourra opposer à l'action *ex stipulatu* les mêmes exceptions, restrictions qu'à l'action *rei uxoriæ.* Que si, au contraire il a dit : Je promets 100,000 sesterces à titre de dot, la stipulation a un objet déterminé, il devra 100,000 sesterces, ni plus ni moins.

Appliquons cela à la délégation. On va voir l'intérêt de la distinction.

Si le mari vous a promis tout ce qu'il devait à titre dot (*quidquid ex dote*), vous serez à peu près dans la position d'un cessionnaire de créance. Les mêmes exceptions qu'il pouvait opposer à l'action *rei uxoriæ* de la femme, il pourra les opposer à votre action *ex stipulatu.* Ce moyen de délégation, on le conçoit sans peine, devait être très-fréquent. Le débiteur accédera d'autant plus facilement à ce procédé de délégation, que par là sa situation ne se trouve point empirée, car le délégataire n'aura pas plus de droits que le déléguant.

Mais il est possible que les besoins de la pratique ne se contentent pas de cela. Il se peut, en effet, que vous ne vouliez pas accepter la promesse par laquelle le mari vous promettrait *quidquid ex dote,* vous voulez quelque chose de plus positif que cela; dans ce cas vous lui direz : Me promets-tu les 100,000 sesterces que tu dois à titre de dot? et alors vous délégataire, vous serez à l'abri de toutes les exceptions, les 100,000 sesterces vous seront dus quand même. L'effet d'une telle opération peut être comparé assez exactement dans notre droit, non plus au transport civil, mais au transport commercial, par voie d'endossement, d'une lettre de change qui doit pouvoir circuler comme de l'argent et porter sa valeur avec elle-même. Celui qui acquiert une lettre de change n'est pas soumis aux exceptions ; il a un *nomen*, un chiffre lui est dû.

En résumé, cette différence entre les effets de nos deux formules présente un intérêt pratique considérable : le débiteur qui ne veut point aggraver sa position choisira la première formule ; le créancier qui ne veut pas courir les risques d'une opération pour lui inconnue exigera la seconde formule.

Voilà donc la distinction, tirée de la formule, qui sert à résoudre notre question.

Il ne reste plus qu'à appuyer sur les textes cette distinction assez facile à formuler en théorie.

Nous avons d'abord cité les textes où les deux formules se trouvent indiquées (l. 8, §§ 2 et 4, et l. 27, à notre titre) ; nous n'avons pas à y revenir.

Maintenant quant aux textes qui s'occupent des exceptions relativement au délégataire, nous allons les parcourir. Ils sont peu en harmonie, mais on peut les concilier au moyen de notre distinction.

Voyons d'abord les textes qui se rattachent à notre première formule, celle où la délégation a eu lieu par une stipulation faite d'une manière indéterminée ; dans ce cas, avons-nous dit, toutes les exceptions qui pouvaient être opposées au délégnant seront opposables au délégataire. Deux textes étrangers à notre titre viennent confirmer notre assertion.

L'un est la loi 32, ff. *Solut. matrim.* (*Dig.*, 24, 3.) Julien nous dit dans cette loi : « Si prior maritus posteriori, *dotis nomine*, tanquam debitor mulieris dotem promiserit ; *non plus, quam id quod facere possit, dotis futurum esse.* » Voici l'espèce. Le jurisconsulte suppose un mari débiteur de la dot de sa femme (celle-ci avait divorcé et s'était remariée) : cette femme délègue son premier mari, qui n'a pas encore restitué la dot, à son deuxième mari ; elle dit à son ancien mari : Tu restitueras la dot à mon nouveau mari, et celui-ci stipule sur la délégation de sa femme. L'espèce est, pour le dire en passant, caractéristique des mœurs romaines au temps de l'empire. On se demande, dans cette hypothèse, si le premier mari pourra opposer au second mari les nombreuses exceptions qu'il pouvait opposer à la femme. Et, notez-le bien, on se le demande pour une exception qui semble personnelle à la femme : il s'agit de l'exception connue sous le nom de bénéfice de compétence, et en vertu de laquelle une femme poursuivant son mari doit lui laisser de quoi vivre. Cette exception, on le voit, présente un caractère tout personnel, tout d'adhérence, et paraît ne dépendre que des rapports individuels des parties. Il semble donc que si le mari débiteur de la dot n'est pas poursuivi par la femme, ce mari ne jouira pas du bénéfice de compétence. Eh bien, non; le jurisconsulte décide dans notre loi que le premier mari, le *délégué*, pourra opposer au second mari, le *délégataire*, l'exception résultant du bénéfice de compétence. Et s'il peut opposer cette exception présentant un caractère exclusivement personnel, nous conclurons de là qu'il peut les opposer toutes. Remarquons ici que les anciens commentateurs grecs (commentateurs ayant presque une autorité législative, car ils étaient imbus de la pratique) nous disent que si le mari, dans le cas de notre texte, peut opposer toutes les exceptions, c'est qu'il a promis d'une manière générale ce qu'il devait primitivement à titre de dot, et rien de plus. Le rédacteur du texte des *Basiliques*, correspondant à notre loi 32, s'exprime, en effet, ainsi : « Si prior maritus mulieris, *quæ ex dote mulieri debuit*, secundo marito dare promisit tanquam debitor mulieris, etiam de his conventus pro modo facultatum suarum condemnatur. » (Traduction Heinbach, t. III, p. 274.)

L'autre texte est la loi 7, §§ 6 et 7, ff. *De senatusc. Maced.* (*Dig.*, 14, 6). Ulpien nous dit dans cette loi, § 6 : « Non solum ei, qui mutuam dedisset, *sed et successoribus ejus deneganda est actio.* — § 7 : *Proinde et si alius mutuam dedit, alius stipulatus est, dabitur adversus eum exceptio, licet hic non dederit...* » (Voy. sur cette loi, M. Machelard, *Oblig. nat.*, p. 124 et suiv., qui l'explique, il est vrai, à un point de vue qui n'est pas le nôtre.) Voici l'espèce. Le jurisconsulte suppose, dans le § 7, que j'ai fait un prêt (*mutuum*) à un fils de famille; ce fils pourra m'opposer l'exception du Macédonien; je vous délègue ce fils de famille, et vous stipulez de lui ce qu'il me doit; il pourra vous opposer l'exception du Macédonien comme il pouvait me l'opposer. La raison de cette décision nous est donnée par le jurisconsulte dans le § 6, qui contient un principe dont l'application est faite dans le § suivant que nous venons d'expliquer. Voici ce que dit Ulpien : « Non solum ei qui mutuam dedisset, sed et *successoribus* ejus deneganda est actio. » On doit refuser, dit-il, l'action non-seulement à celui qui a fourni l'argent, mais aussi à ses *successeurs*; en d'autres termes, l'exception du sénatusconsulte macédonien est opposable aux *successeurs* de celui qui a fourni l'argent, de même qu'au créancier originaire. Or, Ulpien faisait, au § 7, l'application de ce principe. Il considère donc le délégataire comme le successeur du déléguant. Ainsi le délégataire est un *successeur* du déléguant. Remarquons ici que pour admettre cette idée, il faut supposer que le délégataire avait stipulé du délégué uniquement ce que celui-ci devait au déléguant et pas autre chose; alors il est le successeur du déléguant et il devra subir les mêmes exceptions.

Voilà notre premier point établi : à savoir que, lorsque la délégation a eu lieu par une stipulation faite d'une manière générale, comme dans la première formule indiquée, les exceptions qui pouvaient être opposées au déléguant sont opposables au délégataire.

Passons à notre deuxième point. Nous allons trouver, dans notre titre même *De novat.*, des lois diamétralement opposées à celles que nous venons d'invoquer et qui ne peuvent être conciliées avec elles que par notre distinction. Nous allons trouver des lois raisonnant dans l'hypothèse où la délégation a eu lieu par une stipulation faite d'une manière déterminée, comme dans la deuxième formule indiquée; alors les exceptions qui pouvaient être opposées au déléguant ne sont pas opposables au délégataire.

Nous citerons en ce sens la loi 19, *De novat.* (*Dig.*, 46,2). Le jurisconsulte Paul s'exprime ainsi dans cette importante loi : « *Doli exceptio*, quæ poterat deleganti opponi, *cessat* in persona creditoris, cui quis delegatus est. *Idemque est, et in cæteris similibus exceptionibus : imo et* in ea quæ ex senatusconsulto filiofamilias datur; nam adversus creditorem cui delegatus est ab eo qui mutuam pecuniam contra senatusconsultum dederat, non utetur exceptione : quia nihil in ea promissione contra senatusconsultum fit : tanto magis, quod hic nec solutum repetere potest. *Diversum est* in muliere quæ contra senatusconsultum promisit : nam et in secunda promissione intercessio est. *Idemque est* in minore qui circumscriptus delegatur : quia si etiam nunc minor est, rursum circumvenitur; diversum, si jam excessit ætatem vigenti quinque annorum : quamvis adhuc possit restitui adversus priorem creditorem. *Ideo* autem denegantur exceptiones adversus secundum creditorem, quia in privatis contractibus et pactionibus *non facile scire petitor potest, quid inter eum qui delegatus est et debitorem actum est : aut etiam si sciat, dissimulare debet, ne curiosus videatur*; et ideo merito denegandum est adversus eum exceptionem ex persona debitoris. »

Notre attention doit se porter tout d'abord sur la dernière phrase de cette loi. Le jurisconsulte y donne le motif de sa décision, et ce motif montre bien qu'il s'agit de l'hypothèse d'une stipulation faite d'une manière déterminée. Paul, après avoir dit en commençant que les exceptions opposables au déléguant sont refusées contre le second créancier, à qui on a délégué quelqu'un, en donne le motif suivant : les exceptions sont refusées, parce qu'il ne serait pas facile à ce second créancier de savoir ce qui est intervenu dans les transactions et règlements d'affaires qui ont pu exister entre le délégué et le déléguant (*quid inter eum qui delegatus est et debitorem actum est*); et quand même il pourrait le savoir, il doit l'ignorer, faire semblant de ne pas le savoir, pour ne pas paraître trop curieux (*ne curiosus videatur*). En matière commerciale, comme on dit aujourd'hui, le secret doit être gardé. Eh bien, voici la conclusion à tirer de ce motif de Paul : si ce jurisconsulte prétend que le délégataire ne doit pas s'enquérir des rapports qui existent entre le déléguant et le délégué, c'est évidemment que la délégation a eu lieu par une stipulation faite d'une manière déterminée, comme dans la seconde espèce de formule indiquée par nous. Comment, Paul prétend que vous, délégataire, vous ne devez pas rechercher les rapports qui existent entre le déléguant et le délégué, que vous ne devez pas rechercher ce que doit exactement le débiteur délégué? Pour que Paul dise cela, il faut de toute nécessité que vous ayez stipulé du délégué une somme fixe, et non pas ce que le délégué devait (*quidquid*), car alors il faudrait bien que vous connussiez les rapports existant entre ce délégué et le déléguant, et Paul, venant dire le contraire, ne mériterait plus le nom de prudent. Il faut donc supposer pour la saine interprétation de notre loi que le délégataire n'a pas stipulé d'une manière générale : *quidquid dare facere oportet*, mais bien d'une manière déterminée : *centum mille*. Alors, en effet, le délégataire n'a pas besoin de connaître les rapports du délégué et du déléguant, il n'a pas besoin de connaître s'il était dû quelque chose au déléguant, mais seulement si le délégué est solvable ; les exceptions opposables au déléguant ne lui seront point opposables, à lui délégataire. C'est là le point de vue de notre loi 19 : la délégation a eu lieu par une stipulation faite d'une manière déterminée : alors les exceptions opposables au déléguant ne sont pas opposables au délégataire; c'est la contre-partie de la doctrine contenue dans les lois analysées plus haut.

Le jurisconsulte, dans le commencement de la loi 19, fait l'application de sa doctrine à diverses espèces.

Il enseigne d'abord que l'exception de dol, qui pouvait être opposée au déléguant, cesse dans la personne du créancier à qui on a délégué quelqu'un, c'est-à-dire ne peut pas être opposée au délégataire. Paul donne cet exemple le plus évident, et il a ajouté qu'il en est de même pour les exceptions semblables, *idemque est, et in cæteris similibus exceptionibus*. La raison pour laquelle Paul cite en première ligne l'exception de dol est sans nul doute tirée de ce que l'exception du dol ne peut être opposée qu'à une personne déterminée (arg. l. 2, *Dig.*, lib. XLIV, tit. 4). Quelles sont les exceptions semblables qui ne peuvent être opposées qu'à une personne déterminée? De ce nombre est évidemment le bénéfice de compétence. Le bénéfice de compétence que le débiteur poursuivant oppose au déléguant ne peut pas l'être au délégataire qui a stipulé une somme fixe. Voilà la première classe d'exceptions que le délégué ne pourra pas opposer au délégataire.

Paul passe ensuite à d'autres exceptions opposables à tout le monde, et qui pourtant ne pourront pas être opposées au délégataire. Il dit : *Imo*, et parcourt ces diverses exceptions; parmi ces exceptions il cite celle du Macédonien, que nous avons vu opposable en cas de stipulation d'une manière générale. Si on stipule du fils de famille en spécifiant la somme, il ne pourra pas opposer au délégataire l'exception qu'il pouvait opposer au déléguant.

Il semble que nous pourrions généraliser cette doctrine de Paul, et dire que le délégué ne pourra opposer au délégataire aucune des exceptions qu'il pouvait opposer au déléguant.

Toutefois si nous parcourons la suite du texte, Paul semble indiquer des cas où cette règle ne serait pas applicable. Vaine apparence. Paul donne, il est vrai, des cas où le délégué aura contre la nouvelle obligation la même exception qu'il avait contre l'ancienne; mais remarquez bien que ce n'est pas alors l'ancienne exception qui passe d'une obligation à l'autre; c'est une nouvelle exception qui existera, mais une exception toute semblable. Ainsi, il arrivera parfois que la nouvelle créance sera entachée des mêmes vices que l'ancienne : alors le délégué pourra opposer au délégataire une exception de même nature que celle qu'il aurait pu opposer au déléguant; mais ce ne sera pas parce que cette exception aura passé d'une créance à une autre, ce sera parce que la nouvelle créance se trouvera entachée du même vice que l'ancienne; par exemple, le créancier déléguant avait commis un dol, et le second créancier délégataire s'est rendu coupable du même dol. Le jurisconsulte Paul, dans notre loi, nous donne deux exemples de cette idée. Nous commençons par le second qui est le plus simple. Le délégué est un mineur de vingt-cinq ans qui a été trompé; je vous délègue ce débiteur; vous stipulez de lui dans les mêmes conditions, il est toujours mineur; la faute est la même, votre créance est entachée du même vice que la mienne, et par suite vous ne serez pas à l'abri de l'exception. Voici l'autre exemple qui est un peu plus compliqué. Si le débiteur que je vous délègue est une femme : cette femme s'est obligée contrairement au sénatus-consulte velléien, elle a une exception contre moi; je vous l'ai déléguée, aura-t-elle contre vous la même exception qu'elle avait contre moi? Oui, dit Paul; mais il faut bien entendre sa réponse. Oui, dit-il, car il y a eu une seconde intercession, une seconde violation du sénatus-consulte velléien : « Diversum est in muliere quæ contra senatus consultum promisit : *nam in secunda promissione intercessio est.* » (Conf. l. 8, § 2, ad *senat. Vell.* (*Dig.*, 16.) Le jurisconsulte suppose, comme on le voit, que quand je vous ai délégué cette femme, elle était ma débitrice en violation du Velléien; vous m'avez libéré; elle est votre débitrice aussi en violation du Velléien, et dès lors elle aura contre vous l'exception du sénatus-consulte, comme elle l'avait contre moi.

Pour nous résumer sur ce texte de Paul, disons en un mot que le délégué ne peut opposer au délégataire les exceptions qu'il pouvait opposer au déléguant.

Nous trouvons donc ici la contre-partie de la décision contenue dans les deux textes étrangers à notre titre que nous avons expliqués plus haut.

La distinction que nous avions proposée en commençant se trouve par conséquent justifiée par les textes. Pour répondre à la question de savoir si le délégué peut opposer au délégataire les exceptions qu'il pouvait opposer au déléguant, il faut distinguer suivant la formule de stipulation qui a été employée pour accomplir la délégation. Dans le cas où le délégué aura promis d'une façon indéterminée *tout ce qu'il devait*, il pourra opposer au délégataire les exceptions qu'il pouvait opposer au déléguant. (L. 32, *Solut. matrim.*; l. 7, §§ 6 et 7, *De senat. Maced.*) Dans le cas, au contraire, où le délégué aura promis d'une façon déterminée *cent mille sesterces qu'il devait*, il ne pourra pas opposer au délégataire les exceptions qu'il pouvait opposer au déléguant.

Nous venons de dire qu'en supposant la délégation accomplie d'après la dernière formule, le débiteur délégué perdra les exceptions qu'il pouvait avoir contre son créancier. Dans ce cas, remarquons-le bien, le débiteur se trouve dans une situation fâcheuse qui mérite par conséquent l'attention du préteur, ami de l'équité. Aussi bien le préteur viendra-t-il au secours de ce débiteur, qui s'est laissé déléguer alors qu'il avait des exceptions à opposer au déléguant, exceptions qu'il ne pourra point faire valoir contre le délégataire, envers qui il s'est obligé sans réserve. Le débiteur qui, s'étant laissé déléguer dans ces conditions, a promis sur la stipulation du délégataire ce qu'il ne devait pas réellement, est à peu près dans la position de celui qui a payé ce qu'il ne devait pas. Or le débiteur qui a payé ce qu'il ne devait pas a la *condictio indebiti*; ne semble-t-il pas dès lors que le débiteur qui a promis ce qu'il ne devait pas aura également la *condictio indebiti?* Et, en effet, il aura une *condictio* qui ressemble beaucoup à la *condictio indebiti* et fondée sur les mêmes principes. Il y a, en effet, *condictio indebiti*, aussi bien en cas de *promissio indebiti* qu'en cas de *solutio indebiti*. En cas de promesse de l'indû, les textes nous parlent effectivement d'une *condictio incerti* au moyen de laquelle le promettant se fera libérer. On pourrait peut-être donner à cette *condictio* le nom de *condictio indebiti promissi,* que lui donne un texte (l. 31. *De condict. indeb., Dig.,* 12, 6 : « Is qui plus quam hæreditaria portio efficit, per errorem caverit, *indebiti promissi habet condictionem*), par opposition à la *condictio indebiti soluti;* » nous la trouvons, il est vrai, qualifiée dans un autre texte du nom de *condictio liberationis* (l. unique, *De errore calculi,* c. 2, 5 : « Si per errorem calculi velut debitam quantitatem, quum esset indebita, promisisti, *condictio liberationis* tibi competit). »— (Voy. sur cette espèce de *condictio,* Savigny, *Système,* append. VIII, t. IV, p. 425 et *passim;* et surtout append. XIV, t. V, p. 583 et *passim*). — Supposez donc que mon débiteur ait contre moi une exception perpétuelle, comme l'exception de dol ; il me paye, il a la *condictio indebiti soluti,* qui est une *condictio certi* (voy. *Frag. Vatic.,* § 266; conf. l. 26, § 3, et l. 40, princ., *De condict. indeb., Dig.* 12, 6 ; add. *Instit.,* § 9, lib. IV, t. 13); je vous le délègue, c'est la même chose, c'est comme s'il avait payé une dette ignorant l'exception, il aura aussi une condiction, la *condictio indebiti promissi,* analogue à la précédente ; mais cette *condictio,* par laquelle il réclamera sa *liberatio,* tendant à un *facere,* est une *condictio incerti* (voy. l. 3, *De condict. sine causa, Dig.,* 12, 7; l. 5, § 1, *De act. empti, Dig.,* 19, 1; l. 2, § 4, *De donat., Dig.,* 39, 5, et le titre *De condict. indeb.,* cod. 4, 5).

Ainsi donc le débiteur délégué qui a promis ce qu'il ne devait pas, soit *ipso jure,* soit *exceptionis ope,* en supposant l'exception perpétuelle, aura la *condictio indebiti promissi,* analogue à la *condictio indebiti soluti;* et demandera par cette *condictio* qu'on le libère, qu'on lui fasse *acceptilatio,* par exemple.

Remarquons, au surplus, que cette *condictio,* donnée en cas d'une *indebita promissio,* est en général soumise aux mêmes règles que la *condictio* donnée en cas d'une *indebita solutio.*

C'est ainsi d'abord que le débiteur qui a promis, qui s'est laissé déléguer, alors qu'il avait une exception perpétuelle, devra établir, pour pouvoir exercer la *condictio,* qu'il s'est trompé, qu'il se croyait réellement débiteur, qu'il a, en un mot, promis par erreur; autrement il serait réputé avoir voulu renoncer à l'exception, et partant il ne pourrait exercer la *condictio.* Cette première analogie entre nos deux *condictiones* se trouve confirmée par les textes, notamment par la loi 12, à notre titre *De novat.*, ainsi conçue : « Si quis delegaverit, nous dit Paul, debitorem qui doli mali exceptione tueri se posse *sciebat, similis videtur ei qui donat*, quoniam *remittere exceptionem videtur*... » C'est comme en cas de payement de l'indû; l. 53, *De reg. juris, Dig.*, 50, 17 : « Cujus per errorem dati repetitio est, *ejus consulto dati donatio est.* » Il résulte du commencement de la loi 12 précitée que, si le délégué qui a promis est un débiteur qui savait que l'exception de dol lui appartenait, il est censé faire une libéralité et renoncer à son exception; ayant promis sachant qu'il ne devait pas, il n'aura pas la *condictio* pour se faire libérer : « Si is qui *perpetua exceptione* tueri se poterat, quum *sciret*, sibi exceptionem profuturam, promiserit aliquid, ut liberaretur, *condicere non potest*, » lisons-nous dans la loi 24, *De condict. indeb.* (*Dig.*, 12, 6). Au contraire, la loi protége ce débiteur s'il ignorait l'exception qu'il avait quand il a promis; elle le protége en lui donnant une *condictio*. En effet, la loi 12, à notre titre précité, ajoute : « ...Sed si *per ignorantiam* promiserit creditori, *nulla quidem exceptione* adversus creditorem uti poterit, quia ille suum recepit, *sed is qui delegavit tenebitur condictione vel incerti, si non pecunia soluta esset, vel certi, si soluta esset; et ideo quum ipse præstiterit pecuniam, aget mandati judicio.* » Il en est ici encore de même qu'en cas de payement. « Qui *exceptionem perpetuam* habet, solutum *per errorem* repetere potest, » dit la loi 40, princ., *De condict. indeb.* (*Dig.*, 12, 6). Voilà une première analogie entre nos deux *condictiones* : a-t-on agi sciemment? c'est une donation qu'on a voulu faire, il n'y a pas lieu à la *condictio*; a-t-on au contraire agi par erreur? la *condictio* est donnée.

Autre analogie. La *condictio indebiti soluti*, contre qui se donne-t-elle? Contre celui qui s'est enrichi. Eh bien! de même la *condictio indebiti promissi*. Or, en notre matière, mon débiteur qui avait une exception qu'il ignorait, et qui, dans cette ignorance, a promis sur ma délégation, contre qui aura-t-il la *condictio?* Sera-ce contre moi, le déléguant, ou contre vous, le délégataire? Il aura, disons-nous, la *condictio* contre celui qui s'est enrichi. Voyons donc lequel de vous ou de moi s'est enrichi? Cela dépendra des circonstances suivantes :

Si je vous ai délégué ce débiteur à titre gratuit pour vous faire une donation, ou bien encore si je vous l'ai délégué pensant vous devoir quelque chose quand je ne vous devais rien, qui est-ce qui s'est enrichi? c'est évidemment vous. Mon débiteur aura donc contre vous la *condictio* pour obtenir que vous lui fassiez remise ou acceptilation; et même si vous le poursuivez il pourra vous opposer une exception de dol. Voilà la première hypothèse, prévue par la loi 2, § 3, et aussi § 4, *De donat.* (*Dig.*, 39, 5).

Voici comment s'exprime Julien dans ces deux paragraphes qui méritent d'être rapportés ici : § 3. « Aliud juris erit, si pecuniam quam me tibi debere existimabam, jussu tuo spoponderim ei cui donare volebas; exceptione doli mali tueri me potero, *et præterea incerti condictione stipulatorem compellam, ut mihi acceptum faciat stipulationem.* — § 4 : Item, si ei quem creditorem tuum putabas, jussu tuo pecuniam quam me tibi debere existamabam promisero, petentem doli mali exceptione summovebo, *et amplius incerti agendo cum stipulatore, consequar ut mihi acceptum faciat stipulationem.* »

Ulpien, qui transcrit ces décisions de Julien, l. 7, *princ.*, § 1, *Dig.*, *De doli mali aut metus exceptione* (44), ajoute : « *Et habet hæc Juliani sententia humanitatem*, ut etiam adversus hunc utar exceptione et condictione, cui sum obligatu.. » (Voy. M. Pellat, *Textes sur la Dot*, p. 411 et suiv.)

(*b*) – Maintenant il peut se faire et il arrivera même le plus souvent que celui qui s'est enrichi sera non pas vous, le délégataire, mais bien moi, le déléguant. C'est ce qui arrivera quand je vous délègue ce débiteur, non pour vous faire une libéralité, mais pour me libérer envers vous, qui êtes réellement mon créancier. J'étais votre débiteur, je vous ai délégué mon propre débiteur qui avait une exception contre moi et qu'il ignorait, qui est-ce qui s'est enrichi? C'est moi qui suis libéré, et non pas vous, qui n'avez fait que recevoir ce qui vous était légitimement dû. Eh bien, la *condictio* sera donnée contre moi qui suis libéré, et non pas contre vous. C'est ce qui est dit dans les textes, notamment dans les lois 12 et 13, à notre titre *De novat.*

Traduisons ici la fin de la loi 12, que nous citions tout à l'heure : « Si le débiteur a promis au créancier par ignorance (et partant sans faire remise de l'exception qu'il avait), il ne peut, il est vrai, user d'aucune exception contre le créancier, parce que le créancier reçoit son dû (*quia ille suum recipit*); mais celui qui a délégué sera tenu de la condiction, soit d'une quantité indéterminée (*incerti*), si l'argent n'a pas été payé, soit d'une quantité déterminée (*certi*), si l'argent a été payé; et ainsi le délégué, ayant fourni lui-même l'argent, pourra intenter aussi l'action du mandat. »

La loi 13 vient confirmer cela : « Si non debitorem quasi debitorem creditori meo delegavero, nous dit Ulpien, *exceptio locum non habebit : sed condictio adversùs eum qui delegavit competit.* »

Notons ici que si le débiteur s'était laissé déléguer dans le but de mettre fin à une contestation, il n'aurait non-seulement pas d'exception contre le délégataire, mais il ne pourrait pas même intenter la *condictio* contre le déléguant, encore bien que ce débiteur eût ignoré l'exception qu'il avait contre le déléguant. C'est ce qui semble résulter des deux textes suivants :

L. 2, ff. *De condict. indeb.* (*cod.*, 4, 5) : « *Si citra ullam transactionem* pecuniam indebitam alieno creditori promittere delegata es, adversus eam quæ te delegavit, condictionem habere potes. » (Conf. l. 6., *De juris et facti ignorantia, cod.*, 1, 18.)

L. 40, ff. *Quarum rerum actio non datur* (*Dig.*, 44, 5) : Quod si patronus libertum suum delegaverit creditori, an adversus creditorem, cui delegatus promisit libertatis causa onerandæ, exceptione ista uti possit, videamus. Et Cassius existimasse Urseium refert, creditorem quidem minime esse submovendum exceptione, quia suum recipit; verumtamen libertum patrono posse condicere, *si non transigendæ controversiæ gratia id fecit.* »

C'est encore une analogie avec la *condictio indebiti soluti*. Voici, en effet, ce que dit Paul, dans la loi 65, § 1, *De condict. indeb.* (*Dig.*, 12, 6) : « Et quidem quod *transactionis nomine* datur, licet res nulla media fuerit, non repetitur; nam si lis fuit, hoc ipsum, quod a lite disceditur, causa videtur esse. Sin autem evidens calumnia detegitur, et transactio imperfecta est, repetitio dabitur. »

Il nous reste pour terminer sur la matière qui a fait l'objet de nos recherches dans toute cette partie de notre thèse, à donner l'explication de la loi 33, *De novationibus*. Tryphoninus nous dit dans cette loi : « Si Titius donare mihi volens, delegatus a me creditori meo stipulanti spopondit, non habebit adversus eum illam exceptionem, ut, quatenus facere potest, condemnetur : nam adversus me tali exceptio merito utebatur, quia donatum ab eo petebam, creditor autem debitum persequitur. » Nous avons écarté à dessein cette loi de la discussion qui s'élève sur le point de savoir si les exceptions de l'ancienne créance passent à la nouvelle. Cette loi paraît pourtant bien être dans la question, d'autant plus qu'elle est placée dans le *Digeste* sous la rubrique : *De novat. et delegat.*; nous croyons pourtant qu'elle y est étrangère, car rien dans l'espèce de cette loi ne ressemble à la novation. Voici cette espèce : J'ai un ami qui veut me faire une donation; il ne me l'a pas encore faite, il est sur le point de me la faire. Notez cette circonstance qui ne manque pas d'importance : cet ami ne m'a rien promis, il n'est pas encore mon débiteur. Je lui dis : Allez vous engager envers mon créancier, je prends cela pour la libéralité que vous voulez me faire. Mon ami va alors promettre sur la stipulation de mon créancier. Il est dit dans notre loi que mon ami ne pourra pas opposer à ce créancier le bénéfice de compétence. C'est tout naturel : le créancier à qui mon débiteur a promis n'est pas donataire, il n'a fait que toucher son dû. Maintenant nous prétendons que cette loi n'a aucun rapport avec notre question. En effet, il n'y a pas ici de novation de ma créance : quand j'ai délégué cet ami, il n'était point mon débiteur. C'est donc une nouvelle créance qui s'est formée au profit de mon créancier. Ce n'est pas du tout mon ancienne créance qui lui a été transférée. Dès lors la question de savoir si l'exception opposable à l'ancienne créance sera opposable à la nouvelle ne se présente pas dans les termes que nous avons indiqués puisque nous ne rencontrons point deux obligations, deux créances se succédant, mais une seule créance, créance toute nouvelle qui est née de la promesse d'une personne qui n'était pas primitivement débitrice. Ainsi, dans l'espèce de la loi 33, il n'y a pas novation; c'est donc une créance toute nouvelle qui s'est formée et non une deuxième créance succédant à une première, et par suite notre question de succession des exceptions ne peut pas se présenter : c'est bien évident, du moment qu'il n'y a eu qu'une seule obligation du délégué.

APPENDICE

DE LA GARANTIE EN MATIÈRE DE NOVATION.

Lorsque la novation s'opère *inter easdem personas*, aucune idée de garantie ne peut se concevoir : le débiteur sort des liens de l'ancienne obligation pour entrer dans les liens de la nouvelle, en vertu de laquelle seulement il pourra être poursuivi.

Pour voir apparaître l'idée de garantie en matière de novation, il nous faut donc supposer une novation s'opérant par changement de personnes, et encore cette idée de garantie ne se présentera pas dans tous les cas. Supposons, en effet, que Secundus s'oblige à la place de Primus envers le créancier : il faut distinguer selon que le changement de débiteur a eu lieu avec ou sans le concours de l'ancien débiteur.

Est-ce à l'insu de Primus que la novation s'est opérée ? Dans ce cas de novation, qui reçoit en droit le nom d'*expromissio*, il ne saurait être question de garantie. Primus, qui est libéré par suite d'une opération à laquelle il est resté étranger, n'est pas responsable des conditions dans lesquelles le changement de débiteur s'est opéré pour le créancier.

Est-ce, au contraire, sur l'offre de Primus que le créancier a accepté Secundus pour débiteur ? Dans ce cas de novation, connu sous le nom de *delegatio*, il peut être question de garantie d'après la distinction suivante :

En principe, la délégation, l'offre par le débiteur au créancier d'un nouveau débiteur n'emporte aucune obligation accessoire de garantie. Si le créancier stipule de Secundus ce que lui devait Primus, Secundus devient débiteur de ce créancier et Primus cesse de l'être. Primus étant libéré envers le créancier, qui a désormais pour débiteur Secundus, la perte qui pourra résulter de l'insolvabilité de celui-ci sera pour le créancier ; le créancier n'aura pas à se plaindre : il a voulu courir ce risque en prenant un nouveau débiteur à la place de l'ancien ; il a pris ce nouveau débiteur pour bon, il a suivi sa solvabilité : *Bonum nomen facit creditor, qui admittit debitorem delegatum*, dit Paul (l. 26, § 2, *Dig.*, *Mandati*, XVII, 1);

nomen ejus secutus est, dit-il encore (l. 45, § 7, *eod.*). Le déléguant est censé avoir payé ce qu'il devait, le délégataire est censé avoir reçu de lui l'argent dû et l'avoir prêté au délégué (arg. l. 21, § 1, *Dig.*, *De donat.*, XXXIX, 5; *add.* l. 187, *De V. S.* « Verbum *exactæ pecuniæ* non solum ad *solutionem* referendum est, verum etiam ad *delegationem* ») : *Abesse intelligitur pecunia fidejussori, etiam si debitor ab eo delegatus sit creditori, licet is solvendo non fuerit,* dit encore Paul dans la loi 26 prémentionnée.— « *Qui debitorem suum delegat pecuniam dare intelligitur; et ideo si fidejussorem debitorem suum delegat, quamvis eum qui solvendo non erat, confestim mandati agere potest,* » dit Julien (l. 18, *De fidej.*, XLVI, 1). — « *Creditor qui pro pecunia nomen debitoris per delegationem sequi maluit, evictis pignoribus quæ prior creditor accepit, nullam actionem cum eo qui liberatus est, habebit,* » dit enfin Papinien (l. 68, § 1, *Dig.*, *De evict. et dupl. stip.*, XXI, 2). Ainsi, que le nouveau débiteur soit insolvable, que les sûretés de la seconde obligation soient illusoires, que le créancier soit en perte, cela importe peu à l'ancien débiteur qui est définitivement libéré et qui partant est à l'abri de tout recours. Ceci est confirmé par la loi 3, *in fine*, au code *De novat. et delegat.*, 8, 42) : « *Quod si delegatione facta, jure novationis tu liberatus es, frustra vereris ne eo, quod quasi a cliente suo faciat exactionem, ad te periculum redundet : cum per verborum obligationem voluntate novationis interposita, debito liberatus sis.* » La règle générale est donc que, en cas d'insolvabilité du délégué, le délégataire n'a point de recours contre le déléguant. C'est à ses risques et périls que le créancier délégataire accepte la substitution d'un débiteur à un autre.

Mais il est possible que la délégation soit faite aux risques et périls du déléguant ; ce dernier peut s'obliger à la garantie envers le délégataire au moyen du contrat consensuel de mandat ; alors le délégataire qui n'aura pas pu se faire payer par le délégué aura l'action *mandati contraria* contre le déléguant. C'est un de ces cas où le mandat est dans l'intérêt du mandataire en même temps que dans l'intérêt du mandant. Ce cas de mandat se trouve indiqué dans les *Institutes* (§ 2, *De mandato*, III, 26) : « *Tua et mandantis* (gratia intervenit mandatum) : *veluti si* (quis) *mandet tibi*...

ut ipsius periculo stipuleris ab eo quem tibi deleget in id quod tibi debuerat. » Voici l'espèce. Vous devant cent sous d'or, je vous délègue Secundus qui m'en doit autant, en vous donnant mandat de stipuler de lui cette somme, à cette fin qu'il devienne votre débiteur en mon lieu et place. Ce mandat est bien dans mon intérêt, puisque par la délégation je me trouve libéré de la dette dont j'étais tenu envers vous. Il est aussi dans le vôtre, puisque si le délégué Secundus ne vous paye pas, vous pourrez vous retourner contre moi par l'action *mandati contraria* : vous avez donc deux débiteurs au lieu d'un. Mais, remarquez-le bien, pour que le déléguant soit ainsi exposé à un recours du délégataire, il faut absolument qu'il ait donné le mandat à ses risques et périls. Cela est dit dans notre texte des *Institutes*, et se trouve confirmé dans les textes du *Digeste*. Voici comment s'exprime à ce sujet Paul dans deux textes qui méritent d'être rapportés :

L. 22, § 2, *Mandati* (*Dig.*, 17, 1) : « *Interdum evenit ut meum negotium geram, et tamen utilem habeam mandati actionem, veluti quum debitor meus periculo suo debitorem suum mihi delegat.....; nam quamvis debitum meum persequar, nihilominus et illius negotium gero; igitur quod minus servavero, consequar mandati actione.* » (*Add.* l. 32, *De V. S.* « *Minus solutum intelligitur, etiamsi nihil solutum esset* »).

L. 45, § 7, *eod.* : « *Quod mihi debebas, a debitore stipulatus sum periculo tuo; posse me agere tecum mandati in id quod minus servare potero Nerva et Aticilinus aiunt, quamvis id mandatum ad tuam rem pertineat; et merito : tunc enim liberatur is qui debitorem delegat, si nomen ejus creditor secutus est, non quum periculo debitoris ab eo stipulatur.* »

Observez ici que le déléguant ne répondra toutefois de la solvabilité du délégué, en vertu de la convention qui la met à ses risques, qu'autant qu'il ne pourra pas reprocher au délégataire de n'avoir point fait les diligences qui auraient pu lui procurer son payement pendant que le débiteur délégué était solvable ; car le mandataire ne peut pas se faire indemniser par sa faute. On appliquerait alors ce que dit Modestin (l. 35, *Dig.*, *De rebus creditis*, XII, 1) : « *Periculum nominis ad eum, cujus culpa deterius factum probari potest, pertinet.* »

En résumé, la règle générale est que, en cas d'insolvabilité du délégué, le délégataire n'a point de recours contre le déléguant. Mais cette règle souffre exception quand il a été convenu que la délégation se faisait aux risques du déléguant, c'est-à-dire que le déléguant répondrait de la solvabilité : alors le délégataire aura un recours contre le déléguant au moyen de l'action *mandati contraria.* (Voy. M. Labbé, *Garantie,* p. 85 et suite.)

Sur cette règle générale et sur l'exception qu'elle souffre tous les auteurs sont d'accord.

Maintenant le mari qui, sur la délégation de sa femme, a stipulé d'un débiteur de celle-ci, se trouve-t-il dans la règle ou dans l'exception, c'est-à-dire a-t-il pris sur lui les risques de la solvabilité du débiteur, ou ne les court-il qu'autant qu'on peut lui imputer de la négligence dans le recouvrement?

Sur ce point, grande controverse parmi les commentateurs.

(*a*) — Les uns soutiennent que le mari est dans la règle générale, et qu'ainsi l'insolvabilité du débiteur délégué sera à la charge du mari délégataire, à moins que la femme n'ait fait la délégation à ses risques et périls, cas auquel le mari ne répondra plus de l'insolvabilité du débiteur que s'il a négligé de le poursuivre en temps utile.

On dit en faveur de cette première manière de voir que rien, dans les textes relatifs à la délégation *dotis causa,* n'annonce qu'on abandonne la règle : *qui admittit debitorem delegatum, nomen debitoris sequitur;* qu'il existe même un texte d'Ulpien qui prouve que cette règle y est observée, à moins de convention contraire; c'est la l. 6, *Dig., De pactis dotalibus* (XXIII, 4), ainsi conçue : « Pomponius ait maritum non posse pacisci ut dolum solummodo in dotem præstet, videlicet propter utilitatem nubentium, *quamvis pacisci possit ne sit periculo ejus nomen debitoris qui ei dotem promisit; nam et ut sit dos periculo mulieris pacisci eum posse probat,* et per contrarium ut ea dos quæ periculo mulieris est, sit periculo mariti. » On fait observer sur ce texte que, s'il était vrai que la *delegatio dotis causa* est réputée faite aux risques de la femme, on ne dirait pas ici qu'on peut convenir que la créance contre le débiteur qui a promis la dot ne sera pas aux risques du mari et sera aux risques de la femme : ce pacte serait superflu.

(*b*) — Les autres soutiennent que le mari est dans l'exception, c'est-à-dire que la délégation est toujours réputée faite aux risques de la femme, et que l'insolvabilité du débiteur délégué ne retombe sur le mari que s'il a été négligent à poursuivre, à moins que le mari n'ait pris les risques pour son compte.

On fait valoir en faveur de cette seconde manière de voir les considérations suivantes. On dit que le mari, à qui la femme délègue son débiteur pour se constituer une dot, n'est pas dans la position d'un créancier à qui le débiteur délègue son propre débiteur pour se libérer de sa dette. En effet, il s'agit pour le créancier de recevoir le payement de ce qui lui est dû et de libérer son débiteur en prenant à sa place un nouveau débiteur avec qui seul il aura affaire désormais. Au contraire, il s'agit pour le mari de recevoir une dot, et de s'obliger à la restituer à la femme, après qu'elle aura subvenu aux charges du mariage; or, pour savoir ce que le mari doit restituer, il faut examiner ce qu'il a réellement reçu ou ce qu'il a manqué de recevoir par sa faute; il est donc naturel qu'il ne coure pas la chance de l'insolvabilité du débiteur délégué; la convention que la délégation se fait aux risques et périls de la femme est donc ici sous-entendue. D'ailleurs, ajoute-t-on, le mari ne veut pas éteindre une obligation préexistante, mais bien en faire naître une à son profit. Le délégataire ordinaire veut, au contraire, en éteindre une et la remplacer par une autre. Enfin l'on fait observer que tous les textes sont favorables à cette seconde opinion, adoptée par M. Pellat: ils partent, comme d'un point indubitable, de cette idée que le risque est pour la femme quand il n'y a rien à imputer au mari. (Voy. entre autres, l. 33, l. 35, l. 40, *Dig.*, *De jure dot.*, XXIII, 3.) Reste à repousser l'argument tiré de la l. 6, *Dig.*, *De pactis dot.*, que nous avons citée plus haut. On le repousse en disant que cette loi n'établit pas une règle : elle fait seulement allusion à l'un de ces cas où le mari a, d'une manière expresse ou tacite, reçu la délégation à ses risques et périls. Par exemple, il a connu l'insolvabilité du délégué et a néanmoins accepté la délégation. Ou bien, il a fait crédit au débiteur en recevant de lui des intérêts. Ces cas se trouvent rapportés dans les lois 41, § 3, et 71, *De jure dotium*.

Nous n'insisterons pas davantage sur cette controverse si bien élucidée par notre savant maître, M. Pellat, *Textes sur la dot*, p. 168 et suivantes de la 2e édition. — Peut-être pourrait-on dire, pour tout concilier, que la dot est aux risques de la femme, en ce sens que le mari la lui rendra telle qu'elle se trouvera au moment de la restitution, sauf les cas de négligence ; mais, d'autre part, elle est aux risques du mari, en ce sens que si, par exemple, il a reçu un *nomen* contre un insolvable, il ne pourra pas exiger un supplément de dot pour remplacer cette créance, et devra se résigner à avoir une femme *minus dotata*. (Nous avons puisé cette idée dans les savantes conférences de notre regretté maître M. Vernet.)

Citons, en terminant, l'observation finale de M. Labbé (*loc. cit.*) : « Il va sans dire que si le déléguant avait commis un dol, en offrant par exemple un débiteur dont il connaîtrait l'insolvabilité et en dissimulant cette insolvabilité, n'eût-il pas donné de mandat au délégataire, n'eût-il pas déclaré prendre sur lui le risque de la novation, il n'en serait pas moins responsable. Il serait passible de l'action *de dolo*. »

Nota. — A la page 112 de notre travail où nous avons cité le § 180 du *Comm.* III de Gaius, aurait dû trouver sa place la note suivante que nous avons rejetée ici à cause de sa longueur : — Dans ce texte Gaius nous indique d'une façon saisissante les diverses transformations que subissait le droit déduit en justice. La *litiscontestatio* substituait à l'obligation primitive une obligation nouvelle qui était elle-même remplacée par une autre obligation résultant du *judicatum*; de sorte que dans un procès le droit du demandeur se trouvait transformé deux fois successivement. — C'est à la première de ces transformations, c'est-à-dire à celle résultant de la *litiscontestatio*, que les commentateurs ont donné le nom de *novatio necessaria* (voy. sur ce point Ribbentrop : *De necessaria, quam vocant, novatione commentatio*, Gott. 1822). — Mais l'on peut se demander s'il ne faut pas voir aussi une novation judiciaire dans la seconde transformation, résultant de la *sententia?* Sur ce point délicat M. de Savigny a varié. En effet, nous lisons dans le tome V que « le jugement régulièrement prononcé opère une *novation véritable*, car il peut changer complétement la réclamation primitive : aussi est-il appelé expressément *novatio* » (l. 3, *pr.*, cod. *De usur. rei jud.*, VII, 54). Au contraire, nous lisons dans le tome VI : « Je dois abandonner la *nouvelle novation* que j'avais admise comme contenue dans le jugement, trompé par l'ancienne phraséologie dont se sert Gaius (*Comm.* III, § 180), et par l'assertion de Justinien (voy. l. 3 prémentionnée). Pour établir une novation dans le sens des Romains, on ne saurait invoquer aucun besoin pratique ni aucun témoignage certain... Du reste, cela ne jette pas le moindre doute sur les nouveaux rapports de droit qu'engendre tout jugement régulier... Le résultat pratique est absolument identique à celui d'une *novation véritable*; car en présence du jugement, le demandeur ne peut plus faire valoir son ancien droit. Néanmoins je doute qu'un ancien jurisconsulte ait jamais appliqué au jugement l'expression de *novatio*. La péremption *ipso jure*, qui forme le caractère essentiel de la novation, résultait déjà de la *litiscontestatio*, et dès lors il ne restait aucune place pour une *seconde novation*. » (Voy. de Savigny, *Système*, t. V. p. 333, et t. VI, p. 27 et 28 *in notis*).

DEUXIÈME PARTIE

DROIT FRANÇAIS

(Sources principales : Pothier, *Obligations,* part. III, ch. II, *De la Novation,* nos 581-605 ; Code Napoléon, liv. III, titre III, section 2, *De la Novation ;* articles 1271-1281.)

Prolégomènes.

Parmi tous les modes d'extinction des obligations, il n'en est pas un, croyons-nous, qui offre des résultats plus curieux et en même temps plus de difficultés théoriques et pratiques que la novation et la délégation, comme aussi il n'en est point de plus habituel. Quoi de plus commun, en effet, que de voir deux ou plusieurs personnes, entretenant entre elles des relations d'affaires, changer leur position par de nouvelles combinaisons, et, sur les débris de leurs comptes passés, créer de nouvelles obligations qui les mettent les unes vis-à-vis des autres dans une position claire et nette ? Les obligations enfin peuvent s'éteindre et se renouveler par suite de l'introduction de diverses personnes qui ne figuraient pas dans l'engagement primitif, et venant prendre la place soit du créancier, soit du débiteur. De tous ces changements il pourra résulter cet événement simultané de la dette éteinte et de la dette créée, c'est-à-dire la novation.

L'importance de la novation n'a pas, au surplus, échappé aux auteurs de notre Code. « Cette matière, dit l'un d'eux, cette matière d'un usage très-familier est très-importante à connaître. Très-souvent, il se fait des arrangements entre le débiteur et le créancier, soit entre eux seuls, soit par l'intervention d'un tiers qui devient débiteur ou créancier. Dans tous ces cas, il est nécessaire de savoir si l'obligation primitive est éteinte ou subsiste encore. La priorité de date de la première obligation pouvait avoir conféré un privilége ou une hypothèque. Le débiteur substitué a pu devenir insolvable. Il est donc extrêmement utile de savoir si un traité fait à l'occasion d'une dette préexistante emporte novation. » (*Sic* Jaubert dans son rapport au Tribunat, — Locré, t. XII, p. 480).

Ces paroles du tribun Jaubert nous montrent suffisamment quels avantages on peut retirer, pour la pratique, de l'étude approfondie de cette matière, et combien il importe de l'examiner avec soin à ses divers points de vue. Aussi allons-nous tâcher d'exposer clairement et succinctement les principes qui la régissent.

En nous proposant de traiter ce vaste sujet, nous n'avons point la vaine présomption de croire que notre travail pourra offrir, sur tous les points, quelque chose de nouveau dans une matière depuis longtemps livrée aux recherches des savants. Nous nous bornerons le plus souvent à réunir, résumer et discuter ce qui a été dit par nos maîtres, les jurisconsultes tant anciens que modernes, qui nous ont légué les impérissables trésors de leurs travaux et de leur science. Toutefois nous aurons à examiner des questions de novation qui se sont présentées dans la jurisprudence, et qui ne se trouvent pas traitées par ces grands maîtres, car le temps les a fait naître. En effet, comme le dit un apophthegme baconien : « *Sapientissima enim res tempus, et novorum casuum quotidie auctor et inventor.* » Ajoutons cependant que, même pour ces questions nous avons dû chercher nos solutions dans les principes posés par les auteurs anciens et modernes et surtout par Pothier, notre maître à tous.

Cette partie de notre thèse relative au droit français se subdivise naturellement en deux parties, l'une assez courte consacrée à l'ancien droit, l'autre beaucoup plus longue consacrée au droit actuel ou moderne.

I.

DROIT ANCIEN.

« L'histoire est l'œil du droit. »
(M. GIRAUD.)

Les docteurs qui jusqu'à présent ont traité notre sujet n'ont pas cru devoir, dans leurs thèses, assigner de place au droit français ancien. Voici les raisons qu'ils donnent (ceux du moins qui ont jugé à propos de s'expliquer à cet égard, car beaucoup sont tout à fait muets sur ce point); il leur a semblé inutile de réserver une place spéciale à l'ancien droit français, pour cette raison : d'abord que les règles qu'il consacrait en matière de novation étaient pour la plupart reproduites du droit romain, et que, pour celles qui s'en écartaient, les rédacteurs du Code les ont fait passer dans leur travail en suivant là, comme dans presque toute la matière des obligations, l'ouvrage de Pothier. Ils font remarquer, au surplus, qu'il existait une uniformité de législation à peu près complète sur notre matière, comme généralement en matière d'obligations, entre les pays de droit écrit et de droit coutumier, qui ont en général suivi la tradition romaine. Sans doute, ajoutent-ils, les jurisconsultes et les parlements n'étaient pas toujours d'accord sur toutes les questions; mais les questions qu'ils soulevaient donnant encore lieu actuellement pour la plupart aux mêmes controverses, c'est en cherchant quelles peuvent être les décisions à donner aujourd'hui que nous nous occuperons des leurs; nous aurons, disent-ils, occasion de rappeler les idées émises autrefois en cherchant les solutions actuelles; du reste, en cette matière, de même que pour les obligations en général, on a souvent l'occasion de recourir à Pothier, que notre législateur suit pour ainsi dire pas à pas; il nous indiquera suffisamment l'état des questions controversées de son temps. Nous croyons inutile dès lors, concluent-ils, de consacrer à l'ancien droit une place à part : ce serait nous condamner à des redites inévitables.

Nous ne méconnaissons pas ce qu'il y a de fondé dans ces considérations. Pourtant nous n'avons pas cru devoir suivre l'exemple, facile à suivre d'ailleurs, qui nous était donné par nos prédécesseurs. Nous avons pensé que de nos jours surtout, où l'utilité de l'étude du droit français ancien est si bien reconnue qu'il fait l'objet d'un enseignement spécial à la Faculté de Paris, il ne suffisait pas de constater que, sur un point donné, les pays de droit coutumier et les pays de droit écrit avaient, chose digne de remarque, une législation à peu près uniforme pour se dispenser d'exposer cette législation. Il nous a semblé qu'il était utile de donner les pièces à l'appui de ce qu'on avance. Enfin, pour la connaissance des controverses anciennes, il nous a semblé qu'il ne fallait pas se contenter de ce qu'en dit Pothier, fort bref à cet égard. Plus que tout autre sans doute, cet illustre auteur devra être notre guide : son admirable *Traité des obligations*, presque transcrit par les rédacteurs du Code Napoléon, est la source où l'on découvre l'esprit et la raison de la loi sur toute cette importante matière, dont nous nous proposons d'étudier un des points les plus délicats. Mais ce n'est pas une raison pour négliger d'étudier les travaux de jurisconsultes qui, pour être moins célèbres que Pothier, ne laissent pas de nous apprendre des choses utiles à connaître pour la complète intelligence du droit actuel. Voilà pourquoi nous croyons devoir réserver une place spéciale à l'ancien droit. Il y a mieux, pour ne pas tomber dans les redites qu'ont voulu éviter les docteurs dont nous ne partageons pas la manière de voir, nous ne composerons en général cette partie de notre travail que d'extraits empruntés aux anciens jurisconsultes, autres que Pothier, réservant les citations de ce jurisconsulte par excellence pour le commentaire du Code Napoléon, dont il est, nous le reconnaissons nous-même, le meilleur commentateur quant à la matière qui va nous occuper.

Cette partie de notre travail ayant pour objet l'exposé de l'ensemble des principes admis dans l'ancien droit français sur la novation, nous traiterons dans sept articles successifs :

1° De la novation en général et de ses différentes espèces;
2° Des dettes qui doivent servir de matière à la novation;
3° Des personnes qui peuvent faire novation;
4° De quelle manière se fait la novation;
5° De l'effet de la novation;
6° De la délégation;
7° *Quid* de la novation judiciaire.

ART. 1er. — DE LA NOVATION EN GÉNÉRAL ET DE SES DIFFÉRENTES ESPÈCES.

Voyons d'abord ce que c'est que la novation dans l'ancien droit.

Voici à cet égard ce que nous lisons dans Despeisses (t. Ier, p. 731) : « En cinquième lieu, dit-il en parcourant les divers modes d'extinction des obligations, les obligations prennent fin par la novation, *Institutes, Q. m. o. t.*, § *Prœterea* (qui n'est qu'une translation d'une obligation à une autre, *leg.* 1, *in princ.*, ff. *De novat.*), et de là est venu le mot novation, parce qu'il se fait une nouvelle obligation de l'extinction de la première, *dict. princ.* De sorte que tout ainsi que les philosophes disent que *generatio unius est corruptio alterius* (Aristoteles, lib. 1, *De ortu*, c. 3 et 4), aussi la novation ou nouvelle obligation ne se peut faire que de l'extinction de la première)... » Nous ne citons cette définition que parce qu'elle est curieuse en ce que le vieil auteur invoque, conformément à l'esprit de son temps, l'autorité d'Aristote dans une matière où l'on ne s'attendait guère à la voir invoquer.

Argou (t. II, p. 450) nous dit que « la novation est le changement et la confusion d'une ancienne obligation en une nouvelle; par exemple, si un fermier me doit des restes du prix de son bail, et qu'il me passe une obligation pure et simple, ou un contrat de constitution, sans aucune réserve, il y a novation. »

D'après Domat (*Lois civiles*, l. IV, t. III, sect. 1re), « la novation est le changement que font le créancier et le débiteur, qui au lieu d'une dette en substituent une autre, de sorte que la première ne subsiste plus, et que le débiteur ne reste obligé que par la seconde. Ainsi, par exemple, si après un contrat de vente dont le prix n'était pas encore payé, le vendeur prend une obligation de l'acheteur causée de prêt pour la même somme qu'il devait du prix de la vente, de sorte que le contrat de vente demeure acquitté, et sans que dans la nouvelle obligation il en soit fait aucune réserve, le vendeur aura une nouvelle dette (Voy. l. 1, ff. *De novat.*) »

Toutes ces définitions sont calquées sur la définition que donnent de la novation les lois romaines. — Boutaric, Claude Serres définissent la novation dans le même esprit. Aussi nous croyons inutile de rapporter leurs définitions. (Voy. leurs ouvrages sur les *Institutes*, au titre *Quib mod. toll. oblig.*)

Poullain-Duparc (*Principes du dr. fr. suiv. les max. de Bretagne*, t. VII, p. 316) envisage la novation à un autre point de vue. Il nous en parle, ainsi qu'un autre célèbre auteur, Basnage, à propos de l'extinction de l'hypothèque. « L'hypothèque, dit-il, se perd : 1° par le payement; 2° par la novation, qui est la création d'une nouvelle obligation avec extinction de l'ancienne, soit que la nouvelle obligation ait été consentie par l'ancien ou par un nouveau débiteur. »

ART. 2. — DES DETTES QUI DOIVENT SERVIR DE MATIÈRE A LA NOVATION.

Voici quelques renseignements à cet égard.

Despeisses (*loc. cit.*) pose le principe que toutes les obligations peuvent être novées; il reproduit les décisions des lois romaines à cet égard. Signalons seulement le motif qu'il donne de la différence entre l'obligation à terme et l'obligation conditionnelle au point de vue de la novation : « Lorsque, dit-il, l'obligation est à jour certain, il est indubitable que ce jour arrivera. Mais lorsqu'elle est sous condition, il est incertain si telle condition arrivera. Et partant celle qui est à jour peut être innovée même avant l'événement du jour; mais non pas celle qui est sous condition avant l'événement de la condition. »

Domat (*loc. cit.*) pose le même principe, mais il ajoute quelque chose qu'il est bon de noter ici : « On peut innover, dit-il, toutes sortes de dettes indistinctement, de même qu'on peut les anéantir par les autres voies qui les acquittent et les annulent. Ainsi on peut innover une dette qui était sujette à restitution ou à rescision, un legs, une dette due par une transaction ou par une condamnation en justice, et toute autre, quelque cause qu'elle puisse avoir (voy. l. 1, § 1; l. 8, § 1, *Dig.*, *De novat.*) *Et la novation*, ajoute-t-il, *subsiste, quoique la nouvelle dette puisse ne pas subsister*, comme si elle était sujette à rescision, ou *que subsistant elle fût inutile*, comme si le nouveau débiteur était insolvable. Car ces événements ne feraient pas revivre la première obligation qui, était éteinte par la novation. »

Les dernières lignes de Domat que nous avons soulignées sont à remarquer. Il faut mettre en regard de l'idée qu'elles expriment cette règle rapportée par Basnage, à savoir que « par une stipulation inutile il ne se fait pas de novation de celle qui était utile, *stipulatio non utilis non novat præcedentem quæ est utilis.* La raison est que *ex stipulatione inutili non nascitur obligatio.* (Voy. plus loin le passage de Basnage cité en son entier). — Il semble exister une divergence entre Domat et Basnage sur une question que nous allons retrouver en droit actuel, où elle est encore l'objet de vives controverses.

Sur la règle que : toutes sortes d'obligations peuvent être l'objet de la novation, Garran de Coulon, qui l'admet en principe, ajoute : « Remarquez néanmoins que les dettes qui sont rejetées par la loi civile, par rapport à la défaveur de leur origine, ou à cause du défaut d'habileté de la personne qui les a contractées, ne peuvent être rendues valables au moyen de la novation, tant que ces mêmes vices subsistent encore. Par exemple : un cabaretier ne pourrait pas valider une créance telle que celle qui est rejetée par l'article 128 de la *Coutume de Paris*, en faisant faire le lendemain une novation dans son cabaret. Une femme, tant qu'elle est sous l'autorité de son mari, ne peut pas valider par la novation un engagement qu'elle aurait contracté sans son autorisation hors le cas permis par nos lois (voy. Merlin, *Rép.*, v° Novation, § 3). » — Nous avons cru devoir rapporter ce passage, car il peut servir pour la décision des cas analogues qui se présentent en droit actuel.

ART. 3. — DES PERSONNES QUI PEUVENT FAIRE NOVATION.

Dans l'ancien droit, nous n'avons trouvé ce point traité avec quelques développements que dans Despeisses, Domat, Pothier et Poullain-Duparc. Mais ces auteurs ne faisant guère que reproduire les règles admises à cet égard par le droit romain, comme ces règles nous sont connues, nous n'avons que peu de chose à dire ici.

Quelques points pourtant ont attiré notre attention.

C'est d'abord le principe posé par Domat, à savoir que « toute personne capable de contracter peut innover ce qu'elle doit et ce qui lui est dû. » — Les rédacteurs du Code Napoléon nous paraissent avoir eu ce passage présent à l'esprit quand ils ont édicté, sans grande utilité, la disposition de l'article 1272.

Signalons à côté le principe posé par Pothier que va nous faire connaître un passage de Poullain-Duparc (*loc. cit.*), qui l'admet en y ajoutant quelque chose. « M. Pothier, nous dit l'auteur breton, établit pour règle générale, dont la vérité est sensible, que celui à qui on ne payerait pas valablement, ne peut pas faire de novation, puisqu'il n'a pas la capacité d'éteindre la dette, et qu'au contraire la novation est valable de la part de celui qui est capable de recevoir le payement. Il excepte seulement celui qui n'a qu'un pouvoir spécial pour recevoir le payement des débiteurs. — Mais, continue Poullain-Duparc, si un tuteur a fait la novation, si elle a été faite par le mineur émancipé pour une créance mobiliaire dont il pouvait recevoir le total, je crois que la restitution contre l'acte qui contient la novation serait reçue, parce que la minorité donne ouverture à la restitution contre tous les actes où elle souffre de la lésion, et il ne peut guère y avoir de lésion plus intéressante que celle qui résulte de l'extinction des anciennes hypothèques. Je crois même que la simple procuration de recevoir, quelque générale qu'elle soit, ne donne par le pouvoir de faire novation. Elle n'attribue le droit d'éteindre la dette que par le payement. »

Nous devons noter ici que le principe posé par Pothier et dont il fait dériver la décision des questions qu'on élève à l'égard des personnes qui peuvent faire ou non novation, principe « dont la vérité est sensible » suivant Poullain-Duparc, est longuement discuté par Garran de Coulon dans le *Rép.* de Merlin, v° Novation, § 4. (Nous ferons connaître l'idée de Garran de Coulon en traitant du droit actuel.)

Indiquons en terminant la solution donnée par les anciens auteurs sur une question qui nous a longuement occupé en droit romain : l'un des créanciers solidaires peut-il faire novation de toute la dette ? Tous les auteurs que nous avons pu consulter répondent affirmativement. — Citons Despeisses : « Régulièrement, dit-il, toutes personnes peuvent innover, même l'un des créanciers solidaires d'une même dette, leg. 31, *De novat.*; et n'obste la loi 27, *De pactis*, qui doit être entendue du pacte et non de la novation. » Ce passage est digne de remarque en ce que Despeisses indique une conciliation des deux lois romaines qu'on oppose l'une à l'autre. — D'autres auteurs, sans s'inquiéter de la loi 27, *De pactis*, suivent sur notre question la loi 31, § 1, *De novat.* Voy. en ce sens Domat (*loc. cit.*) et Henrys (t. IV, p. 33, col. 2). Tel était également l'avis de Pothier. Nous verrons si cette opinion peut être suivie encore aujourd'hui sous le Code Napoléon.

ART. 4. — DE LA MANIÈRE DONT SE FAIT LA NOVATION ET DES CAS OU ELLE A LIEU.

Voici d'abord sur la forme de la novation dans l'ancien droit.

« Par le droit romain, observe Pothier (*Oblig.*, n° 593), la novation ne pouvait se faire que par la *stipulation*. La forme de la *stipulation* n'est point d'usage dans notre droit; les simples conventions y ont la même force qu'avait par le droit romain la stipulation : c'est pourquoi la novation se fait par la simple convention. » (Comp. § 380.)

« Au moyen ce que les lois romaines sur les stipulations ne s'observent en rien parmi nous, dit à son tour Garran de Coulon, on doit tenir que la novation peut se faire par quelque acte et de quelque manière que ce soit, pourvu que les parties contractantes aient constaté la preuve de leur volonté dans la forme que nos lois ont prescrites pour les différents contrats. » (Merlin, *Rép.*, v° Novation, § 5.)

Tout cela est encore vrai aujourd'hui, le droit actuel n'étant pas plus formaliste que le droit ancien.

Nous arrivons maintenant à rechercher les principes admis dans l'ancien droit relativement à la volonté de faire novation.

Sur ce point va se manifester le désaccord entre les pays de droit écrit et les pays de coutume. — En France, en effet, avant le Code Napoléon, la disposition du dernier droit romain, c'est-à-dire du droit de Justinien, faisant de la déclaration *expresse* de volonté la condition substantielle de la novation, fut suivie dans tous les pays de droit écrit; il n'en fut pas de même, généralement du moins, dans les pays de coutume.

La divergence des traditions sur ce point va ressortir des extraits que nous emprunterons aux divers auteurs anciens qui ont écrit sur la matière de la novation. Boutaric, sous le titre *Q. m. o. t.*, enseigne qu'on suit *partout* la définition du nouveau droit établi par Justinien au sujet de la novation, et il rapporte deux ou trois arrêts qui, dit-il, ne permettent pas d'en douter.

On lit aussi dans Claude Serres, sous le même titre, que « la novation se fait (soit que dans une seconde obligation on change de débiteur, soit qu'on n'en change pas, et qu'on traite avec la personne qui nous était obligée), pourvu toutefois qu'en l'un et l'autre cas il soit dit *expressément* dans la seconde obligation qu'on innove la première; sans cela, la première obligation subsiste, et la seconde se trouve seulement ajoutée, suivant la loi dernière, c. *De novat.*, qui est observée *partout*; d'où il suit encore que, sans cette clause expresse de novation, l'hypothèque qu'on avait par la première obligation demeure dans toute sa force. » (Catellan, liv. V, ch. 48; Brodeau, *sur Louet*, lettre N.) — Ainsi, par exemple, quand un créancier consent un contrat de constitution de rente d'une somme d'argent qui lui était due à jour, il conserve son hypothèque sur les biens de son débiteur du jour de la première obligation, quoiqu'il ne l'eût pas réservée dans la deuxième. (Brodeau, *ibid.*) — Ainsi, si un créancier, ayant fait un banimeut entre les mains d'un tiers qui devait à son débiteur, ce tiers s'oblige personnellement envers ce créancier, la première obligation et l'hypothèque que ce créancier avait sur son premier débiteur ne laisse pas de subsister, quoiqu'il ne l'ait pas réservée dans l'obligation qu'il a encore stipulée de ce tiers. (Catellan, *dict. loc.*)

Domat nous semble être du même avis que les précédents, quand il dit avec Justinien que les changements faits par les contractants dans une première obligation ne font pas novation, parce qu'ils n'éteignent pas la première dette, *à moins qu'il fût dit expressément qu'elle demeurerait nulle.* (Domat, *op. cit.*, liv. IV, t. III, sect. 1.)

Prévot de la Jannès (p. 500) nous dit aussi que « ce changement (d'une obligation contre une autre, qu'on appelle *novation*) ne se présume point; il faut qu'il paraisse que les parties en sont convenues expressément (*Instit.*, § *Præterea*) : il en est de même dans le cas de délégation. »

Enfin, d'après Bourjon (*Dr. c. de la Fr.*, t. II, p. 563), « il faut que la novation soit expresse; toute autre novation tacite ou légale n'a pas lieu parmi nous; la subtilité les avait produites, la prévention les a quelque temps soutenues, la raison les a enfin rejetées. — Toutes subtilités sur ce point ont été rejetées par la loi dern., au c. *De novat.*, et il est étonnant que ces subtilités aient pu faire quelque impression dans les esprits : *nos ambiguitates v. j. resecantes, sancimus voluntate solum non lege esse novandum* : règle judicieuse qui est suivie. » (Conf. Denizart, vº Novation.)

Nous pourrions citer encore, dans le même sens, un passage de Bretonnier en ses *Add. sur Henrys* (t. II. liv. 4, quest. 44), où il assure avec preuves à l'appui que la disposition du dernier droit (Justinien) est suivie dans les pays de droit écrit; mais comme ce passage est inséré dans l'article de Garran de Coulon au *Répert.* de Merlin, où on peut le trouver facilement, nous ne croyons pas devoir le transcrire ici, bien qu'il soit plein de renseignements. — Quant à Henrys lui-même, il nous dit que : « de droit, la novation ne peut se faire que par une intention expresse, accompagnée de termes exprès : si bien qu'il faut que le créancier *specialiter quidem remittat priorem obligationem*, et qu'il déclare, en outre, *quod secundam magis pro anteriore elegerit*; en un mot, qu'il se départe de la première, pour contracter une nouvelle obligation, suivant la règle établie par Justinien *in l. ult. c. De novat.*, laquelle il pourrait suffire d'employer pour toute réponse aux lois employées au contraire, puisqu'elles sont tirées de l'*ancienne jurisprudence*, en laquelle la novation se pouvait faire *nuda voluntate;* au lieu que l'empereur, corrigeant ce droit ancien, a défini : *voluntate solum, non lege esse novandum, et si hoc verbis exprimatur*, car c'est ainsi qu'il faut lire le texte avec Godefroy. Il ne faut donc pas recourir aux conjectures, puisque la novation doit être expresse. (*Œuvres* d'Henrys, t. II, p. 181, col. 2; conf. p. 873, col. 2.) — Le droit ancien dont parle notre auteur dans le passage précité est évidemment le droit antérieur à Justinien; aussi ne sommes-nous pas peu surpris de rencontrer la phrase suivante dans un article, excellent d'ailleurs, de M. le conseiller P. Grand (*J. du P.*, 1858, p. 106) : « Ainsi, sous notre ancien droit coutumier, la novation pouvait se faire, comme on lit dans Henrys, *nuda et tacita voluntate;* il est incontestable que des présomptions avaient une efficacité juridique en matière de novation : *Præsumptiones ita tacitæ sed satis perspicuæ, idem quid expressæ voluntatis effectus sint.* » C'est le cas de dire, avec le poëte : *Quandoque bonus dormitat Homerus!*

A l'aide des citations que nous venons de faire, et qui gagneraient à être rapprochées des développements dont les auteurs à qui nous les empruntons les font suivre, il est facile de répondre à cette question souvent posée : la const. de Justinien sur la nécessité d'une expression spéciale de volonté pour faire novation s'observait-elle dans l'ancien droit français? Incontestablement oui, faut-il dire, d'après la majorité des auteurs, et aussi d'après la jurisprudence de la plupart des parlements. (*Adde :* Chartes du Haynaut, ch. 114, art. 2.)

Quoi qu'il en soit, Pothier, dont l'opinion a été adoptée par les rédacteurs du Code Napoléon, nous dit (n° 594) : « Nous ne sommes pas néanmoins attachés, dans notre jurisprudence, d'une manière tellement littérale à cette loi (la const. de Just.), qu'il faille toujours que le créancier déclare en termes précis et formels qu'il entend faire novation : il suffit que, de quelque manière que ce soit, sa volonté de faire novation paraisse si évidente, qu'elle ne puisse être révoquée en doute. C'est ce qu'établit d'Argentré, sur l'article 273 de l'ancienne coutume de Bretagne. »

En effet, Perchambault (*Comm.* de la C. de Bret., p. 204) nous rapporte que « d'Argentré dit : que pour une novation, il faut que *tam aperte sint conjecturæ novationis ut negari non possint.* » Voici, au surplus, la traduction abrégée du passage de d'Argentré par Poullain de Belair, que nous empruntons à la savante édition des *Coutumes générales de Bretagne*, publiée par Poullain-Duparc, où on lit sur l'article 285 de la nouv. cout. : « On demande si, pour opérer la novation, il faut qu'on ait marqué en termes exprès l'intention et la volonté de faire novation, comme il semble résulter de la l. dern., au c. *De novat.* Les docteurs disputent entre eux si cette volonté doit être conçue en termes formels et précis. Ils entrent dans des considérations purement scolastiques, pour savoir si l'on peut proposer directement la novation lorsqu'elle n'est pas exprimée, ou si l'on peut seulement la proposer par exception. C'est une règle certaine que la novation a son effet lorsqu'elle paraît véritablement, quoiqu'elle n'ait pas été positivement exprimée, pourvu que cela résulte des circonstances. Il faut seulement ne pas confondre l'accession d'une nouvelle action à une précédente, qui, bien loin d'opérer novation, donne de nouvelles sûretés et différents moyens d'agir... (*op. cit.*, t. II, p. 206, 207.) »

Il suffit donc, d'après ces organes du droit coutumier, que, de quelque manière que ce soit, la volonté de faire novation paraisse si évidente, qu'elle ne puisse être révoquée en doute. C'est aussi le sentiment de Basnage, avocat au Parlement de Normandie, dans son remarquable *Traité des hypothèques* (part. Ire, ch. 17), où, à propos de « la novation d'hypothèque, » il donne « des règles pour la novation, » que nous rapporterons à la fin de nos recherches sur l'ancien droit.

Toutefois, après avoir relaté avec Pothier l'opinion du fameux jurisconsulte breton d'Argentré, il n'est pas sans intérêt d'en rapprocher cette opinion d'un autre célèbre jurisconsulte du même pays, Poullain-Duparc, qui nous dit : « Nous suivons, en Bretagne, la maxime établie par Justinien (l. 8, c. *De novat.*), que la novation n'a point lieu si l'intention des parties n'est exprimée, et que l'ancienne obligation subsiste avec la nouvelle dans tous les cas où les parties n'ont point marqué expressément leur volonté de faire novation. Il convient de rapporter ici les termes de cette loi, qui nous dispenseront d'entrer dans plus de détails. » (Suit la citation tout au long de la const. de Justinien.)

On voit par ce passage de Poullain-Duparc que l'opinion de d'Argentré, préconisée par Pothier, n'était pas universellement suivie dans les pays de coutume, comme on le croit généralement.

Après cet examen de la manière dont se faisait la novation, voyons les cas où la novation avait lieu, dans l'ancien droit.

(*a*) — Une seule question nous semble avoir attiré particulièrement l'attention de la généralité des anciens auteurs; c'est la suivante, que nous retrouverons d'ailleurs dans notre droit actuel, bien qu'elle y présente beaucoup moins d'intérêt qu'autrefois : « *Si la constitution d'une rente, pour le prix d'une somme due par le constituant, renferme essentiellement novation.* » (La question est posée en ces termes par Pothier, qui a cru devoir lui consacrer un paragraphe spécial.)

Pothier (*Obligat.*, n° 595) donne des raisons qui lui paraissent très-fortes pour décider que l'acte par lequel une dette exigible est convertie en une constitution de rente contient essentiellement novation; néanmoins, avoue-t-il, l'opinion contraire paraît avoir en sa faveur le suffrage des auteurs.

En effet, Boutaric, Claude Serres, Argou (*loc. cit.*), rapportent, en les approuvant, des arrêts qui décident qu'il n'y a pas novation en ce cas, du moins quant aux hypothèques. Par exemple, un homme, par contrat, doit une certaine somme à un autre, le débiteur propose au créancier d'accepter en payement un contrat de constitution de rente, et le créancier l'accepte : jugé que le créancier conservait son hypothèque du jour de la première obligation, quoiqu'il n'en eût fait aucune observation dans la seconde. (Voy. Brodeau, *sur Louet*, lettre N, n° 7.) *Secus* pour les cautions : leur obligation est éteinte quand le créancier convertit une obligation en contrat de constitution; « car, disent nos auteurs, la novation, quoique imparfaite et insuffisante pour l'extinction de la première obligation, suffit néanmoins pour la décharge des fidéjusseurs. »

Pour donner toutes les indications désirables sur l'état de la question dans l'ancien droit, nous ne croyons pouvoir mieux faire que de rapporter ici une note de Poullain-Duparc dans son édition des *Coutumes de Bretagne* (t. Ier, p. 521) : « On a douté, dit-il, si la conversion de l'obligation en rente constituée n'opérait point de novation. M. de Perchambault, dans ses *Institutions*, avait décidé pour la novation ; mais il donne une décision contraire dans sa *Coutume* (imprimée en 1702, p. 205), et il cite un arrêt du 4 janvier 1697 qui décida qu'il n'y avait point de novation, les hypothèques ayant été expressément réservées. La novation était alléguée par celui qui était obligé solidairement dans le contrat de constitution. — Mornac, sur la loi dernière, ff. *De pactis*, atteste que c'est la jurisprudence du Parlement de Paris, même contre les cautions, *ita ut nemo hodie in foro versatus contrarium sentiat.* — Cependant Basnage établit la maxime contraire au profit des cautions (*Tr. des hyp.*, part. II, ch. 7), et il cite deux arrêts du Parlement de Rouen qui déchargèrent les cautions, parce qu'elles n'avaient eu aucune part à la conversion de l'obligation en rente constituée ; et c'est l'avis de M. Hevin, article 191, n° 2. — Voyez Bretonnier *sur Henrys*, t. II, p. 875 de l'édit. de 1738. » (*Adde* les excellentes explications données par le même Poullain-Duparc, *Princip. du dr. fr.*, t. VII, p. 317 à 320.)

Citons encore l'avis de Bourjon (*Dr. comm.*, t. II, p. 563), car il est bon à signaler. « *Du principe*, dit-il, *qu'il faut que la novation soit expresse, il s'ensuit :* que si le créancier du contenu en une obligation la convertit en un contrat de rente, l'hypothèque de l'obligation subsiste toujours, encore que par le contrat il n'y ait pas réserve expresse de l'hypothèque, parce que le contrat de constitution n'est qu'une modification du premier engagement, et non une extinction totale d'icelui ; et que le premier subsiste toujours, puisqu'il n'a pas été rempli ; mais qu'il subsiste avec la modification qu'on en a faite, c'est-à-dire qu'il ne serait plus exigible, et seulement remboursable à la volonté du débiteur. — C'est, observe Bourjon, l'opinion *commune* ; l'opinion contraire, ajoute-t-il, ne pourrait se soutenir que par des subtilités que la raison et l'équité rejettent. »

Quoi qu'il en soit, nous croyons que *l'opinion contraire*, soutenue par Pothier, doit être suivie aujourd'hui : aussi réservons-nous ses *fortes* raisons pour les donner quand nous traiterons du droit actuel. — Nous comprenons bien, néanmoins, que Bourjon et les organes du droit écrit qui exigeaient une déclaration expresse de volonté pour qu'il y eût novation fussent d'un avis contraire dans l'ancien droit : ils étaient logiques; mais Pothier, partant d'un autre principe, était logique aussi. Son principe ayant été admis par les rédacteurs du Code, c'est donc son opinion qui doit être suivie aujourd'hui. — Ce qui nous étonne le plus, c'est que Basnage, qui s'écartait, comme Pothier, des règles du droit écrit sur le principe, ait adopté la déduction que Bourjon nous en présente comme la conséquence. Au surplus, Basnage nous paraît se contredire quand, sur le point qui nous occupe, repoussant la novation quant à l'hypothèque, il l'admet relativement au cautionnement. (Comp. *Tr. des hyp.*, 1re part., ch. 17, et 2e part., ch. 7.)

(*b*) — Il nous est impossible d'entrer ici (à cause de la longueur des développements, que nous avons d'ailleurs entre les mains), dans l'examen des divers cas où l'on agitait une question de novation dans l'ancien droit. Qu'il nous suffise de faire observer que nous n'avons rencontré que peu de données sur la *datio in solutum,* considérée à ce point de vue. Les anciens auteurs se demandaient, d'une façon plus générale, ce qu'il fallait décider, au cas où le créancier viendrait à être évincé de la chose qu'il avait reçue en payement, et spécialement *quid* à l'égard de la caution.

Voici notamment ce que nous trouvons dans les *Œuvres* du célèbre de Renusson sur la dation en payement.

Au chapitre V de son *Traité de la subrogation,* Renusson examine longuement ce qu'il faut décider tant au point de vue de l'hypothèque que des cautions au cas où le créancier vient à être évincé de la chose qu'il a reçue en payement. Il rapporte d'abord l'opinion de Bartole, qui dit qu'un créancier ayant pris du bien en payement de son débiteur, s'il est évincé de la chose, sa première obligation est éteinte, et qu'il n'a que l'action utile *ex empto.* Mais il pense, lui, que le créancier qui acquiert de son débiteur, s'il vient à être évincé de son acquisition, rentre dans ses premiers droits : en conséquence, il rentrerait dans sa première hypothèque (voy. nos 21 à 34). — Puis Renusson se demande si le créancier qui est évincé de l'héritage qu'il avait acquis et pris de son débiteur en payement rentre dans les droits qu'il avait avant son acquisition, non-seulement contre le débiteur principal, mais aussi contre les cautions, et il résout affirmativement la question (voy. n°s 40 et 41). Mais laissons lui la parole relativement à cette dernière question.

« Maître Basnage, dit-il, dans son *Traité des hypothèques*, chapitre XV, rapporte plusieurs arrêts du Parlement de Normandie qui ont jugé diversement cette question. La raison qu'on pourrait alléguer pour la décharge et la libération du fidéjusseur serait de dire que, le créancier ayant accepté en payement une chose du débiteur principal, le premier débiteur est libéré, et que le fidéjusseur ne peut plus agir, et n'a plus d'action contre lui pour demander qu'il soit tenu de le libérer de son cautionnement, et que si le fidéjusseur demandait au débiteur principal qu'il fût tenu de le libérer, le débiteur principal ne manquerait pas de dire qu'il aurait payé, qu'il ne doit plus rien; par conséquent, on pourra dire que le fidéjusseur est entièrement libéré du moment que le créancier a tenu quitte le débiteur principal, et qu'il a pris et accepté quelque chose en payement de sa dette. — Mais il est plus raisonnable de dire, continue de Renusson, que le créancier qui est évincé de l'héritage qu'il avait pris du débiteur principal en payement, rentre dans ses droits non-seulement contre le débiteur principal, mais aussi contre la caution et le fidéjusseur; *la raison est que la quittance qui aurait été donnée par le créancier au débiteur principal duquel il aurait pris des héritages en payement de sa dette, contenait la condition tacite, au cas qu'il ne fût pas évincé de son acquisition;* de sorte que, s'il vient à être évincé de l'héritage, il ne faut pas considérer l'acquisition qui ne subsiste plus ni sa quittance : *solutum enim non videtur qui solutum non durat.* Le fidéjusseur qui s'est obligé pour le débiteur n'a pas lieu de se plaindre, il n'y a pas mutation de créancier, c'est la même personne qui rentre dans ses droits, *qui n'avait donné sa quittance que sous la condition tacite que son acquisition subsisterait; son acquisition se trouvant révoquée et annulée par l'éviction, il est juste que le fidéjusseur demeure obligé comme il l'était;* d'ailleurs le fidéjusseur peut veiller à sa libération, il peut agir contre le débiteur principal, et l'obliger à lui procurer une décharge du créancier qui a fait l'acquisition; c'est pourquoi, la caution n'ayant point été déchargée et le créancier venant à être évincé de son acquisition, le créancier rentre dans ses droits et dans ses accessoires qu'il avait avant son acquisition, non-seulement contre le débiteur principal, mais encore contre le fidéjusseur qui n'a pas été déchargé, pourvu toutefois qu'il ne puisse rien imputer au créancier, et que le créancier ait fait ses diligences, car si tel débiteur principal avait d'autres biens et que le créancier, ayant pu être payé, n'eût pas fait ses diligences, qu'il les eût laissé vendre sans s'opposer, il ne pourrait plus agir contre le fidéjusseur. »

Il est intéressant de rapprocher de ce passage de Renusson le passage suivant de Basnage, qui soutient, au contraire, que la caution dans l'espèce est déchargée de son obligation, bien que le débiteur ne le soit pas : « Cela néanmoins, dit-il (*Hypothèques*, p. 2, ch. VII), reçoit beaucoup de difficulté, car, puisque le créancier qui a pris du bien en payement de sa dette ne laisse pas de rentrer en ses droits quand il en souffre l'éviction, parce que le contrat qu'il a fait contient la *condition tacite*, en cas qu'il ne soit pas dépossédé de son acquisition, le fidéjusseur n'a pas plus de droit que le débiteur, étant la même personne qui rentre dans ses droits, à cause que son acquisition ne subsiste plus; de sorte que le fidéjusseur ne s'en peut prévaloir, demeurant obligé, comme il était auparavant, par la résolution de la quittance que le créancier avait baillée sous cette condition tacite qu'il demeurerait paisible possesseur de son acquisition, ce qui n'étant pas, ni le débiteur ni la caution ne sont point libérés, *quia solutum non videtur qui solutum non durat.* — Mais, observe Basnage, il y a différence entre le débiteur et la caution; durant le temps que le créancier a joui de la chose qui lui a été baillée en payement, l'obligation a véritablement cessé, mais elle n'a pas été absolument éteinte, *aliud est enim obligationem cessare, aliud extingui.* Une obligation absolument éteinte ne peut plus revivre; mais comme la libération qui procède d'un contrat de vente renferme toujours nécessairement cette condition que l'acquéreur soit conservé en la paisible possession de la chose vendue, l'obligation par conséquent n'est point véritablement acquittée, si le payement n'en subsiste point, comme je l'ai remarqué dans le chapitre XVII. — L'on ne peut pas dire la même chose à l'égard de la caution, parce que le créancier, en acceptant quelque chose pour le payement de sa dette, il lui fait un préjudice irréparable en lui ôtant les actions qu'il pourrait avoir contre le débiteur pour le libérer, car le débiteur, étant poursuivi, ne manquerait pas d'objecter que la dette serait acquittée, et que par conséquent son action était inutile, et cependant les facultés de ses meubles venant à périr ou diminuer, le fidéjusseur se trouverait engagé, après avoir espéré que le créancier n'avait plus rien à lui demander. Et c'est pourquoi, quelque stipulation que ce créancier puisse employer dans son contrat, en l'absence de la caution, il se doit faire une extinction à son égard et *non pas une simple novation.* — Cette question, continue notre auteur, a été jugée diversement au Parlement de Rouen... »

Basnage cite d'abord un arrêt du 18 décembre 1602, très-intéressant à étudier, qui a jugé que la caution n'était pas déchargée; mais il ajoute que depuis l'on a jugé le contraire par arrêts qu'il rapporte également; il termine en disant que, pour faire cesser ces difficultés, le Parlement de Rouen en a fait une loi en l'article 132 du Règlement de 1666 dont voici les termes : « *L'obligation du pleige est éteinte quand la dette a été payée par le principal obligé, lequel néanmoins peut subroger celui qui a baillé les deniers pour acquitter la dette à l'hypothèque d'icelle sur ses biens seulement et non sur ceux du pleige.* »

C'est ici le lieu de faire remarquer que Pothier, dont l'opinion se trouve reproduite dans l'article 2038 du code Napoléon, décidait avec Basnage, et contrairement à de Renusson, que la caution était déchargée de son obligation dans le cas qui nous occupe. Mais tous les trois admettaient, chose digne de remarque, que l'obligation primitive subsistait à l'égard du débiteur principal. Seulement, tandis que de Renusson concluait, d'après la rigueur du droit, que l'obligation principale subsistant, il s'ensuivait nécessairement que celle des cautions devait subsister aussi, Basnage et Pothier, en alléguant l'équité, se prononçaient, nonobstant cette raison de droit, pour la libération des cautions. Notez enfin qu'aucun de ces auteurs recommandables ne voyait dans la *datio in solutum* une novation subsistant malgré l'éviction. De Renusson, nous l'avons vu, ne parle aucunement de novation. Et, si Basnage en parle, c'est pour dire qu'à l'égard de la caution il doit se faire une *extinction, et non pas une simple novation*, au cas de dation en payement. Quant à Pothier qui, pas plus que de Renusson, ne parle de novation relativement à l'extinction du cautionnement dans l'espèce supposée, il déclare formellement ailleurs qu'il *n'y a pas de novation* dans l'acte par lequel le créancier aurait accordé au débiteur la faculté *de payer une chose à la place d'une autre.* (Voy. *Obligat.*, n° 594 *in fine*; et d'abord, n° 400, 4°; conf. *Tr. du contr. de vente*, n° 604.)

ART. 5. — EFFET DE LA NOVATION.

Comme l'effet de la novation, dit Domat (*loc. cit.*), est d'anéantir l'obligation précédente, les hypothèques, les cautions et les autres accessoires de la première obligation ne subsistent, et les intérêts, si elle en produisait, cessent de courir. (Arg. des lois 18, *Dig.*, et 4, c. *De novat.*)

« La novation, qui se forme par la substitution d'un second titre ou d'un second engagement à un premier, emporte extinction de la première créance, et par conséquent de l'hypothèque; ce qui reçoit la limitation qu'on va ci-après expliquer. Mais hors le cas de ces limitations, la novation emporte, non-seulement l'extinction de l'hypothèque, mais la décharge des cautions. Voilà le principe général. » Ainsi s'exprime Bourjon (*loc. cit.*). La limitation qu'il annonce est que, pour entraîner l'extinction de l'hypothèque, il faut que la novation soit expresse.

Notez ici que dans les arrêtés du premier président de Lamoignon, au titre de l'*extinction des hypothèques,* l'article 7 porte : « Il n'y aura dorénavant aucune novation, s'il n'y a convention *expresse*; cessant laquelle, les premières obligations personnelles et hypothécaires se présenteront en leur entier. » (Notre Code a changé cela.)

La même doctrine nous paraît résulter de l'article 2 du chapitre CXIV de la *Coutume du Haynaut* qui porte que : « Si quelqu'un était obligé ou autrement tenu de payer certaine dette à jour ou à terme, et si avec lui y eust aucuns autres obligés ou tenus comme pleiges, et que le principal débiteur innove le contrat avec son créditeur en prorogeant le jour ou en commuant son deu en autres marchandises, en ce cas les autres obligés ou pleiges seront déchargés. — Bien entendu qu'en tous autres cas, la dette ou action ne sera tenue innovée, si les parties ne l'ont ainsi expressément déclaré. »

« La novation étant faite de cette manière, observe Dumées, sur la dernière partie de l'article précité, emporte extinction de la première obligation, des rapports et hypothèques donnés pour sûretés, et la décharge des cautions. » (Voy. *Jurispr. du Hainaut franç.*, par Dumées, p. 423.)

Il est évident, en effet, que l'obligation ancienne étant éteinte par la novation, l'hypothèque et le cautionnement qui n'en sont que des accessoires doivent s'éteindre également. (Poullain-Duparc, *loc. cit.*)

Mais nous devons faire remarquer ici que les anciens auteurs étaient en général plus faciles pour l'extinction du cautionnement que pour l'extinction de l'hypothèque. Cela résulte déjà de nos recherches sur la volonté de faire novation. Donnons-en encore quelques preuves.

« L'effet de la véritable novation, dit Argou (*loc. cit.*), est d'éteindre l'ancienne obligation pour en former une nouvelle, de sorte que la seconde obligation ne subsistant plus, tous les accessoires de cette obligation, comme les hypothèques, les cautions, la contrainte par corps, les intérêts ne peuvent plus subsister. J'ai dit, l'effet d'une *véritable* novation, parce qu'il y en a peu de véritables. Il ne suffit pas de faire entrer l'ancienne obligation dans une nouvelle, il faut, outre cela, que le créancier ait voulu annuler entièrement l'ancienne obligation pour faire une vraie et entière novation : c'est pourquoi la moindre réserve empêche l'effet de la novation; du moins à l'égard des hypothèques, jusque-là que les parties s'étant désistées d'un premier contrat d'échange moyennant un second, dans lequel on avait donné quelques rentes à la place de celles qui avaient été échangées par le premier contrat, il a été jugé que ces termes, *moyennant le second*, conservaient l'hypothèque du premier contrat, lorsque l'une des parties était évincée d'une partie des choses données en contre-échange par le second contrat; il suffit même qu'il paraisse que la seconde obligation tirera sa cause de la première : c'est pourquoi dans l'espèce d'un contrat de constitution passé en l'année 1595, pour demeurer quitte de l'obligation de 1554, il a été jugé que l'hypothèque serait conservée au créancier de la rente du jour de la première obligation. — A l'égard des cautions il n'en est pas de même; souvent la novation, quoique *imparfaite* sert à leur décharge : ce qui est toujours vrai, lorsque par une seconde obligation on proroge le terme de la première, lorsqu'on convertit une obligation en un contrat de constitution, lorsqu'on change la personne du débiteur, en un mot toutes les fois que par la novation on détériore et on empire la condition de la caution. » (Conf. ce que dit Claude Serres à l'endroit où il énumère les cas d'extinction du *cautionnement*.)

ART. 6. — DE LA DÉLÉGATION.

Despeisses, Domat, de Renusson, Pothier et Poullain-Duparc nous fournissent des renseignements précieux sur la délégation. Nous allons tâcher d'exposer brièvement les principaux points mis en lumière par ces célèbres auteurs, sans négliger toutefois les indications utiles que nous avons trouvées ailleurs.

Voyons d'abord ce que c'est que la délégation.

« Domat (*Lois civiles*, liv. IV, tit. IV, *passim*) nous dit que la délégation est le changement d'un débiteur au lieu d'un autre, lorsque celui qui doit substitue un tiers qui s'oblige à sa place envers le créancier, de sorte que ce premier débiteur demeure acquitté et sa dette éteinte, et que le créancier se contente de l'obligation du second débiteur. » — Le même auteur fait remarquer à plusieurs reprises que la délégation peut se faire de *deux manières :* « Car, dit-il, on peut déléguer de sorte que l'obligation de celui qui délègue un autre débiteur à sa place soit anéantie et ne subsiste plus, comme si c'était une obligation qu'on ait déchirée : le nouveau débiteur s'obligeant par une autre obligation, soit de la même nature ou d'une autre différente. Et on peut aussi déléguer de sorte que la première obligation subsistant le premier débiteur en soit déchargé, et qu'il n'y ait pas d'autre débiteur que celui qui est délégué. Et dans l'une et l'autre de ces deux manières il est toujours vrai que l'obligation du premier débiteur est anéantie puisqu'il ne reste plus obligé et que la délégation, faisant un nouveau débiteur, fait aussi par cette raison une nouvelle obligation. » — Domat fait aussi observer que « toute délégation renferme une novation, puisqu'au lieu d'une première obligation on en substitue une nouvelle. Mais toute novation, dit-il, ne renferme, pas une délégation, puisque le débiteur peut innover sa première obligation par une nouvelle où il s'oblige seul, sans nouveau débiteur. » Il ajoute encore : « Il y a cette différence entre la novation et la délégation qu'au lieu qu'un tiers peut innover la dette du débiteur sans qu'il y consente, la délégation ne se fait que par le consentement, et du débiteur qui en délègue un autre, et de celui qui est délégué, et du créancier qui accepte la délégation et qui se contente du nouveau débiteur. » — La novation que Domat compare ici à la délégation est celle appelée par les commentateurs expromission. Tout à l'heure il faisait allusion à la novation proprement dite ou entre parties, quand il disait que toute novation ne renferme pas une délégation.

De Renusson (*Tr. de la subrogation*, ch. 2, nos 10 et 13) nous avertit que la délégation était aussi appelée cession, car le terme *cession* est un terme commun et équivoque qui comprend plusieurs choses différentes; et il nous indique soigneusement les différences qu'il y a entre le transport d'une dette qu'on appelle proprement cession, et la délégation. (Notez ici la définition de la délégation par Prévot de la Jannès qui dit : « La délégation est un *transport* que le débiteur fait à son créancier d'une créance qu'il a sur un tiers et qui sert à l'acquitter envers son créancier. ») Il y a, dit justement Renusson, une grande différence entre la cession que nous appelons transport et la cession que nous appelons délégation : « Premièrement, dans la cession que nous appelons transport, le cédant est garant; au contraire, dans la cession que nous appelons délégation, le débiteur qui a cédé et délégué son débiteur en son lieu et place est déchargé, et le créancier qui accepte la délégation s'est contenté du nouveau débiteur. En second lieu, la cession et le transport se fait par le créancier, *etiam invito debitore*. La délégation au contraire ne peut se faire que du consentement du débiteur, loi 1, cod. *De novat.* — A l'égard de la délégation, à qui on donne aussi le nom de cession, dit encore Renusson, elle se fait par un débiteur qui cède à son créancier un autre débiteur en son lieu, l. 11, *Dig.*, ff. *De novat.* La délégation se contracte entre trois personnes qui y doivent consentir : il y a le débiteur qui cède et délègue, il y a le débiteur qui est cédé et délégué, il y a le créancier qui accepte la cession et délégation..... »

Domat signale cette autre différence entre le transport et la délégation. « Il y a encore, dit-il après avoir indiqué les différences précédentes, cette différence entre le transport et la délégation, que celui qui fait un transport peut recevoir ce qu'il a cédé si la signification n'a pas encore été faite à celui qui doit la somme cédée. Et la mauvaise foi de celui qui reçoit ce qu'il avait transmis n'empêche pas que le débiteur qui l'a payé ne soit acquitté. Mais après la délégation, celui qui est délégué ne peut s'acquitter qu'en payant au créancier qui l'a acceptée (l. 3, cod. *De novat.*). »

Nous venons de voir ce que c'est que la délégation. Arrivons à ses effets.

« La délégation, dit de Renusson, est une novation : car le créancier qui accepte la délégation, tient quitte son ancien débiteur, et accepte son nouveau débiteur qui le reconnaît pour créancier au lieu et place de l'autre ; la première obligation est éteinte : *Prima obligatio extinguitur cum omnibus accessoriis, et hypothecæ liberantur.* L'obligation de l'ancien débiteur est éteinte, et le créancier qui accepte la délégation a un nouveau débiteur au lieu de l'ancien. Si ce nouveau débiteur est insolvable, le créancier n'aura aucun recours de garantie contre son ancien débiteur qui lui a fait la cession et délégation, il s'est contenté du nouveau débiteur. C'est ce que dit la loi 3, au code. » De Renusson cite à l'appui de ce qu'il vient d'avancer : Boutellier en sa *Somme rurale,* titre 26; Charondas en ses *annotations* sur Boutellier; Loyseau en son *Traité des rentes,* ch. 3, n° 8. « Loyseau, ajoute-t-il, en son *Traité des rentes,* parlant de la délégation, dit qu'il y a novation expresse de la première obligation qui est transfuse en la seconde, du consentement des trois parties : du cédant, du cessionnaire et du débiteur. *Si les trois parties n'y consentent, la délégation est* IMPARFAITE, *ou plutôt il n'y a point délégation ; ce sera une simple assignation ou destination, ou une cession et transport.* » (Voy. Renusson, *Subrog.*, ch. 2, n° 10; conf., ch. 13, n° 26; *adde* Bosquet, v° Délégation.) — « Nous avons observé, continue de Renusson, que l'action de l'ancien débiteur, qui a cédé et délégué un autre débiteur en son lieu, est éteinte et ne subsiste plus, par la raison que le créancier qui accepte la délégation le décharge et le tient quitte, et accepte en son lieu et place un autre débiteur. Il est pareillement véritable de dire que l'ancienne obligation du débiteur qui est cédé et délégué est éteinte et qu'il ne doit plus rien à son ancien créancier; il change de créancier et contracte au profit du créancier une nouvelle obligation par la délégation : c'est pourquoi si le créancier qui accepte la délégation du nouveau débiteur au lieu de l'ancien voulait néanmoins conserver les hypothèques de son ancien débiteur sur le nouveau débiteur et les faire passer en sa personne pour sa sûreté, il en doit faire une stipulation expresse par le même acte : *alioquin prima obligatio extinguitur cum omnibus accessoriis et hypothecæ liberantur*. Le créancier a seulement l'obligation du nouveau débiteur qui lui est délégué et qui s'oblige nouvellement de payer ce qu'il devait au premier créancier. » (De Renusson, *op. cit.*, ch. 2, n° 11)

Citons dans le même sens un passage de Domat. Après avoir dit que « la délégation fait une espèce de novation, car la première dette de celui qui délègue demeure éteinte par l'obligation de celui qui est délégué, » l'illustre auteur continue ainsi : « Celui qui est délégué par le débiteur s'étant obligé envers le créancier, ne peut plus faire *revivre* la première dette anéantie par la novation, *ni engager les biens que le premier débiteur avait obligés.* — Et le créancier, de sa part, n'a plus de *recours* contre celui qui a délégué, *soit que le nouveau débiteur devienne insolvable, ou qu'il le fût déjà au temps de la délégation.* Car on ne considère plus l'origine de la première dette, mais la seconde seulement qui l'a annulée. Ce qu'il faut entendre d'une *véritable* délégation qui ait innové. (Arg. l. 30, *Dig.*, *De novat.*, l. 26, § 2, *Dig.*, *Mandati.*)

Insistons sur le point de savoir si le déléguant est tenu de l'insolvabilité du délégué.

A cet égard Despeisses (t. Ier, p. 733-734) nous apprend que « ceux qui ont fait la délégation sont obligés de faire valable la dette qu'ils ont déléguée, au cas que le débiteur soit insolvable, lorsqu'ils s'y sont obligés par exprès (l. 22, § 2, et loi 45, § *penult.*, *Dig.*, *Mand.*), comme il a été jugé au Parlement de Dijon en juin 1558 (Bouvot, sous le mot Detteur), mais non pas autrement, *dict.*, § *penult. : Tunc enim liberatur is qui debitorem delegat, si nomen ejus creditor secutus, non cum periculo debitoris ab eo stipulatur;* bien que le créancier se soit trompé, estimant icelle être valable, contre l'avis de Cujas, *in lib.* 32, *Pauli ad Edictum; add.* l. 26, § 1, *Mand.* (*Dig.*, 17, 1). Car autrement jamais la délégation ne déchargerait le déléguant, puisque toujours le créancier pourrait alléguer avoir cru la dette valable... » — Notons ici que l'opinion de Cujas, que repousse Despeisses dans le passage précité, ayant été admise par Pothier (n° 604), est reproduite dans l'article 1276, *in fine*, du code Napoléon.

Terminons sur le point qui nous occupe par une observation d'Argou : « Quand, dit-il, la délégation est *acceptée purement et simplement* par le créancier, le débiteur qui l'a faite *est déchargé de plein droit;* de sorte que quand le débiteur qui a été délégué serait insolvable, le créancier qui l'a acceptée n'a plus de recours contre son premier débiteur; *aussi voit-on rarement parmi nous des délégations pures et simples, un créancier habile se réserve presque toujours son recours contre le premier débiteur, au cas qu'il ne puisse pas être payé par le second.* » (Argou, *loc. cit.*; conf. de Renusson, *op. cit.*, n° 12.)

Nous venons d'étudier les effets de la délégation, « *ce qu'il faut entendre dans les cas d'une véritable délégation qui ait innové,* » comme nous a dit Domat.

Que faut-il donc pour qu'il y ait ainsi délégation *véritable*, c'est-à-dire entraînant novation?

Pothier, qui suppose une délégation de ce genre, nous dit (n° 600) : « Pour qu'il y ait délégation, il faut que la *volonté* du créancier de *décharger* le premier débiteur, et de se *contenter* de l'obligation de ce nouveau débiteur qui s'oblige envers lui à la place du premier, *soit bien marquée*. C'est pourquoi si Pierre, l'un des héritiers de mon débiteur, pour se décharger d'une rente envers moi, a, par un partage, chargé Jacques, son cohéritier, de me la payer à sa décharge, il n'y aura pas de délégation, et Pierre ne sera pas déchargé envers moi, si je n'ai pas, par quelque acte, *déclaré formellement* que je déchargeais Pierre; sans cela, quoique j'aie reçu de Jacques seul les arrérages pendant un temps considérable, on n'en pourra conclure que je l'ai accepté pour mon seul débiteur à la place de Pierre, et que j'ai déchargé Pierre (arg. l. 40, § 2, ff. *De pactis*). » — La décision de Pothier est importante à noter, car elle a passé dans l'article 1275 du code Napoléon. (Conf. Prévot de la Jannès, *loc. cit.*)

Dans le même sens, il faut encore citer Poullain-Duparc qui, examinant les cas où il y a novation, se demande *quid* de la délégation, et répond : « Il se fait novation par la délégation du débiteur acceptée du créancier et du délégué, *lorsqu'elle comprend expressément l'extinction de la dette et la déclaration du créancier d'accepter le nouveau débiteur à la place de l'ancien sans aucune réserve.* Mais, en général, dans notre usage (notez ceci), la délégation est seulement le consentement du débiteur, pour que le créancier soit payé sur tel crédit appartenant au débiteur, et le créancier n'est réputé accepter la délégation que sous la condition tacite qu'il sera payé. C'est ce qu'on appelle *indication* dans les autres provinces. (Voy. Pothier, *Obligat.*, article sur la Délégation, *in fine.* » — La délégation dont parle en dernier lieu Poullain-Duparc est appelée délégation *imparfaite* par quelques auteurs, notamment par Denizart (v° Délégation, n° 7 *et passim.*)

Pour terminer sur la matière ardue de la délégation, nous devons faire remarquer que tous les auteurs n'admettaient pas les principes que nous venons d'exposer sur la nécessité d'une déclaration formelle par le créancier qu'il déchargeait le débiteur, pour qu'il y eût délégation véritable, c'est-à-dire opérant novation.

On comprendra cette divergence quand nous aurons mentionné que, sur la célèbre constitution de Justinien, aux termes de laquelle la volonté de nover doit être *expresse*, il avait surgi une grande controverse entre les interprètes; on se demandait, en effet, si le mot *délégation* était par lui seul une manifestation expresse de la volonté de nover : « *An delegationi semper insit novatio, licet expresse non dicatur, difficilis est quæstio,* » nous dit Brunemann sur la loi précitée. Eh bien, cette controverse semble avoir été pendante entre les civilistes de l'ancien droit, si nous rapprochons des autorités que nous avons citées plus haut, notamment de l'opinion de Pothier, la manière de voir de Claude Serres, qui s'exprime ainsi (*loc. cit.*) : « Ce qui vient d'être dit, sçavoir, qu'il n'y a pas de novation, sinon que les contractants aient *nommé-*

ment déclaré vouloir se départir de la première obligation, n'a lieu néanmoins que lorsqu'il n'y a simplement que de nouvelles obligations; *mais c'est ce qu'on ne trouve pas nettement expliqué par les auteurs;* c'est pourquoi il faut observer que lorsqu'il est intervenu une *délégation parfaite,* c'est-à-dire lorsque le débiteur a cédé à son créancier ce qu'il lui doit à prendre sur quelqu'un de ses débiteurs, et que cette cession a été *acceptée* par le débiteur délégué, alors il se fait une novation, quoique sans *expression,* en sorte que le débiteur qui a fait la cession et délégation est entièrement libéré à l'égard du créancier en faveur duquel la délégation a été faite, de même que le débiteur délégué l'est à l'égard de son créancier qui l'a cédé et délégué; et si l'on peut dire qu'il n'y a point de novation, ce n'est tout au plus qu'à l'égard de l'hypothèque du créancier cédant qui subsiste en faveur du cessionnaire. *Voilà comment la délégation parfaite produit toujours la novation.* » — Claude Serres, après avoir ainsi posé le principe, en déduit plusieurs conséquences. Nous signalerons seulement la dernière. « De là vient, dit-il, que, quoiqu'un débiteur puisse régulièrement opposer au cessionnaire les mêmes exceptions, soit de compensation, de dol, ou autres qu'il était en droit d'opposer au cédant (Ferrières, *in quæst.* 567 *de Guy-Pape*), néanmoins s'il a accepté la délégation sans protestation, et a promis de payer au cessionnaire, il ne peut plus les lui opposer (Ferrières, *ibid.*); mais la simple signification ou transport ne prive pas le débiteur de cet avantage. » — Sur ce dernier point que le delégué ne peut pas se servir contre le délégataire des exceptions qu'il avait contre le déléguant, voy. Domat, *loc. cit.*, qui reproduit les décisions des lois romaines à cet égard.

ART. 7. — QUID DE LA NOVATION NÉCESSAIRE OU JUDICIAIRE DANS L'ANCIEN DROIT.

Nos renseignements ne sont pas riches sur ce point. — Voici tout ce que nous avons trouvé dans les anciens auteurs que nous avons pu consulter.

Garran de Coulon (*loc. cit.*, § 1, *in fine*) rappelle bien qu'à côté de la novation résultant de la volonté des parties, il y avait à Rome « une autre sorte de novation que les commentateurs du droit romain ont appelée *nécessaire*, et qu'on nommerait mieux *judiciaire*, laquelle avait lieu dans les jugements, soit par la contestation en cause formée entre le créancier et le débiteur qu'on lui avait délégué, soit par le jugement rendu entre le créancier et le débiteur, qui, au moyen de la condamnation, était désormais tenu par l'action du jugement, *actione judicati* (l. 3, c. *De novat.*, et l. 11, § 1, *Dig.*, *eod. tit.*) » Notre auteur donne même quelques détails sur cette novation du droit romain, « sur laquelle, pense-t-il, il serait inutile de s'étendre, parce qu'on n'a point songé à en appliquer les principes à nos mœurs. »

Observons que Pothier (*Obligat.*, n° 584) avait déjà dit, en parlant des diverses espèces de novations : « Nous ne dirons rien de celle qui résultait *ex litiscontestatione*, les principes du droit romain à cet égard n'étant plus d'usage parmi nous. »

Toutefois nous lisons dans Despeisses (t. Ier, p. 731) que « la novation se fait ou *volontairement*, comme par contrat, ou *par nécessité*, comme par la contestation ou par la sentence, l. 29, *Dig.*, *De novat.* Elle se fait par la contestation du procès, lorsque le créancier a formé sa demande et contesté le procès contre celui qui lui a été délégué par son débiteur, l. 11, § 1, *Dig.*, *De novat.* Mais elle se fait par la sentence lorsque le créancier a agi contre le débiteur avec lequel il a contracté. » (L. ult. cod. *De usur. rei judic.*).

Notons encore que Denizart, après avoir dit (*loc. cit.*) : « On nomme *novation* le changement d'une ancienne dette en une nouvelle ou d'une obligation en une autre, » ajoute : « On distingue deux sortes de *novations*, l'une *contrainte* et l'autre *volontaire* ; » et il continue ainsi : « La novation *contrainte* est celle qui résulte de condamnations judiciaires; celle-là ne change rien à l'état des cautions et des fidéjusseurs. »

Signalons enfin ce passage de Garran de Coulon (*loc. cit.*, § 2, *in fine*) où il semble revenir sur ce qu'il y avait de trop absolu dans ce que nous avons déjà cité de lui sur la novation judiciaire : « En général, dit-il, on doit distinguer parmi nous deux sortes de novations : l'une *parfaite*, qui est assez rare et qui détruit tellement la première obligation qu'elle est regardée comme non avenue; l'autre *imparfaite*, qui, sans anéantir la première obligation, en altère les clauses et la modifie en diverses manières. Il suit de là que la distinction des novations en novations volontaires ou contractuelles et en novations nécessaires ou judiciaires, *n'est point absolument étrangère à nos mœurs*, car les jugements modifient souvent les obligations en diverses manières; ils y ajoutent, par exemple, des intérêts, des hypothèques, des délais qui n'étaient pas dans l'obligation primitive. Ces modifications et plusieurs autres semblables forment, comme on le voit, une novation imparfaite, *quoique nos maximes sur les novations judiciaires soient très-différentes de celles du droit romain.* »

APPENDICE.

Nous avons rempli la tâche que nous nous étions proposée sur la novation dans l'ancien droit. Nous avons traité dans sept articles successifs des divers points suivants : 1° de la novation et de ses différentes espèces; 2° des dettes qui doivent servir de matière à la novation; 3° des personnes qui peuvent faire novation; 4° de quelle manière se fait la novation; 5° de l'effet de la novation; 6° de la délégation; 7° de la novation judiciaire. Dans cette partie de notre travail nous avons cité le plus souvent, n'ayant eu d'autre prétention que de grouper les enseignements consignés dans les divers ouvrages des anciens auteurs. Il semble que nous pourrions nous en tenir aux citations déjà faites. Toutefois avant de terminer sur l'ancien droit, nous allons encore citer en guise de résumé la doctrine d'un auteur coutumier, Basnage, qui, nous l'avons dit, partageait l'avis de Pothier, d'après d'Argentré, sur la volonté de faire novation. Les rédacteurs du Code Napoléon s'étant inspirés de l'opinion professée par ces trois auteurs sur ce point, nous croyons devoir insister un peu sur les principes admis dans les pays de coutume en matière de novation. Nous le ferons en ajoutant aux renseignements que nous avons déjà fournis à cet égard le texte même de Basnage.

Cet auteur, dans son *Traité des hypothèques* (part. Ire, chap. 17), parle en ces termes « des règles pour la novation : »

« Par l'ancien droit romain, écrit-il, la novation était si mal réglée qu'il en naissait plusieurs absurdités; le moindre changement induisait une novation, l'intervention d'une nouvelle personne faisait le même effet, et encore que la seconde stipulation se trouvât nulle, la première obligation ne laissait point d'être absolument éteinte.

« Après la compilation des *Pandectes*, la novation fut mieux ordonnée; elle n'était présumée, *nisi novandi animo secunda stipulatio interposita fuisset : quod ita demum intelligitur, si plus contineret quam prior, non autem si contineret minus.* Mais comme il ne laissait pas d'être toujours incertain en quels cas on devait tenir qu'il y avait novation, Justinien, par loi finale, cod. *De novat.*, exprima tous les cas où il se faisait novation, et là-dessus nos docteurs ont formé ces règles pour ne s'y tromper pas :

« La première, que *non aliter fit novatio quam si novare se discrte contrahentes expresserint : alioquin manet pristina obligatio.*

« La seconde, que la novation est suffisamment exprimée lorsqu'il paraît, par les termes des contrats, que les parties ont eu cette intention, comme lorsque le second contrat ne pourrait subsister avec le premier; et la seconde convention subsistant, il s'ensuit nécessairement que la première demeure nulle et de nul effet.

« L'on pose pour troisième règle que *novatio non potest intelligi ex ea stipulatione facta quæ non committitur; quia per eam non tollitur prior obligatio, nec nova constituitur.*

« La quatrième est que, par une stipulation inutile, il ne se fait pas de novation de celle qui était utile, *stipulatio non utilis non novat præcedentem quæ est utilis;* la raison est que *ex stipulatione inutili non nascitur obligatio.*

« La dernière règle est que *deficiente conditione stipulationis quæ novandi animo concipitur, non intelligitur facta novatio, quia novam obligationem non parit;* sur quoi Balde, sur la l. *in personam*, § ult. *De pactis*, a dit qu'il faut tenir pour maxime certaine que *stipulatio conditionalis non novat puram, nisi in eventum duntaxat conditionis.* »

Ici s'arrêtent les développements que nous avons cru devoir donner sur la novation dans l'ancien droit français. Peut-être les avons-nous donnés trop longs, tombant en cela dans un excès opposé à celui que nous avons reproché, en commençant, à nos devanciers; mais que l'intention qui nous a guidé dans nos recherches soit notre excuse. Nous avons pensé que les doctrines émises par les anciens auteurs en matière de novation pourraient répandre des lumières sur notre sujet, traité au point de vue du droit moderne : on verra par la suite si nous nous sommes trompé.

II.

DROIT MODERNE.

CHAPITRE PREMIER.

Généralités. — Nature de la novation.

« De même, dit M. Demante (*Programme*, t. II, n° 730 à 732), qu'on peut, du consentement du créancier, payer une chose à la place d'une autre, celui-ci peut évidemment recevoir, en remplacement d'une obligation précédente, une obligation nouvelle. Il y a alors extinction de l'ancienne dette par la création de la nouvelle. C'est ce qu'on appelle *novation*. — Ce mode d'extinction, admis même à Rome, où le simple consentement du créancier ne suffisait pas, en général, pour détruire l'obligation, l'est à plus forte raison chez nous, où le principe contraire est en vigueur. On sent, au reste, que le principe du droit français diminue l'importance des conditions légales auxquelles est subordonnée la novation; car si en leur absence il ne doit pas y avoir novation proprement dite, il se peut cependant qu'il y ait extinction de l'obligation; il suffit pour cela que les parties aient voulu opérer cette extinction. — Quoi qu'il en soit, il n'y a novation qu'autant qu'un second engagement a été contracté à l'effet d'éteindre l'ancien... »

Après cet aperçu, que nous avons cru devoir emprunter à M. Demante, car nous l'approuvons complétement, arrivons à la définition de la novation.

Le Code ne définit nulle part la novation, qu'il range au nombre des modes d'extinction des obligations, à côté du payement. Et s'il ne la définit pas, ça ne peut être par oubli, car le Tribunal d'appel de Grenoble avait présenté l'observation suivante sous l'article 156 du Projet (article 1271 du Code) : « Il est utile de donner la définition de la novation; on propose la suivante : *La novation est la substitution d'une nouvelle dette à une ancienne.* »

Quoique les rédacteurs du Code n'aient pas cru utile de donner la définition de la novation, et de faire passer dans un article celle que proposait le tribunal de Grenoble, nous croyons que cette définition est la meilleure qu'on puisse donner de la novation en droit français. C'est d'ailleurs la définition qu'en donnait Pothier (*Obligat.*, n° 581). « La novation est la substitution d'une nouvelle dette à une ancienne, » dirons-nous donc avec Pothier.

Des auteurs cependant la définissent autrement.

« La novation, dit M. Larombière (*Obligations*, t. III, sous l'article 1721), est la transformation, la translation d'une obligation en une autre qui lui est substituée : *novatio est prioris debiti in aliam obligationem, vel civilem vel naturalem, transfusio atque translatio* (l. 1, ff. *De novat.*). La nouvelle obligation civile ou simplement naturelle prend la place de l'ancienne qui, en lui servant de cause, est en réalité, suivant les expressions d'Argou, *plutôt changée que détruite*. C'est de cette substitution d'une obligation à une autre que le mot novation a été tiré : *novatio enim a* NOVO *nomen accepit et a* NOVA *obligatione* (l. 1, *ibid.*). »

Cette définition de la novation, puisée dans les vrais principes du droit romain, ne nous semble pas parfaitement exacte en droit français.

Voici nos raisons. Nous partons de cette donnée, dont nous espérons pouvoir établir l'exactitude dans un instant, que la novation, en passant du droit romain dans notre droit, a changé de caractère, et nous disons que la définition ci-dessus est aujourd'hui inexacte à deux points de vue.

Et d'abord on ne peut pas dire chez nous, comme le fait M. Larombière, que la novation est la *transformation* d'une obligation en une autre, car le mot transformation implique un changement de *forme*. Le droit romain exigeait en effet, du moins pour la novation volontaire, que la nouvelle obligation fût revêtue de la forme solennelle de la stipulation; c'était même, nous l'avons vu, la seule forme en usage sous Justinien; mais, chez nous, la formalité de la stipulation n'étant pas en usage, la novation a lieu de quelque manière que se fasse la nouvelle convention, pourvu seulement que celle-ci réunisse les conditions exigées pour la validité des contrats et qui sont énumérées dans l'article 1108 du Code Napoléon. Aujourd'hui donc on ne tient aucun compte de la forme, à la différence de ce qui avait lieu en droit romain; partant, on ne saurait sans une certaine inexactitude transporter la même définition de la novation d'un droit dans l'autre.

Maintenant peut-on dire, toujours avec M. Larombière, que la novation du droit français est la *translation* d'une obligation en une autre? On ne le peut pas davantage, car le mot translation semble indiquer que l'obligation novée persiste, en quelque sorte, sous une forme nouvelle. Nous avons vu, en effet, qu'il en était ainsi en droit romain, où l'on exigeait, comme nous avons essayé de le démontrer, que l'objet dû passât, fût transporté de la première obligation dans la seconde. Mais rien de pareil n'est exigé dans notre droit français, où l'on admet, au contraire, en première ligne, que la novation a lieu par changement d'*objet*, de sorte que chez nous l'on fait résulter la novation de cette seule coïncidence que deux obligations se succèdent; on n'exige pas, comme à Rome, qu'il y ait un trait commun entre ces deux obligations, c'est-à-dire qu'il y ait identité de l'objet dû, transporté de l'une à l'autre. Conséquemment, la définition romaine « novatio est prioris *debiti* in aliam obligationem *transfusio* atque *translatio* » ne convient pas à la novation du droit français.

Nous avons avancé tout à l'heure que la novation, en passant du droit romain dans notre droit, a changé de caractère. Qu'est-ce à dire? Pour l'expliquer, nous ne saurions mieux faire que transcrire la belle page suivante de Marcadé, écrite pour faire comprendre l'inapplicabilité des règles romaines à une question de droit français que nous aurons à examiner plus tard, quand nous nous occuperons des obligations qui peuvent nover.

« A Rome, fait observer Marcadé, la novation ne pouvait se faire que par les paroles solennelles de la stipulation; et l'on sait que la stipulation était l'un des actes les plus étrangement marqués au coin de ce formalisme bizarre dont notre Code a brisé les derniers restes. Les paroles régulièrement prononcées, les *mots* par eux-mêmes et sans aucune considération de l'intention réelle des parties, étaient, à l'instar d'une baguette magique, le seul et unique principe générateur du droit. Avec un consentement positivement avoué, si les paroles voulues n'étaient pas prononcées, le droit n'existait pas. Au contraire, le consentement fût-il vicié par l'erreur ou la violence, du moment que les mots avaient été prononcés, le droit existait!... Maintenant, comme le pupille, tout incapable qu'il était de s'obliger, avait le droit, en sa qualité de citoyen romain, de figurer dans la stipulation, du moment que les paroles voulues pour opérer novation étaient prononcées par le créancier et par lui, cette novation existait quand même. Au contraire, si les paroles avaient été prononcées par un esclave ou un étranger, la novation, quoique ceux-ci eussent la plus mûre intelligence de ce qu'ils faisaient et la plus parfaite volonté de nover, ne s'accomplissait pas, parce que l'esclave et l'étranger n'avaient pas le droit de jouer un rôle dans ce spectacle solennel de la stipulation. C'était donc par la toute-puissance de la forme, et *par la seule puissance de la forme,* que la novation s'accomplissait ainsi, malgré l'impuberté d'une partie, comme elle se serait accomplie malgré la volonté d'une partie violentée ou induite en erreur. Or, qu'y a-t-il de commun entre un pareil formalisme et l'esprit de notre droit moderne, qui laisse les mots pour ne s'occuper que des choses, qui veut que toute convention s'exécute de bonne foi et entraîne toutes les suites que demande l'équité? (Articles 1134 et 1135.) » (Marcadé, t. IV, n° 753.)

L'idée qui domine dans tout ce paragraphe et qu'il faut mettre en relief, c'est que la novation qui, à Rome, était surtout une affaire de *forme,* puisqu'elle avait lieu par la toute-puissance et par la seule puissance de la forme, a perdu ce caractère dans notre droit, qui laisse les mots pour ne s'occuper que des choses. Il en résulte que la plupart des principes que nous avons rencontrés dans le Corps du droit romain sur la novation, sont inadmissibles en droit français. De nombreux exemples, que nous rencontrerons dans le cours de notre travail sur le droit actuel, nous montreront la vérité de cette idée, proclamée déjà sous l'ancien droit par Garran de Coulon dans les termes suivants : « La matière des novations qui, dans notre droit, devrait être entièrement réglée par la raison naturelle, et qui, sous ce point de vue, n'aurait presque point de difficultés, présente néanmoins des questions très-controversées.

La plupart de ces doutes proviennent de l'application qu'on y a faite mal à propos des lois romaines qui, à cet égard comme à tant d'autres, ont des principes purement relatifs à leur système particulier de législation. » (Voy. *Répert.* de Merlin, v° Novation, *in princ.*)

Sous le bénéfice de ces observations qui étaient nécessaires pour justifier la critique que nous avons adressée aux auteurs modernes qui veulent transporter en droit français la définition romaine de la novation, nous allons poursuivre l'étude de notre matière d'après le Code Napoléon.

La novation, avons-nous dit, est la substitution d'une nouvelle dette à une ancienne. La première s'éteint pour faire place à une seconde qui n'a juridiquement rien de commun avec elle, et se met immédiatement à sa place. Libération et engagement simultanés, tel est le caractère de la novation. Ainsi, la novation ne se borne pas comme le payement à éteindre une dette; opération à double face, elle détruit une obligation et en crée une autre en même temps.

Le contrat de novation renferme donc essentiellement ces deux faits : *extinction d'une dette, création d'une obligation.* Mais quant à l'extinction de la première dette et à la création de la nouvelle, ces deux conventions d'un même acte sont dépendantes; « elles sont, comme dit Toullier (t. VII, n° 271) la condition l'une de l'autre. »

Ceci est fort important à constater au point de vue de l'enregistrement, car de ce que les deux conventions que renferme le contrat de novation sont liées entre elles et dépendent l'une de l'autre, nous en conclurons qu'un seul droit proportionnel est encouru. Mais quel est ce droit? est-ce le droit de quittance ou celui d'obligation?

D'après MM. Championnière et Rigaud, « ce sera le droit de quittance ou celui d'obligation, suivant que l'extinction de la dette préexistante ou la constitution de la nouvelle seront l'objet principal du contrat; il faut donc examiner laquelle est la cause de l'autre ou son effet dans la novation, car il est évident que la disposition qui, dans le contrat, n'est qu'une conséquence de l'autre, ne peut pas être la principale, ni dès lors déterminer le droit à percevoir. » (*Tr. des dr. d'enregist.*, n° 959.) Eh bien ! le Code pourrait faire présumer, au premier abord, que c'est l'extinction de la dette et par conséquent la libération du débiteur qui forme l'objet principal du contrat, puisque la novation est rangée dans le chapitre relatif à l'extinction des obligations. Cependant il n'en est point ainsi ; on considère que les parties, en faisant la novation, ont eu surtout pour but de créer une obligation ; la convention principale, passible de l'impôt, est donc ici la création du nouvel engagement. On invoque, à l'appui de cette manière de voir, l'autorité de Pothier qui, dans son *Traité des obligations*, n° 581, s'exprime ainsi : « L'ancienne dette est éteinte par la nouvelle qui est contractée en sa place, *c'est pourquoi* la novation est comptée parmi les manières dont *s'éteignent* les obligations. »

Ainsi, la novation, au point de vue de la perception du droit d'enregistrement, doit être envisagée comme un *acte obligatoire*. C'est un acte complexe portant à la fois obligation et libération. Mais un seul droit est exigible, celui d'obligation. (Conf. Gabriel Demante, n°s 536 et 541.)

Afin d'achever de bien déterminer le véritable caractère et la nature propre de la novation, il est nécessaire de passer en revue les autres faits juridiques qui, dans notre droit, ont une certaine analogie avec elle, et de montrer en quoi elle s'en distingue. Mais pour faire convenablement cette comparaison il importe de connaître d'abord les diverses manières dont s'opère la novation, car, selon qu'elle s'opère de telle ou telle manière, elle doit être comparée avec tel ou tel acte.

Voyons donc quelles sont les diverses manières dont s'opère la novation sous le Code Napoléon.

L'article 1271 s'exprime ainsi à cet égard :

« La novation, dit cet article, s'opère de trois manières :

« 1° Lorsque le débiteur contracte envers son créancier une nouvelle dette qui est substituée à l'ancienne, laquelle est éteinte ;

« 2° Lorsqu'un nouveau débiteur est substitué à l'ancien, qui est déchargé par le créancier ;

« 3° Lorsque, par effet d'un nouvel engagement, un nouveau créancier est substitué à l'ancien, envers lequel le débiteur se trouve déchargé. »

En résumé, la novation peut résulter de trois changements : 1° changement de dette entre les mêmes personnes ; 2° changement de débiteur ; 3° changement de créancier.

D'après certains auteurs, il y a novation *objective* dans le premier cas, novation *subjective* dans les deux derniers cas.

« Il peut arriver, disait le tribun Jaubert (*loc. cit.*) qui va nous donner des exemples de ces trois manières dont s'opère la novation, il peut arriver qu'une obligation considérée en elle-même ne soit anéantie que sous le rapport du débiteur ou sous celui du créancier, ou même que, sans changement de débiteur ou de créancier, il n'y ait de changement que dans la *nature* de l'obligation. Dans tous ces cas, l'obligation primitive est éteinte ; mais il en survient une seconde qui prend sa source dans la première. C'est cette substitution *d'une dette à une autre, d'un créancier à un autre*, ou *d'un nouveau débiteur à un ancien débiteur*, que le droit appelle novation.

« Par exemple : Pierre est débiteur de Paul ; Pierre contracte un nouvel engagement envers Paul, à la charge qu'il sera affranchi du précédent. Il n'y a pas de changement de personne, il y a seulement *changement de dette*. La première se trouve anéantie par la novation.

« Pierre est débiteur de Paul ; Jacques se rend débiteur de Paul à la place de Pierre, et en conséquence Paul libère Pierre ; Paul conserve toujours la même créance, il décharge seulement le débiteur. L'obligation qui subsiste en faveur de Paul se trouve éteinte, à l'égard de Pierre, par l'effet de la novation.

« Pierre est débiteur de Paul, Paul est débiteur de Jacques ; Pierre, du consentement de Paul, s'engage à payer Jacques ; Pierre est libéré envers Paul, quoique Pierre continue d'être obligé ; mais il n'est obligé qu'envers le créancier substitué, et il ne peut être question de son obligation primitive attendu la novation. »

Nous avons plusieurs observations à présenter sur la disposition de l'article 1271 expliquée par le discours du tribun Jaubert.

Et d'abord nous dirons que l'article 1271 est rédigé de façon à comprendre tous les modes de novation. D'après cet article, la novation s'opère de trois manières : par changement de dettes, par changement de débiteur, par changement de créancier. De là trois sortes de novation : novation par changement de dette, novation par changement de débiteur, novation par changement de créancier. L'article 1271 donne une division des novations tirée du point de vue de la nature des changements opérés. Il ne s'agit pas, dans cet article, de classer les événements qui opèrent novation, ce dont nous aurons à nous occuper sous l'article 1273, mais bien de classer les diverses combinaisons suivant lesquelles peut s'opérer la novation conventionnelle. Et cet article, nous le répétons, est rédigé de façon à comprendre tous les modes de novation. A ce propos, nous devons signaler l'erreur dans laquelle sont tombés plusieurs auteurs recommandables, notamment M. Mourlon (*Rép. écrit.*, sous l'article 1271). Cet auteur pensant que le 1° de notre article n'a eu en vue que la novation par *changement d'objet*, reproche aux rédacteurs du Code de n'avoir point parlé d'un quatrième mode de novation : la novation par changement de la *cause* de la dette. Exemple : Vous me devez telle somme en qualité de *locataire;* je pourrais en exiger le payement ; mais je consens à vous la laisser à titre de *prêt :* l'objet de la dette, le débiteur et le créancier sont les mêmes, la *cause* de la dette seule est changée ; mais ce changement est essentiel : la dette née du contrat de *location* s'est transformée en une dette née d'un contrat de *prêt :* il y a novation. L'ancienne dette était prescriptible par cinq ans (article 2277), mais elle était garantie par un privilége (article 2102, 1°) ; celle qui la remplace n'est prescriptible que par trente ans, mais aucun privilége n'en assure l'exécution. — Nous ne nions pas la possibilité d'une pareille novation, nous observons seulement qu'il n'est pas nécessaire de lui créer une catégorie à part, car elle rentre très-bien dans le n° 1 de l'article 1271. Il suppose dans sa rédaction large une nouvelle dette contractée entre les mêmes parties. L'exemple qui précède, ainsi que tout autre exemple où il y aurait changement de la *cause* de la dette, se rapporte sans difficulté à une telle rédaction, qui laisse dans le vague la chose nouvelle dans la dette qui nove, et cette chose peut être la *cause* tout aussi bien que l'*objet*. Rien, ni dans Pothier, ni dans les Travaux préparatoires, ne contrarie cette interprétation. Il ne faut donc pas critiquer, relativement au point qui nous occupe, l'énumération des rédacteurs du Code.

« La novation, dit Pothier (n° 582), peut se faire de trois différentes manières, qui forment trois *différentes espèces de novation*.

« La première est celle qui se fait sans l'intervention d'aucune nouvelle personne, lorsqu'un débiteur contracte un *nouvel engagement* envers son créancier, à la charge qu'il sera quitte d'un précédent.

« Cette espèce de novation s'appelle simplement *novation*. »

Ainsi la novation entre les mêmes personnes, cas prévu par le 1° de l'article 1271, a lieu, d'après Pothier, quand il y a un *nouvel engagement*, et, d'après le Code, quand il y a une *nouvelle dette*. Ces expressions vagues comprennent aussi bien la novation par changement de *cause* que la novation par changement d'*objet*.

C'est ici le lieu de faire remarquer que lorsque la novation s'opère entre les mêmes personnes, on dit alors qu'il y a *novation proprement dite*. (Pothier, n° 582.)

« La première manière dont peut s'opérer la novation, dit Bigot de Préameneu, est lorsque le débiteur fait lui-même avec son créancier cette substitution d'une dette à l'autre. C'est ce qu'on appelait simplement en droit *novation*. » (Locré, t. XII, p. 377.)

Nous devons également faire remarquer qu'on donne aussi un nom particulier à la novation par changement de débiteur, cas prévu par le 2° de l'article 1271.

« La deuxième manière, dit encore Bigot de Préameneu, est lorsqu'un débiteur est substitué à l'ancien, qui est déchargé par le créancier. Cette deuxième espèce de novation se nommait *expromission*. » (Conf. Pothier, n° 583.)

Nous conserverons à cette espèce de novation le nom d'*expromission*, qui lui était donné anciennement.

Enfin quant à la troisième espèce de novation, prévue par le 3° de l'art. 1271, qui est lorsqu'un nouveau créancier est substitué à l'ancien envers lequel le débiteur se trouve déchargé, nous l'appellerons *novation par changement de créancier*.

« La troisième espèce de *novation*, disait Pothier (n° 584), est celle qui se fait par l'intervention d'un nouveau créancier, lorsqu'un débiteur, pour demeurer quitte envers son ancien créancier, de l'ordre de cet ancien contracte quelque engagement envers un nouveau créancier. »

M. Mourlon est de tous les auteurs celui qui explique le mieux en quoi consiste cette espèce de novation; aussi nous allons transcrire le passage où il en parle.

« La novation, dit Mourlon, s'opère par *changement de créancier*, lorsque le débiteur se libère envers son créancier au moyen d'une obligation qu'il contracte envers une autre personne que son créancier lui désigne. Primus, à qui vous devez 1,000 francs, vous propose cet arrangement : Je vous déchargerai de l'obligation dont vous êtes tenu envers moi si vous voulez vous obliger à payer pareille somme à Secundus. Vous accceptez : l'objet de la dette et le débiteur sont les mêmes, le créancier seul est changé; mais ce changement est essentiel, la dette dont vous étiez tenu envers Primus est éteinte et remplacée par celle que vous avez souscrite au profit de Secundus, il y a novation. » (Voy. *Répét. écrit.*, sous l'article 1271.)

On a fait remarquer que cette espèce de novation sera assez rare; dans l'exemple ci-dessus, Primus, au lieu de donner ordre à son débiteur d'aller s'obliger envers Secundus, cédera simplement sa créance à Secundus, ce qu'il pourra faire sans le concours du débiteur. Nous adhérons à cette manière de voir. Mais il n'en est pas moins vrai que la novation par changement de créancier puisse avoir lieu dans les termes indiqués par M. Mourlon, et son exemple est très-bien choisi.

Notons ici que l'ex-législateur Renault (de l'Orne), dans son *Traité des conventions*, p. 204, nous donne un autre exemple du troisième cas prévu par l'article 1271. « *Exemple du troisième cas.* Vous êtes mon créancier et Louis est le vôtre. Je m'engage de votre consentement à payer Louis qui vous libère. Il n'y a pas ici changement de débiteur, mais il y a changement de créancier, puisque ce n'est plus à vous que je dois, mais bien à Louis, envers qui j'ai contracté la nouvelle obligation. » Cet exemple n'est pas très-heureux. Sans doute il y a changement de créancier; mais il y a aussi changement de débiteur, quoi qu'en dise notre auteur. Or il nous faut ici un exemple où il y ait seulement changement de créancier, puisqu'il suffit pour opérer novation.

De tout ce qui précède, il résulte que le Code (article 1271) distingue trois espèces, trois sortes de novation. Par changement : 1° de dette ; 2° de débiteur ; 3° de créancier.

Mais, nous devons en faire ici la remarque, ces trois modes de novation, qui souvent se présentent isolés, peuvent aussi concourir et se combiner. Ils peuvent se combiner et concourir pour opérer une seule novation d'obligation. Ainsi, il peut y avoir changement de dette, *v. g.* changement d'objet, et changement de débiteur et de créancier. Exemple : Paul me devait cent mesures de blé ; Pierre vient me dire : Libérez-le, et je payerai telle somme à votre père. J'accepte ; il y a tout à la fois changement d'objet d'obligation, changement de débiteur et changement de créancier. De même qu'il peut y avoir changement de l'objet et changement des deux sujets de l'obligation, un seul des sujets peut être changé. Il peut y avoir : 1° changement d'objet et de débiteur. Par exemple, je tiens Paul quitte des 1,000 francs qu'il me doit, si Pierre s'engage à me fournir son cheval ; 2° changement d'objet et de créancier. Par exemple, je tiens quitte Paul des 1,000 francs qu'il me doit, s'il s'oblige à fournir son cheval à Pierre. — Et, autre remarque, si plusieurs causes de novation peuvent ainsi concourir pour éteindre une seule obligation, il peut arriver réciproquement qu'une seule cause de novation éteigne d'un même coup plusieurs obligations, non-seulement au profit d'un même débiteur, mais même pour des débiteurs multiples. Ainsi, Paul me doit son cheval et un baril de vin ; je conviens avec lui que ces deux obligations seront remplacées par une obligation de me payer 1,500 fr. Il n'y a que changement d'objet. Supposons maintenant les débiteurs multiples : ainsi, Paul et Pierre me doivent chacun 500 fr. ; Jacques s'engage à me payer à leur place 1,000 fr. : les deux dettes de Pierre et de Paul sont éteintes par le seul changement de débiteur. « Ainsi encore, nous dit Marcadé (n° 748), quand Primus doit 500 fr. à Secundus, que celui-ci doit une somme égale à Tertius, qui lui-même en doit une à Quartus, ces quatre personnes peuvent convenir que Primus se constituera débiteur de 500 fr. envers Quartus, et que tout le reste s'évanouira. De cette façon, les trois créances de Quartus sur Tertius, de celui-ci sur Secundus, et de ce dernier sur Primus, s'éteindront à la fois. Il est vrai qu'alors il y a deux causes de novation, changement de créancier pour la dette Primus et changement de débiteur pour les deux autres; mais on voit que cette dernière cause éteint en même temps à elle seule deux obligations, et on conçoit qu'elle pourrait, de la même manière, en éteindre beaucoup plus. »

C'est ici le lieu de faire observer que la novation offre une combinaison juridique des plus souples, des plus pratiques, et en même temps des plus commodes, puisqu'elle sert à simplifier des rapports multiples. On conçoit qu'en pratique la novation soit un moyen utile de faire des arrangements amiables et d'empêcher des poursuites, surtout en permettant de donner au créancier qui veut bien s'en contenter une obligation que le débiteur aura plus facile à exécuter que l'ancienne.

Maintenant que nous connaissons les diverses manières dont s'opère la novation, ou, pour parler autrement, les diverses espèces de novation, nous pouvons faire la comparaison que nous avons annoncée, pour achever de bien déterminer la nature et le caractère de la novation.

La novation, avons-nous dit en commençant, est la substitution d'une dette à une autre. De même que le payement, elle est un mode d'extinction des obligations. Elle éteint la dette, et du même coup tous les accessoires, privilèges, hypothèques, cautionnements. C'est une règle absolue et infaillible : dette novée, dette éteinte, et à la place dette nouvelle : *novatio a novo nomen accepit, id est a nova obligatione*. Tel est le caractère distinctif de la novation.

Malgré la simplicité de ce caractère, elle risque de se confondre avec divers actes dont elle ne diffère que par des nuances souvent délicates, mais très-importantes néanmoins; nous allons la comparer avec chacun de ces actes, qui sont : le payement, la dation en payement, la remise de la dette, la ratification, le cautionnement, la cession-transport, la subrogation, l'indication de payement et la délégation.

(*a*) — *Novation entre les mêmes personnes ou novation proprement dite.*

Commençons par comparer la novation avec le payement.

On peut dire de la novation que c'est un payement, puisque, dans un sens large, le mot payement signifie extinction d'obligation. En ce sens, le payement est synonyme de libération : *liberationis verbum eamdem vim habet quam solutionis.... Solutionis verbo satisfactionem quoque omnem accipiendam placet.* (*Leg.* 47 et 176, ff. *De v. sign.*) Mais si l'on donne au mot payement sa signification habituelle (dans l'usage, il n'est jamais employé qu'au sens restreint), il ne sera plus vrai de dire que la novation n'est qu'un payement. Entre elle et le payement, il y a ce point *de ressemblance* que l'un et l'autre servent à éteindre des obligations ; mais la différence est grande. Le payement consiste dans la prestation de ce qui est dû, de ce qui forme la matière de l'obligation : *solvere dicimus eum qui fecit quod facere promisit.* (L. 176, ff. *De v. sign.*, *Dig.*, 50, 16.) A moins donc que l'obligation ne soit susceptible d'être remplie que par une personne déterminée, et tel serait le cas où l'objet de l'obligation consisterait en un travail réclamant des aptitudes spéciales, la confection d'un tableau, la direction d'une construction, par exemple, la première personne venue peut payer le créancier même contre son gré, ce dernier n'ayant pas d'intérêt à recevoir son payement de telle personne plutôt que de telle autre. (Voy. article 1236 du Code Napoléon.) Mais le créancier ne peut être contraint de recevoir une chose autre que celle qui lui est due, alors même que la valeur de la chose offerte serait égale ou même plus grande, nous dit la loi (article 1243). Or, la novation suppose précisément qu'on veut donner au créancier autre chose que ce qui lui est dû : le créancier peut donc refuser ce qu'on lui propose et exiger l'exécution de la convention existante. C'est là une *différence* essentielle entre la novation et le payement : tandis que le payement pourra souvent avoir lieu contre le gré du créancier, la novation ne le pourra jamais. Cette disposition est d'ailleurs très-raisonnable : la confiance est personnelle ; je puis avoir confiance en Pierre et n'avoir pas confiance en Paul, dont le crédit semble pourtant bien établi. C'est pour cela que le créancier demeure libre d'accepter ou de repousser la novation. Ajoutons, dans le même ordre d'idées, que l'on admet généralement que le pouvoir de recevoir ou exiger le payement n'implique pas celui de consentir une novation. (Arg., articles 1197 et 1198.)

Nous venons de dire que la novation suppose qu'on veut donner au créancier autre chose que ce qui lui est dû. Peut-être pourrait-on critiquer cette manière de s'exprimer et dire : novation et dation en payement, c'est donc la même chose ! Non, ce n'est pas la même chose ; mais c'est quelque chose d'analogue.

Ceci nous amène naturellement à comparer la novation avec la dation en payement.

Ces deux actes juridiques se ressemblent en ce que, dans l'un et dans l'autre, le créancier consent à recevoir en payement une chose autre que celle qui lui est due, ce à quoi, nous le savons, il ne peut pas être contraint. Cette opération par laquelle le créancier consent à recevoir la chose qui lui est offerte au lieu et à la place de celle qui lui est due, est un payement improprement dit. Eh bien ! c'est la même opération qu'on appelle tantôt *dation en payement* (*datio in solutum*), tantôt *novation* (*novatio*) : dation en payement, lorsque le créancier reçoit en payement la *propriété* d'une chose autre que celle qui lui est due ; novation, lorsqu'il reçoit une autre créance, c'est-à-dire un *nouvel* engagement que contracte envers lui le débiteur, ou même un tiers (article 1271). — Je vous offre mon cheval en payement d'une somme que je vous dois ; vous acceptez : il y a *datio in solutum ; datio,* c'est-à-dire translation de la propriété du cheval ; *in solutum,* c'est-à-dire à titre de payement. — Nous convenons qu'à la place des 100 fr. que je vous dois, je vous payerai tant de mesures de blé, tant de barils de vin : cette convention est une novation.

On voit l'analogie qui existe entre la novation et la dation en payement. Il y a même entre ces deux actes une telle intimité que certains auteurs sont portés à les confondre. C'est ainsi que Marcadé termine ses observations, d'ailleurs assez confuses, sur l'article 1243, en concluant que : « la dation en payement est donc un cas de novation. » De même les savants professeurs de Strasbourg, MM. Aubry et Rau, enseignent, dans une courte note sur Zachariæ, que « la dation en payement suppose qu'il s'est opéré entre les parties une novation expresse ou tacite, par suite de laquelle la prestation primitive a été remplacée par une autre. » Pour notre part, nous nous proposons, dans le cours de notre travail, de soutenir, à tort sans doute, puisque nous serons en désaccord avec les éminents jurisconsultes que nous venons de citer, mais avec conviction, que la dation en payement n'entraîne pas novation. Nous nous contenterons pour le moment de faire observer que la novation ne se présume point sous le Code (article 1273), « que la novation est de droit strict » (expressions d'un arrêt de Poitiers du 18 janvier 1864), et que partant on ne doit pas la voir facilement dans la dation en payement. Enfin si l'on voulait à toute force montrer le lien intime qui existe entre les deux opérations qui nous occupent, il serait peut-être aussi exact de voir dans la novation une sorte de dation en payement (*lato sensu*) ayant ses règles propres dans la loi, que de voir dans la dation en payement (*sensu stricto*) une novation tacite. Mais laissons là ces subtilités. Dans l'une et l'autre de ces opérations, le débiteur ou un tiers propose au créancier quelque chose de nouveau, voilà la ressemblance; mais, dans la dation en payement, ce qu'il y a de nouveau, c'est ce qu'on veut payer, on donne une chose pour une autre. Dans la novation, on donne une nouvelle obligation à la place d'une obligation précédente; voilà la différence.

Nous allons maintenant comparer la novation avec la remise de la dette.

La novation, c'est-à-dire le remplacement d'une obligation par une autre, par exemple quand nous convenons que vous me donnerez une somme d'argent à la place du cheval que vous me devez, convention par suite de laquelle l'obligation de livrer le cheval s'éteint pour faire place à celle de payer la somme convenue, ne doit pas être confondue avec la remise de la dette par le créancier, c'est-à-dire la renonciation qu'il fait à sa créance. « On pourrait dire à la rigueur, observe Marcadé (t. IV, n° 661), qu'il y a remise de la dette toutes les fois que le créancier affranchit son débiteur de l'exécution de l'obligation, en sorte que le cas de novation que nous venons d'indiquer serait aussi un cas de remise de la dette, puisqu'au moyen de l'obligation nouvelle de payer une somme l'obligation de livrer un cheval a été remise; mais ce n'est pas dans ce sens que se prend l'expression de *remise de dette*; on ne l'entend que du cas où le créancier affranchit le débiteur sans qu'il y ait de la part de celui-ci ni payement ni soumission à une obligation nouvelle. On pourrait donc distinguer la *remise par novation* et la *re-*

mise simple, mais on ne le fait pas, et l'usage est de ne donner qu'à cette dernière le nom de *remise de la dette...* »

Ainsi il y a dans un sens *remise de la dette* dans le cas de novation, puisque le créancier, au moyen de l'obligation nouvelle qu'il accepte à la place de l'ancienne, tient son débiteur quitte et lui *remet* par conséquent son obligation. Mais alors ce n'est pas un abandon fait de son droit par le créancier, ce n'est pas immédiatement dans la volonté du créancier que la libération du débiteur trouve sa cause, c'est dans le fait même de la novation; la loi, la raison, la force même des choses nous présentent alors la libération comme une conséquence forcée de la substitution de dettes; et s'il est vrai que pour la novation il faut le consentement du créancier, il est vrai aussi que ce consentement n'engendre immédiatement que la novation, laquelle engendre à son tour la libération du débiteur. Dans le cas de remise proprement dite, au contraire, c'est directement et immédiatement par la volonté du créancier de libérer son débiteur que la libération s'accomplit; c'est uniquement parce qu'il plaît à ce créancier d'affranchir le débiteur que la dette de celui-ci s'éteint; la renonciation du créancier est la seule cause génératrice de la libération, il y a vraiment extinction par *simple remise* de la dette. (Conf. Marcadé, t. IV, n° 786.)

Des observations qui précèdent, il nous semble résulter que l'idée que nous allons rencontrer sur la *capacité de nover*, idée d'après laquelle ceux-là seuls peuvent nover une dette, une obligation, qui pourraient faire remise de cette dette, de cette obligation, est trop absolue. Autre chose, en effet, est la *remise par novation*, autre chose la *remise simple*. Un *a fortiori* seulement est permis de la capacité de faire remise à la capacité de faire novation.

Enfin on a comparé la novation avec la confirmation ou ratification.

La confirmation ou ratification (articles 1338 et 1340) est, d'après Zachariæ (t. III, § 337), « l'acte juridique par lequel une personne fait disparaître le vice dont se trouve entachée une obligation contre laquelle elle eût pu se pourvoir par voie de nullité ou de rescision. La confirmation diffère donc de la novation... » Sur ce passage de Zachariæ, MM. Aubry et Rau font remarquer que « l'effet de la novation est de créer une obligation nouvelle; la confirmation, au contraire, a seulement pour objet de réparer les vices de l'obligation à laquelle elle se rapporte : *confirmatio nil dat novi.* » Partant de ce principe que : *confirmatio nil dat novi*, les savants professeurs de Strasbourg enseignent ailleurs (t. III, § 297, note 18) que, « quoique susceptible d'être *convertie* en une obligation civilement efficace, une obligation naturelle ne revêt pas le caractère d'obligation civile par suite d'une simple confirmation. » Zachariæ dit également dans le passage précité qu'on ne peut confirmer les obligations naturelles; or, on peut les nover. Donc, d'après Zachariæ et ses annotateurs, il y aurait cette différence que l'obligation naturelle serait susceptible d'être novée, mais non d'être confirmée. Marcadé (sous l'article 1338) est d'un avis contraire. Comment, dit-il, l'obligation naturelle ne serait-elle pas susceptible d'être confirmée, quand, de l'aveu de tout le monde, de M. Zachariæ lui-même, elle est susceptible de novation?... — Nous ne faisons qu'indiquer la divergence d'opinions sur cette question délicate, dont l'examen nous détournerait beaucoup trop de notre sujet.

(*b*) — *Expromission.*

Il ne faut pas la confondre avec le cautionnement.

« La seconde espèce de novation, nous dit Pothier (nº 583), est celle qui se fait par l'intervention d'un nouveau débiteur, lorsque quelqu'un se rend à ma place débiteur envers mon créancier, qui l'accepte pour son débiteur et me décharge en conséquence.

« Celui qui se rend ainsi débiteur pour un autre qui est en conséquence déchargé, s'appelle en droit *expromissor*, et cette espèce de novation s'appelle *expromissio*.

« Cet *expromissor* est très-différent de la caution qu'on appelle en droit *adpromissor*, car celui qui se rend caution pour quelqu'un ne le décharge pas de son obligation, mais il y accède, et se rend débiteur conjointement avec lui. »

Ces observations fort sensées sont encore justes aujourd'hui; aussi sont-elles reproduites par Toullier (t. VII, nº 273).

(c) — *Novation par changement de créancier.*

Avec quelles opérations juridiques faut-il se garder de la confondre? Avec la cession-transport et avec la subrogation.

La novation s'opère par changement de *créancier,* ainsi que nous l'avons vu, quand un créancier renonce à ses droits, à la condition que le débiteur contracte une nouvelle dette envers un autre créancier.

Eh bien, cette espèce de novation, cette substitution d'un nouveau créancier à l'ancien ne doit pas être confondue avec la cession de créance, ni avec la subrogation.

Comparons d'abord la novation par changement de créancier avec la cession ou transport de créances.

Ces deux opérations ont un point de contact, en ce qu'il y a dans les deux cas exercice de certains droits par un individu venant prendre la place d'un autre. Mais il y a entre les deux opérations toute la différence qui sépare un acte translatif d'un mode d'extinction. Dans l'espèce de novation qui nous occupe, il y a tout à la fois changement de créance et de créancier. Dans le cas de transport, au contraire, il y a seulement changement de créancier. Le transport n'apporte aucun changement à l'ancienne dette; loin de l'anéantir pour la remplacer par une autre, il la fait passer tout entière dans les mains du cessionnaire : elle lui est transmise dans le même état qu'elle était auparavant, c'est-à-dire avec tous les droits qui appartenaient au cédant (arg. article 2112). — (Ce n'est pas à dire toutefois que le droit cédé soit toujours dans la personne du cessionnaire absolument le même que dans la personne du cédant; voy. sur ce point délicat une savante dissertation de M. Bodin, *Rev. prat.*, t. V, p. 145 et suiv.)

En bref, dans la cession, *la même* créance passe d'une personne à une autre, tandis que dans la novation par changement de créancier il y a une créance *nouvelle* en même temps qu'un nouveau créancier. Ajoutez que le consentement du débiteur est nécessaire pour que cette novation ait lieu : elle diffère encore en cela du transport-cession, sorte de contrat dans lequel on ne requiert pas le consentement du débiteur, sauf au cessionnaire à lui faire signifier son transport (article 1630).

Nous allons maintenant comparer la novation par changement de créancier avec la subrogation. Mais auparavant il est nécessaire de présenter quelques observations sur la nature de la subrogation.

Qu'est-ce donc que la subrogation?

Malgré les traités généraux des commentateurs du Code Napoléon, malgré d'excellents ouvrages spéciaux sur cette matière, le jurisconsulte hésite encore quand il est obligé de donner une réponse à cette question. C'est qu'en effet le fondement sur lequel repose la subrogation est aujourd'hui l'objet de vives discussions auxquelles ont pris part les jurisconsultes les plus éminents. Pour ne pas nous écarter de notre sujet, déjà assez vaste, nous nous bornerons à indiquer les deux principaux systèmes en vogue.

« *Subrogation*, nous dit Marcadé (t. IV, n° 672), signifie tout simplement *substitution*, *succession* d'une personne à une autre personne, d'une chose à une autre chose; dans notre matière du payement, la subrogation est la mise d'un créancier nouveau à la place du premier créancier, de telle sorte que le créancier nouveau ait vis-à-vis du débiteur absolument les mêmes droits que l'ancien. Ainsi, quand Pierre me doit 500 fr. avec garantie hypothécaire, et que Paul vient me payer 500 fr., mais sans se faire mettre en mon lieu et place quant à l'hypothèque, et en se contentant d'une créance chirographaire, il n'y a pas de subrogation; que si, au contraire, l'hypothèque qui me garantissait continue de le garantir, si sa créance présente les mêmes accessoires qu'avait la mienne, il y a subrogation. Ceci une fois compris *en fait*, comment l'expliquer en droit? Il se présente deux explications, deux théories. Dans l'une, qui nous paraît moins logique, on dit que la créance payée avec subrogation est censée n'être pas payée, n'être pas éteinte; qu'elle est réputée exister encore comme si elle avait été achetée au lieu d'être acquittée, et que, dès lors, cette créance continuant, par la fiction de la loi, d'être identiquement la même, elle continue nécessairement et tout naturellement de présenter les mêmes garanties, les mêmes hypothèques ou priviléges, les mêmes accessoires, enfin. Dans un second système, qui nous semble plus rationnel, on dit que le payement avec subrogation anéantit la créance (puisque le payement est nécessairement un mode, et le mode principal et le plus naturel d'extinction des obligations), et que, dès lors, la créance qui existe ensuite contre le débiteur au profit de celui qui a payé (et qui naît ainsi d'une gestion d'affaires), est bien une créance nouvelle; mais que la loi, par sa volonté toute-puissante, transporte sur cette créance toutes les garanties de l'ancienne. »

Cette courte citation de Marcadé nous permettra de comparer la subrogation avec la novation par changement de créancier.

Quelle que soit la théorie que l'on adopte sur la nature de la subrogation, les deux opérations que nous allons comparer ne sauraient être confondues.

Admet-on la première théorie, suivant laquelle la subrogation peut être définie, avec Zachariæ (t. III, § 321), « une fiction juridique, admise ou établie par la loi, fiction en vertu de laquelle une obligation éteinte au moyen du payement effectué par un tiers, ou par le débiteur avec des deniers que ce tiers lui a fournis à cet effet, est regardée comme continuant de subsister au profit de ce tiers, qui est autorisé à faire valoir, dans la mesure de ce qu'il a déboursé, les droits et actions de l'ancien créancier? » Alors la subrogation se sépare nettement de la novation par changement de créancier. La subrogation, dans cette théorie, n'étant qu'une cession fictive de la créance, ne saurait, pas plus que la cession-transport, être confondue avec la novation par changement de créancier. Cette espèce de novation, comme toute novation, ne produit aucun effet de transmission, et c'est en cela qu'elle diffère de la subrogation considérée comme une cession fictive. La novation éteint la créance, remplacée par une nouvelle; le payement avec subrogation, dans la théorie ci-dessus, la laisse subsister, et n'a d'autre effet que de changer le créancier. Aussi les accessoires qui faisaient cortége à la créance, comme hypothèques, cautionnements, compétence du tribunal, etc., la suivent chez le nouveau créancier quand il y a subrogation, et ne sont pas transportés au profit de la nouvelle dans le cas de novation par changement de créancier, sauf à les réserver ou créer de nouveau. Voilà en quoi les deux opérations diffèrent sensiblement. Elles n'ont de commun qu'un seul point : c'est que, dans l'une comme dans l'autre, il y a changement de créancier. Mais toutes les fois qu'il y a substitution d'un créancier à un autre, *transfusio unius creditoris in alium,* comme disaient nos vieux auteurs : il ne s'ensuit pas qu'il y ait novation. MM. Aubry et Rau, sous le passage précité de Zachariæ, font très-justement remarquer que « la subrogation, quoique supposant un changement de créancier, n'emporte pas novation, et ce à raison de la fiction juridique qui lui sert de base. » En effet, d'après cette fiction, la créance étant regardée comme continuant de subsister, il est évident qu'il n'y a pas là novation.

M. Taulier, ancien doyen de la Faculté de droit de Grenoble, nous donne, pour la comparaison entre la novation par changement de créancier avec la subrogation, certains détails que nous croyons devoir rapporter, car ils sont très-peu connus. (Voy. *Théorie raisonnée du Code civil,* t. IV, p. 306 et 309.)

« C'est ici le lieu de signaler la différence très-réelle qui sépare la subrogation de la novation par changement de créancier, nous dit le savant auteur dans le chapitre où il parle de la novation.

« Dans la subrogation, la dette primitive reste intacte ; dans la novation, elle s'éteint. De là il résulte que les cautionnements, les priviléges, les hypothèques subsistent au profit du subrogé, tandis que, par l'effet de la novation, ils s'éteignent avec la dette même. De là il résulte encore que le débiteur peut opposer au subrogé toutes les exceptions qu'il pouvait opposer au subrogant, tandis que le débiteur ne peut opposer au nouveau créancier que les exceptions propres à la nouvelle dette. Enfin, la prescription court contre la dette après la subrogation comme avant; mais après la novation, la dette contractée envers le nouveau créancier ne peut plus être l'objet que d'une prescription nouvelle.

« Lorsque la novation s'opère par le changement de créancier, nous dit encore le même auteur, il ne faut pas croire que le maintien des hypothèques au profit du nouveau créancier assimile complétement la novation à une subrogation. Entre ces deux choses, il y a encore cette différence que par la novation la dette primitive est éteinte, et que la nouvelle dette ne peut se prescrire que par un laps de temps auquel le nouveau contrat sert de nouveau point de départ. »

Que si maintenant on admet la seconde théorie, moins en faveur, bien que le célèbre Demolombe semble devoir s'y rattacher.

Voici, en effet, ce qu'il écrivait, en 1846, dans la *Revue de législation et de jurisprudence* : « Il est vrai que beaucoup d'hésitations règnent encore sur le caractère de la subrogation;... mais pourtant voici ce qui me touche, en présence surtout de notre Code civil : Le payement éteint la dette, c'est là une règle qui me paraît absolue; dette payée, dette éteinte. Or le payement avec subrogation n'en est pas moins un payement (article 1249); donc il éteint nécessairement la dette, et si cet argument est vrai, il ne comporte aucune distinction, et doit être appliqué à la subrogation de quelque cause qu'elle dérive, de la loi, de la volonté du débiteur ou de celle du créancier. Quel peut donc être seulement après cela l'effet de la subrogation? C'est de détacher de la créance qui s'éteint ses sûretés et ses garanties, pour en revêtir la créance nouvelle : fiction qui n'empêche pas plus alors le payement d'éteindre la créance, que la réserve des priviléges et hypothèques n'empêche la novation de l'éteindre dans l'hypothèse prévue par l'article 1278. » (Conf. Bugnet sur Pothier, t. Ier, p. 661; t. II, p. 136 et 299.) D'après cette seconde théorie, on le voit, il est faux que la subrogation n'opère qu'une mutation de personnes, comme le prétendent les partisans de l'autre opinion; il se fait un changement dans l'action, dans le droit fondamental du premier créancier; cette action est éteinte et fait place à une nouvelle action, qui a sa cause dans une *gestion d'affaire*, c'est-à-dire dans le payement de la dette d'un autre. Envisagée ainsi, la subrogation peut être définie : l'attribution des accessoires de l'ancienne créance, éteinte par le payement que fait un tiers, à une nouvelle créance née de ce payement même.

Que si l'on admet cette seconde théorie, la subrogation se rapprocherait beaucoup plus de la novation par changement de créancier que dans l'autre système. Car dans la subrogation ainsi entendue il y a, comme dans la novation, plus qu'une mutation de personnes, plus qu'une substitution d'un créancier à un autre; mais un changement s'est opéré dans la nature même de la créance, un droit tout nouveau a succédé à l'ancien; une créance nouvelle est née du payement qui a éteint la créance primitive; mais, pour assurer l'exécution de ce droit nouveau, il sera muni de toutes les sûretés, de tous les accessoires du droit qui n'existe plus. De même qu'en matière de novation les parties peuvent, par une clause expresse, faire passer les accessoires de l'ancienne créance à celle qu'on lui substitue; de même, ici, les parties, ou la loi pour elles, détachent toutes les garanties de la créance que le payement va éteindre, pour en investir le nouveau droit qui va naître. — On s'appuie même sur ce qui peut se passer en matière de novation, pour répondre à une objection de certains défenseurs de la doctrine adverse. Ainsi, suivant M. Duranton, t. XII, n° 116, à la note, c'est violer les vrais principes du droit que de considérer comme encore existants les accessoires d'une dette qu'on déclare éteinte; il n'y a pas, en effet, d'accessoire là où il n'y a plus de principal, et il est juridiquement impossible de substituer à l'ancienne action l'action *negotiorum gestorum*, pour servir de base aux accessoires d'une autre dette qui a cessé d'exister. Non, a-t-on répondu justement, il n'est pas impossible que les accessoires d'une dette acquittée soient conservés pour la garantie d'une autre dette; ce résultat n'a rien de contraire aux vrais principes du droit, car, loin que la loi le défende, elle le permet au contraire expressément. C'est ainsi, en effet, qu'aux termes bien positifs de l'article 1278, les accessoires de la dette qu'on éteint par novation peuvent servir de garantie à la dette qui naît de la novation même. C'est précisément ce qui se passe dans la subrogation; le payement, comme la novation, éteint la dette; mais la convention des parties, ou la loi pour elles, conserve pour la garantie du recours du nouveau créancier les accessoires de la dette qu'il a acquittée de son propre argent. (Conf. l'excellent *Traité des subrogations personnelles* de M. Mourlon, p. 131 et 132.)

Notons en passant que cette analogie entre la novation et la subrogation est mise en relief par M. Paul Pont dans son *Traité des hypothèques* (n° 1229) :

« Il est, remarque le savant auteur, telles circonstances dans lesquelles la sûreté hypothécaire survit à l'extinction même *totale* de la créance qu'elle a eu pour objet d'assurer et garantir. Tel est d'abord le cas du *payement avec subrogation*, dont parle l'article 1250 du Code Napoléon : ce payement, bien qu'il éteigne la créance, ainsi que l'explique Marcadé (t. IV, n° 708), n'en laisse pas moins subsister les accessoires de cette créance, lesquels sont attribués, par l'effet de la subrogation, à la créance nouvelle naissant du payement. — Tel est encore le cas de la *novation* lorsque les parties font la réserve indiquée par la disposition finale de l'article 1278 du même Code. La novation, c'est-à-dire le remplacement d'une obligation par une obligation nouvelle, opère bien l'extinction *totale* de l'obligation personnelle qui avait été d'abord contractée, et, par cela même, elle entraîne en principe l'extinction des priviléges et hypothèques accessoirement attachés à cette obligation personnelle; mais si les parties font de ces sûretés réelles l'objet d'une réserve; si, comme elles y sont autorisées par l'article 1278, elles stipulent que la sûreté passera de l'ancienne créance à celle qui lui est substituée, le principe fléchit, et la sûreté réelle survit, bien que l'obligation dont elle était l'accessoire primitivement soit éteinte en totalité... »

Dans la seconde théorie sur la nature de la subrogation il y a une telle analogie entre la subrogation et la novation par changement de créancier, que ces deux opérations semblent se confondre, alors surtout que dans la novation on suppose le maintien des hypothèques. Néanmoins la subrogation diffère encore la novation par changement de créancier dans la manière de l'opérer d'abord, car la subrogation peut avoir lieu sans le consentement du débiteur, tandis qu'en matière de novation le débiteur n'est obligé envers le nouveau créancier qu'autant qu'il agrée ce nouveau créancier. De plus, il y a les subrogations légales, et nous ne connaissons pas de novation légale. Une autre différence enfin, c'est que dans la subrogation les accessoires, cautionnement, hypothèques, subsistent, tandis que dans la novation il faut, quant au cautionnement, que la personne qui a garanti l'ancienne dette garantisse aussi la nouvelle, et quant aux hypothèques, qu'elles soient formellement réservées.

Nous n'insisterons pas davantage sur cette comparaison entre la novation par changement de créancier et la subrogation. Peut-être en avons-nous assez dit pour montrer que la novation par changement de créancier se sépare de la subrogation, quelle que soit la théorie qu'on adopte sur la nature de cette dernière opération.

Après avoir parlé de la novation par changement de débiteur ou expromission et de la novation par changement de créancier, que nous avons essayé de distinguer des divers actes qui s'en rapprochent, disons un mot de la délégation comparée à la novation.

« Autre chose est la novation, autre chose est la délégation, » a dit Jaubert dans son *Rapport au Tribunat* (Locré, *Législ. civ.*, t. XII, p. 481). Qu'est-ce à dire? En général comme nous le verrons, il n'est pas nécessaire que l'intention d'opérer la novation soit exprimée formellement, il suffit qu'elle résulte de l'acte (article 1273) : ainsi c'est en recherchant quelle a été l'intention des parties qu'on peut déterminer s'il y a eu ou non novation. Voilà la règle générale; mais, en matière de délégation, la loi ne laisse pas entièrement à l'arbitraire du juge de déterminer si les parties ont voulu opérer la novation; elle indique une circonstance qui doit servir à faire connaître cette intention et à défaut de laquelle il ne peut y avoir novation. En effet, pour qu'une délégation faite par un débiteur sur un tiers opère novation, il faut que le créancier déclare expessément décharger son débiteur : tels sont les principes adoptés par tous les auteurs en matière de délégation et consacrés par l'article 1275 du Code Napoléon. Il faut, dans le cas prévu par cet article, que l'intention d'opérer novation soit manifestée par *une déclaration expresse du créancier par laquelle il décharge son débiteur originaire* (article 1275). A défaut d'une pareille déclaration il ne peut y avoir novation. (Conf. Aubry et Rau sur Zachariæ, t. III, § 324, note 26).

La novation doit enfin être distinguée de la simple *indication*. « La novation, dit Pothier (*Obligat.*, n° 605), diffère aussi de la simple indication. — Lorsque j'indique à mon créancier une personne de qui il recevra le payement de la somme que je lui dois, et sur laquelle pour cet effet je lui donne une rescription, cet acte ne contient qu'un simple *mandat*. Il ne contient ni un transport, ni une *novation*; je demeure toujours le débiteur de mon créancier; la personne que je lui indique, et sur qui je lui donne une rescription, ne le devient pas à ma place.—Pareillement, lorsqu'un créancier indique à son débiteur une personne à qui il pourra payer, cette indication ne contient *aucune novation*; le débiteur ne devient pas le débiteur de la personne à qui on lui indique de payer, il demeure toujours le débiteur de l'indiquant. » Dans ce passage de Pothier est la source de la disposition suivante de l'article 1277, dont on ne voit pas trop l'utilité en présence de la disposition de l'article 1275 : « La simple indication, faite par le débiteur, d'une personne qui doit payer à sa place, n'opère point novation. — Il en est de même de la simple indication, faite par le créancier, d'une personne qui doit payer pour lui. » C'était bien évident.

Après ces observations préliminaires, nous pouvons entrer dans notre sujet, en conservant les divisions adoptées dans la partie de ce travail relative à l'ancien droit.

CHAPITRE II.

Des dettes qui font la matière nécessaire de la novation.

Il résulte de la définition que nous avons donnée de la novation, d'après Pothier, qu'il ne peut y avoir de novation qu'il n'y ait eu deux dettes contractées, dont l'une soit éteinte par l'autre qui lui est substituée.

En effet, la novation étant la substitution d'une nouvelle dette à une ancienne, il est, toujours d'après Pothier, de l'essence de la novation qu'il y ait deux dettes contractées : une première et une seconde qui lui soit substituée.

Donc deux dettes, deux obligations, dont l'une remplace l'autre, voilà ce qui est de l'essence de la novation.

Voyons quelles sont les dettes ou les obligations susceptibles de *nover* ou d'être *novées*.

Dire qu'il faut que chacune de ces deux obligations existe au moment où il s'agit d'en opérer la substitution, c'est énoncer une vérité évidente; comment éteindre une obligation qui n'a plus de vie? que serait-ce que créer une obligation qui n'aurait pas d'existence? Cependant l'application de cette règle si simple soulève quelques graves difficultés, comme nous allons bientôt le voir.

Pas de novation possible si le débiteur d'un corps certain a été libéré par la perte de l'objet survenue sans sa faute et avant sa mise en demeure. Il en serait autrement si le débiteur était en faute ou en retard; les dommages et intérêts dus pour la demeure seraient substituées à l'objet et en tiendraient lieu; ils constitueraient donc une dette susceptible de novation.

« Puisque la novation, observe à cet égard M. Duranton (t. XII, n° 275), est la substitution d'une nouvelle dette à une précédente, il est clair que si celle-ci consistait en un corps certain qui se trouverait avoir péri par cas fortuit au moment de la seconde convention, et sans que le débiteur fût en demeure, il n'y aurait pas de novation, puisqu'il n'y avait plus de dette, le débiteur étant libéré par la perte de la chose arrivée sans sa faute et avant qu'il fût en demeure (article 1302). — Il en serait autrement si le débiteur avait pris sur lui les cas fortuits, ou s'il était en demeure d'exécuter la première dette lors de la seconde convention, parce qu'alors les dommages-intérêts dus pour la demeure auraient remplacé la chose qui était venue à périr. » (Conf. Larombière sur l'article 1271, n° 6.)

Peu importe qu'il y ait un délai plus ou moins long entre les deux obligations, il peut même n'être que fictif; il suffit qu'un instant de raison sépare les deux dettes, de manière que la seconde éteint et remplace la première, alors qu'elle est à peine contractée.

« Il est, à la vérité, de l'essence de la novation, remarque Pothier (*Obligat.*, n° 588), qu'il y ait deux dettes contractées, une première et une seconde qui lui soit substituée; *mais il suffit que la première ait précédé la seconde d'un pur instant de raison*. La novation de la première dette peut se faire par la seconde, dans le même instant que la seconde est contractée. » — Pothier cite ensuite comme exemple le cas où, dans un acte de vente, un tiers intervient et s'oblige à payer le prix au vendeur, qui déclare décharger l'acquéreur. L'obligation de ce dernier n'existe que pour être instantanément l'objet d'une novation. L'obligation première et sa novation sont alors simultanées; tout se consomme *eodem tempore*, au même moment.

A cet exemple donné par Pothier, M. Duranton en ajoute plusieurs autres, notamment « le cas de vente d'un immeuble moyennant une somme de... pour laquelle l'acheteur déclare constituer une rente perpétuelle de... Il y alors, suivant M. Duranton, novation de l'action *venditi*, encore bien que la constitution et la vente aient eu lieu par un seul et même contrat. » (Voy. Duranton, t. XII, n° 303; conf. t. IV, n° 147 et suiv.). Nous faisons nos réserves sur ce cas en présence de l'article 530 du code Napoléon sur lequel nous aurons à revenir.

« La novation est valable, observe Pothier (n° 589), quelle que soit la première dette à laquelle on en substitue une nouvelle, et quelle que soit celle qu'on lui substitue : *non interest qualis præcessit obligatio, seu civilis, seu naturalis, qualiscumque sit novari potest;* dummodo *sequens obligatio, aut civiliter teneat, aut naturaliter* (l. 1, § 1, ff. *De novat.*). »

« Il faut néanmoins que ces obligations ne soient pas de celles que la loi réprouve formellement et déclare nulles ; car ce qui est nul n'est susceptible d'aucun effet. »

Ainsi toutes sortes de dettes, civiles ou naturelles, peuvent servir de matière à la novation : tel est le principe fort simple en lui-même ; mais son application n'est pas sans difficulté et nécessitera certains développements assez délicats.

Comme l'extinction de l'une des dettes est la cause et la condition de la naissance de l'autre, et comme, réciproquement, la naissance de celle-ci a pour cause et pour condition l'existence de la première, il est bien clair que les deux obligations doivent exister civilement ou naturellement pour que la novation soit possible. Aussi les dettes radicalement nulles ne sauraient faire la matière de la novation, ainsi que le remarque Pothier. Si donc l'une des deux dettes, la première ou la seconde, *n'était qu'une vaine apparence sans réalité* — ce sont les expressions dont se sert Marcadé (t. IV, n° 703) pour caractériser une dette radicalement nulle, — la novation ne s'opérerait pas. Tout le monde est d'accord sur ce point.

A cet égard, Mourlon (*Répét. écrit.*, t. II, n° 1405 ; conf. n° 1103) fait très-bien observer que :

« La novation est une convention à double but. Elle est, en effet, tout à la fois *productive* et *extinctive* d'une obligation. Le créancier renonce à sa créance afin d'en acquérir une nouvelle ; le débiteur consent une obligation nouvelle, afin d'obtenir l'extinction de l'ancienne. Ainsi chacun des *effets* que la novation doit produire sert de *cause* à l'autre. L'extinction de l'ancienne dette a pour cause la création de la dette nouvelle, et, réciproquement, l'obligation nouvelle a pour cause l'extinction de l'ancienne dette. Ces deux effets ne peuvent donc être produits que *cumulativement.* Si l'un d'eux manque, l'autre manque nécessairement.

« Concluons en : 1° qu'une dette qui est nulle ne peut pas être novée ; 2° qu'une dette valable ne peut pas être novée par une dette nulle. »

Rien de plus juste que cette conclusion. (Conf. Toullier, t. VII, n° 211.)

(*a*) — D'une part, en effet, si l'obligation ancienne est atteinte d'une nullité radicale ; si, par exemple, elle est nulle comme n'ayant point de cause, ou bien comme contraire aux lois ou aux bonnes mœurs, ou bien encore comme ayant été contractée par une personne privée de raison, la novation est impossible ; car la nouvelle obligation ne pourrait pas naître faute de cause, puisqu'il n'y aurait point d'ancienne obligation à éteindre. Dans ce cas, comme dit fort bien M. Taulier (*Théorie du Code Napoléon,* vol. IV, p. 397), *le nouvel engagement disparaît devant le néant du premier.* — Il a été ainsi jugé : que la novation d'une obligation ayant une cause illicite, telle qu'un jeu de bourse, serait sans effet : « *Attendu.....* que le contrat de novation contient implicitement, mais nécessairement deux conventions, l'une d'éteindre une obligation préexistante, l'autre d'en contracter une nouvelle ; que ces deux conventions sont la condition l'une de l'autre, et qu'ainsi, si l'ancienne obligation est entachée d'un vice radical, tenant à son origine et à sa nature, ce vice s'attache à l'obligation nouvelle qui n'a pas d'autre cause que la première... » — (Voy. sur ce point un remarquable arrêt de la Cour de Rouen, du 25 nov. 1863 ; *Gaz. des Trib.,* n° du 17 déc. 1863 ; comp. M. Pilette, lettre à M. Mourlon *sur le Jeu et le Pari, Rev. prat.,* t. XIV et XV, où l'on trouve des données fort contestables sur la nature de la dette de jeu.)

(*b*) — Si, d'autre part, la nouvelle obligation est entacheé d'une nullité radicale de cette nature, la novation est également impossible, car l'ancienne obligation ne serait pas éteinte faute de cause : la renonciation du créancier au bénéfice de cette ancienne obligation ayant, en effet, sa cause dans la nouvelle obligation qui se trouve inexistante en droit. — C'est ainsi qu'il a été jugé qu'une obligation entachée d'une nullité radicale, en ce que, par exemple, elle a été souscrite à une époque où les causes de l'interdiction prononcée plus tard contre le débiteur existaient notoirement, ne peut, bien qu'elle ait été substituée à une obligation antérieure du consentement du créancier, opérer novation et, par suite, entraîner l'extinction de l'obligation primitive : « *Attendu*... que l'engagement (nouveau) étant frappé dans son principe d'une nullité radicale *pour défaut de consentement valable*, n'a produit aucun effet civil, qu'il n'a pu éteindre une obligation préexistante, et que, dès lors, on ne saurait voir dans l'espèce les caractères d'une véritable novation..... » — (Voy. sur ce point un arrêt de la Cour de Poitiers, du 7 déc. 1854, Dall., *Périod.* 55, 5, p. 203; arrêt bien rendu dans la supposition où il y avait nullité radicale pour absence de consentement.)

Nous venons de voir que les dettes radicalement nulles ne peuvent pas faire la matière de la novation, car elles sont inexistantes de plein droit.

Mais *quid* des dettes simplement annulables pour l'une des causes suivantes : erreur, dol, violence, incapacité ?

En principe, les dettes de cette nature peuvent servir de matière à la novation ; mais ceci demande des explications assez délicates.

(*a*) — *Quid*, en premier lieu si c'est l'ancienne obligation qui est annulable ?

Il faut tout d'abord distinguer si la novation est faite par le même débiteur ou par un autre.

Supposons que la novation est faite par le même débiteur; il faut dire que l'obligation annulable existant jusqu'à déclaration contraire du juge, il en résulte qu'on peut parfaitement nover une dette annulable en une dette valable. Cette novation emportera même ratification de l'ancienne obligation, pourvu, bien entendu, que celui qui pouvait la faire annuler agisse en connaissance de cause, et que l'état de choses d'où était né le vice du contrat ait cessé. L'acte qui servira à constater la novation, et partant la volonté de renoncer à l'action en nullité, n'aura pas besoin d'être rédigé d'après les prescriptions de l'article 1338, 1° du Code Napoléon, car la novation équivaut à un payement, à une exécution de l'obligation; et ce même article 1338, 2° nous dit : « A défaut d'acte de confirmation ou ratification, il suffit que l'obligation soit *exécutée volontairement* après l'époque à laquelle l'obligation pouvait être valablement confirmée ou exécutée. »

Ainsi, par suite de la nouvelle obligation consentie par le même débiteur, il y aura novation et ratification de la première obligation, à moins que le débiteur n'ait ignoré le vice dont celle-ci était entachée, ou que l'état de choses qui la viciait ne dure encore.

Que si le débiteur ignorait le vice qui donnait ouverture à la nullité de son obligation, il n'a pas perdu le droit de la faire annuler, et s'il en use, il fait tomber la cause de la nouvelle obligation, et partant la novation.

Voilà pour le cas où la novation a eu lieu entre le débiteur et le créancier.

Maintenant il peut se faire que la novation de l'obligation annulable ait eu lieu entre le créancier et un tiers, et non entre le créancier et le débiteur.

Si ce tiers ignorait le vice dont l'obligation était entachée, et que l'annulation en soit prononcée, la novation sera non avenue. Si, au contraire, il connaissait le vice et a voulu garantir le créancier contre ses conséquences, l'annulation de cette obligation ne s'opposera pas au maintien de la novation. (Arg. article 2012.) — (Conf. Colmet de Santerre, *Obligations*, n° 219, *bis* V).

(*b*) — *Quid*, en second lieu, si c'est la nouvelle obligation qui est annulable?

Cette question est très-délicate. On la trouve généralement posée ainsi : Une dette *valable* peut-elle être irrévocablement, définitivement novée par une dette *annulable?* Un mineur qui s'est obligé pour éteindre une dette valable dont il est tenu peut demander et obtenir l'annulation de l'obligation qu'il a contractée. Dans ce cas, l'ancienne dette reste-t-elle éteinte ou revit-elle? M. Demante (*Programme*) pose ainsi la question : « Si la nouvelle dette est contractée par un incapable, et que celui-ci attaque son engagement, la première revit-elle? »

Sur cette question, la doctrine est divisée. MM. Duranton et Toullier, invoquant la loi romaine, qui décide que la novation peut s'opérer par l'obligation d'un pupille non autorisé, enseignent que, dans notre espèce, l'ancienne obligation est éteinte et ne revit pas si le mineur se fait relever de son engagement : *Obligatio sive actio semel extincta non reviviscit*, dit la Glose sur la loi 98, § 8, *De solutionibus*. (Conf. article 2038.)

L'obligation naturelle suffit pour opérer novation. Le créancier a à s'imputer d'avoir accepté un incapable; il est censé avoir préféré à sa créance primitive la nouvelle obligation. (Voy. Duranton, t. XII, n° 282; Toullier, t. VII, n° 298; Delvincourt, t. II, p. 778.)

Il est vrai, ajoutent MM. Aubry et Rau, qui partagent l'opinion des deux précédents auteurs, qu'une telle décision « paraît repoussée par le principe que la nullité prononcée en justice remet les choses au même et semblable état où elles étaient avant l'acte annulé. Il n'en est cependant pas ainsi, observent les deux éminents professeurs de Strasbourg. En effet, l'extinction de l'ancienne obligation n'est point, en matière de novation, la conséquence immédiate de la formation d'un nouvel engagement; cette extinction est le résultat de la renonciation du créancier, qui, malgré la nullité de la nouvelle obligation, peut avoir eu l'intention de renoncer à l'ancienne. Tout au plus serait-il permis de dire que la renonciation du créancier n'a été, dans ce cas, que le résultat d'une erreur. Mais alors la nullité de la renonciation serait subordonnée à la preuve de l'erreur alléguée; et cette preuve vînt-elle à être administrée, la renaissance de l'ancienne obligation ne serait cependant pas la conséquence de la nullité de la nouvelle; elle serait plutôt la suite de la nullité de la renonciation en vertu de laquelle cette ancienne obligation s'est momentanément trouvée éteinte. » (Voy. Aubry et Rau sur Zachariæ, t. III, § 324, note 34.)

Le regrettable Marcadé, dans ses explications sur l'article 1272 du Code Napoléon, combat avec son énergie habituelle cette solution, et soutient la doctrine contraire, qui lui paraît conforme à toutes les règles du droit et de la raison.

« L'article 1272, dit-il, déclare que l'incapacité empêche la validité de la *novation*; or, si la novation, qui seule devait éteindre l'ancienne obligation, disparaît, cette obligation se trouve donc avoir continué d'exister. Le créancier n'a pas consenti l'extinction de sa créance purement et simplement; il ne l'a consentie qu'en tant qu'une obligation nouvelle viendrait remplacer l'ancienne;

mais puisque cette obligation nouvelle est annulée et se trouve n'avoir jamais existé, la première ne s'est donc pas éteinte. La novation n'est possible qu'au moyen de deux obligations, dont l'une s'éteint et l'autre remplace celle-ci; mais puisqu'une des deux obligations se trouve n'avoir jamais existé, la novation n'a donc jamais été possible. »

Quant à l'argument tiré de la maxime *obligatio semel extincta non reviviscit*, il suffit, pour y répondre, de faire remarquer que la question est précisément de savoir si l'obligation a été *semel extincta*, et si elle a besoin de revivre; or, Marcadé nie formellement que la première obligation ait jamais cessé d'exister, son extinction étant tacitement subordonnée à la condition suspensive que la nullité de la seconde obligation ne sera pas prononcée. Que si elle est prononcée, l'effet rétroactif du jugement fait que la nouvelle obligation est censée n'avoir jamais existé, et que l'ancienne n'a pu s'éteindre, sa cause, c'est-à-dire la création de l'autre, faisant défaut. Au surplus, la maxime : *obligatio semel extincta non reviviscit* n'est déclarée applicable par la Glose elle-même qu'en tant qu'elle ne blesse pas l'équité : « *Nisi justa causa subsit ex qua æquitas subveniat.* » Or, quoi de plus inique que de priver le créancier de ses droits?

Marcadé écarte ensuite le souvenir du droit romain, où la novation était par-dessus tout une affaire de forme, et avait lieu du moment où les paroles sacramentelles avaient été régulièrement prononcées, ce qui explique pourquoi l'obligation du pupille suffisait pour opérer la novation, tandis que l'obligation de l'esclave ou de l'étranger ne suffisait pas pour l'opérer. D'après Marcadé, il est faux de dire de nos jours que lorsqu'un incapable a fait annuler l'obligation qu'il a contractée, cet incapable reste tenu naturellement; car le droit francais valide, en principe, toutes les obligations que reconnaît l'équité. Quand donc il déclare une obligation nulle civilement, c'est qu'il la présume aussi nulle naturellement, jusqu'à preuve contraire, laquelle preuve ne peut résulter que de l'exécution, ou d'un autre acte constatant un aveu sans équivoque de l'obligation annulée.

Enfin Marcadé repousse également les considérations que les savants annotateurs de Zachariæ font valoir à l'appui de leur système, parce qu'elles reposent sur une confusion de leur part; ils ne voient pas que la renonciation du créancier à son droit constitue une remise, et non une extinction par novation. Sans doute, quand l'obligation a été éteinte par la remise simple et directe qu'en a faite le créancier, ce serait au créancier qui voudrait faire annuler cette remise de prouver qu'elle est viciée et se trouve annulable par telle ou telle circonstance. Mais quand il s'agit de *novation*, c'est-à-dire d'une remise qui n'est faite qu'au moyen du remplacement de l'obligation première par une seconde obligation, il est clair que quand il sera prouvé que cette seconde obligation n'a jamais existé, la première n'aura pas été éteinte, puisque la novation n'aura pas été possible.

Ajoutons que le raisonnement de MM. Aubry et Rau, s'il était admissible, mènerait bien loin, car il faudrait aller jusqu'à dire que l'obligation entièrement nulle produit novation; en effet, la renonciation du créancier existe isolément dans ce cas tout aussi bien que dans celui d'une dette annulable. Mais ce raisonnement ne saurait être admis. Il doit être repoussé par la considération suivante. Les deux effets de la novation, d'une part, extinction d'une ancienne obligation, et, d'autre part, création d'une nouvelle obligation, se tiennent et sont la condition l'un de l'autre; on ne peut déclarer éteinte la première obligation sans que la seconde existe civilement ou naturellement. Or, l'obligation d'un incapable (et il faut en dire autant de l'obligation affectée d'erreur, de dol ou de violence), lorsqu'elle est annulée, ne laisse subsister ni lien civil ni naturel; car rien dans le Code ne la montre différente d'une obligation nulle *ab initio*. Alors, il n'y a pas de seconde obligation. Il en résulte que la première n'a, de son côté, jamais été éteinte. Les choses doivent, en définitive, se passer dans l'espèce exactement de la même manière que si la nouvelle obligation avait été dénuée de toute existence, soit civile, soit naturelle : cas auquel, nous l'avons vu, la première continue à subsister.

Voici, en résumé, la doctrine de Marcadé. Si la seconde obligation, qui était annulable, est attaquée dans les délais et annulée, comme cette obligation ne peut plus avoir d'effet, elle ne peut servir de cause à l'extinction de la première, et partant la novation tombe.

Ainsi, lorsque l'obligation nouvelle est annulée, mise à néant, l'ancienne obligation n'est pas éteinte ; les choses sont remises au même état qu'auparavant, car tout se tient et s'enchaîne dans la novation : si l'un de ses effets est réputé n'avoir jamais existé, l'autre doit nécessairement subir la même résolution.

Cette solution, conforme aux principes en tous points, a cependant besoin d'un tempérament. Toute décision *à priori* serait fautive. Il faut avant tout consulter l'intention des parties. S'il était bien établi que le créancier, en faisant novation, a connu le vice de la seconde obligation, qu'il savait à quoi s'en tenir à cet égard, et qu'il a accepté, en échange d'une obligation valable, une obligation annulable dont il espérait la ratification, il faudrait dire que l'extinction de la première obligation ne manque pas de cause, car elle aurait pour cause l'acquisition par le créancier de la chance d'être payé, si l'obligation nouvelle était ratifiée.

Ainsi, pour en revenir à l'espèce sur laquelle nous avons posé la question, c'est-à-dire sur la promesse faite par un incapable, nous dirons qu'en principe l'obligation valable ne sera pas éteinte par la promesse de l'incapable qui fait annuler son engagement. Mais il en serait autrement s'il était démontré que le créancier s'est contenté de la promesse de cet incapable, dans l'espérance qu'elle serait exécutée. En effet, on ne peut pas dire alors que l'extinction de l'obligation valable soit sans cause, puisque le créancier a eu la chance de l'exécution ou ratification de la promesse de l'incapable, chance dont il s'est contenté. (Comp. sur ce point Mourlon, *Rép. écrites*, t. II, n° 1407; *adde* M. Colmet de Santerre, *Obligations*, n° 210, *bis* VI.)

Occupons-nous maintenant des obligations naturelles au point de vue de la novation.

Nota. — La longueur démesurée de notre thèse ne nous permettant pas d'insérer ici une dissertation assez étendue que nous avions faite sur les obligations naturelles, nous nous bornerons à renvoyer à l'excellent *Traité des Obligations* que vient de terminer M. Colmet de Santerre (voy. n° 210, *bis* VII, et les renvois).

Les obligations naturelles étant, comme on sait, des obligations valables, les difficultés que nous venons d'examiner par rapport aux obligations nulles ou annulables ne doivent pas s'élever quant aux obligations naturelles. Ces obligations peuvent être novées.

Quant à l'autre face de la question, elle ne nous semble pas pouvoir être examinée, car il est difficile de supposer en fait, en droit français, une obligation naturelle servant à nover une obligation ancienne.

Voici pourtant ce qu'a écrit M. Massol sur ce dernier point. (*Oblig. nat.*, p. 245 et suiv.). — Après avoir dit que *l'obligation naturelle peut être novée ou opérer novation*, le savant professeur ajoute :

« La première hypothèse se justifie facilement; *la seconde ne s'offre pas à l'esprit avec autant de netteté*. Voici un exemple : Il existe une dette civile; un mineur vient, sans être autorisé, se substituer au lieu et place du débiteur; il obtient ensuite sa restitution, qui n'empêche pas son obligation de se maintenir dans l'ordre naturel; par conséquent, la novation sera réalisée. — Que l'on n'objecte pas que l'engagement du mineur étant rescindé, la novation disparaît et la première obligation reprend sa force. — Il faut répondre que l'obligation du mineur n'est pas annulée; elle conserve son essence, comme on le faisait remarquer au conseil d'État, dans l'exposé des motifs sur le cautionnement. (Tel est le langage tenu par M. Treilhard.) C'est ainsi que l'on s'expliquait pourquoi la caution demeurait liée, alors que le mineur avait fait usage du moyen de la restitution. — Un tel résultat n'a rien qui blesse l'équité. Les jurisconsultes romains l'avaient accepté, eux qui étaient des praticiens. Ce qui démontre que l'engagement du mineur doit produire la novation, c'est que nous n'avons qu'à supposer, pour un moment, qu'à ce même engagement du mineur se trouve ajouté un cautionnement; est-ce que la novation ne serait pas admise? Or, que l'engagement du mineur soit unique ou accompagné d'un cautionnement qui, en définitive, se confond avec lui, il doit être doué de la même puissance quant à la novation. — Toutefois, si le créancier en vertu de la première obligation ne veut y renoncer que tout autant que la seconde vaudra comme obligation civile, et non pas seulement comme obligation naturelle, ce sera une condition qui devra être apposée; par conséquent son accomplissement deviendra nécessaire pour que la novation s'effectue.

La décision sera identique dans notre droit et dans celui des Romains. »

Sur ce passage de M. Massol nous commencerons par faire observer avec M. Bugnet sur Pothier (t. II, p. 95), que « nous ne comprenons pas bien comment Pothier, et après lui la plupart des auteurs qui ont écrit même depuis la publication du Code, découvrent une obligation naturelle dans l'engagement des incapables.— Car, pour tout ce dont ils se sont enrichis, il y a obligation civile (article 1312 du Code Napoléon); pour le surplus, et dans les cas où la loi les admet à se faire restituer, ils peuvent répéter ce qu'ils auraient payé en conséquence de ces engagements, ce qui est tout à fait contraire aux effets des obligations naturelles (voy. article 1235). Veut-on dire que l'incapable, lorsque l'incapacité aura cessé, peut valablement exécuter? Cela est certain; mais il y a une ratification tacite, en temps utile, qui fait disparaître la protection de la loi; il ne s'agit plus alors d'une obligation naturelle. » Expliquons-nous maintenant sur l'exemple de M. Massol. L'annulation qui résulte de l'incapacité, comme nous avons déjà eu occasion de le voir, a des caractères particuliers qui ont égaré la doctrine presque tout entière. Il est de principe, sans doute, que l'incapacité d'une partie n'est point un obstacle à la formation de l'engagement, qui subsiste au contraire jusqu'à ce que l'annulation en soit prononcée sur la poursuite de l'incapable (article 1125 du Code Napoléon). Mais quand cette obligation a été ainsi déclarée non avenue, elle s'anéantit rétroactivement, et il semble bien que la novation doit elle-même disparaître puisqu'elle n'est possible qu'au moyen de deux obligations dont l'une n'existe plus. A cela on objecte, et M. Massol objecte, que sans doute l'obligation de l'incapable a été rescindée, mais que nonobstant la dissolution du lien civil, il reste entre les parties une dette naturelle qui suffit pour valider le contrat. Cette idée est entièrement fausse. Il suffit, pour s'en convaincre, de bien déterminer le caractère de l'obligation naturelle en droit français. Ce ne serait pas la définir suffisamment que de dire avec plusieurs auteurs que c'est un engagement valide en conscience et nul en droit, car notre législation étant fondée sur la bonne foi et l'équité, on ne voit pas comment un engagement juste et raisonnable peut être réprouvé par la loi. Il faut dire plus justement, comme le font des auteurs très-autorisés, que l'obligation naturelle est un engagement qui a été contracté en dehors des conditions de la loi civile, et que celle-ci refuse de sanctionner, tant qu'une exécution volontaire ou une ratification régulière n'a point couvert la présomption d'invalidité qui entachait son origine. Ainsi, la dette contractée par l'incapable n'est point acceptée par la loi, parce qu'il semble au législateur que le consentement n'a pas été suffisamment réfléchi. Si cet incapable vient à en reconnaître l'existence, on sait alors que la promesse civilement annulable était naturellement obligatoire; mais quand, au lieu d'en faire librement l'aveu, lorsqu'il a acquis ou recouvré sa capacité, il proteste contre sa formation et la fait annuler, il est certain qu'il n'a jamais été obligé ni en droit ni en équité. Donc l'engagement du mineur étant rescindé, la novation disparaît; car point d'obligation, même naturelle.

Examinons à présent les différents cas de novation où se trouvent des obligations conditionnelles.

« A Rome, nous dit Marcadé (t. IV, n° 755), du moment que l'une des deux obligations, soit l'ancienne, soit la nouvelle, était conditionnelle, c'est-à-dire soumise à une condition suspensive, la novation était impossible; et cela devait être dans une législation où l'on s'attachait avec une rigueur toute mathématique aux principes de la science juridique, qui constituait une espèce de géométrie sacrée, ne permettant pas de s'occuper en rien de la volonté des contractants. La promesse conditionnelle, disait-on, n'est pas rigoureusement une obligation, c'est seulement l'espérance d'une obligation, *spes est debitum fore*. Or, la novation n'est possible qu'entre deux obligations. M. Zachariæ (t. II, p. 390) enseigne que cette règle reproduite autrefois par Pothier (n° 550 et 551) doit encore être suivie sous le Code Napoléon. C'est une grave erreur. » (Notez que lorsqu'une condition est apposée comme modalité à une obligation, il n'y a pas qu'une simple espérance d'après le Code, arg. articles 1179-1180.)

La critique dirigée ici par Marcadé contre les lois romaines nous paraît quelque peu exagérée; mais Marcadé a raison quand il soutient contre Zachariæ que les décisions du droit romain et de Pothier sur le point qui nous occupe ne doivent pas être prises à la lettre sous le Code Napoléon.

A cet égard nous ferons remarquer que le Tribunal d'appel de Grenoble, dans ses observations sur le Projet de code civil; avait fait la proposition suivante qui n'a point été adoptée.

« On propose, disait ce tribunal, de faire précéder l'article 157 du Projet (aujourd'hui article 1272 du Code) par le suivant :

Art.... « Il n'y a pas de novation s'il n'y a pas deux dettes dont l'une est éteinte par l'autre qui lui est substituée.

« Ainsi, si la première est conditionnelle, la novation ne peut avoir lieu que lorsque la condition existera.

« Si la nouvelle dette est conditionnelle et non l'ancienne, la novation ne pourra avoir lieu qu'à l'existence de la condition. Mais si, avant l'existence de la condition, la première dette était éteinte par l'extinction de la chose qui en faisait l'objet, il n'y aurait pas de novation (Pothier, *Des oblig.*, n° 550). » — (Voy. Pothier, édit. Bugnet, n°s 585-586.)

Cet article n'a point passé dans le Code; dès lors nous sommes autorisé à apporter aux solutions de Pothier des tempéraments, en nous fondant sur l'intention expresse ou présumée des parties (article 1156).

Une dette conditionnelle peut-elle nover une dette pure et simple, et réciproquement une dette pure et simple peut-elle nover une dette conditionnelle? C'est là une question d'intention. Les parties ont-elles voulu faire une novation conditionnelle ; la novation ne s'accomplira que si la condition se réalise. Ont-elles voulu faire une novation pure et simple, et substituer définitivement une obligation à l'autre; la novation aura lieu immédiatement, que la condition se réalise ou non. Et d'abord pas de difficulté si les parties contractantes ont pris soin d'exprimer que la condition affectera ou n'affectera pas, en outre de l'obligation, la novation elle-même. Supposons la première obligation conditionnelle et la seconde pure et simple : je vous dois, *si navis ex Asia venerit*, une somme de 1,500 francs; nous novons par une obligation de 1,000 francs, et nous ajoutons : la novation n'aura lieu qu'autant que la condition s'accomplira; ou bien : la novation aura lieu immédiatement, sans avoir à se préoccuper désormais de la condition. Et de même, lorsque la première est pure et simple, la nouvelle sous condition : je vous dois 1,000 francs; nous novons par une obligation de 1,500 francs, *si navis ex Asia venerit*, et nous avons le soin d'ajouter : la novation n'aura lieu qu'autant que la condition se réalisera; en sorte que, si elle vient à défaillir, la novation tombera elle-même, et la première obligation n'aura pas cessé d'exister, ou bien encore : la novation aura lieu, quelle que soit l'issue future de la condition; elle est quant à présent définitive, et l'ancienne obligation éteinte dans tous les cas.

Mais si les parties n'ont pas pris le soin que nous venons de supposer, *quid?* Ce sera alors au juge à apprécier leur intention d'après les circonstances; elles ont pu vouloir faire une novation conditionnelle comme l'ancienne ou la nouvelle obligation, ou bien une novation définitive, un contrat *aléatoire*.

Un des meilleurs moyens de découvrir l'intention des parties consistera à comparer la valeur des objets des deux obligations.

Si, par exemple, l'ancienne obligation était sous condition, celle qui nove pure et simple avec un objet moindre, on pourra très-bien dire que le créancier a aliéné la chance de la première pour la certitude de la seconde, et admettre une novation pure et simple. Ainsi, Paul me doit sous condition un cheval qui vaut 1,000 francs, et je conviens avec lui qu'il me payera, au lieu et place de ce cheval, une somme de 500 francs. Il est bien probable que je n'ai pas entendu soumettre ma deuxième créance à la condition qui affectait la première, car ce serait soutenir que j'ai fait à Paul donation conditionnelle d'une somme de 500 francs; or, les libéralités ne se présument pas. Si la deuxième créance est moins considérable que la première, on est donc tout naturellement amené à penser que l'effet absolu de la nouvelle dette doit compenser la diminution de valeur de son objet. La novation dans ce cas n'a rien de conditionnel; tout est définitif dès à présent.

Si, à l'inverse, le créancier échange une obligation pure et simple contre une obligation conditionnelle dont l'objet est supérieur, on sera porté à décider qu'il a renoncé à un droit certain, moyennant la chance d'un droit incertain à la vérité, mais qui présente la possibilité d'un gain considérable. Ainsi, par exemple, si le créancier auquel il est dû une somme de 500 francs purement et simplement, stipule de son débiteur que celui-ci lui donnera en place de cette somme tel cheval dont la valeur est de 1,000 fr., si ses chevaux arrivent d'Algérie tel jour, il est alors bien évident que ce créancier a voulu nover *hic et nunc*, et remplacer une créance certaine par une créance incertaine, mais plus considérable; au surplus, le débiteur n'aurait pas voulu courir la chance d'avoir à payer plus qu'il ne devait primitivement, s'il n'avait pas, par réciprocité, couru la chance de ne rien payer. Dans ce cas, la novation n'est pas conditionnelle, elle est immédiate; c'est alors un contrat aléatoire : la cause de l'extinction de l'ancienne obligation est la création de la chance que la condition de la nouvelle se réalise.

Ainsi donc, dans la plupart des cas, la différence de valeur entre les objets des deux obligations, à défaut de déclaration expresse, indiquera au juge ce que les parties auront voulu faire.

Nous avons terminé sur les obligations conditionnelles considérées au point de vue de la novation; nous n'avons fait que reproduire bien imparfaitement les idées généralement admises aujourd'hui. (Voy. Mourlon, t. II, n° 1406 et suiv.)

Notons enfin que le terme, dans les obligations qui doivent faire la matière nécessaire de la novation, ne fait pas obstacle à la novation, et le motif de décider ainsi est le même qu'en droit romain. (Conf. Pothier, n° 587.) L'existence d'une obligation ne se trouve pas affectée par un terme mis à son exécution. Les parties peuvent donc substituer des obligations les unes aux autres, bien qu'elles soient à terme. Pas de doutes à cet égard.

CHAPITRE III.

Quelles personnes peuvent faire novation.

A cette question, le Code répond : « La novation ne peut s'opérer qu'entre personnes capables de contracter. » C'est la disposition de l'article 1272, sur lequel M. Maleville (*Analyse du Code civil*) fait cette observation : « Article bien inutile après ceux qui statuent en général sur la capacité de contracter. » Ajoutez que MM. Aubry et Rau (sur Zachariæ, t. III, § 324, note 13) trouvent que l'article 1272 ne s'exprime pas d'une manière tout à fait exacte en disant que la novation ne peut s'opérer qu'entre personnes capables de contracter. Selon eux, il eût mieux valu dire qu'elle ne peut s'opérer qu'entre personnes capables de faire ou d'accepter une renonciation, car l'incapacité du débiteur qui contracte la nouvelle obligation n'empêche point l'extinction de l'ancienne et n'exerce aucune influence sur la validité de la novation. Mais cette critique n'est pas fondée, selon nous qui, partant de cette idée que *la remise par novation* est distincte de la *simple remise*, avons admis avec Marcadé qu'entre personnes incapables la novation ne peut pas s'opérer régulièrement et irrévocablement.

Maintenant dans quel sens faut-il interpréter notre article? Il n'est pas facile de se fixer sur ce point. Pothier, le guide habituel des rédacteurs du Code, doit-il encore ici être suivi par l'interprète? C'est au moins douteux. — Suivant Pothier (*Obligat.*, nos 590 et 591), « le consentement que donne le créancier à la novation de la dette étant quelque chose d'équipollent, quant à l'extinction de la dette, au payement qui lui en serait fait, il suit qu'il n'y a que ceux à qui on peut payer valablement, qui *puissent* faire novation... *Vice versa*, celui à qui on peut payer valablement une dette peut aussi ordinairement faire novation. » C'est de ce principe que Pothier fait dériver la décision des questions qu'on élève à l'égard des personnes qui peuvent ou non faire novation. — M. Garran de Coulon, dans un article du *Répert.* de Merlin, v° Novation, § 4, a critiqué cette manière de voir. « Quelque respect, dit-il, que l'auteur de cet article conserve pour Pothier, il a appris de lui à *ne point jurer sur la parole de son maître;* il pense donc que plusieurs de ces décisions (l'auteur avait relaté les décisions de Pothier) et le fondement sur lequel elles reposent ne sont point sûrs. Voici le principe qu'il y voudrait substituer : *Puisque la novation est la substitution d'une dette à une autre, il faut pour la rendre valable civilement que le créancier ait la capacité de remettre l'obligation que la novation doit détruire, et que le débiteur, de son côté, soit habile à contracter la nouvelle obligation qu'on y substitue, ou du moins que le créancier et le débiteur aient un caractère qui les autorise à faire les changements par lesquels la nouvelle obligation diffère de la première.* » — Le savant Toullier (t. VII, n° 293) trouve que Garran de Coulon, dans la suite de ses explications, a très-bien prouvé que le principe de Pothier manque d'exactitude et peut conduire à l'erreur. « Il (Garran de Coulon) proposait, dit-il, d'y substituer le principe plus simple que la novation, étant un contrat qui éteint l'ancienne pour lui en substituer une nouvelle, il faut, pour rendre la novation valable, que le créancier et le débiteur aient la capacité, l'un de *remettre* l'ancienne obligation, l'autre de contracter la nouvelle. Ce principe, ajoute-t-il, a été adopté par le Code, et c'est en ce sens qu'il faut entendre l'article 1272, qui dit que *la novation ne peut s'opérer qu'entre personnes capables de contracter*. Ce principe sert à résoudre toutes les questions qui peuvent s'élever en cette matière. » — Cette opinion de Toullier, qui était aussi celle de Merlin, est généralement suivie. Toutefois, il nous paraît qu'elle est trop absolue. Selon nous, la vérité se place entre les principes opposés de Pothier et de Garran de Coulon ; la novation a sa nature propre qui tient à la fois du *payement* et de la *remise*, et il ne faut pas perdre de vue cela pour la solution des questions relatives à la capacité de nover. Nous n'examinerons ici que les principales ; mais cela suffira pour montrer la justesse de ce que nous venons d'avancer.

Observons tout d'abord que le principe de l'article 1272 doit se combiner avec celui que consacre l'article 1125. Ainsi, pour savoir si la novation faite par un mineur, un interdit, une femme mariée, est valide, il faut recourir au principe de l'article 1125 qui dit qu'ils ne peuvent, pour cause d'incapacité, attaquer leurs engagements que dans les cas prévus par la loi, et que les personnes capables de contracter ne peuvent opposer l'incapacité du mineur, de l'interdit, de la femme mariée avec qu'ils ont contracté. On voit donc que les mineurs, les interdits, les femmes mariées ne peuvent faire une novation qui donne pleine sécurité à leur créancier ou débiteur. En effet, si un de ces incapables a fait novation de sa créance ou sa dette, il pourra, s'il la juge désavantageuse pour lui, en demander la nullité dans les délais fixés à l'article 1304, et, à notre avis, les choses seront remises dans leur état primitif.

Notez encore que la femme séparée de biens pourrait, sans avoir besoin d'être autorisée, faire novation de ses créances mobilières, puisqu'elle a la libre administration de sa fortune, qu'elle peut disposer de son mobilier, et l'aliéner (article 1449).

Quant aux mineurs émancipés et aux individus placés sous l'assistance d'un conseil judiciaire, peuvent-ils aussi, sans l'assistance du curateur ou du conseil, faire valablement la novation des créances dont ils peuvent toucher seuls le montant comme provenant de leurs revenus; par exemple, pour fermages des loyers? On admet généralement que le prodigue ou le faible d'esprit pourvus d'un conseil judiciaire peuvent nover les créances de revenus dont ils ont le droit de donner quittance. Mais pour le mineur émancipé, on pourrait soutenir qu'il ne peut nover même de pareilles créances, bien qu'il en donne valablement quittance, et que la novation soit analogue au payement ; en effet, nover est un acte qui dépasse ceux de pure administration, et le pouvoir de recevoir le payement n'entraîne pas forcément celui de faire novation : témoin l'*adjectus solutionis gratia*. Mais, dira-t-on, pourquoi donner pour le mineur émancipé une autre solution que pour les individus pourvus d'un conseil judiciaire? pourquoi ? C'est parce que le mineur émancipé est, en principe, incapable, et exceptionnellement capable de faire les actes de pure administration (art. 481), tandis que la personne pourvue d'un conseil judiciaire, capable en principe, n'est déclarée incapable que pour une série d'actes limitativement énumérés dans les articles 499 et 513, en sorte que les règles d'interprétation sont absolument opposées dans les deux cas.

Demandons-nous maintenant si le tuteur ou le fondé de procuration générale peuvent, sauf, bien entendu, à rendre compte de l'utilité de leur opération, consentir à la novation des créances du pupille ou du mandant.

Et d'abord, le tuteur peut-il consentir une novation de la créance du mineur? On a prétendu que non. Un auteur, M. Magnin, enseigne que « le tuteur, et généralement tous ceux qui sont chargés des intérêts des incapables, ne peuvent changer ni restreindre, par la novation, leurs droits, priviléges ou hypothèques, et que toute novation de leur part des droits de ceux qui sont sous leur puissance est nulle de droit. » Cette décision est repoussée par M. Demolombe (*Minorité, tutelle*, t. Ier, p. 458), comme contraire à toutes les traditions juridiques. — En effet, la loi romaine avait dit : « *Cui recte solvitur, is etiam novare potest...* » Et Pothier, dans notre ancien droit, écrivait qu' « un tuteur, un curateur, un mari peuvent faire novation. » — « Et aujourd'hui encore, ajoute le savant doyen de Caen, les principes exigent que le tuteur qui peut, d'une part, recevoir, et, d'autre part, faire emploi de ce qu'il reçoit, puisse par cela même, en donnant quittance à un ancien débiteur, en accepter un nouveau, ou même recevoir d'un ancien débiteur qu'il libère, une nouvelle obligation à la place de l'ancienne (article 1271). » Nous nous rangeons à cette dernière opinion, mais sans invoquer les précédents juridiques fondés sur un principe qui, nous l'avons vu, est contesté aujourd'hui.

Arrivons au fondé de procuration générale. On s'est demandé quelle doit être l'étendue des pouvoirs confiés à un mandataire pour le rendre capable de faire une novation. Un mandat général peut-il suffire, ou bien, au contraire, faut-il un mandat spécial en vue de l'acte à opérer? En d'autres termes, le fondé de procuration générale peut-il nover? Bon nombre d'auteurs modernes tiennent pour la négative, et ce, contrairement à l'opinion de Pothier. Ils argumentent de l'article 1988, qui, ayant pour objet de trancher la controverse ancienne, porte que « le mandat conçu en termes généraux n'embrasse que les actes d'administration. S'il s'agit d'aliéner ou d'hypothéquer, ou de quelque autre acte de propriété, le mandat doit être exprès. » La novation, disent-ils, étant un acte d'aliénation, elle ne peut être faite que par un mandataire spécial à l'effet de nover, elle doit être interdite au fondé de procuration générale. On pourrait peut-être répondre à ces auteurs que, pour voir dans la novation un acte d'aliénation, il ne faut la regarder que par un seul de ses côtés; que, prise dans son ensemble, elle est tout autre chose. La créance primitive disparaît sans doute, mais pour se perpétuer dans celle qui prend sa place. On ne saurait donc la ranger parmi les actes d'aliénation dans le sens propre de ce mot. Elle se rapproche plutôt des actes d'administration, car elle tend, comme eux, à maintenir le patrimoine dans le même état. On en conclurait alors, avec Pothier, que la novation doit être permise au fondé de procuration générale.

Terminons sur ce point en signalant l'opinion de deux autorités considérables. M. Troplong (*Du mandat*, n° 288), tout en reconnaissant que la substitution, par la novation, d'une obligation nouvelle à l'obligation du débiteur constituerait un excès de pouvoir de la part du mandataire, considère cependant que l'excès de pouvoir serait légitimé si la novation était utile au mandant. On a fait observer avec juste raison que subordonner le sort de la novation consentie par le mandataire à l'utilité qu'en retirerait le mandant, c'est sortir de la question qui nous occupe et y faire intervenir les principes de la gestion d'affaires, tandis que nous recherchons uniquement ce qui est dans les pouvoirs du mandataire en cette qualité de mandataire, et non comme *negotiorum gestor*. M. Paul Pont, lui, soutient une opinion intermédiaire. (Voy. *Petits Contrats*, t. Ier, nos 914 et 918.) Il pense que, en ce qui touche la novation, les pouvoirs du mandataire diffèrent quant à leur étendue, suivant que la convention est faite avec les créanciers ou avec les débiteurs du mandant. Il enseigne qu'il est permis au mandataire de consentir une novation avec les créanciers du mandant, toutes les fois du moins que la nouvelle obligation substituée à l'ancienne offre des chances de libération plus facile; car le remplacement d'une obligation onéreuse par une autre obligation qui l'est moins constitue un acte de bonne administration : qui paye ses dettes s'enrichit; or la novation, dans ce cas, constitue une sorte de payement partiel. Mais, selon M. Pont, l'arrangement par lequel le débiteur du mandant payerait en obligation, prendrait un nouvel engagement ou présenterait un nouveau débiteur, serait à considérer comme ne rentrant pas dans les actes d'administration, et partant ne saurait être permise au mandataire général. Peut-être pourrait-on reprocher à cette distinction du savant continuateur de Marcadé d'être un peu arbitraire. En présence de cette divergence d'opinions sur la question de savoir si la faculté de faire novation rentre dans les pouvoirs du fondé de procuration générale, nous serions tenté de dire que c'est un point à résoudre dans chaque espèce, suivant les circonstances. Nous abandonnerions ce point à l'appréciation des tribunaux.

Passons à une autre question : voyons quels sont les pouvoirs du mari, en ce qui concerne la novation des créances de la femme.

Quant aux pouvoirs du mari relativement aux droits de la femme, il faut distinguer suivant le régime matrimonial adopté par les époux, car les droits du mari sur les créances de la femme varient beaucoup, suivant le régime adopté dans leur contrat.

S'il y a communauté légale, le mari peut disposer de toutes les créances qui en font partie : évidemment donc il peut nover les créances tombées en communauté du chef de sa femme, puisqu'il peut en faire ce qu'il veut. Point de doute possible à cet égard. Mais la question est plus délicate et plus difficile s'il s'agit d'une créance mobilière restée propre à la femme. Le mari pourra-t-il nover les créances qui sont restées propres à sa femme? D'après une doctrine généralement reçue, cette question n'est que le corollaire d'une autre plus générale et fort controversée, celle de savoir si le mari a le pouvoir d'aliéner seul les propres mobiliers de sa femme. A nos yeux, c'est se méprendre. Ainsi que nous l'avons déjà dit en parlant des pouvoirs du mandataire général, la novation constitue un acte d'administration plus que d'aliénation. Ainsi donc, il ne peut y avoir doute sur la solution à donner à notre question pour ceux qui accordent au mari le pouvoir d'aliéner les propres parfaits et mobiliers de la femme. Mais, même quant à ceux qui lui refusent ce pouvoir d'aliénation, il nous semble qu'ils devraient toujours lui permettre de nover à titre onéreux les créances de sa femme. La loi, en effet, accorde au mari, sur les propres parfaits de sa femme, un droit d'administration des plus étendus, un droit *sui generis*. Il exerce seul toutes les actions mobilières de sa femme; pourquoi ne pourrait-il pas faire novation des créances qu'elles garantissent? Il touche seul les sommes dues à sa femme et provenant de ses propres; bien plus, quand il les a touchées, elles font partie de la communauté, et il peut en faire remploi comme il l'entend. Comment n'aurait-il pas le droit d'accepter un nouveau débiteur, et la novation n'est-elle pas une sorte de payement, une sorte de remploi? L'intérêt du mari comme usufruitier n'est-il pas garant de sa bonne administration? D'ailleurs, comme, dans le cas de remploi du prix d'un immeuble, la femme pourra ne pas accepter la nouvelle créance, et aura droit alors, à la dissolution de la communauté, d'exiger la récompense de la valeur qu'avait sa créance primitive. La novation à titre onéreux est, qu'on le remarque bien, plutôt un acte d'administration qu'un acte d'aliénation : on ne renonce à une créance que pour en acquérir une autre, et l'on n'est censé le faire, en général, que si l'on y trouve un avantage. C'est donc dans l'intérêt de la femme elle-même qu'il faut accorder au mari le droit d'aliéner les créances de cette dernière à titre onéreux, en qualité d'administrateur de ses biens propres, en déléguant, par exemple, un de ses débiteurs à l'un de ses créanciers. On ne peut pas, selon nous, lui refuser cette faculté, quand on accorde au tuteur, qui n'est aussi qu'un administrateur, et qui n'est pas un usufruitier, celle de nover les créances de son pupille.

Voilà pour la régime de communauté.

Nous serions tenté de donner la même solution et pour les mêmes raisons, si les époux sont mariés sous la régime *sans communauté.*

Sous le régime de séparation de biens, la femme ayant seule l'administration de ses biens, aura seule le droit de faire novation de ses créances.

Arrivons enfin au *régime dotal.* La question de savoir si, sous ce régime, le mari peut nover les créances mobilières dotales, nous paraît devoir être résolue affirmativement, quelle que soit d'ailleurs l'opinion qu'on adopte sur cette autre question, vivement discutée entre la jurisprudence et la doctrine, qui consiste à se demander si la dot mobilière est ou non aliénable. En effet, voici quel est aujourd'hui l'esprit de la jurisprudence la plus récente. Sous le régime dotal, si la dot mobilière est inaliénable, c'est en ce sens que la femme ne peut aliéner ni directement ni indirectement son droit de recours contre son mari, à raison de son administration, non plus que l'hypothèque légale qui sert de garantie à ce recours; mais cette inaliénabilité ne fait nul obstacle à ce que le mari, maître de la dot, puisse aliéner avec ou sans le concours de la femme, même alors que la dot consiste en un objet incorporel, tel qu'une créance. Lors donc que le régime est dotal, on doit reconnaître au mari le droit de nover les créances dotales. — Pour ce qui est des créances paraphernales, c'est évidemment à la femme seule qu'il appartient de les nover, puisqu'elle a seule l'administration de ses paraphernaux.

L'examen de ces diverses questions sur la capacité de nover nous conduit naturellement « à la fameuse question de la validité des novations faites par un des créanciers solidaires. » (Expressions de Garran de Coulon, *Répert.* de Merlin, v° Novation : « Les auteurs modernes, dit-il, l'ont diversement résolue, mais la plupart désavouent l'argument tiré de Pothier du payement à la novation..... »)

Pothier (*Obligat.*, n° 591), partant du principe que : « *cui recte solvitur, is etiam novare potest,* » décide qu'un créancier solidaire peut faire novation, en ce sens, bien entendu, que la novation faite par un seul créancier éteindrait entièrement la créance. Il invoque à l'appui de son opinion le texte de Vénuléius (l. 31, § 1, ff. *De novat.*), dont la décision lui semble devoir être suivie, quoique Paul soit d'un sentiment contraire (l. 27, *De pactis*); et il observe, en passant, sur ces deux lois, que « les interprètes ont fait de vains efforts pour les concilier. » Nous n'avons point à revenir ici sur ce que nous avons dit sur cette question en droit romain: nous nous bornons à y renvoyer. — Aujourd'hui, sous l'empire du Code, devons-nous adopter la décision de Pothier? Telle est la question que nous nous proposons d'examiner. En d'autres termes: quel est l'effet de la novation consentie par l'un des débiteurs solidaires? Ce débiteur a-t-il le pouvoir de nover valablement la totalité de la créance?

Après avoir remarqué qu'il y avait, dans le Projet de la commission, un article 158 ainsi conçu : « Le créancier solidaire peut faire novation: en ce cas, les co-débiteurs solidaires sont libérés;» article venant après l'article 157, ainsi conçu:« La novation ne peut s'opérer qu'entre deux personnes capables de contracter, » (conf. article 1272 du Code Napoléon), abordons l'examen de cette question.

Pour l'affirmative, on pourrait invoquer à côté de l'autorité toujours respectable de Pothier, celle de Domat qui enseigne que «si deux personnes sont solidairement créanciers d'une même dette, de sorte que chacune ait seule le droit de l'exiger et d'en acquitter le débiteur, il peut l'innover.» (Voy. *Lois civiles,* p. 322 de l'édit. in-fol.) On ferait valoir les motifs suivants. La novation, dirait-on, compte parmi les moyens de libération : l'article 1234 le porte expressément. Il est également certain que chaque créancier est, par rapport au débiteur commun contre lequel les autres créanciers n'ont fait aucune poursuite, comme s'il était lui-même l'unique créancier. L'obligation de ce débiteur commun peut donc être éteinte par la novation que le créancier ferait de la dette totale, comme par le payement intégral que celui-ci aurait reçu, la novation étant analogue au payement. — L'on oppose, il est vrai, que l'intention des créanciers, lorsqu'ils conviennent entre eux de la solidarité, est bien que chacun des créanciers puisse libérer le débiteur en recevant de lui toute la somme due, mais non pas qu'il puisse faire un acte de disposition au détriment des autres, en novant la dette pour les parts qui leur reviennent. On pourrait répondre à cet argument : Sans doute, si les créanciers sont convenus dans l'acte qu'aucun d'eux n'aura le droit de faire novation de la dette, il faudra que la convention soit exécutée. Mais si l'acte ne le dit point, il faut que la solidarité ait son effet sans aucune exception puisque les créanciers n'en ont établi aucune. La solidarité ne serait pas complète si chaque moyen de libération n'était pas au pouvoir de chaque créancier. — Enfin on tirerait un argument *a contrario* de la disposition de l'article 1198, 2°. En effet le droit romain, Domat, Pothier, mettant la novation et la remise sur la même ligne, les permettaient au créancier solidaire. Si le législateur, en présence de ces autorités imposantes, a cru devoir faire un article pour lui interdire la remise, que n'en a-t-il fait un aussi pour lui interdire la novation? Il y avait même motif. Son silence ne doit-il pas s'interpréter en ce sens qu'il a voulu sur ce dernier point s'en référer aux traditions juridiques. — Ajoutez qu'une distinction entre la remise et la novation, au point de vue qui nous occupe, peut parfaitement se justifier en raison, car autre chose est la remise par laquelle le créancier abdique sa créance, fait un acte de générosité, autre chose la novation par laquelle il ne fait que la remplacer par une autre, et pour ainsi dire que se payer en une nouvelle obligation, recevoir le payement par équivalent. On comprendrait donc que la novation fût permise quand la remise est interdite.

Ainsi, dans ce système, on penserait que le créancier solidaire, ayant le droit d'exiger du débiteur toute la dette, devrait également avoir le droit d'en faire la remise, sauf, bien entendu, contre lui le recours de ses co-créanciers.

Les arguments mis en avant pour soutenir cette opinion ne manquent pas d'une certaine puissance. Quoi qu'il en soit, la majorité des auteurs modernes, peut-être l'unanimité, se prononce pour l'opinion contraire, comme plus conforme à l'équité. On repousse les précédents historiques. Si, en droit romain, il en était autrement, c'est que les rapports des créanciers entre eux n'étaient pas réglés de la même manière que chez nous. A Rome, chaque créancier solidaire était considéré, dans ses rapports avec le débiteur, comme seul et unique créancier, et il avait le droit de disposer de la créance, de la modifier, de l'éteindre et de lier ainsi ses cocréanciers (l. 2, *De duobus reis*). Le Code civil pose, au contraire, le principe que les créanciers solidaires ne sont associés entre eux que pour le bénefice de la créance, et, comme conséquence, n'attribue à chacun d'eux, pour ce qui excède sa part, qu'un mandat à l'effet de poursuivre et de recevoir le payement qui est dû aux autres (article 1197). A l'objection tirée de ce que la solidarité ne serait pas complète, si chaque moyen de libération n'était pas au pouvoir de chaque créancier, on peut répondre qu'on doit suivre l'intention présumée des parties; que l'intention des créanciers, lorsqu'ils conviennent entre eux de la solidarité, est bien que chacun d'eux puisse libérer le débiteur, en recevant de lui toute la somme due, mais non pas qu'il puisse faire un acte de renonciation aux dépens des autres, en abdiquant une créance pour une autre, en recevant une créance à la place de l'objet dû. La novation est donc un acte absolument en dehors de la mission de chacun des créanciers solidaires. Il est évident, dit Marcadé, que le mandat donné pour recevoir une dette ne donne pas le droit de la transformer en une autre dette. Quant à l'argument *a contrario* tiré de l'article 1198, 2°, on le rejette, les arguments de cette sorte étant en général de peu de valeur. Il y a plus; on se fonde même sur cet article, qui dit que « la remise qui n'est faite que par un des créanciers solidaires ne libère le débiteur que pour la part de ce créancier, » pour soutenir que la novation faite par l'un des créanciers solidaires ne libère également le débiteur que pour la part de ce créancier. En effet, la novation peut être considérée comme une remise de la dette, puisqu'elle l'éteint par le changement qu'elle opère, soit dans l'essence même de l'obligation, soit dans la personne du débiteur ou du créancier. Ajoutez qu'aux termes de l'article 1365, 2°, « le serment déféré par l'un des créanciers solidaires au débiteur ne libère celui-ci que pour la part de ce créancier. » Et pourquoi? M. Bigot de Préameneu dans son *Exposé des motifs* (Locré, t. XII, p. 415), nous en donne cette raison, qui s'applique presque littéralement à la novation : « Chaque créancier solidaire, dit-il, peut exiger l'exécution entière de l'obligation, mais n'a pas seul le droit de *changer ou d'anéantir* cette obligation. » Or, la novation n'a-t-elle pas pour effet de changer, sinon d'anéantir l'obligation? Donc le créancier solidaire ne saurait avoir le droit de faire une novation de toute la dette, sur laquelle ses co-créanciers ont un droit égal au sien. « Le pouvoir donné à chaque créancier de recevoir le payement, dit M. Demante (*Programme*, t. II, n° 645), ne lui attribuant pas en propre la totalité de la créance, ne lui donne pas le droit de disposer pour tout ce qui excède sa part; il ne peut donc, comme à Rome, faire remise de toute la dette. (Voy. article 1198 *in fine;* voy. aussi article 1365, alinéa 2.) — Concluez qu'il ne peut transiger, compromettre ou faire novation. » Cette conclusion nous paraît devoir être admise, surtout en présence de la disposition de l'article 158 du Projet cité et des Travaux préparatoires. (Conf. Rodière, *De la solidarité et de l'indivisibilité*, n° 21.)

Ainsi la novation par laquelle un des créanciers solidaires aurait remplacé la créance primitive par une autre, en changeant soit le débiteur, soit la chose due, ne peut avoir d'effet que pour la part du créancier qui aurait fait la novation. De même que l'un des créanciers solidaires ne peut faire remise de toute la dette, de même il ne peut faire novation de toute la dette. Il y a analogie. Toutefois, la novation n'a pas, comme la remise de la dette, un effet simple; son effet est complexe, de sorte qu'on n'a pas tout dit quand on a refusé au débiteur le droit de s'en prévaloir contre les co-créanciers de celui qui l'a consentie. Reste à savoir si ces co-créanciers ne peuvent pas invoquer la novation, quand cette convention leur paraît avantageuse. Ici les analogies nous font défaut; mais la logique nous conduit à décider que la convention, dont le débiteur ne peut profiter, ne saurait lui préjudicier. En effet, ou les créanciers ont mandat de faire novation, ou ils ne l'ont pas; s'ils ne sont pas mandataires, l'acte qu'ils ont fait ne peut pas avoir plus d'effet que l'acte d'un tiers quelconque étranger à la créance, sinon la position des parties serait inégale, puisque la convention serait opposée au débiteur quand elle serait avantageuse aux créanciers, et qu'il ne pourrait l'invoquer quand il y trouverait son intérêt. Le créancier qui a fait la convention aurait pu, il est vrai, agir comme gérant d'affaires de ses créanciers; mais il faudrait que la convention portât trace de l'intention d'agir en cette qualité, et alors le débiteur aurait su à quoi il s'exposait en traitant avec lui. (Conf. M. Colmet de Santerre, *Obligations*, n° 130, *bis* III.)

Une question, généralement négligée, nous reste encore à traiter à propos de la capacité de faire une novation. L'usufruitier peut-il consentir la novation de la créance ou de la rente soumise à son usufruit? Ce qui fait douter, c'est que, lorsque l'usufruit porte sur des créances ou des rentes, l'usufruitier est, en vertu de son droit d'administration, autorisé non-seulement à en recevoir, mais à en poursuivre, le cas échant, le remboursement ou le rachat. Ne pourrait-on pas en conclure qu'il a aussi le droit d'en faire novation, en vertu du principe que celui qui peut toucher le payement peut nover? Cette conclusion ne nous paraît pas admissible. Décider ainsi, ce serait permettre à l'usufruitier de contrevenir à l'obligation qui lui est imposée par l'article 578 de conserver la substance de la chose dont il a l'usufruit, obligation qui ne cesse que lorsque l'usufruit comprend des choses dont on ne peut faire usage sans les consommer, comme l'argent, les grains, les liqueurs, ce qui exclut le droit de disposer des créances usufruitées ou de les dénaturer. L'article 587, lorsqu'il range *l'argent comptant* au nombre des choses dont l'usufruitier devient propriétaire et peut disposer comme bon lui semble, exclut lui-même assez formellement les titres de créance ou de rente. Conclusion : l'usufruitier, qui ne devient pas propriétaire des rentes ou des créances soumises à son usufruit, ne peut en disposer par voie de novation pas plus que par voie de transport. Cette doctrine est enseignée par Proudhon. « L'usufruitier, dit-il, qui a fourni son cautionnement et qui peut recevoir les remboursements des capitaux, pourrait-il également faire la vente ou consentir la novation des créances soumises à l'usufruit? *Nous croyons que non*. Les créances sont bien destinées à être éteintes en cas qu'on vienne à les rembourser : leur usage même consiste à forcer le remboursement des capitaux quand elles sont exigibles, en sorte que l'usufruitier qui reçoit ou exige les remboursements n'use que suivant la destination de la chose; mais elles ne sont pas destinées à être vendues ou transformées en d'autres créances par la novation : l'usufruitier ne pourrait donc vendre ou nover au préjudice de l'héritier (*du propriétaire*) et sans sa participation. » (Voy. Proudhon, *Usufruit*, t. III, n° 1054; conf. Demolombe, t. X, n° 321, et Zachariæ, A. et R., t. II, p. 438.) — Par application de ces principes, la Cour de Bordeaux a décidé, dans un arrêt du 10 avril 1847, que l'usufruitier n'a pas le droit de convertir un billet ordinaire en un billet au porteur. « *Attendu*, dit la Cour, qu'une créance n'est point par cela même une chose fongible; que sans doute elle peut s'éteindre par le remboursement, mais que l'usufruitier ne pouvait, de sa seule autorité, en consentir le transport ou la novation. » Elle a décidé en outre qu'en pareil cas le nu propriétaire est recevable à agir contre l'usufruitier, pour cause d'abus de jouissance, en révocation de son usufruit quant à la créance : « *Attendu* que l'usufruit (article 618) peut cesser par l'abus que l'usufruitier fait de la jouissance; que, dès l'instant de cet abus, une action est ouverte et peut être exercée par le propriétaire avant l'expiration de l'usufruit. » (Voy. Bordeaux, 10 avril 1847, Sir., 48, 2, 168.)

CHAPITRE IV.

Comment se fait la novation?

§ 1er. — DE LA FORME DE LA NOVATION.

Dans le droit romain, la novation ne pouvait se faire que d'après des formes rigoureuses et solennelles, et dans le dernier état du droit, au temps de Justinien, la stipulation était le seul mode en usage. Dans notre droit français, beaucoup moins formaliste, il n'est plus nécessaire de recourir à des formes solennelles. Nous connaissons les principes de l'ancien droit à cet égard. Or, les principes sont les mêmes aujourd'hui. Sous le Code Napoléon, les obligations ne sont point assujetties aux formes strictes et sévères du droit romain; sauf cinq contrats : la donation, l'hypothèque, l'adoption, le contrat de mariage célébré devant l'officier de l'état civil, et celui par lequel les époux règlent leurs conventions pécuniaires, qui, par des motifs spéciaux, exigent une forme jusqu'à un certain point solennelle, tous les contrats sont aujourd'hui simplement consensuels. On peut donc, par un accord de volontés, créer, modifier, dissoudre une obligation, et même transférer la propriété. La novation, qui renferme deux obligations, l'une à éteindre, l'autre à former, résulte d'un concours de volontés, d'une convention. Le simple consentement suffit; toutes les fois donc que les deux parties seront d'accord pour éteindre une dette préexistante et la remplacer par une autre, il y aura novation : ceci sous le bénéfice des observations ci-après.

§ 2. — DE LA VOLONTÉ DE FAIRE NOVATION. — DE L'INTENTION DE NOVER. — DE SA PREUVE.

La plupart des questions de novation, surtout dans notre droit actuel, sont d'une solution difficile, la novation ou la non-novation pouvant dépendre des moindres nuances dans les actes et des circonstances les plus ténues. C'est sur la volonté des parties que repose la novation, c'est l'élément intentionnel de cette volonté qui fait, suivant les cas, qu'une obligation vient s'adjoindre à une autre, ou bien vient se substituer à une autre, auquel cas il y a novation. Et, suivant la remarque de d'Argentré sur l'article 273 de l'*Ancienne coutume de Bretagne* : « *Multum interest utrum actio actioni addita sit, quo casu utramque suam naturam servat : an prior sublata sit simpliciter, an vero conditionaliter?...* » Aussi voyons-nous aux diverses époques le législateur se préoccuper des moyens propres à constater l'existence de la volonté de nover.

Nous connaissons les règles du droit romain à cet égard. Nous nous contenterons de les rappeler ici en deux mots, et sous la réserve des explications données dans la première partie de ce travail.

Suivant l'ancien droit romain, la novation se présumait facilement, ce qui donnait lieu à de nombreuses controverses de la part des prudents. Suivant le droit du Justinien, au contraire, qui voulut faire cesser les ambiguïtés de l'ancien droit, la novation ne pouvait avoir lieu qu'en vertu d'une déclaration explicite des parties.

Le Code civil s'est également éloigné de ces deux extrêmes. Si d'une part la novation *ne se présume point*, de l'autre il n'est pas nécessaire, pour qu'elle s'opère, que les parties déclarent explicitement qu'elles veulent faire novation ; il suffit que leur volonté à cet égard *résulte clairement de l'acte*, c'est-à-dire qu'elle éclate d'une manière si évidente, que l'on ne puisse pas la révoquer en doute. (Voy. Renault, de l'Orne, *Traité des conventions*, p. 205.)

Telle est la disposition de l'article 1273 ainsi conçu : « La novation ne se présume point; il faut que la volonté de l'opérer résulte clairement de l'acte. »

Rappelons brièvement l'origine de cette disposition d'après les enseignements que nous a fournis l'étude de l'ancien droit sur ce point.

En France, avant le Code Napoléon, la disposition du dernier droit, c'est-à-dire du droit de Justinien, faisant de la déclaration expresse la condition substantielle de la novation, fut suivie dans tous les pays de droit écrit, notamment dans le ressort des Parlements de Toulouse, de Guienne et de Provence. Il n'en fut pas de même dans les pays coutumiers, généralement du moins. « Mais cette constitution de Justinien, sur la nécessité d'une expression spéciale pour faire novation, n'était point observée en France dans les pays de coutume, nous dit Toullier. Il suffisait, suivant Basnage (*Traité des hypothèques*, 1re part., chap. 17), que, de quelque manière que ce fût, la volonté de faire novation parût si évidente, qu'elle ne pût être révoquée en doute (voy. aussi d'Argentré sur l'article 273 de l'*Ancienne coutume de Bretagne*, et Pothier, *Obligat.*, n° 594). » (Toullier, t. VII, n° 277.)

Il résulte des citations que nous avons rapportées sur l'ancien droit, auxquelles nous renvoyons, que dans les pays de coutume la constitution de Justinien n'était pas aussi absolument abandonnée que semble le croire Toullier, et beaucoup d'auteurs modernes. (Voir notamment les *Observations* de Bretonnier sur Henrys, t. II, p. 875, et Bourjon, *loc. cit.*)

Quid maintenant sous le droit intermédiaire? A défaut d'autres documents, nous noterons ce fait digne de remarque d'un pourvoi pour contravention à la loi 8, cod. *De novat. et delegat.* admis par le Tribunal de cassation, qui vise dans ses considérants la susdite loi. (Cass., 21 brumaire, an VII.) (Voy. *J. du Pal.*, à cette date.)

Quoi qu'il en soit, les rédacteurs du Code ont suivi l'opinion de d'Argentré préconisée par Pothier, leur guide habituel. Ils se sont écartés du droit de Justinien pour en revenir au droit classique de Rome, modifié en ce sens que la novation devra résulter clairement de l'acte, tandis que les jurisconsultes romains de la belle époque la présumaient assez facilement.

Il suffit, parmi nous, disait en substance Pothier, dont nous avons rapporté ailleurs textuellement les paroles, que, *de quelque manière que ce soit, la volonté de faire novation paraisse si évidente, qu'elle ne puisse être révoquée en doute.* (Voy. *Obligat.*, n° 594.) Telle est bien la doctrine adoptée par notre article 1273. La novation ne se présume point : il faut que la volonté de l'opérer *résulte clairement de l'acte.*

Faisons observer en passant, car la chose en vaut la peine, que cette disposition a été insérée dans le Code malgré l'observation suivante du Tribunal d'appel de Bordeaux, encore sous l'influence des doctrines du droit du Bas-Empire, suivi dans les pays de droit écrit, observation sur l'article correspondant du Projet de la commission. (C'était l'article 150 du Projet, dont un seul mot a été changé dans l'article 1273 du Code. On a mis « *il faut* » au lieu de « *il suffit.* » — « L'expression *il suffit,* employée dans cet article, est trop atténuante, il conviendrait de mettre à la place *il faut,* avait dit le Tribunal de Grenoble.— Rayer cet article, disait tout uniment le Tribunal de Lyon, parce qu'il est absolument vague et insignifiant, jusqu'à ce qu'on ait expliqué à quel signe on doit reconnaître la volonté d'innover... » Ceci noté, voici l'observation du Tribunal d'appel de Bordeaux) :

« Nous préférerions, disait le Tribunal, à cette disposition celle de la loi romaine qui exigeait que la volonté d'opérer la novation fût littéralement exprimée dans l'acte.

« L'expression littérale de la novation tranche toutes les difficultés : partout où elle ne se rencontre pas, il n'existe point de novation. Mais les discussions renaîtront sans cesse, lorsqu'on pourra la faire ressortir de l'acte par voie d'interprétation. Tout homme qui aura intérêt à invoquer la novation, lira clairement dans le contrat la volonté de l'opérer, tandis que l'autre en verra résulter avec la même évidence l'intention opposée. »

Pourquoi les rédacteurs du Code Napoléon ne se sont-ils pas rendus à cette observation? L'examen des Travaux préparatoires va nous l'apprendre.

L'orateur du gouvernement, Jaubert (de la Gironde), dans son rapport au Tribunat, après avoir montré qu'il est extrêmement utile de savoir si un traité fait à l'occasion d'une dette préexistante emporte novation, nous dit : « Voilà pourquoi la loi pose pour principe que la novation ne se présume point. » (Locré, *Législ. civ.*, t. XII, p. 480.)

« Mais faut-il, se demandait ensuite l'éloquent tribun, faut-il que les parties déclarent explicitement qu'elles veulent faire novation? Une des dernières lois romaines l'avait ainsi prescrit : il nous semble que notre Projet a adopté une disposition judicieuse en exigeant seulement que la volonté d'opérer la novation résulte clairement de l'acte. La loi ne pouvait consacrer une formule. Il ne serait pas raisonnable que l'absence d'un mot pût empêcher les juges de déclarer qu'il y a eu novation dans un acte lors même que toutes les clauses de l'acte auraient fait éclater la volonté que les parties avaient eue de faire novation. »

Puis Bigot de Préameneu, l'un des quatre membres de la commission pour le Code civil, disait à son tour dans son *Exposé des motifs* : « Toute novation étant un nouveau contrat substitué à l'ancien, il faut que la volonté de former ce contrat résulte clairement de l'acte; la renonciation aux droits que donnait la première obligation ne doit pas dépendre d'une présomption; et si on n'exige pas une déclaration en termes précis et formels, il faut néanmoins que l'intention ne puisse être révoquée en doute. » (Voy. Locré, t. XII, p. 377 et 378.)

Le Code exige donc que l'intention de nover soit claire, mais il n'a tracé aucune règle précise pour déterminer cette clarté dont il parle, et il reste un peu d'arbitraire sur la question. En effet, ce qui paraît clair à l'un peut ne pas le paraître à un autre, parce que les esprits des hommes sont différents. De là une source intarissable de controverses et de procès. Aussi ne serions-nous pas éloigné de penser qu'il eût peut-être mieux valu admettre dans le Code la disposition de la constitution de Justinien, recommandée par le Tribunal d'appel de Bordeaux.

Quoi qu'il en soit, acceptant le Code tel qu'il est, il nous faut tâcher de bien déterminer la portée de la disposition de son art. 1273.

Au premier abord l'article 1273, en exigeant que la volonté d'opérer la novation résulte clairement de l'acte, semble assez élastique, et l'on serait tenté de croire qu'une simple appréciation de faits ou d'intention, abandonnée aux lumières et à la conscience des juges, est suffisante pour déclarer qu'il y a novation dans telle ou telle hypothèse donnée. Ce serait, selon nous, une erreur. La volonté de nover est bien nécessaire, mais elle ne peut constituer à elle seule la novation. Le Code, dans l'article 1271, a défini les caractères légaux que doit avoir la novation : il faut donc que la volonté de nover se manifeste par l'un des trois modes déterminés par cet article, c'est-à-dire par changement de dette, de débiteur ou de créancier. Rechercher, conformément à l'article 1273, si la volonté d'opérer la novation résulte clairement de l'acte, puis si elle réunit les conditions exigées par l'article 1271, tel doit être le critérium en cette matière.

Ajoutez que la jurisprudence a plusieurs fois été appelée à s'expliquer sur le sens de notre article, et qu'après quelques hésitations, elle est aujourd'hui complétement d'accord avec ce que nous venons de dire. Elle paraissait d'abord s'être fixée de manière à laisser aux Cours impériales la plus grande latitude sur la question de savoir si un acte avait opéré novation. Elle abandonnait en cette matière à la sagesse des juges du fond l'interprétation des actes dont on voulait induire la novation, comme tout ce qui tient à l'interprétation des contrats ordinaires et de l'intention des parties contractantes. La doctrine de quelques auteurs, parmi lesquels on peut citer M. Duranton, s'accordait sur ce point avec la jurisprudence. « C'est, disait ce savant auteur en parlant de l'intention d'opérer la novation, un point laissé à la sagesse du juge, comme tout ce qui concerne l'interprétation des clauses d'un contrat et l'intention qui les a dictées; en sorte que sa décision sur ce point pourrait bien être réformée en appel comme un *mal jugé*, mais elle ne serait que difficilement l'objet d'une censure de la part de la Cour de cassation. (Voy. Duranton, *Cours de dr. fr.*, t. XII, nº 284.) Une jurisprudence constante basée sur de nombreux arrêts existait en ce sens. (Voy. les *Recueils de jurisprudence* sous l'arrêt du 28 juin 1841, cité.)

Mais tout à coup la Cour de cassation, abandonnant cette jurisprudence, en a admis une autre, dont elle ne s'est depuis jamais départie, et qui nous paraît plus vraie.

Par un arrêt en date du 22 juin 1841, rendu après partage, c'est-à-dire, suivant la judicieuse observation d'un jurisconsulte, par un arrêt presque aussi solennel qu'un arrêt des Chambres réunies, elle a jugé que la question de savoir si un acte a opéré novation n'est pas toujours abandonnée à la décision des tribunaux, parce qu'elle n'est pas toujours une question de fait et d'appréciation qui soit dans leur domaine. Elle a dit que s'il appartenait aux Cours impériales de statuer souverainement sur les circonstances du fait qui peuvent faire connaître l'intention des parties, et d'interpréter le sens et la lettre des clauses des conventions, il appartient à la Cour de cassation de statuer sur l'application qui peut avoir été faite par les Cours impériales aux actes qui leur sont soumis, des dispositions de la loi qui déclarent le caractère des actes ou déterminent les conditions auxquelles on peut reconnaître ce caractère. — Elle a en même temps reconnu et décidé que l'article 1271 énonçant les conditions constitutives de la novation, il ne suffirait pas que les juges eussent déclaré sèchement que la volonté des parties d'opérer la novation résultait clairement de l'acte. Elle a voulu qu'ils déclarassent comment cette novation s'était opérée, et que cette déclaration ne fût à l'abri de sa censure qu'autant qu'il lui apparaîtrait que la position respective des parties sur la nature de l'obligation se trouvait changée de l'une des trois manières énoncées par la loi. En un mot, la Cour de cassation s'est réservé le droit de comparer les décisions des juges avec les dispositions de l'article 1271. (Voy. arrêt du 22 juin 1841, cassant un arrêt de la Cour de Bourges : *J. du P.*, t. II, 1841, p. 132.)

L'arrêt que nous venons d'analyser a obtenu l'approbation générale des auteurs, et nous partageons leur manière de voir à cet égard.

Ainsi, la question de savoir si les caractères légaux de la novation se rencontrent dans un acte ou dans certains faits, constitue une question de droit dont l'examen appartient à la Cour de cassation, et non une question de fait. — Mais quant à l'appréciation des circonstances et de l'intention des parties d'où on prétend faire résulter la novation, elle appartient à la décision souveraine des tribunaux.

Nous trouvons au surplus cette distinction nettement formulée dans un arrêt de la Chambre des requêtes du 12 décembre 1866. Voici quelques-uns des considérants de cet arrêt qui indiquent bien les principes admis aujourd'hui par la Cour suprême :

« Sur le moyen pris de l'insuffisance des présomptions dans lesquelles l'arrêt trouve la preuve complète de la novation consentie : — Attendu qu'à ce point de vue l'arrêt attaqué ne saurait tomber sous la censure de la Cour de cassation; qu'en effet, en matière de novation comme en toute autre matière, une ligne de démarcation nettement tranchée sépare son pouvoir de révision du pouvoir souverain du juge du fond; que cette ligne commence là où s'arrête le fait et où le droit apparaît; que la loi définissant la novation et déterminant, avec ses caractères essentiels, les divers modes par lesquels elle peut s'opérer, il est du droit et du devoir de la Cour de cassation de vérifier si, dans les constatations de la décision qui lui est déférée, ses caractères légaux et les conditions essentielles auxquelles elle est soumise se rencontrent; mais qu'elle excéderait sa mission et empiéterait sur le domaine du juge du fond, en contrôlant, pour les rectifier au besoin, les faits qu'il constate, les interprétations qu'il donne aux actes, les conséquences qu'il en induit et les interprétations d'intention sur lesquelles il se fonde pour déclarer l'existence de tous les éléments constitutifs de la novation, éléments parmi lesquels se place au premier ordre la volonté de l'opérer; que ces constatations et ces appréciations de fait et d'intention rentrent essentiellement dans le domaine souverain du juge du fond et ne peuvent donner ouverture à cassation; qu'il suit de là que, sous ce rapport, l'arrêt échappe à toute critique, etc., etc., *rejette.* » (Voy. Cass., req., 12 déc. 1866, *J. du P.*, 1868, p. 148.)

Maintenant il s'agit de savoir comment pourra se prouver la volonté d'opérer novation. L'article 1273, portant que la novation ne *se présume pas* et que la volonté de l'opérer doit résulter *clairement de l'acte,* contient-il une règle particulière à la novation, et par suite une dérogation aux règles générales du Code sur la preuve de l'extinction des obligations (articles 1315, 1341, 1347 et 1353), ou ne fait-il que s'y référer? Spécialement, la novation peut-elle être induite de présomptions graves, précises et concordantes, résultant de faits ou circonstances pris même en dehors de l'acte (lorsque d'ailleurs il existe un commencement de preuve par écrit)? ou bien est-il nécessaire que l'acte lui-même renferme des traces de la novation? — (Notez qu'une question analogue se pose sous l'article 1116 du Code Napoléon d'après lequel *le dol ne se présume pas;* mais voyez Demolombe, *Obligat.*, n° 188.)

Nous croyons, pour notre part, bien qu'on ait essayé de soutenir le contraire, que l'article 1273 du Code Napoléon d'après lequel la novation ne se présume pas et doit être prouvée, ne prescrivant pour l'établir aucun mode spécial de preuve, il suit de là que cette preuve demeure soumise aux règles du droit commun, et peut dès lors être faite à l'aide de simples présomptions accompagnées d'un commencement de preuve par écrit (Code Napoléon, 1347 et 1353).

C'est, au surplus, ce qu'a jugé la Cour de cassation par arrêt de la Chambre des requêtes, en date du 14 mars 1834, dont nous croyons devoir rapporter ici une partie des considérants :

« La Cour : — Attendu, en droit, 1° que l'article 1273 du Code civil, lorsqu'il pose le principe général que la novation ne se présume pas, ne fait que tracer au juge du fait une règle à suivre dans l'interprétation des faits et des conventions qui sont intervenues entre les parties, mais ne lui ôte pas le droit d'apprécier ces faits et conventions; — 2° que le même article, lorsqu'il déclare qu'il faut que la volonté d'opérer la novation résulte clairement de l'acte, a eu précisément pour objet d'écarter le système des dernières lois romaines, qui n'admettaient l'extinction d'un premier titre par un deuxième que lorsque celui-ci portait expressément qu'il éteignait le premier, et d'adopter le système contraire qui était suivi dans les pays de coutume; — qu'en ramenant ainsi la question à la volonté des parties dans un deuxième acte, et aux effets de ce deuxième acte quant au premier, il s'ensuit nécessairement que cet article, au titre des *obligations conventionnelles*, se réfère aux règles générales établies par les articles 1315, 1341, 1347 et 1353, au même titre, relativement aux règles de la preuve de l'extinction des obligations, et par conséquent aux présomptions graves, précises et concordantes, accompagnées d'un commencement de preuve par écrit, à l'aide desquelles le juge peut reconnaître le fait que le deuxième titre a produit, d'après la volonté des parties, l'extinction du premier, etc., etc. » (Voy. Cass., req., arr. du 14 mars 1834; Sirey, 1834, I, p. 258.)

Cet arrêt nous paraît avoir interprété la rédaction de l'article 1273 dans le sens indiqué par les orateurs du gouvernement, dont nous avons rapporté plus haut les paroles, et partant sa doctrine nous semble devoir être suivie. Il faut donc admettre que le législateur, lorsqu'il a édicté cette disposition que la *novation ne se présume point*, n'a fait autre chose que de poser *un principe* (comme le dit le tribun Jaubert), principe qui devra servir de règle au juge dans l'*appréciation*, mais ne l'empêchera pas d'*apprécier*, pour savoir si un traité fait à l'occasion d'une dette préexistante emporte novation. Et il n'est pas absolument nécessaire que l'acte renferme lui-même des traces de novation. En effet, notre article demande seulement que la *volonté* (non pas la *novation* nominalement) *résulte de l'acte* (non pas soit *écrite et stipulée* dans l'acte comme le voulait le droit de Justinien). Et par ce mot *acte* doit-on toujours même entendre un *écrit*, un *instrumentum*? N'y a-t-il pas tel *fait* constant, qui même sans *écrit* constitue un *acte* (dans le sens général du mot, indiqué par la loi 19, *De V. S.*), duquel la novation pourra s'induire? Pour nous le mot *acte* de l'article 1273 est synonyme de convention (*quod actum est*) et ne signifie pas l'écrit destiné à faire preuve (*instrumentum*); il comprend donc tout fait constant duquel la novation pourra s'induire. Conséquemment il ne nous semble pas inadmissible que les juges puissent reconnaître la volonté d'opérer novation, en se basant sur des circonstances graves, précises et concordantes, ou bien encore sur la preuve testimoniale, corroborée, bien entendu, par un commencement de preuve par écrit; et même, en matière commerciale, sans cette dernière condition (article 109, Code de commerce).

Malgré les explications que nous venons de fournir d'après la Doctrine et la Jurisprudence sur la disposition du Code relative à la volonté d'opérer novation, il existe de vives controverses sur le point de savoir s'il y a ou s'il n'y a pas novation dans certains cas; nous en parcourrons plusieurs sur lesquels on est loin d'être d'accord, en examinant successivement la novation par changement de dette, par changement de débiteur ou de créancier.

§ 3. — DES DIVERS CAS SUR LESQUELS IL PEUT Y AVOIR DOUTE.

Voici la question : quand l'intention de nover, à défaut de termes formels, résultera-t-elle clairement de l'acte? Cela dépendra des circonstances, et spécialement des changements apportés par la nouvelle obligation à l'ancienne. — Mais les règles sur ce point ne sauraient être les mêmes pour toutes espèces de novations, pour la novation subjective comme pour la novation objective, ainsi qu'on les a appelées; aussi importe-t-il de les distinguer. (Voy. Marcadé, sur l'article 1273.)

A. — De la novation opérée par la substitution d'une nouvelle dette à l'ancienne, ou novation proprement dite.

Faisons l'application de la doctrine contenue dans l'article 1273 à cette première espèce de novation, qui s'appelle simplement *novation*, et qui s'opère sans l'intervention d'aucune nouvelle personne : « lorsque le débiteur contracte envers son créancier une *nouvelle* dette qui est substituée à l'ancienne, laquelle est éteinte » (article 1271, 1°).

Tout d'abord il peut être délicat de déterminer si l'intention des parties suffit pour opérer la novation, encore que la seconde obligation soit identiquement semblable à la première.

Pothier (*Obligat.*, n° 596), sous cette rubrique : *De la nécessité qu'il y a que quelque chose différencie la nouvelle dette de l'ancienne,* ne le pense pas. « Lorsqu'il se fait, dit-il, une nouvelle convention entre le même créancier et le même débiteur, sans l'intervention d'aucune nouvelle personne, quoiqu'il soit expressément déclaré par l'acte qui contient le nouvel engagement « que les parties « entendent faire novation, » il faut, pour que la novation soit valable, que cet acte contienne quelque chose de différent de la première obligation qui a été contractée; soit dans la qualité de l'obligation, comme si la première était déterminée et la seconde alternative, *aut vice versa;* soit sur les accidents accessoires de l'obligation, comme sur le temps ou le lieu du payement. C'est aussi une différence suffisante si la première obligation avait été contractée sous la caution d'une autre personne, ou sous l'hypothèque de mes biens, et que par la nouvelle je m'engage sans caution et sans hypothèque, *aut vice versa.* — Si le nouvel engagement, fait sans l'intervention d'une nouvelle personne, ne contient rien de différent du premier, il est évident que ce nouvel engagement est inutilement contracté : *Instit.*, tit. *Quib. mod. toll. oblig.*, § 4. »

Quel que soit le respect avec lequel on doive accepter les opinions d'un aussi grand jurisconsulte, nous osons avouer que nous ne pouvons partager la doctrine contenue dans le passage précité.

Quand les parties ont formellement déclaré leur intention de vouloir éteindre telle obligation pour y substituer telle autre de même importance et tout à fait semblable, pour quel motif s'opposerait-on à l'accomplissement de cette intention qui n'a rien d'immoral ni d'impossible? S'il est vrai que les conventions s'exécutent chez nous avec bonne foi, il nous semble que c'est le cas de reconnaître la validité de celle-ci. Sans doute on n'aperçoit pas trop le motif qui a poussé les parties au contrat, mais qu'importe? Ce n'est pas le *motif*, mais la *cause* d'une convention que la loi envisage pour l'accepter ou la repousser. Or, la cause existe toujours dans un contrat synallagmatique comme la novation, puisqu'elle consiste, pour chaque partie, dans l'engagement réciproque de l'autre. D'ailleurs il est impossible de déclarer *a priori* que la convention n'a pas de motif. Il est plus que certain, au contraire, qu'il en existe un; car pourquoi les parties auraient-elles fait un nouveau contrat? C'est peut-être pour éteindre une garantie, arrêter des intérêts, en un mot pour apporter à la position des choses une modification que rien n'oblige à révéler dans le contrat. Mais quand même la novation n'aurait pour résultat que de créer une obligation d'une date moins ancienne, est-ce qu'il n'y a pas dans la priorité du temps des questions souvent très-intéressantes et très-graves? Il suffirait, dites-vous, d'un titre nouvel; mais depuis quand la loi enchaîne-t-elle ainsi la volonté humaine, et ne m'est-il pas permis, pour éviter de conserver mon titre primitif, de remplacer l'obligation elle-même?

Nous ne croyons donc pas que l'opinion de notre illustre auteur puisse se soutenir aujourd'hui. Elle s'appuyait sur des traditions romaines qui pouvaient être très-exactes au temps des jurisconsultes du *Digeste*, mais que les idées modernes sur la novation rendent complétement inapplicables aux principes nouveaux. (Voy. pourtant M. Duranton, t. XII, n° 285).

Maintenant, que la seconde convention contiendrait quelque chose de différent de la première, il ne faut pas pour cela inférer novation, si les parties ne s'en sont point expliquées, ou si les changements ne sont pas tellement importants qu'il soit évident que leur intention a été d'éteindre l'obligation alors existante, et de lui en subtituer une nouvelle. Si cette volonté n'apparaît pas clairement, le nouvel acte doit être considéré comme une simple reconnaissance de la première obligation, ou bien comme un acte par lequel on a voulu modifier, diminuer ou augmenter les effets de cette obligation sous quelque rapport, plutôt que comme un acte par lequel on aurait voulu l'éteindre entièrement et lui en substituer une nouvelle.

Ainsi, en thèse générale, si le créancier et le débiteur font entre eux quelques changements à une première obligation, soit en y ajoutant une hypothèque, une caution, ou autre sureté, ou en les ôtant, soit en augmentant ou en diminuant la dette, ou en donnant un terme plus long ou plus court, tous ces changements ne font que déroger à l'ancienne obligation, en ce qui est exprimé dans le dernier acte, sans faire une novation qui s'étende aux objets dont il ne fait pas mention; car la volonté d'éteindre l'ancienne obligation et d'opérer la novation ne résulte pas clairement de stipulations pareilles, qui ne sont point incompatibles avec l'ancienne obligation. — Notons ici que ce que nous venons de dire se trouve confirmé en un point par le Code : *la prorogation* du terme primitivement accordé au débiteur n'emporte pas novation, ainsi que cela résulte de la disposition de l'article 2039. (Voy. sur ce qui précède M. Duranton, t. XII, n° 286, et Toullier, t. VII, n° 277.)

Voyons enfin quand la volonté de faire novation peut résulter de l'acte nouveau entre les mêmes parties, à défaut de déclaration expresse.

Toullier (t. VII, n° 278), dans une formule aussi précise que juridique, nous semble avoir donné le critérium à l'aide duquel on pourra reconnaître la novation proprement dite, c'est-à-dire celle qui se fait sans l'intervention d'aucune nouvelle personne. « La volonté d'opérer la novation résulte encore nécessairement du nouvel acte, dit-il (Toullier venait de dire que la novation résultait de l'acte nouveau d'abord, en cas de déclaration expresse de novation ; puis, sans cette déclaration, s'il était dit dans l'acte que le créancier se contente de la seconde obligation au lieu de la première, ou autres expressions équivalentes), lorsque la seconde obligation est *en tout incompatible* avec la première, c'est-à-dire lorsqu'elles ne peuvent subsister ensemble toutes les deux. — La novation, dit Basnage (endroit cité par nous sous l'ancien droit), est suffisamment exprimée, lorsqu'il paraît par les termes du contrat que les parties ont eu cette intention, comme lorsque le dernier contrat ne pourrait subsister avec le premier, et que, la seconde convention subsistant, il s'ensuit nécessairement que la première demeure nulle et de nul effet. »

Ceci dit, entrons dans l'examen des cas où l'intention de nover résulte ou non de l'incompatibilité des deux obligations.

(*a*). — *La conversion d'un prêt en dépôt* présente un exemple de cette incompatibilité qui opère la novation, car il est impossible qu'on doive en même temps la même somme à titre de prêt et à titre de dépôt. (Voy. à cet égard des développements dans Toullier, t. VII, n° 278, *in princ.*; conf. Boulanger, *Étude sur la novation en matière d'enregistrement*, p. 127 et suiv.)

(*b*). — La substitution d'un titre à un autre, d'une obligation notariée, par exemple, à un acte sous seing privé, à des effets de commerce, emporte-t-elle novation ? Plus spécialement, une dette originairement commerciale devient-elle purement civile par cela seul qu'elle est ensuite garantie dans un acte notarié et garanti par une hypothèque?

Nous croyons que les faits que nous venons de supposer ne caractérisent pas la novation. Bien qu'elle soit autrement constatée et qu'elle jouisse de garanties nouvelles, l'obligation reste la même. L'identité juridique de l'obligation est indépendante des moyens matériels de sa constatation. Aucune novation ne saurait donc résulter de la rédaction d'un nouvel acte instrumentaire, quelle qu'en soit la forme, alors même qu'il serait constitutif de sûretés nouvelles. Loin d'opérer novation de l'engagement primitif, cette substitution du nouvel acte à un autre en est simplement la reconnaissance et la prorogation. Voyez pourtant article 2274 du Code Napoléon. Le créancier qui cherche de nouvelles sûretés dans une nouvelle obligation, qui veut avoir une hypothèque, ne doit pas facilement être présumé avoir voulu renoncer à celles qu'il avait déjà, aux avantages attachés à son titre originaire de créance.

Ainsi nous pensons qu'une dette originairement commerciale ne perd pas ce caractère par cela seul qu'elle est ensuite reconnue par un acte notarié et garantie par une hypothèque. L'acte notarié n'opère pas novation de la dette qu'il constate, et dès lors elle conserve sa nature primitive avec ses attributs. En conséquence, à l'égard de cette dette, le débiteur reste justiciable des tribunaux de commerce, et *contraignable par corps* (ceci avant la loi de 1867 portant abolition de la contrainte par corps). Autre conséquence. De ce qu'une obligation commerciale, résultant par exemple de billets de commerce, ne perd pas son caractère par suite de sa conversion en acte authentique, il faut conclure qu'à partir de ce moment elle continue à donner lieu à la perception de l'intérêt au taux commercial. C'est donc à tort que la Cour de Dijon (17 février 1855, D. P. 1855, 1, p. 264) a décidé qu'une obligation commerciale perd son caractère par sa conversion en acte authentique, *ce qui a caractérisé novation*, et ne peut, à partir de ce moment, donner lieu qu'à la perception de l'intérêt civil (5 p. 100 au lieu de 6 p. 100; voy. loi du 3 sept. 1807, et loi du 20 déc. 1850). Disons, en terminant, que l'opinion que nous avons soutenue en thèse générale est admise par la grande majorité des auteurs.

(Comp. sur cette question M. Duranton, qui l'examine historiquement, t. XII, n° 290.)

(c) — Le concordat entre un failli et ses créanciers doit-il être considéré comme un nouveau titre qui opère novation des créances qui y sont comprises? En d'autres termes, pour ce qui concerne le dividende que le concordataire s'oblige à payer, *la portion de dettes qui reste à sa charge*, faut-il dire que c'est l'obligation primitive qui subsiste pour partie, ou bien faut-il, au contraire, y voir une obligation nouvelle résultant d'un acte essentiellement commercial appelé *concordat?*

La question est débattue entre les auteurs, et même dans la jurisprudence.

Des auteurs, notamment M. Massé (*Droit commercial*, n° 2198), ont prétendu que du concordat, acte essentiellement commercial, il résultait à la charge du failli des obligations nouvelles, qu'il y avait novation. La conséquence de cette doctrine, c'est que toute contestation relative à une créance réduite par concordat sera désormais de la compétence du tribunal de commerce; c'est encore que la contrainte par corps, de droit commun en matière commerciale, appartiendra à chaque créancier concordataire, quand même primitivement sa créance n'aurait pas été garantie par cette voie d'exécution.

L'opinion contraire, professée par M. Demangeat, nous paraît préférable. Il est de principe, en effet, que la novation ne se présume pas. Pour admettre que, par l'effet du concordat, le droit primitif de chaque créancier se trouve éteint, et qu'un droit nouveau vient s'y substituer, il faudrait donc qu'il apparût que telle est l'intention des parties; or assurément c'est plutôt l'intention contraire qui apparaît, ne fût-ce que par les expressions qui sont constamment employées en cette matière. Le savant auteur dont nous reproduisons ici l'opinion ajoute qu'il paraît bien résulter du texte de l'article 545 que tel est aussi le point de vue du législateur lui-même. En effet, l'article 545 du Code de commerce, révisé par la loi du 28 mai 1838, dispose que, « nonobstant le concordat, les créanciers conservent leur action *pour la totalité* de leur créance contre les co-obligés du failli. » Or, si la créance primitive perdait sa nature, si elle était novée, l'article 545 aurait dû décider, conformément à l'article 1281 du Code Napoléon, que les co-obligés du failli qui obtient concordat sont libérés. Dans ce second système, on conclut que le droit qui reste au créancier après le concordat aura toujours la même nature qu'avait son droit antérieurement au concordat, que, par exemple, la contrainte par corps qui n'était pas attachée au droit primitif ne pourra pas être exercée par le créancier qui poursuit l'exécution du concordat, et que le tribunal civil restera compétent si la créance primitive était de sa compétence. (Voy. M. Demangeat sur Bravard, t. V, p. 430.)

Par application des principes que nous venons d'admettre, la Cour de Paris a décidé avec raison que la remise ou décharge partielle accordée par le concordat au mari tombé en faillite n'est pas volontaire; que, par suite, elle n'opère pas novation et ne libère pas la femme co-débitrice solidaire. Les considérants de cet arrêt méritent d'être reproduits ici, du moins en partie.

« La Cour : — ... Sur le moyen tiré de l'article 1281; considérant, en droit, que le créancier qui adhère au concordat n'opère pas novation, qu'il consent à son débiteur une remise partielle de la dette pour assurer d'autant mieux le payement du surplus, mais qu'il conserve son titre, lequel peut reprendre sa force pour la totalité au cas d'inexécution de la part du failli des conditions de son concordat; — qu'on ne peut donc pas dire qu'il y a substitution d'une dette nouvelle à l'ancienne et extinction de l'ancienne dette, comme l'exige l'article 1271, pour qu'il y ait novation; — considérant qu'on ne saurait faire de distinction à cet égard entre le créancier hypothécaire et le créancier chirographaire; — que la remise n'est pas plus volontaire de la part de l'un que de la part de l'autre, et que tous deux subissent la nécessité de la situation qui leur est faite par la faillite; — considérant que le créancier hypothécaire, il est vrai, en prenant part au concordat, renonce volontairement à la garantie qu'il avait sur l'immeuble du failli; mais que l'article 545 du Code de commerce le relève des conséquences de cette renonciation vis-à-vis des co-débiteurs; — qu'en effet cet article, dans le but évident de favoriser les concordats, dispose que, nonobstant le concordat, les créanciers conservent leurs droits pour la totalité de leurs créances contre les co-obligés du failli; — que cet article ne distingue pas entre les créanciers chirographaires et les créanciers hypothécaires; — que refuser à ces derniers le bédéfice de cette disposition serait empêcher leur concours, souvent si nécessaire, pour la conclusion des arrangements à intervenir entre le failli et ses créanciers, et aller ainsi directement contre le but de la loi, etc., etc. » (Voy. Paris, 6 avril 1864, *J. du P.*, p. 1274.)

(*d*) — L'admission d'une créance au passif d'une faillite, après vérification et affirmation, sans réserves de la part du créancier, emporte-t-elle novation de cette créance?

Sur cette question très-controversée, car l'intérêt en est multiple, nous ne balançons pas à nous prononcer pour la négative. Nous sommes d'autant moins disposé à voir dans l'opération supposée un titre nouvel entraînant extinction d'une nouvelle créance substitué à l'ancienne, qu'aux termes de l'article 1273, la novation ne se présume pas; il faut que la volonté de l'opérer résulte clairement de l'acte. Or, dans l'hypothèse que nous examinons, les créanciers qui produisent n'ont en vue que de faire reconnaître leur droit général à la participation de l'actif, leur titre de créancier, mais non de faire constater une qualité spéciale qui leur permettrait de se faire traiter plus favorablement que les autres; tous savent qu'il ne s'agit pas pour eux de modifier leurs titres, mais uniquement de les produire; et ce serait une véritable surprise qu'on leur ferait que de les déclarer déchus de l'avantage particulier qu'ils avaient stipulé, d'autant plus qu'ils n'entendent pas faire contracter une nouvelle dette à leur débiteur, en l'absence duquel la vérification se passe fréquemment. Réciproquement, le failli ne peut pas être considéré comme contractant une nouvelle dette, alors que les syndics admettent souvent, en son absence, une créance qui pourra être ultérieurement contredite par lui ou par tout autre créancier vérifié ou porté au bilan, aux termes de l'article 494 du Code de commerce.

Par application du principe que nous venons de soutenir bien imparfaitement, ne pouvant, dans notre travail, consacrer à la question prise dans sa généralité tous les développements qu'elle comporterait, par application du principe que l'admission d'une créance au passif d'une faillite n'emporte pas novation, nous pensons qu'il faut conclure :

1° Que l'admission d'une créance au passif d'une faillite, après vérification et affirmation, n'empêche pas que cette créance ne puisse être contestée pour cause de simulation ou de fraude. (Amiens, 19 nov. 1851; Sirey, 1853, 2, p. 226.)

2° Que l'admission d'une créance privilégiée au passif d'une faillite, après vérification et affirmation, même sans expression ni réserve du privilége, n'emporte pas, de la part du créancier, renonciation à son privilége, et ne fait pas obstacle à ce qu'il en réclame plus tard l'exercice. (Douai, 30 juin 1855; Sirey, 1856, 2, p. 257 et suiv.; voir une excellente dissertation de M. Legentil sur cet arrêt.)

3° Que l'admission au passif d'une faillite d'une créance ayant pour cause des billets à ordre ne constitue pas une reconnaissance de la dette par acte séparé, ayant pour effet de substituer la prescription trentenaire à la prescription de cinq ans. (Cassation, req., 7 avril 1857; conf. M. Demangeat sur Bravard, t. III, p. 565.)

(*e*) — Lorsque le débiteur d'une somme, par suite d'une vente ou pour toute autre cause, fait au créancier un règlement en effets de commerce, y a-t-il là une substitution d'un titre à un autre qui opère novation?

Cette question, l'une des plus graves et des plus importantes de notre matière, pourrait à elle seule fournir l'objet d'une dissertation spéciale, si l'on voulait entrer dans l'examen critique de toutes les décisions auxquelles elle a donné lieu dans la pratique. On peut voir ces décisions innombrables dans tous les recueils de jurisprudence. (Voy. notamment Dalloz, *Répert.*, v° Obligations, n° 2413 et suiv.) Mais les auteurs, nous croyons devoir en faire ici la remarque, ne donnent *en général* que bien peu de renseignements sur cette grave question; nous disons en général, car il nous faut faire une exception pour MM. Delamarre et Lepoitvin, qui, dans leur admirable *Traité de droit commercial*, ont traité la question *ex professo*. (Voy. *Traité de droit commercial*, 2e édit., t. V, p. 350 et suiv.)

Ne pouvant consacrer à la question tous les développements qu'elle comporterait, à moins d'excéder les bornes du cadre qui nous est tracé, nous nous bornerons à indiquer brièvement notre opinion, en prenant le cas qui se présente le plus souvent et qui est de beaucoup le plus important, le cas de vente.

« Une jurisprudence à peu près constante admet *avec raison* que l'acceptation même sans réserves de billets négociables souscrits en payement d'une dette antérieure n'emporte point, en général, extinction de cette dette. Cette acceptation, subordonnée à l'encaissement des billets, ne constitue qu'un mode de payement. » Telle est l'opinion de MM. Aubry et Rau (t. III, § 324) sur la question qui va nous occuper. Nous n'hésitons pas à embrasser cette opinion. Voici nos raisons :

La question de savoir s'il y a ou non novation dans ce cas est une question d'intention de la part des parties qui doit être résolue d'après les principes généraux de la matière et d'après les circonstances. Or le principe général qui domine toute la matière de la novation, c'est que la novation ne se présume point ; que la volonté de l'opérer doit clairement résulter de la convention ; en l'absence donc de toute clause ou circonstance qui indique clairement l'intention de nover, on devra décider que du règlement seul d'une créance en effets de commerce ne résulte pas la novation. La quittance donnée purement et simplement par le créancier en recevant les effets ne doit pas être considérée comme étant de nature à faire présumer l'intention de *nover*, elle est destinée non à éteindre la dette, mais seulement à assurer le débiteur qu'on ne pourra pas exiger de lui tout à la fois le montant de la créance et des billets. On doit d'autant moins présumer, dans le cas de vente, que la quittance a pour objet de nover, qu'elle emporterait renonciation à des garanties que ne compenseraient pas les avantages des effets commerciaux : en effet, le vendeur perdrait, si on admettait la novation, le droit d'exercer le privilége des articles 2102,4° et 2103,1° du Code Napoléon, et de demander la résolution du contrat de vente, si l'acheteur ne paye pas le prix (articles 1184 et 1654). « Or, comment dire, observe Marcadé (t. IV, n° 708), en présence du principe posé à l'article 1273, qu'il est, non pas *probable* (ce ne serait pas assez), mais *certain* que le vendeur renonce, sans l'avoir dit, à ses garanties les plus précieuses, pour se contenter uniquement des billets qu'on lui donne ? N'est-il pas, au contraire, tout simple de reconnaître que ce vendeur n'a entendu accepter ces billets que comme mode de payement d'une dette qu'il voulait conserver aussi énergique que possible, et qu'il n'entend libérer son acheteur que sous la condition toute naturelle de l'encaissement ? (Conf. Championnière et Rigaud, *Traité des droits d'enregistrement*, t. II, n° 1011). La création de billets ne constitue qu'un mode de payement ; suivant l'usage établi dans le commerce, usage auquel la loi reconnaît une certaine force (article 1673 du Code Napoléon), la création d'un billet à ordre ou la transmission par endossement d'une lettre de change, dans la circonstance qui nous occupe, est toujours acceptée sous la condition tacite : *sauf encaissement*, et si cette condition d'encaissement n'est pas remplie, l'acceptation du billet et de la lettre devient nulle, et les droits des créanciers sont réservés intégralement. Disons donc avec la Cour de cassation (arrêt du 22 juin 1841) que la stipulation insérée dans un acte de vente d'immeuble que le prix sera payable en effets de commerce, n'emporte pas novation, encore que l'acte contienne quittance du prix. (Conf. arrêt de la Cour de Caen, affaire Moselmann, du 20 juin 1859, cité par M. Duverger à son cours.) — L'arrêt de la Cour de cassation auquel nous faisions allusion tout à l'heure est ainsi conçu : « *Attendu* que le contrat passé entre les parties est un contrat de vente ; qu'il a été stipulé dans ce contrat que le prix de vente serait payable par moitié, en deux effets souscrits à l'instant au profit du vendeur... ; que des stipulations de cette nature inhérentes et essentielles au contrat de vente ne sauraient être considérées comme distinctes et séparées du contrat où elles sont inscrites et de l'engagement dont elles sont une conséquence, etc. » Sur cet arrêt, on a fait l'observation suivante que nous devons noter : on a fait observer que la Cour de cassation paraît avoir, sur notre question, un système mixte. Elle semble distinguer si le règlement a eu lieu au moment même de la vente ou postérieurement ; dans le premier cas, sur lequel elle raisonne, elle repousse la novation ; dans l'autre elle l'admettrait sans doute. Ceci n'est qu'une conjecture. De là pourtant la distinction suivante admise par de bons esprits : si le règlement du prix en effets de commerce a eu lieu immédiatement à la suite du contrat, sans divertir à d'autres affaires, il n'y a pas novation, de quelques valeurs que le règlement se compose. Peu importe l'incompatibilité de l'obligation *ex empto* avec le contrat dont ces valeurs supposent l'existence : ce contrat est annulé et n'a d'autre but que de faciliter le payement du prix convenu. Mais si le règlement a lieu dans une convention postérieure à la vente, il emporte novation, sauf volonté contraire manifestée par les parties contractantes. (Voy. en ce sens Delamarre et Lepoitvin, *loc. cit.*, qui invoquent la distinction romaine des pactes en *in continenti* et *ex intervallo.*)

M. Berriat Saint-Prix (*Notes sur le Code civil*, t. II, p. 655), après avoir signalé la divergence d'opinions qui existe sur notre question, ajoute : « J'inclinerais à distinguer si les parties sont ou non deux commerçants dont l'un vend à l'autre des choses qui sont l'objet de son commerce. La novation est alors probable et fondée sur l'usage commercial. Il en est autrement quand le vendeur n'est pas commerçant ou vend un immeuble, pourvu qu'il n'y ait pas compte courant. » Nous avons fait cette citation, car elle nous sert tout naturellement de transition pour arriver à l'examen d'une question délicate qui s'élève sur les effets du compte courant.

(*f*) — Le compte courant emporte-t-il novation? Deux personnes étant en compte courant, il est possible que l'une d'elles ait un droit de créance contre l'autre, par exemple une action en payement d'un prix de vente. Si la créance dont il s'agit est *passée en compte courant*, y a-t-il novation de cette créance, en ce sens qu'il ne pourra plus être question désormais d'une créance de vendeur? (Voy. sur ce point un excellent article de M. Feitu sur le *compte courant*, *Revue prat.*, t. XXII, p. 500 et suiv.)

Sur cette question délicate, on trouve quelques divergences dans les auteurs et la jurisprudence. Pourtant l'affirmative nous semble hors de doute. Dans l'espèce supposée, la créance qui résultait de la vente est éteinte, et elle est remplacée par un crédit en compte courant. Le compte courant devient le seul titre de créance des parties, car c'est dans ce but qu'elles l'ont établi, et l'ancienne créance du vendeur, devenant un des éléments du compte, se trouve éteinte, et par cela même les actions qui la garantissaient. Il y a ici novation par changement de dette (Code Napoléon, article 1271, 1°); une nouvelle dette est substituée à l'ancienne. L'acheteur devait *ex causa emptionis*, il doit maintenant à titre de compte courant. Qu'on ne vienne pas nous objecter que la novation consiste dans le remplacement d'une créance par une autre créance, d'une dette par une autre, et que, dans l'espèce, il y a seulement remplacement d'une créance par un *crédit*. L'objection serait trop subtile pour être vraie; ce crédit, en définitive, c'est une espèce de créance, une créance non exigible; au moins ce sera une créance lorsque l'on arrêtera le compte. Qu'on dise si l'on veut, avec quelques auteurs, qu'il y a là seulement une *espèce de novation*, nous y consentons; il ne faut pas s'étonner que ce soit une novation *sui generis*, puisque le compte courant est lui-même un contrat *sui generis*, un titre singulier.

Maintenant la novation résulte-t-elle, *ipso facto*, de l'insertion d'une créance dans un compte courant? ou est-elle soumise à une condition extrinsèque, l'écriture? Suivant MM. Delamarre et Lepoitvin (*Droit commercial*, t. V, p. 382 et 383), pour que la novation existe dans notre espèce, il faut que le vendeur ait passé le prix sur ses livres, au *débit* de l'acheteur. La novation n'existe, suivant ces graves auteurs, que lorsqu'on a *passé écriture sur les livres*. Cela ne nous paraît pas exact; la novation existe (sauf peut-être la difficulté de la preuve) dès qu'il est bien entendu entre les parties que la créance est passée en compte courant. Il n'y a point chez nous, observe M. Demangeat (sur Bravard, t. II, p. 440), d'obligations *littérales* en dehors des cas où la loi a formellement reconnu ce genre d'obligations, comme par exemple en cas de lettre de change. On ne saurait donc admettre que, en compte courant, *contrahitur litteris*, comme le disent MM. Delamarre et Lepoitvin. Nécessaires à la comptabilité, les écritures ne sont pas le compte courant lui-même. Néanmoins, si ces écritures ne sont pas le compte courant, elles peuvent servir à prouver une convention de compte courant. Tel est le rôle de l'écriture dans le compte courant, de l'aveu même de MM. Delamarre et Lepoitvin, dans un autre passage. Or si l'écriture n'est dans le compte courant qu'un moyen de preuve, comment prétendre ensuite que l'écriture est substantielle dans le compte courant, pour qu'il puisse s'opérer novation? Lorsque les parties conviennent de passer un prix de vente en compte courant, il y a incompatibilité entre les deux obligations, ce qui suffit pour que la novation soit consommée. (Conf. Feitu, *loc. cit.*)

La loi elle-même contient une application de ce principe que la créance passée en compte courant est novée. Le nouvel article 575 du Code de commerce est, en effet, ainsi conçu : « Pourront être revendiquées aussi longtemps qu'elles existeront en nature, en tout ou en partie, les marchandises consignées au failli à titre de dépôt ou pour être vendues pour le compte du propriétaire. — Pourra même être revendiqué le prix ou la partie du prix desdites marchandises qui n'aura été ni payé, ni réglé en valeur, ni *compensé en compte courant entre le failli et l'acheteur.* » Ces derniers mots seuls doivent attirer notre attention. La rédaction de l'article 575 est différente de celle de l'ancien article 581; les mots : *compensés en compte courant*, ont remplacé ceux-ci : *passé en compte courant.* Nous n'attachons pas d'importance à ce changement, et nous disons que la passation du prix en compte courant emporte novation, et par conséquent s'oppose à la revendication du prix. (Voyez pourtant Bédarride, *Faillites*, n° 1133). Voici d'après M. Demangeat (*loc. cit.*) l'hypothèse de l'article 575, *in fine* : « Des marchandises à moi appartenant ont été consignées à Paul avec mission de les vendre pour mon compte; Paul les ayant effectivement vendues, a été ensuite déclaré en faillite : quel est mon droit? Puis-je revendiquer dans la faillite de Paul la créance du prix dont l'acheteur est tenu, ou bien, au contraire, dois-je venir au marc le franc avec les autres créanciers de Paul et me contenter aussi d'un dividende? Il ressort du texte de la loi que je puis bien procéder par voie de revendication tant qu'il existe véritablement une créance du prix, mais que je ne pourrai plus venir que comme créancier de la faillite, si cette créance du prix a été une fois passée en compte courant avec le vendeur et l'acheteur. » (Conf. Cassation, arr. du 24 janv. 1854, Sirey, 55, 1, p. 241).

Disons pour terminer sur l'effet novatoire du compte courant que cet effet remarquable est en général reconnu par la jurisprudence des Cours impériales et de la Cour de cassation. La jurisprudence admet que la passation pure et simple en compte courant a pour effet d'éteindre la dette originaire et de la remplacer par une dette nouvelle, n'ayant plus d'autre cause ni d'autre titre que le compte courant; que cette dette nouvelle entraîne l'extinction de l'ancien droit des parties, et par suite de toutes les actions attachées à l'exercice du même droit; qu'il y a là novation aux termes du § 1er de l'article 1271. En conséquence, en cas de vente de marchandises par l'un des contractants à l'autre, la passation en compte courant du prix de ces marchandises solde la vente. De même, le créancier hypothécaire perdra son hypothèque si sa créance est devenue l'un des éléments d'un compte courant entre lui et son débiteur, et y figure comme produisant l'intérêt commercial, bien que les intérêts aient été stipulés dans l'obligation primitive. Mais, observe la Cour de cassation, si c'est là un effet du compte courant, ce n'en est pas un effet nécessaire, et l'on ne devra pas déclarer qu'il y a eu novation, s'il est constaté que telle n'a pas été l'intention des parties. (Voy. notamment Cass., 16 mars 1857; conf. Rouen, 18 décembre 1856, et Besançon, 22 juin 1864 : D. P. 64, 2, p. 119.)

(*g*) — Si un débiteur d'une somme d'argent s'engage à servir à son créancier une rente perpétuelle, en principe y a-t-il novation? Le créancier perdra-t-il les privilèges, les hypothèques et les autres sûretés qui garantissaient sa première créance? Cette question n'est pas neuve; elle a été très-controversée dans l'ancien droit. Cependant la plupart des auteurs et des arrêts tendaient à reconnaître que c'était toujours la même dette qui subsistait; Pothier était à peu près le seul qui admît la novation. (Se reporter à ce que nous avons dit sur l'ancien droit.)

Ceux qui déclaraient qu'il n'y avait pas novation prétendaient que « par l'acte de constitution de rente le créancier ne donnait pas quittance de la somme qui lui était due, mais qu'il consentait à ne pas l'exiger tant qu'on lui payerait les intérêts, donc que c'était toujours l'ancienne dette qui subsistait, quoique sous une modification nouvelle; c'est-à-dire que d'exigible qu'elle était, elle était devenue une dette dont le principal ne pouvait plus s'exiger tant qu'on payerait les arrérages. » (Voy. Pierre Rousilhe, t. Ier, n° 201, à ajouter aux auteurs que nous avons cités sous l'ancien droit.)

Pothier repoussait cette doctrine et soutenait qu'il y avait novation. Voici comment il raisonnait : La rente étant un contrat réel et n'étant par conséquent constituée que lorsque le prix de la constitution est payé, le débiteur qui s'engage à me servir une rente doit nécessairement en recevoir le prix. Or, il n'est censé le recevoir que par la quittance que je lui donne de la somme qu'il me devait déjà. Il y a alors une compensation de sa dette avec la somme que je lui dois comme prix de la rente qu'il me constitue. Donc la constitution de rente, qui renferme tout à la fois cette quittance et cette compensation, éteint la dette primitive et forme une novation. — A l'argument qui consistait à dire que c'était toujours la même dette, mais seulement modifiée en ce que le créancier ne pourrait en exiger le principal tant que les intérêts lui seraient constamment payés, il répondait que la nouvelle dette était bien différente de la première, puisque le débiteur d'une rente ne doit que des arrérages et ne doit nullement un capital en argent. Le capital n'est pour lui que *in facultate solutionis*. « Le principal ne pouvant pas être exigé n'est pas proprement dû, *est in facultate luitionis, magis quam in obligatione.* »

« Ces raisons, ajoute notre auteur, paraissent concluantes pour décider « qu'un acte par lequel le débiteur d'une certaine « somme constitue une rente à son créancier pour cette somme, « renferme essentiellement une novation, quand même il serait porté « expressément par l'acte que les parties n'ont pas entendu faire une « novation; » car une protestation ne peut empêcher l'effet nécessaire et essentiel d'un acte. C'est pourquoi cette clause me paraît ne pouvoir avoir d'autre effet que d'empêcher l'extinction des hypothèques de l'ancienne dette, et de les transférer à la nouvelle, comme cela se peut, suivant la loi 12, § 5, ff. *Qui potiores.* »

Que faut-il décider aujourd'hui? Les deux opinions opposées dans l'ancien droit ont encore chacune leurs partisans.

Pour soutenir, contrairement à Pothier, qu'il n'y a pas novation dans la conversion d'une somme exigible en rente perpétuelle, on dit : L'objet de la dette est resté le même; créancier d'un capital exigible, je suis toujours créancier conditionnel du même capital (articles 1012-1013), sauf que je ne puis l'exiger actuellement. C'est donc toujours l'ancienne dette qui subsiste modifiée seulement dans les conditions relatives à son exigibilité. Le créancier consent à ne pas réclamer son capital, moyennant le payement de la rente constituée. Il était créancier en vertu d'un prêt, il continuera à l'être au même titre. (Voy. la rubrique sous laquelle le Code traite des rentes (articles 1005 à 1014) : *Du prêt à intérêt.*) D'ailleurs, de la conversion d'un capital en une rente perpétuelle ne résulte pas clairement l'intention de nover. Le créancier n'a peut-être voulu en accédant à cet arrangement que rendre service à son débiteur. La décision contraire serait donc la violation de l'article 1273. « Cependant, dit M. Larombière (*Obligations*, sur l'article 1273, n° 9), la réunion de certaines circonstances, qui sont soumises à l'appréciation des tribunaux, peut caractériser dans ce cas une véritable novation : par exemple, lorsque le débiteur, en convertissant sa dette en une rente perpétuelle, donne d'autres hypothèques, d'autres sûretés, augmente ou diminue le capital, introduit enfin dans l'engagement primitif des changements qui révèlent clairement l'intention commune de substituer une dette à une autre. Il y a en effet novation, lorsque le titre a été pleinement dénaturé ; par exemple, lorsqu'une somme actuellement exigible ou non a été convertie en une rente viagère, ou qu'un prêt a été converti en dépôt. Les parties n'ont même pas alors besoin d'exprimer leur volonté de faire novation, car leur intention résulte clairement de l'acte lui-même. »

Quant à nous, le sentiment de Pothier nous paraît aujourd'hui incontestable. C'est d'ailleurs l'opinion de la grande majorité des auteurs modernes. Incontestablement la constitution en rente d'un capital exigible emporte novation. En effet, il y a changement dans l'objet de l'obligation, ce qui entraîne le changement de l'obligation même et par conséquent novation. C'est mal à propos qu'on objecte que l'ancienne dette subsiste, puisque le capital peut être exigé dans les cas prévus par les articles 1912 et 1913. Car on peut répondre que ces articles supposent précisément la résolution du contrat et non son exécution. Alors il est tout simple que les parties soient replacées dans leur situation primitive. Il s'agit ici d'une condition résolutoire, qui n'empêche pas l'acte d'être parfait dans son principe. La loi n'admet-elle pas d'ailleurs la restitution du capital en certains cas lorsqu'il s'agit de rente viagère (article 1977)? Et néanmoins tout le monde reconnaît que la dette d'un capital transformée en rente viagère emporte novation.

La question que nous venons de discuter offre du reste beaucoup moins d'intérêt aujourd'hui qu'autrefois. Les rentes constituées, gênantes par leur divisibilité entre les héritiers du grevé, et surtout incompatibles par leur inexigibilité avec le mouvement commercial de notre siècle et les perpétuelles mutations de propriété qui en sont la suite, tombent en désuétude, la légitimité du prêt à intérêt n'étant plus actuellement révoquée en doute par personne. Dans l'ancien droit, au contraire, où le prêt *à intérêt* était défendu, on recourait fréquemment aux rentes perpétuelles comme moyen de tourner la prohibition rigoureuse de la loi. (Voy. Pothier, *Rentes*, n° 5.)

La conclusion que nous venons d'adopter en cas de conversion d'une somme exigible en rente perpétuelle nous paraît devoir être adoptée dans l'hypothèse inverse, c'est-à-dire lorsque le débiteur d'une rente perpétuelle s'engage en place à payer une somme exigible. Il y a là aussi novation par changement d'objet.

On peut rattacher à la question qui vient de nous occuper une difficulté qui s'est élevée sur l'article 530 du Code Napoléon, ainsi conçu : « Toute rente établie à perpétuité pour le prix de vente d'un immeuble est essentiellement rachetable. Il est néanmoins permis au créancier de régler les clauses et conditions du rachat. Il lui est aussi permis de stipuler que la rente ne pourra lui être remboursée qu'après un certain terme, lequel ne peut jamais excéder trente ans. » Cet article suppose évidemment une rente constituée moyennant l'aliénation d'un capital immobilier. On peut alors en régler les conditions du rachat, et même l'interdire pendant trente ans. S'il s'agissait d'une rente constituée à prix d'argent, c'est-à-dire moyennant un capital mobilier, le créancier ne pourrait plus régler les conditions du rachat, à cause de la loi du 3 septembre 1807 sur le taux de l'intérêt, et le rachat n'en saurait être interdit que pendant dix ans (article 1911 du Code Napoléon). Alors *quid* si l'immeuble, au lieu d'être vendu moyennant une rente de, a été vendu pour un prix converti dans le même acte en rente? Y a-t-il là novation? La rente est-elle soumise à l'article 530 ou à l'article 1911? Dans un premier système, on dit qu'il y a eu novation (Toullier, t. VII, n° 306). Dans un deuxième, on dit que l'article 530 est encore applicable, mais que le vendeur n'aura plus ni privilége, ni action en résolution. Cette distinction est inconséquente. Dans un troisième, que nous adoptons, il n'y a eu novation à aucun point de vue. Argument tiré des mots de l'article 530, *pour le prix*. Cet article signifie donc qu'il importe peu que les parties se bornent à fixer le montant des arrérages de la rente, sauf à en induire ensuite le capital à payer pour le rachat, ou qu'elles commencement, en sens inverse, par fixer le capital, pour régler ensuite le taux des arrérages. Dans l'un et l'autre cas, il y a rente foncière, d'après le Code, car il assimile les arrérages payés pour le *prix de la vente de l'immeuble* aux arrérages stipulés comme *prix direct de cet immeuble.* Ainsi il n'y a pas novation quand c'est dans le même contrat que les parties fixent le prix de l'immeuble et le convertissent en rente. Mais si la conversion du prix en rente s'opérait par un acte postérieur à la vente, la novation serait incontestable : en effet, cette rente aurait pour cause, non l'acquisition de l'immeuble, mais seulement la conversion du prix en un capital non exigible. (Ducaurroy, Bonnier, Roustaing, t. II, n° 42; Delsol, t. Ier, p. 410 de la 2e édit.)

La solution de la question que nous venons d'agiter sur l'article 530 a son intérêt au point de vue de la loi fiscale. Si l'on décide que le vendeur qui convertit le prix de vente d'un héritage en une rente constituée, même par le contrat de vente, opère novation, il en résulte que sur le contrat l'on devrait exiger deux droits : 1° celui de vente immobilière; 2° celui de constitution de rente. Si au contraire l'on décide avec nous que, dans cette hypothèse, il n'y a pas novation, parce qu'il n'y a qu'un seul contrat, le bail à rente, il s'ensuit qu'un seul droit doit être perçu. Seulement, comme la rente a pour objet la transmission d'un immeuble, ce droit est de 5 et demi p. 100. — « Ce contrat, dit Guyot (*Traité des fiefs,* t. II, p. 388) en parlant du bail à rente, peut se faire de deux manières : l'une en vendant à rente de bail d'héritage foncière, mais rachetable à toujours de tant; *l'autre, en vendant l'héritage, et constituant une rente pour le prix.* » Dans ce dernier cas, la double stipulation ne formait qu'un contrat; elle ne doit pas aujourd'hui en former deux, à moins d'une disposition expresse et d'une manifestation de la volonté des parties sur ce point. Nous pensons donc que dans l'hypothèse qui vient d'être examinée, l'on ne doit percevoir qu'un seul droit qui est celui de bail à rente, disent MM. Championnière et Rigaud (*Tr. des dr. d'enreg.*, n° 1320; conf. G. Demante, n°s 345 et 445).

Nous en avons assez dit sur la conversion d'un capital exigible en rente, et réciproquement, pour donner une idée des principes qui doivent servir de guide pour apprécier s'il y a ou non novation.

(*h*) — Nous avons maintenant à nous occuper d'une question

qu'on a l'habitude de rattacher à notre sujet, auquel d'ailleurs elle touche par plus d'un point, mais qui, pour être convenablement traitée, demanderait une dissertation spéciale. — « *La dation en payement entraîne-t-elle novation?* » Tels sont les termes dans lesquels la question a été proposée aux élèves de Licence pour le prix de Droit français (conc. de 3me année, 1848).

Cette question est très-délicate à traiter, car elle suppose la connaissance approfondie des principes sur la nature et les effets de la dation en payement et de la novation. Ne pouvant, sans sortir du cadre de notre travail, lui consacrer tous les développements qu'elle comporterait, nous nous bornerons à indiquer les diverses solutions auxquelles elle a donné lieu en droit français. Ainsi, nous n'entreprendrons pas de donner ici, comme ont cru devoir le faire quelques docteurs, un exposé complet des effets de la dation en payement dans le droit romain. Nous croyons même que, sur notre question, on ne peut invoquer le droit romain, car il donnerait des solutions contradictoires. (Comp. notamment : Marcien, l. 46, ff. *De solut.*, et Ulpien, l. 24, ff. *De pign. act.*), sur la portée desquelles les commentateurs ne sont pas d'accord. (Voy. sur ce point l'excellent travail de M. Labbé, *De la garantie*, n°s 69 à 79, p. 80 et suiv.). Abordons donc de suite l'étude du droit français.

Nous ferons observer tout d'abord que si l'on s'en tenait à la lettre de l'article du Code Napoléon, sur lequel la question qui va nous occuper assez longtemps se pose le plus ordinairement, on pourrait décider sans grande hésitation que la dation en payement entraîne novation; il y a plus, les motifs que les rédacteurs du Code ont donnés de la disposition de l'article auquel nous faisons allusion sont entièrement favorables à cette solution. — Cet article est l'article 2038, dont voici la teneur : « L'acceptation volontaire que le créancier a faite d'un immeuble ou d'un effet quelconque en payement de la dette principale, *décharge la caution*, encore que le créancier *vienne à en être évincé.* » Si, dirait-on, la caution est déchargée encore que le créancier vienne à être évincé de la chose qu'il a reçue volontairement en payement de ce qui lui était primitivement dû, c'est qu'il y a eu novation de l'obligation primitive par l'effet de la dation en payement.

Maintenant, si l'on consulte les Travaux préparatoires, on y trouve, pour justifier la décharge de la caution dans l'hypothèse prévue par l'article 2038, les motifs suivants : — « L'obligation primitive, dit Treilhard, avait été éteinte par l'acceptation du créancier, l'accesssoire du cautionnement avait cessé avec elle. Si le créancier a ensuite une action résultant de l'éviction qu'il souffre, *cette action est toute différente de la première*, et ce n'est pas elle que la caution avait garantie. » — « La caution, dit à son tour le tribun Lahary, n'a garanti que la *première* obligation, et on ne peut étendre la caution au delà de l'objet pour lequel elle a été contractée. » — «... En ce cas, dit enfin Chabot, l'obligation principale est éteinte par la *novation*. » — (Voy. dans Locré, t. XV, *Exposé des motifs*, par Treilhard, p. 330; *Discours* de Lahary, p. 389; *Rapport*, par Chabot, p. 347.)

Il résulte bien de ces diverses citations des Travaux préparatoires que dans la pensée des rédacteurs du Code Napoléon, la dation en payement entraîne novation et novation irrévocable de l'obligation primitive qui, malgré l'éviction, ne revivra pas.

Quoi qu'il en soit, même sous l'empire du Code Napoléon, la question de savoir si la dation en payement entraîne novation offre matière à controverse, car si elle semble résolue affirmativement par un texte positif relativement à la caution, elle subsiste toujours dans sa généralité. Remarquons, au surplus, que la question se trouve rarement posée dans les termes que nous avons adoptés ci-dessus. On ne se demande pas seulement si la dation en payement entraîne novation, mais si elle entraîne novation immédiate et irrévocable, bien que le créancier soit ensuite évincé de la chose; en d'autres termes, le créancier, qui a été évincé de la chose donnée en payement, ne peut-il poursuivre son débiteur que par une action en garantie, ou peut-il encore exercer l'action résultant pour lui du contrat primitif? C'est au cas d'éviction que la question présente un véritable intérêt pratique. L'intérêt de la question est alors facile à saisir : y a-t-il novation quand même le créancier n'a d'autre recours contre son débiteur que l'exercice d'une action en garantie? Que s'il n'y a pas novation, le créancier exerce l'action attachée à l'ancienne dette. Les circonstances feront que l'une ou l'autre de ces actions sera préférable; parfois ce sera l'action en garantie, si, par exemple, la chose a augmenté de prix à l'époque de l'éviction (article 1033); parfois ce sera l'action ancienne, si elle est garantie par des sûretés, priviléges ou hypothèques, que n'a pas la nouvelle.

Nous croyons, pour notre part, que la dation en payement n'entraîne pas novation, et admettrions-nous même qu'elle entraînât novation, nous dirions qu'il n'y a pas novation irrévocable, c'est-à-dire pas d'extinction définitive de l'ancienne obligation, en cas d'éviction. Selon nous, il faut dire que, si le créancier est évincé de la chose qu'il a consenti à recevoir en payement, l'ancienne obligation revit : ou plutôt que cette obligation qui avait paru éteinte par la dation en payement subsiste, au contraire, en cas d'éviction; en effet, la créance n'a été éteinte qu'en apparence; au fond elle ne l'était pas, car dans la *datio in solutum* l'extinction de la créance a pour cause l'acquisition de la chose donnée en payement, ce qui n'a pas lieu dans l'espèce; or, *cessante causa, cessat effectus;* donc pas de translation de propriété définitive, pas d'extinction définitive de la créance. Pour que la dation en payement soit efficace, il faut que la propriété de la chose soit transférée au créancier. Si donc le débiteur n'est pas propriétaire de la chose donnée, si elle appartient à autrui et que le créancier soit évincé, cette dation en payement est nulle, et par suite il faut répondre que *manet pristina obligatio.* Le créancier n'ayant point été rendu propriétaire de la chose donnée en payement, il n'y a eu, nous le répétons, dation en payement qu'en apparence, puisque donner une chose en payement c'est transférer la propriété de cette chose : *dare* veut dire transférer; *datio in solutum,* c'est-à-dire dation à la place de payement, signifie *translation de la propriété d'une chose* qui n'était pas l'objet de l'obligation, translation qui *remplace le payement* ou exécution de ce à quoi le débiteur était d'abord obligé. Si la dation est utile, c'est-à-dire si elle a irrévocablement transmis la propriété, la première obligation est parfaitement exécutée. Si au contraire la chose vient à être évincée, la propriété n'ayant pas été incommutablement transmise, la dation est nulle, et la première obligation n'a pas cessé. *Non videtur solutum quod solutum non durat.* Nous appliquons ici les principes du payement, avec lequel la dation en payement a une grande analogie; or l'article 1238 nous dit que, « pour payer valablement, il faut être propriétaire de la chose donnée en payement; » que si donc le débiteur n'est pas propriétaire de la chose donnée en payement, il n'y a pas payement efficace, et l'obligation n'est pas éteinte : on ne peut dire alors que *solutione ejus quod debetur tollitur obligatio;* « car cela s'entend si le payement subsiste, *si solutum durat, mortua quidem actio non reviviscit, sed sopita resuscitatur,* et comme parlent les docteurs, *non a morte, sed a somno resurgit.* » (Expressions de Basnage, *loc. supra cit.*) De même, en cas de dation en payement, quand il y a eu pour ainsi dire subrogation d'une autre chose à l'objet dû, si le débiteur n'était pas propriétaire de la chose donnée, dont le créancier est ensuite évincé, l'obligation ainsi exécutée indirectement n'est pas éteinte, ou plutôt elle revit, comme dit (sous l'article 2038) Delvincourt, s'inspirant de la manière de voir de certains auteurs anciens; en effet, la dation en payement doit être de nul effet, et partant l'obligation qu'elle avait eu pour but d'éteindre doit reparaître avec tous les avantages qui y sont attachés : *Datio in solutum, quando fuit nulla, reviviscunt primæva jura,* dit Casaregis (discours 42, n° 5). — « Il faut voir ce discours, disent MM. Delamarre et Lepoitvin. Le mot *reviviscunt,* dont Casaregis se sert, exprime une idée fausse puisée dans certains docteurs. D'autres docteurs nous disent que l'action ne ressuscite pas, mais qu'elle se réveille : *non a morte, sed a somno resurgit.* Au fait, une dation qui ne transmet pas la propriété ne peut éteindre la dette. Pourquoi donc ces fictions et ces métaphores évidemment inutiles et contraires à la nature des choses? » (Voy. *Traité de dr. comm.,* t. V, p. 387).

Qu'on nous permette de faire observer, en terminant, que notre question telle qu'elle se présente en pratique, n'est pas, à proprement parler, une question de novation. La novation, en effet, est la substitution d'une dette à une autre; la dation en payement est la substitution d'un payement à un autre; l'une est créatrice d'une obligation nouvelle, l'autre est translative de propriété; dans l'une il y a deux obligations; dans l'autre, une obligation et un payement. Dira-t-on que l'obligation primitive se trouve novée par la convention de recevoir une chose à la place d'une autre? Mais cette convention ne fait qu'un avec le payement, de sorte qu'elle prend naissance et s'éteint en même temps; l'effet de la dation en payement n'est donc pas d'entraîner novation, car son effet n'est pas de substituer une obligation à une autre, laquelle est éteinte (caractère propre de la novation), mais seulement d'éteindre une obligation, comme le payement qu'elle a pour but de remplacer, avec cette différence toutefois que dans un cas l'obligation reçoit son exécution directe, tandis que dans l'autre elle ne reçoit son exécution que par équivalent. Le payement, en effet, est considéré par le Code comme l'exécution même de l'obligation : *solutio est præstatio ejus quod in obligatione est*. Autre chose, par conséquent, est la dation en payement, qui est bien aussi l'exécution de l'obligation, mais d'une manière différente de celle qui avait d'abord été convenue. Les deux actes ne sont pas identiques, ils ne sont qu'analogues; mais rien ne dénote que la dation en payement entraîne novation. S'il y a, il est vrai, changement d'objet promis au cas de *datio in solutum*, ce n'est que *in solutione* et non pas *in obligatione*; donc point de novation, puisque celle-ci suppose une nouvelle obligation qui n'existe pas ici. Ajoutez que la novation ne se présume pas, d'après l'article 1273. Or, dans l'espèce, le créancier est loin d'avoir voulu l'opérer, puisqu'il ne renonce à sa créance que pour le cas où la seconde lui offre satisfaction; jusque-là *manet pristina obligatio*. Toute obligation doit avoir une cause (article 1108); or ici la cause de l'abandon de l'ancienne créance consiste dans la translation de l'objet donné en payement. En cas d'éviction, la nouvelle obligation est donc nulle faute de cause et l'ancienne a toujours subsisté. (Conf. Demante, *Programme*, t. III, n° 798.) Ainsi il est évident que le créancier n'a entendu renoncer à sa créance que s'il devenait propriétaire de l'immeuble donné en payement, et que s'il n'y a pas eu translation de la propriété, ce que démontre l'éviction, l'extinction de la créance n'a pu avoir lieu faute de cause. Il faut donc décider qu'il n'y a pas eu novation. Décider le contraire ce serait méconnaître le caractère de l'acte qui s'est produit, en même temps que dénaturer l'intention des parties. Le créancier s'est contenté d'un objet qu'il a accepté pour lui tenir lieu de l'objet dû : ce à quoi il pouvait se refuser d'après l'article 1243; mais il ne s'est nullement proposé de substituer une nouvelle créance à l'ancienne; lui attribuer cette intention, c'est assurément ne pas tenir compte de la sienne; il a voulu subroger, s'il est permis de s'exprimer ainsi, un objet à un autre, mais sans éteindre l'obligation primitive, et de là à une novation la distance est grande.

Envisageons maintenant la question à un autre point de vue, et voyons si, au cas d'éviction de l'objet donné en payement, il est plus exact de dire, avec quelques interprètes, que l'obligation de garantie nove la créance primitive. — Un arrêt de la Cour d'Orléans du 30 août 1850 semble faire allusion à cette manière de voir quand il dit dans un de ses considérants : « *Attendu* à la vérité qu'on objecte que cet article (article 2038) suppose un payement valablement fait par le débiteur, et que dans ce cas l'action personnelle du créancier se *transforme virtuellement* à raison de l'éviction qu'il a soufferte de l'effet donné en payement en une action en dommages-intérêts contre le débiteur du fait duquel arrive l'éviction. » (Voy. Sirey, 1851, 2, 46). — Cette manière de voir ne nous paraît pas admissible, car l'obligation de garantie naît du fait de l'éviction, ou, si l'on veut remonter plus haut, de la loi elle-même; tandis que, pour que la novation ait lieu, la nouvelle obligation doit résulter de la volonté des parties (article 1273).

On ne saurait donc, à quelque point de vue que l'on se place, attribuer à la *datio in solutum* le caractère d'une novation.

Notre avis, au surplus, a en sa faveur l'autorité toujours respectable Pothier qui, dans le n° 254, *in fine*, de son *Traité des obligations*, nous dit entre autres choses que « si, depuis la dette contractée, il a été passé quelque acte entre le créancier et le débiteur, *v. g.*, par lequel on aurait accordé la faculté au débiteur de *payer une chose à la place de celle due*, dans ce cas, suivant notre principe que *la novation ne se présume pas*, il faut décider qu'il n'y a pas de novation, et que les parties ont seulement voulu modifier la dette, plutôt que de l'éteindre pour y en substituer une nouvelle, si elles ne s'en sont pas expliquées. »

On nous oppose, il est vrai, que la disposition de l'article 2038 repose évidemment, ainsi que l'ont expliqué les orateurs du gouvernement et du Tribunat, sur cette idée que l'éviction ne fait pas renaître l'ancienne obligation définitivement éteinte par novation. Mais c'est le cas de rapporter ici une observation importante de Marcadé (t. III, n° 271) : « Les Travaux préparatoires, observe cet auteur judicieux, sont assurément l'une des principales sources où l'on doit puiser pour arriver à une saine interprétation de la loi; les discussions du conseil d'État, les observations du Tribunat, les exposés des motifs au Corps législatif sont certes d'un grand poids quand ils viennent corroborer une solution appuyée déjà sur d'autres bases, *mais il ne faudrait pas leur donner une autorité absolue, et il faut se méfier de cet élément de décision quand il est seul.* » Cette observation admise, nous croyons pouvoir écarter les Travaux préparatoires sur la question qui vient de nous occuper, car ils sont seuls, étant en contradiction flagrante avec les données de l'ancienne jurisprudence, attestée par de Renusson, Basnage, Pothier, aux endroits cités par nous sous l'ancien droit. Aucun de ces auteurs considérables, nous en avons fait alors la remarque, ne considérait la *datio in solutum* comme opérant novation, et novation irrévocable : aussi bien, en cas d'éviction de l'objet donné en payement, ils accordaient formellement au créancier évincé son ancienne action, ses anciens droits. C'était, au surplus, l'opinion de Domat (*Lois civiles*, l. 3, tit. I, sect. VII, n° 6), qui résume bien l'ancienne jurisprudence à cet égard. « Si le payement, dit-il, ou ce qui devait en tenir lieu n'avait point d'effet, comme si le créancier avait pris en payement une dette avec garantie, et qu'il ne pût en être payé, *ou un fonds avec la même garantie dont il fût évincé,* l'hypothèque revivrait avec la créance, *car ces sortes de payements renferment la condition qu'ils subsisteront.* » Ainsi, d'après les anciens auteurs, l'obligation n'est éteinte par la dation en payement que sous une condition nécessaire, sous la condition tacite que la propriété de la chose donnée sera transmise au créancier; la condition défaillant, c'est-à-dire le créancier venant à être évincé de la chose donnée en payement, dès lors l'obligation revit, et avec elle revivent ses sûretés accessoires. Mais, dira-t-on, s'il en est ainsi, la caution ne devrait pas être déchargée. A cela nous répondrons que, sans doute, la rigueur des principes exigerait que la caution restât tenue, et c'était l'avis de Renusson, avis repoussé par Basnage et Pothier; mais pour quelles raisons? Voici, à cet égard, ce que disait Pothier dans le passage d'où est tirée la disposition de l'article 2038. « Lorsque le créancier, dit Pothier (*Obligat.*, n° 406, 4°), a reçu volontairement du débiteur quelque héritage en payement d'une somme d'argent qui lui est due, la caution est-elle déchargée, quoique longtemps après il souffre l'éviction de cet héritage? — La raison de douter est que le payement, en ce cas, n'est pas valable, n'ayant pas transféré à celui à qui il a été fait la propriété de la chose. (Conf. art. 1238.) *Par conséquent, l'obligation principale subsiste; d'où il semble suivre que celle des cautions doive subsister.* — Nonobstant ces raisons, et quoiqu'on ne puisse nier que le payement, en ce cas, n'est pas valable et que l'obligation principale subsiste, il a été jugé par des arrêts rapportés par Basnage que le créancier était, en ce cas, non recevable à agir contre les cautions, si, pendant ce temps, le débiteur principal était devenu insolvable. — La décision de ces arrêts est fondée sur ce principe d'ÉQUITÉ, que *nemo ex alterius facto prægravari debet.* La caution ne doit pas souffrir préjudice de l'arrangement qui est intervenu entre le créancier et le débiteur principal. Or si, dans cette espèce, le créancier était reçu à agir contre la caution, elle aurait souffert préjudice de l'arrangement par lequel le créancier a pris en payement cet héritage, le créancier, par cet arrangement, ayant ôté le moyen à la caution de pouvoir, en payant le créancier pendant que le débiteur était solvable, répéter de ce débiteur la somme pour laquelle il avait répondu. » Il résulte nettement de ce passage que si la caution est déchargée, dans notre espèce, ce n'est pas parce que la dation en payement opère novation, mais uniquement par une raison d'équité. On n'a pas voulu que la caution, qui, dès le moment de l'acceptation volontaire par le créancier de la chose donnée en payement, est fondée à se croire libérée, restât exposée à souffrir de l'insolvabilité du débiteur, contre laquelle elle ne peut plus se mettre en garde. (Conf. Demante, *Programme,* t. III, n° 798.)

De ce que nous venons de dire, il paraît résulter surabondamment que la disposition de l'article 2038 expliquée historiquement n'est pas contraire à notre opinion, d'après laquelle la dation en payement n'entraîne pas novation, novation irrévocable; nous fondant sur l'autorité des anciens auteurs, nous sommes donc, en définitive, pleinement de l'avis de la plupart des auteurs modernes, qui enseignent que la *datio in solutum* n'opère qu'une extinction conditionnelle subordonnée à la translation effective de la propriété de l'objet donné en payement, et doit, par conséquent, être considérée comme non avenue en cas d'éviction de cet objet : d'où il suit que, selon nous, les privilèges et hypothèques attachés à la créance primitive renaissent, ou mieux survivent, dans le cas où le créancier vient à être évincé de la chose qu'il a reçue en payement. (Voy. *secus* MM. Aubry et Rau sur Zachariæ, t. II, § 292, note 4.) — Notons en terminant que Pothier, notre maître à tous, dans son *Traité du contrat de vente* (n° 604), accorde très-positivement au créancier qui a souffert l'éviction de la chose donnée en payement le choix entre l'action utile *ex empto* et la primitive action qu'il avait en qualité de ce créancier. (Voy. sur ce point la note de M. Bugnet, t. III, p. 240.)

(*i*) — Autre question. *Quid* des clauses pénales au point de vue de la novation?

Les clauses pénales n'étant convenues que pour assurer l'exécution des obligations (article 1226), et ne leur faisant aucun préjudice (article 1228), en général elles n'opèrent point novation, lors même qu'elles sont convenues après coup. Telle est l'opinion de M. Duranton (t. XII, n° 291). A cet égard, on lit aussi dans M. Demante (*Programme*, t. II, n° 164) : « Le but de la clause pénale étant bien connu, il est tout simple que le créancier puisse toujours, au lieu de la faire valoir, poursuivre l'exécution de l'obligation principale (voy. article 1228. *Il en serait autrement s'il y avait novation consentie pour le cas où le premier engagement ne serait pas exécuté.* (Voy. article 1271, 1°). » — Sur ce passage, M. Colmet de Santerre, après avoir exposé l'effet régulier de la clause pénale, ajoute : « Cette décision suppose toujours la clause pénale proprement dite. On pourrait, au contraire, avoir fait une convention qui n'aurait pas le même résultat. On aurait entendu qu'au cas d'inexécution du fait promis, une autre obligation serait substituée à la première qui serait éteinte; alors le créancier aurait renoncé à l'exécution de l'obligation primitive et ne pourrait plus exiger que l'exécution de l'autre; la convention aurait eu pour effet de produire une novation subordonnée à la condition de l'inexécution de la première obligation. Or, la novation est un mode légal d'éteindre les obligations, et elle peut être faite sous condition; seulement, la novation ne doit pas se présumer, et il faudrait que le débiteur établit clairement le sens de la convention pour qu'on n'y vît pas une simple stipulation de clause pénale (voy. article 1271, 1° et 1273). » Nous partageons complétement cette manière de voir du savant professeur. (Voy. *Obligations*, n° 164 *bis*.)

(*j*) — On agite enfin une question de novation sur la matière délicate du rapport des dettes. (Code Napoléon, articles 829, 843 et 851.)

Pour comprendre cette question, que nous n'avons trouvée posée que dans un auteur, il nous faut rappeler quelques-uns des principes admis sur le rapport des dettes; nous les emprunterons à l'excellent ouvrage de M. Demolombe, qui prévoit bien la question, mais sans parler de novation. (Voy. *Successions*, t. IV, n°ˢ 465 et 466.)

M. Demolombe enseigne d'abord qu'une nouvelle obligation naît, à compter du jour de l'ouverture de la succession, au profit des cohéritiers, de la part du cohéritier débiteur, à savoir : l'obligation du rapport de la dette dont il commence, dès ce jour, à être tenu. Et cette obligation, dit le savant auteur, doit être dès lors gouvernée par des règles qui lui sont propres, c'est-à-dire par les règles du rapport; et il en tire cette conséquence, que la prescription commencée au profit de l'héritier débiteur contre le défunt ne peut continuer et s'accomplir contre ses cohéritiers, de manière à éteindre envers ceux-ci l'obligation du rapport : cette obligation, qui se confond avec l'action en partage, doit durer tant que dure l'action en partage elle-même.

« Est-ce à dire toutefois, continue M. Demolombe, que l'obligation du rapport, dont l'héritier du débiteur commence à être tenu à compter du jour de l'ouverture de la succession, éteigne l'obligation dont il était tenu à l'ancien titre?

« Il est évident d'abord qu'elle ne l'éteint pas à l'égard des créanciers de la succession et des légataires, envers lesquels cette nouvelle obligation du rapport ne s'ouvre pas (article 857), et envers lesquels pourtant la dette de l'héritier continue certainement d'exister, comme un élément de l'actif héréditaire.

« Mais nous croyons même que cette dette continue toujours aussi d'exister, *avec son ancienne cause et avec son titre primitif*, envers les cohéritiers de l'héritier débiteur; et remarquons qu'ils peuvent avoir intérêt à en exiger, à ce titre, le payement plutôt que le rapport; car cette dette peut être garantie par des sûretés, priviléges, hypothèques ou cautionnements; le terme sous lequel elle a été contractée a pu être stipulé aussi dans l'intérêt du créancier.

« Or notre avis est que, lorsqu'ils y ont intérêt, les cohéritiers sont fondés à invoquer le titre de la dette elle-même, et à prendre la qualité de créanciers vis-à-vis de leur cohéritier débiteur.

« D'une part, en effet, une dette ne peut être déclarée éteinte qu'en vertu d'un des modes d'extinction reconnus par la loi (article 1234).

« Or, la mort du créancier n'est pas un mode de l'extinction de la dette, lors même que le débiteur est un des héritiers du créancier.

« Et d'autre part, si une obligation nouvelle, si l'obligation de rapport s'ouvre alors au profit des cohéritiers, c'est en effet à leur profit seulement et dans leur intérêt, afin de leur procurer par un procédé plus facile et plus sûr le recouvrement de la créance; mais ce serait méconnaître la véritable pensée de la loi que de retourner contre eux cette faveur, de manière à les faire déchoir des droits antérieurs, qui appartenaient au défunt.

« Nous concluons donc que les autres héritiers ont le droit ou de demander le rapport comme co-partageants, ou de demander le payement comme créanciers, en s'en tenant à l'ancien titre (comp. Demante, t. III, n° 187 *bis* X). »

M. Demolombe cite à l'appui de son opinion M. Demante. Eh bien, ce savant auteur envisage la question ci-dessus comme une question de novation. (Voy. *Cours analytique*, t. III, p. 279 et suiv.)

Après avoir posé en thèse, n° 187 *bis* IX, que « le successible débiteur qui renonce reste tenu à l'ancien titre, » ce qui ne fait pas de difficulté, puisqu'alors l'obligation de rapport n'existe pas, il pose également en thèse, n° 187 *bis* X, que, « en cas même d'acceptation, l'obligation du rapport ne *nove* pas l'ancienne obligation; les cohéritiers peuvent donc s'en prévaloir. A plus forte raison les créanciers et légataires. Voici les développements que M. Demante donne à sa pensée :

« 187 *bis* X. — A ce sujet, on se demande si, en cas même d'acceptation, ce titre qui peut offrir des avantages particuliers (*puta* hypothèque, cautionnement, terme en faveur du créancier) s'absorberait dans l'obligation du rapport, tellement qu'il ne pût alors être invoqué par les intéressés; mais c'est ce que je ne puis pas admettre. Car l'obligation primitive doit subsister tant qu'il n'est pas survenu une cause légale d'extinction. Or, on ne saurait voir cette cause dans la nouvelle obligation produite par l'arrivée du débiteur à la succession. Cette nouvelle obligation, qui tend seulement à procurer plus facilement et plus sûrement l'exécution de la première, ne doit nullement se confondre avec une *novation*. D'une part, en effet, la novation ne peut s'opérer sans le consentement du créancier, et d'autre part, le rapport n'étant établi que dans l'intérêt des cohéritiers, ceux-ci doivent rester maîtres d'user ou non du bénéfice établi en leur faveur. Ainsi, dans ma pensée, les cohéritiers du successible débiteur peuvent, à leur choix, ou demander le rapport de la dette, ou, en dispensant de ce rapport, s'en tenir au titre primitif. » (Le savant professeur aurait pu ajouter que la novation ne se présume pas, article 1273; mais cela allait de soi.)

N. B. — L'article 879 du Code Napoléon nous parle d'une novation *sui generis* dont nous devons dire quelque chose en terminant. « Le droit de demander la séparation des patrimoines, porte cet article, ne peut cependant plus être exercé lorsqu'il y a *novation* dans la créance contre le défunt par l'acceptation de l'héritier pour débiteur. »

Quel est précisément le sens de cette disposition?

A cette question nous laisserons répondre MM. Ducaurroy, Bonnier et Roustaing (*Comm. du Cod. civ.*, t. II, p. 537 et 538).

« Cette disposition tirée de Pothier (*Successions,* ch. V, art. 4) ne fait que reproduire une décision d'Ulpien (loi 10, § 1, *Dig., De separat.*). C'est donc dans le droit romain qu'il faut en chercher l'interprétation. Ulpien supposait d'abord un créancier du défunt stipulant de l'héritier *novandi animo,* c'est-à-dire acceptant une obligation nouvelle formée par stipulation, et destinée à remplacer l'obligation primitive dont elle opérait l'extinction. En pareil cas, il y avait novation proprement dite, la succession était libérée, et le créancier n'avait plus aucun droit à la séparation des patrimoines. Lors même qu'il n'y avait pas novation, les créanciers de la succession perdaient le bénéfice de la séparation par cela seul qu'ils s'attachaient à l'héritier et le prenaient volontairement pour débiteur, par exemple, en recevant de lui un gage ou un fidéjusseur (Ulp., l. 1, §§ 11 et 15, *Dig., eod.*). Il était autrement des créanciers qui intentaient une action contre l'héritier, parce qu'alors ils agissaient par nécessité (Marcian, l. 7, *Dig., eod.*; Gordien, l. 2, cod. *De reb. auct. jud.*). Ces principes ont été reproduits, non sans quelque confusion, par Pothier, qui n'a pas suffisamment distingué le cas où il y a novation de ceux où les créanciers se sont simplement attachés à l'héritier par choix, *eligentis nomine*, suivant l'expression d'Ulpien. Les rédacteurs du Code se sont exprimés plus confusément encore, en parlant dans une seule phrase du cas où *il y a novation* et du cas où il y a simplement *acceptation de l'héritier pour débiteur*. Il semble résulter de cette rédaction qu'en acceptant l'héritier pour débiteur, les créanciers du défunt font par cela même novation, ce qui est fort inexact, puisqu'ils ne font que rentrer dans le droit commun, suivant lequel l'héritier est tenu des obligations du défunt. (*Aussi ne doit-on pas appliquer à l'acte qui constate cette prétendue novation le droit proportionnel de 1 pour* 100 *établi par la loi du 22 frim. an VII, article 69, § 3, n° 3.*) La prétendue novation dont parle le texte n'est pas autre chose que la nouvelle position dans laquelle les parties se trouvent placées par suite de l'acceptation de l'héritier pour débiteur. »

Nous, nous adhérons pleinement à la manière de voir des savants professeurs que nous venons de citer.

(Voy. des détails intéressants sur le point en question dans les *Études sur le Code civil* de M. Hureaux, *Séparation des patrimoines,* V[e] étude, § 1, *de la novation*).

B. — De la novation opérée par la substitution d'un nouveau débiteur à l'ancien, ou expromission.

Nous venons d'examiner le cas où le débiteur contracte envers son créancier une nouvelle dette qui est substituée à l'ancienne.

C'est le premier mode d'opérer novation qui nous est indiqué par l'article 1271, et auquel nous avons donné, d'après M. Bigot de Préameneu, le nom de *novation proprement dite*. Le second mode se présente quand il y a changement de débiteur, « lorsqu'un nouveau débiteur, dit ce même article 1271, est substitué à l'ancien qui est déchargé par le créancier. » Cette seconde espèce de novation peut s'opérer sans le consentement du premier débiteur ou de son consentement. Lorsque le nouveau débiteur vient s'obliger de lui-même et prendre la place l'ancien, on dit qu'il y a *expromission*; quand, au contraire, c'est l'ancien débiteur qui présente le nouveau à son créancier, on dit qu'il y a *délégation*.

Nous ne parlerons ici que de l'expromission, et la délégation, à cause de son importance, fera l'objet d'un chapitre spécial.

Les auteurs font remarquer que l'expromission ne se présente presque jamais en pratique. Il est, en effet, fort rare qu'une tierce personne qui ne vous doit rien, vous soit assez dévouée pour venir de son propre mouvement s'obliger pour vous et vous obtenir ainsi votre libération. Toullier (t. VII, n° 273) ne peut citer pour exemple que la promesse d'un père qui s'oblige de payer les dettes de son fils. Quoi qu'il en soit, la loi vient en aide aux sentiments généreux; elle favorise les libérations, et permet aux tiers d'acquitter la dette d'autrui. Comment aurait-elle pu leur méconnaître le droit de l'éteindre par expromission? Un ami doit une somme, et, soit pour éviter les poursuites auxquelles il va être en butte, soit pour tout autre motif, je vais trouver le créancier, avec qui je conviens que c'est moi qui suis dorénavant soumis à la dette, et il veut bien en décharger mon ami; voilà la novation par changement de débiteur appelée expromission. Si la loi ne réglemente pas cette matière, comme nous allons voir qu'elle prend soin de le faire pour la délégation, cela tient à ce qu'elle est régie par les principes généraux combinés avec ceux de la novation proprement dite.

Entrons dans l'examen des principes qui régissent la novation appelée expromission.

Cette novation peut s'opérer sans le concours du premier débiteur (article 1274), et en cela elle diffère de la délégation, dans laquelle au contraire le délégué est présenté par le débiteur lui-même, qui lui donne mandat de s'obliger, ainsi que le mot l'indique.

Le consentement du premier débiteur non-seulement n'est point nécessaire, mais encore la novation pourrait s'opérer malgré lui. De même qu'une obligation peut être acquittée par un tiers intéressé ou non pourvu qu'il ne soit pas subrogé aux droits du créancier (1236), de même la novation peut s'opérer par la substitution d'un nouveau débiteur sans le consentement de l'ancien débiteur. Vous me libérez, en effet, en vous engageant à ma place, même malgré moi; *liberat me is qui quod debeo promittit, etiam si nolim.* (L. 8, § 5, ff. *De novat. et delegat.*)

Mais si pour la novation qui s'opère par la substitution d'un nouveau débiteur, le consentement de l'ancien débiteur n'est pas nécessaire, il n'en est pas de même de celui du créancier; cette novation, comme toute autre, ne peut évidemment pas avoir lieu sans le consentement du créancier; car il ne peut être contraint d'accepter pour débiteur une autre personne dont les conditions de solvabilité sont peut-être différentes. Du reste, quand même le nouvel obligé présenterait toutes les garanties désirables, le créancier est maître de repousser son engagement, sa volonté étant souveraine en cette matière. (Comp. article 1243.)

Ces règles certaines et indiscutables, que nous avons déjà rencontrées en droit romain, se justifieraient en notre droit français, si besoin en était, par deux arguments de texte. Le premier, nous le tirons de l'article 1271, § 2. Cet article dit, en effet, que le nouveau débiteur doit être déchargé par l'ancien. Or, comment pourrait-on avoir cette décharge sans le consentement du créancier? Ce consentement est donc indispensable. Le second est un argument *a contrario* s'appuyant sur la rédaction de l'article 1274, qui indique, ainsi que nous venons de le voir, que la novation ne peut s'opérer sans le concours du premier débiteur, mais qui garde le silence au sujet du créancier. Or, indiquer que le consentement du débiteur est inutile, et ne point parler de celui du créancier, n'est-ce pas dire certainement que ce dernier est indispensable? (Voy. Dalloz, *Répert.*, v° Obligations, n° 2449.) Mais à quoi bon ces arguments de texte pour prouver que la novation par changement de débiteur ne peut avoir lieu sans le consentement du créancier? C'est de toute évidence, puisque la novation est une convention faite avec ce créancier, et nous savons que le consentement des parties est indispensable à la validité de toute convention. (Conf. Marcadé, sur l'article 1274.) — Ajoutons que le débiteur doit être déchargé par le créancier, car s'il ne l'était pas, il n'y aurait plus novation, mais une sorte de cautionnement, une accession de la part du nouveau débiteur; il y aurait non pas *expromissio*, mais *adpromissio*. Ce serait l'ancienne dette qui continuerait à exister et qui, loin d'être éteinte, serait en quelque sorte fortifiée, garantie par l'adjonction d'un nouvel obligé. Ce qui caractérise ici la novation c'est la décharge de l'ancien débiteur.

Enfin, si des doutes peuvent, comme nous l'avons vu, s'élever sur l'existence de la novation que l'on prétendrait s'être opérée par le changement de la dette (1271,1°), il peut s'en élever également quant à la novation qui s'opère par changement de débiteur (article 1271,2°). A cette seconde espèce de novation, nous appliquerons aussi l'article 1273, et si l'intention des parties ne résulte pas clairement de l'acte, nous déciderons que le nouvel obligé n'est que la caution du premier débiteur et que celui-ci demeure toujours tenu.

Ainsi donc, pour qu'il y ait novation par changement de débiteur, il faut nécessairement un nouveau débiteur s'engageant au lieu et place de l'ancien envers le créancier qui y consent, décharge le premier obligé, et que l'intention de nover existe.

Mais remarquons qu'il n'est pas nécessaire ici, comme dans la novation par changement de dette, que la seconde obligation soit incompatible avec la première. Il n'est pas nécessaire que l'obligation du nouveau débiteur contienne quelque chose de plus que celle de l'ancien ou de différent; la différence consiste suffisamment dans la substitution d'un nouveau débiteur. Les deux dettes pourront être les mêmes et la même chose due par le second obligé; car, ainsi que nous dit Pothier, dans le n° 597 de son *Traité des obligations*, « lorsque la novation se fait avec l'intervention d'un nouveau débiteur, la différence de débiteur est une différence *suffisante* pour rendre la novation utile, sans qu'il soit nécessaire qu'il en intervienne d'autre. » — Inutile d'ajouter que si la nouvelle obligation peut ne pas différer de l'ancienne, le créancier et le nouveau débiteur ont aussi la faculté de faire toutes les modifications qu'ils désireront.

Le fait caractéristique de la novation par changement de débiteur étant la décharge de cet ancien débiteur, on conçoit facilement que cette espèce de novation soit en général plus facile à reconnaître que la novation par changement de dette. Cependant il peut y avoir doute quelquefois sur le fait de savoir si le premier débiteur a été déchargé, d'autant plus que l'on admet assez généralement qu'il n'existe aucun terme sacramentel pour exprimer que l'ancien débiteur est déchargé. (V. Larombière sur l'article 1273, n° 13; Duranton, t. XII, p. 309.)

Quand donc dira-t-on que l'ancien débiteur est déchargé, et que partant il y a novation par expromission? Pour résoudre cette question, il nous faut recourir aux principes généraux en matière de novation. Alors nous dirons qu'il n'est pas nécessaire que le créancier ait fait à cet égard une déclaration expresse, comme paraît bien le vouloir l'article 1275 en matière de délégation, c'est-à-dire lorsqu'il y a substitution d'un nouveau débiteur qui est présenté par l'ancien. La novation par expromission, c'est-à-dire par la substitution d'un nouveau débiteur qui est venu s'offrir de lui-même, reste soumise, comme la novation par simple changement de dette et comme celle qui a eu lieu par changement de créancier, dont nous occuperons plus loin, à la règle générale de l'article 1273, en ce sens qu'elle doit être admise toutes les fois qu'elle résulte clairement de l'acte qui s'est accompli entre les parties. Il n'en est pas ici comme au cas de délégation, pour lequel la loi a édicté une règle spéciale dont nous apprécierons plus tard la portée. (Voy. Marcadé, t. IV, n° 769.) Cette manière de voir d'après laquelle, en cas d'expromission, la décharge de l'ancien débiteur n'a pas besoin d'être exprimée d'une manière expresse et formelle, — il suffit qu'elle existe, — cette manière de voir, partagée par les commentateurs modernes, était déjà admise dans l'ancien droit par Pothier, le meilleur interprète du Code en notre matière, qui lui a été complétement empruntée.

Pothier, après avoir posé le principe qui est passé dans notre Code (article 1273), à savoir : qu'il n'est pas nécessaire que le créancier déclare en termes précis et formels qu'il entend faire novation, et qu'il suffit que, de quelque manière, sa volonté de faire novation paraisse si évidente qu'elle ne puisse être révoquée en doute, nous cite l'exemple suivant et s'explique ainsi : « Je suis créancier de Pierre d'une somme de mille livres : il se passe un acte entre Jacques, débiteur de Pierre, et moi, par lequel il est dit « que « Jacques s'oblige envers moi à me payer la somme de mille livres « qui m'est due par Pierre » : et il est ajouté « que j'ai bien voulu, « *pour faire plaisir à Pierre,* me contenter de la présente obligation « qui m'est cédée par Jacques. » On doit décider dans cette espèce qu'il y a novation, et que Pierre est déchargé envers moi, quoiqu'il ne soit pas dit en termes formels et précis que je décharge Pierre, et que j'accepte l'obligation de Jacques en faisant novation de celle de Pierre : car les termes dont je me suis servi « que je me *conten-* « *tais* de l'obligation de Jacques, *pour faire plaisir à Pierre* » déclarent suffisamment que j'ai voulu décharger Pierre, et me contenter de Jacques pour débiteur à sa place. — Mais, à moins qu'il ne paraisse évidemment que le créancier a eu intention de faire novation, la novation ne se présume pas. C'est pourquoi si, dans la même espèce, ayant fait une saisie et arrêt sur Jacques, pour le fait de Pierre mon débiteur, Jacques s'est obligé envers moi purement et simplement, par un acte, à me payer la somme de mille livres qui m'est due par Pierre et pour laquelle j'ai fait arrêt, sans qu'il ait été ajouté, comme dans l'espèce ci-dessus, *que j'ai bien voulu, pour faire plaisir à Pierre, me contenter de l'obligation de Jacques,* ou quelque autre chose semblable, qui ferait connaître évidemment que j'ai voulu décharger Pierre, je ne serai point censé avoir fait de novation, et Jacques sera censé avoir accédé à l'obligation de Pierre, qui demeure toujours mon obligé. (C'est ce qui a été jugé par un arrêt du Parlement de Toulouse, rapporté par Catelan, t. II. liv. 5, ch. 38). » (*Obligat.*, n° 594).

Il est donc évident que la décharge n'a pas besoin d'être expresse; mais c'est à celui qui prétend qu'il y a novation à prouver qu'elle existe, et si cette preuve n'était pas faite, on devrait décider qu'il n'y a point novation. (Voy. Larombière, *loc. cit.*).

Ce n'est pas ici le lieu d'entrer dans l'examen des divers cas qui se sont présentés dans la jurisprudence et où il a été jugé, suivant les circonstances de l'acte intervenu entre les parties, qu'il y avait ou non novation par changement de débiteur ; nous nous bornerons donc à renvoyer aux *Recueils de jurisprudence.* Pourtant il est certaines questions qui, vu leur importance, doivent attirer notre attention.

(*a*) — Et d'abord nous venons de voir, à la fin du passage précité de Pothier, qu'il n'y avait point novation, sous l'empire de l'ancien droit, dans l'hypothèse suivante : créancier d'une certaine somme, je fais une saisie-arrêt dans les mains d'un tiers; ensuite ce tiers s'engage purement et simplement à me payer ce qui m'est dû ; et, en présence de cet engagement, je donne mainlevée pure et simple de ma saisie-arrêt. On ne saurait voir là, d'après Pothier, une novation ; car on ne pourrait prouver que j'ai déchargé l'ancien débiteur. Demandons-nous si l'on devrait admettre cette solution sous l'empire du Code Napoléon? Nous inclinons pour l'affirmative ; car nous ne voyons aucune raison pouvant faire repousser aujourd'hui l'opinion de Pothier.

Maintenant l'on trouve partout posée et discutée cette autre question sur la matière difficile de la saisie-arrêt : « Le jugement qui attribue au saisissant les sommes saisies et lui donne le tiers saisi pour débiteur libère-t-il le débiteur primitif? (Roger, *Saisie-arrêt,* 2me édit., p. 31, n° 45.) » C'est, en d'autres termes, se demander s'il n'y a pas novation par changement de débiteur lorsque sur une saisie-arrêt est intervenu un jugement ordonnant l'emport des deniers au bénéfice du créancier saisissant, et lui donnant le tiers saisi pour débiteur.

Pour notre part, nous pensons que la novation n'est pas produite par le jugement de validité. Mais étayer convenablement notre opinion n'est pas chose facile en présence des décisions contradictoires que l'on rencontre dans la doctrine et dans la jurisprudence.

La solution de notre question, ainsi que l'a fait remarquer M. Ancelot, président de chambre à la Cour de Riom, dans un article fort savant, gît dans la *qualification* du titre de transmission du *nomen* saisi au saisissant. Or, voici ce que nous trouvons à cet égard dans un passage souvent cité du savant Pigeau. (*Comm.,* t. II, p. 171.)

« A quel titre, dit M. Pigeau, les saisissants deviennent-ils *propriétaires* de la somme saisie-arrêtée? Sera-ce à titre de transport, ou à titre de délégation parfaite, ou, enfin, à titre de délégation imparfaite?

« Si le jugement est regardé comme un transport, le saisi sera considéré comme un cédant; et le cédant ne répondant pas de la solvabilité du débiteur, lorsqu'il ne s'y est pas engagé (Code civil, article 1694), il s'ensuivra que si le tiers saisi devient insolvable ce sera pour le compte des créanciers, qui n'auront aucun recours contre le débiteur.

« Si ce jugement est considéré comme la délégation parfaite dont parle l'article 1276 du Code civil, cette délégation déchargeant le débiteur qui l'a faite, le créancier n'a point de recours contre lui pour insolvabilité survenue depuis, s'il n'y a réserve expresse; et il en résultera que si le tiers saisi nouveau débiteur devient insolvable, la perte sera pour les créanciers sans recours contre le saisi qui est libéré. Enfin, si ce jugement est considéré comme ne contenant qu'une délégation imparfaite dont parle l'article 1275, qui ne décharge point, lorsque le créancier ne l'a pas formellement exprimé, les créanciers non payés par le tiers saisi auront recours contre le saisi.

« On doit décider que le titre des créanciers est la délégation imparfaite, parce que le créancier qui, n'étant pas payé en argent par son débiteur, a consenti à être payé autrement, est présumé avoir voulu que ce qu'on lui donnait en place de l'argent approchât le plus possible de l'argent, et comme de toutes les valeurs qu'on lui donnerait, la délégation imparfaite serait préférable aux deux autres, on doit considérer lui, représentant le saisi, comme n'ayant demandé et la justice n'ayant accordé qu'une délégation imparfaite. — On peut en faveur de cette opinion tirer argument de l'article 133 du Code de procédure qui établit que l'avoué qui a obtenu distraction des deniers dus à son client, n'en conserve pas moins son action contre sa partie. »

Nous croyons devoir nous en tenir à cette citation de Pigeau sur notre question, car l'examen des diverses conséquences à tirer de ce que le jugement de validité ne produit pas novation nous entraînerait beaucoup trop loin. (Voy. sur la question M. Ancelot, *De l'effet attributif du jugement de validité. Rev. crit. de lég. et jurisp.*, t. XXVI, p. 412 et suiv.; Chauveau sur Carré, quest. 1972, *quater*, et Dalloz, *Répert.*, v° Saisie-arrêt, n° 453 et suiv. Conf. arrêts : Bourges, 27 juin 1820; Nîmes, 28 avril 1828, et Toulouse, 22 janvier 1829, *J. du P.*, *Chron.*)

(*b*) — Autre question qui, vivement controversée dans notre ancien droit, l'a été encore plus vivement de nos jours. Le retrait de droits successifs ou de droits litigieux (articles 841 et 1699) opère-t-il novation par substitution d'un nouveau débiteur à l'ancien? En d'autres termes, le retrait de droits successifs ou de droits litigieux a-t-il pour effet de décharger le cessionnaire de ses obligations envers le cédant?

« Cette question est délicate, dit M. Demolombe, qui la pose en ces derniers termes (*Rev. prat.*, t. VII, p. 335 et suiv.), et elle a été, en effet, toujours controversée. » Nous ne nous proposons pas de l'examiner à fond ; elle pourrait faire l'objet d'une dissertation à part sur la nature et les effets des retraits. Disons-en seulement quelques mots. Constatons d'abord que la nature véritable du droit de retrait a toujours été universellement reconnue. Lorsque, par l'effet d'un retrait, le *retrayant* prend pour lui le marché du *retrayé*, et se rend ainsi acheteur à sa place, il ne s'opère point, de l'acquéreur originaire à l'acquéreur actuel, *une seconde vente*. « *Neque enim*, dit d'Argentré, *retractus conventionalis est contractus, sed legalis translatio de persona in personam ejus, qui ante inter duos factus sit.* » (*De laudemiis*, § 36.) Le retrait donc ne consiste que dans la substitution d'une personne à une autre, *de persona in personam*, d'où lui est venu le nom d'action en subrogation, qu'on lui donne encore quelquefois aujourd'hui. Sur ce point, on est d'accord. Mais après avoir posé d'accord ce principe général sur le caractère du retrait, on se divise, dans le droit nouveau comme dans l'ancien droit, sur l'étendue d'application que ce principe doit recevoir et sur ses conséquences. « Mais, dit M. Mourlon (*Rev. prat.*, t. IX, p. 243), étant donné ce principe que le retrait n'a d'autre effet que de subroger, dans la convention primitive, la personne du *retrayant* à celle du *retrayé*, on a dû se demander si cette fiction est *absolue* ou simplement *relative*, c'est-à-dire, en autres termes, si elle a lieu au regard de *toutes les parties* et par conséquent pour et contre le *cédant* lui-même, ou si, au contraire, son effet est *borné aux rapports du retrayant avec le retrayé.* » C'est là-dessus que les interprètes les plus autorisés de la science ont été, de tout temps, partagés comme en deux camps. Le premier système, s'attachant d'une manière absolue à l'idée de subrogation du retrayant au retrayé, enseigne que la personne du retrayé est complétement effacée; que le retrayé disparaît tout à fait comme s'il n'avait jamais été acquéreur, *perinde habetur ac si non emisset;* et que le retrayant, par une corrélation nécessaire, le remplace activement et passivement, *in omnibus et per omnia,* comme s'il avait été lui-même acheteur dès l'origine, *ac si emisset a venditore.* Et de ces prémisses radicales ce système déduit, sans aucune restriction, toutes les conséquences qu'elle peut produire, et, entre autres, la conséquence suivante, la seule qui doive nous occuper ici : le retrayé est complétement libéré des obligations dont il pourrait être encore tenu envers le cédant, au moment de l'exercice du retrait; c'est le retrayant qui en devient personnellement débiteur, en son lieu et place, à la charge seulement, par le retrayant, de fournir une caution au cédant. Cette doctrine qui était celle de Tiraqueau et de Grimaudet est enseignée par MM. Labbé et Mourlon. (Voy. Labbé, *Rev. crit. de législ.*, 1855, p. 145 et suiv., et Mourlon, *loc. cit.*)

Le second système consiste à dire que le retrait est une opération qui se passe uniquement entre le retrayant et le retrayé, dans laquelle le cédant ne figure pas et qui est dès lors pour lui *res inter alios acta.* On en conclut que si cette idée que le retrayant se trouve activement et passivement subrogé au cessionnaire retrayé, est parfaitement exacte en elle-même, elle doit cependant être restreinte aux rapports des parties entre elles, c'est-à-dire du retrayant et du retrayé; quant au cédant, qui est resté étranger au retrait, il ne peut être forcé d'accepter un autre débiteur au lieu et place de celui qu'il s'était choisi. En conséquence, bien que l'exercice du retrait subroge le retrayant aux droits du cessionnaire, il n'a pas néanmoins pour effet d'affranchir celui-ci retrayé de ses obligations envers le cédant qui conserve toujours le droit d'en poursuivre l'exécution contre lui, resté son vrai débiteur, et qui a droit seulement de son côté à se faire indemniser par le retrayant; le cédant n'est pas obligé, quelque caution qu'on lui offre, d'accepter le retrayant pour débiteur à la place du cessionnaire. Cette seconde opinion, qui était enseignée par Dumoulin et Pothier, est soutenue de nos jours par MM. Brives-Cazes et Demolombe. (Voy. Brives-Cazes, *Rev. de législ.*, 1851, t. Ier, p. 169 et suiv.; Demolombe, *loc. cit.*)

De ces deux systèmes, lequel devons-nous préférer? Après une étude consciencieuse des arguments invoqués de part et d'autre, et que nous ne croyons pas devoir reproduire ici.... *Non erat his locus*.... nous n'hésitons pas à nous ranger à l'opinion de Dumoulin et de Pothier, professée à l'École par MM. Bugnet et Valette.

« *Sed quid*, dit Dumoulin (*Cout. de Paris*, tit. Ier des Fiefs, § 20, n° 8), *si actor* (le retrayant) *faciat revocari venditorem cui se expromissorem offerat loco emptoris animo novandi, an teneatur venditor mutare et novare debitorem?* Breviter respondeo quod non, *ex quo semel obligatio est constituta et perfecta*. » — Pothier (*Des retraits*, n° 300) décide également, avec Dumoulin, que le vendeur n'est pas obligé, quelque caution qu'on lui offre, d'accepter le retrayant pour débiteur à la place de l'acheteur; et cela par le motif que le retrait est une affaire qui ne se passe qu'entre le retrayant et l'acheteur sur qui le retrait s'exerce et qui ne concerne pas le vendeur; que celui-ci, n'étant pas garant du retrait, et l'acheteur s'étant chargé d'en courir le risque, ce retrait ne peut donner à l'acheteur sur qui il est exercé aucune action contre le vendeur pour l'obliger à le décharger de son obligation; d'où il résulte que le vendeur se trouve dans la règle générale qui ne permet pas qu'un créancier puisse être obligé, malgré lui, à changer de débiteur, quelque caution qu'on lui offre. On sait, observe M. Demolombe, que les rédacteurs de notre Code ont le plus souvent suivi les principes enseignés par Pothier; et tout en reconnaissant que cette matière des retraits ne les a point préoccupés beaucoup, il n'en est pas moins naturel de croire qu'entre les deux systèmes qui existaient dans notre ancien droit, c'est celui que Pothier défendait, d'après Dumoulin, qu'ils auront adopté de préférence. En effet, comme on l'a dit quelque part (M. Léveillé, *Rev. prat.*, t. XIII, p. 46), « il est certain pour tous qu'on pourrait suivre, en passant de Dumoulin à Pothier, de Pothier aux rédacteurs de l'an XII, la filiation de la loi; tellement qu'on aurait droit de dire, en employant un mot un peu familier peut-être, mais d'une justesse parfaite, que si Dumoulin est l'*aïeul* direct du Code Napoléon, Pothier en est le *père* légitime, et l'inspirateur presque constant. » Ajoutons, en terminant, que la jurisprudence la plus récente adopte l'opinion d'après laquelle l'exercice du retrait n'opère pas novation, conclusion réclamée par les principes, qui ne permettent pas qu'on présume la novation (article 1273) et que l'on substitue arbitrairement un débiteur à un autre sans le consentement du créancier (article 1275.) — (Voy. en ce sens: Cass., 7 janv. 1857 (affaire Chauvelot), *J. du P.*, 1857, p. 875. Conf. Bordeaux, 24 juillet 1850. *J. du P.* 1852, 2, p. 278.)

(*c*) — Pour terminer sur la novation appelée expromission, signalons un prétendu cas d'expromission légale en matière de faillite mis en avant par M. Massé. (*Droit comm.*, nº 2116.)

« On sait, nous dit M. Massé, qu'en matière de faillite, l'article 576 du Code de commerce permet en certains cas au vendeur de revendiquer les marchandises expédiées au failli, et que l'article 577 lui permet de retenir les marchandises qui n'ont pas encore été livrées ni expédiées. L'article 578 ajoute que, dans le cas prévu par les deux articles précédents, les syndics ont la faculté d'exiger la livraison des marchandises, en payant au vendeur le prix convenu entre lui et le failli. Cet article autorise *une véritable expromission;* la masse des créanciers représentée par les syndics, en usant de la faculté que lui confère l'article 578, se met au lieu et place du failli qui est libéré et contracte avec le vendeur une *nouvelle obligation* qui remplace l'obligation du failli, *laquelle est éteinte.* — Il suit de là que le vendeur ne peut opposer à la masse ou aux syndics, qui ont exercé la faculté que leur ouvre l'article 578, les exceptions résultant de la faillite, et qu'il aurait pu opposer au failli. Ainsi le vendeur ne peut se prévaloir, vis-à-vis des syndics, de l'article 444 du Code de commerce, qui déclare le failli déchu du bénéfice du terme ; le failli *n'est plus débiteur;* c'est la masse qui est débitrice, et à l'égard des dettes auxquelles la masse est directement et personnellement obligée, il n'y a point d'exigibilité par le fait de la faillite. Si donc la vente a été faite à terme, la masse doit jouir du bénéfice du terme, à la charge seulement de donner caution, conformément à l'article 1613 du Code Napoléon. » (Conf. Renouard, *Faillites*, p. 404.)

Nous aurions plus d'une observation à faire sur ce passage de M. Massé; mais nous devons nous en tenir à ce qui concerne la novation par expromission aperçue par M. Massé dans la disposition de l'article 578 du Code de commerce, On ne saurait voir là, croyons-nous, une expromission, en présence du passage suivant de Pothier, qui nous apprend en quoi consiste l'expromission. « L'*expromission* a lieu, dit Pothier (*Obligat.*, n° 583), lorsque quelqu'un se rend à ma place débiteur de mon créancier, qui l'accepte pour son débiteur, et me décharge en conséquence. » Que cela puisse être fait à l'insu et sans le consentement du débiteur, *transeat*. Mais une *expromission* qui se fait par une loi muette à cet égard, une expromission que les parties ne contractent pas, et qui, à l'insu du créancier, décharge le débiteur de son obligation envers lui ! cela nous passe. Qu'une expromission puisse se faire sans que le créancier le sache et que les parties la contractent est une proposition inqualifiable, et pourtant, elle résulte de la doctrine de M. Massé dans le passage ci-dessus. (Voy. sur ce point MM. Delamarre et Lepoitvin, t. VI, p. 286.)

C. — De la novation par changement de créancier.

Il est question de cette espèce de novation dans l'article 1271, 3°, et l'article 1277, 2°, y fait allusion.

La novation s'opère, d'après l'article 1271, 3° (c'est la troisième manière dont elle s'opère), « lorsque, par l'effet d'un nouvel engagement, un nouveau créancier est substitué à l'ancien, envers lequel le débiteur se trouve déchargé. » Tel serait le cas où, voulant faire bénéficier Tertius du montant d'une créance contre Secundus, Primus libérerait celui-ci, à la charge par lui de s'obliger envers Tertius. Par exemple, Primus, voulant faire une libéralité ou ouvrir un crédit à Tertius, engage Secundus, son débiteur, à s'obliger envers Tertius, moyennant quoi il le décharge envers lui Primus.

Il faut ici le consentement de trois personnes : 1° du créancier Primus, qui doit intervenir dans toute novation, car on ne peut lu enlever son bien malgré lui; 2° du débiteur Secundus, qui devra s'engager personnellement avec Tertius, nouveau créancier; 3° du nouveau créancier Tertius, qui acquiert une obligation et crée un lien de droit avec le débiteur Secundus. Une fois cet accord des trois volontés établi, la novation s'est opérée, l'ancien créancier est hors de cause et le débiteur n'est plus tenu que vis-à-vis du nouveau créancier.

Pour que cette novation puisse s'opérer, il faut, disons-nous, que le débiteur consente à contracter un nouvel engagement envers le nouveau créancier. A défaut de ce consentement, qui est indispensable et ne peut être exigé, la seule ressource qui soit offerte à celui qui veut faire profiter un tiers de la valeur d'une créance qu'il a sur un autre, c'est la cession de sa créance. Nous avons vu plus haut, dans notre premier chapitre, que la cession et la novation devaient être soigneusement distinguées; nous rappellerons que la première fait passer la créance intacte au cessionnaire, tandis que la seconde opère extinction de la créance, qu'elle remplace par une nouvelle qui est privée de tous les avantages de l'ancienne. Nous ajouterons, en passant, que la cession est bien plus employée dans la pratique que la novation par changement de créancier; cette différence tient à la nature même de la cession, qui dépend uniquement de la volonté du créancier, tandis que la novation supposée exige la volonté du débiteur.

Insistant sur ce dernier point que la novation par changement de créancier ne peut s'opérer sans le concours du débiteur, notons ici que dans le *Projet de Code civil* présenté par la commission nommée par le gouvernement le 4 thermidor an VIII, il y avait une disposition contraire à notre proposition. L'article 169 (liv. III, tit. 2, sect. 1re) était ainsi conçu : « La substitution d'un nouveau créancier suffit pour opérer la novation. — Cette espèce de novation peut s'opérer sans le concours du *premier* débiteur. » Cette disposition a fini par disparaître. Voyons par suite de quelles considérations.

Voici ce que nous avons trouvé dans les observations des Tribunaux d'appel sur cette disposition :

Tribunal de Douai : « Quand le créancier seul est changé, on ne peut parler d'un premier débiteur, puisqu'il n'y en a qu'un. —

Il est inutile de répéter ce qui est dit dans l'article 150, 3°, que le changement de créancier opère la novation. — L'article devrait donc être rédigé ainsi : La substitution d'un nouveau créancier peut s'opérer sans le concours du débiteur. »

Tribunal de Rouen: « On propose de mettre à la suite de cet article (160) celui-ci : La substitution d'un nouveau créancier ne produit pas de changement à la situation du débiteur principal et des cautions, lorsqu'il y a *subrogation* aux droits de l'ancien. »

Tribunal de Lyon : « Article 160. Rayer cet article... parce qu'il est directement contraire aux principes, puisque toutes les fois qu'un nouveau créancier est subrogé à l'ancien, il n'y a point de novation. — Les obscurités de cette section (*de la novation*) résultent de ce qu'il n'y a point de titre sur la subrogation d'où l'on puisse tirer des exceptions à la novation. »

On remarquera que si les Tribunaux d'appel ont eu soin de faire observer sur l'article 160 que la première proposition, « la substitution d'un nouveau créancier suffit pour opérer novation, » avait le tort d'exclure la subrogation, ils n'ont rien trouvé à redire à la deuxième proposition, « cette espèce de novation peut s'opérer sans le concours (du premier?) débiteur. » Aussi le Conseil d'État, dans le Projet de Code qu'il soumit au Tribunat, reproduisait-il cette proposition inexacte. En effet, l'article 171 de ce projet (voy. article 1274 du Code) était ainsi conçu : « La novation par la substitution soit d'un nouveau créancier, soit d'un nouveau débiteur, peut s'opérer sans le concours du premier débiteur. » Mais voici la juste observation du Tribunat sur cet article : « Retrancher les mots *soit d'un nouveau créancier, soit,* et dire : *la novation par la substitution d'un nouveau débiteur peut s'opérer sans le concours du premier.* L'article 171 ne doit parler que du cas d'un nouveau débiteur. A l'égard de celui d'un nouveau créancier, le débiteur doit intervenir en formant un nouvel engagement, sans quoi il n'y aurait pas novation, et c'est ce qu'a dit l'article 168 (aujourd'hui article 1271). » Voilà enfin les vrais principes. Le Tribunat a pensé avec raison que la novation par changement de créancier ne devait pas être confondue avec la cession de créance. Notons ici que les mots *par l'effet d'un nouvel engagement* ont été introduits dans l'article 168 (devenu l'article 1271 du Code) sur l'observation du

Tribunat; ils ne se trouvent pas dans le Projet de la commission (article 150). (Voyez, pour les observations de la section de législation du Tribunat, Locré, t. XII, p. 278.)

Il faut encore, pour que cette novation puisse s'opérer, que le débiteur soit déchargé vis-à-vis de l'ancien créancier, car s'il continuait à être débiteur de celui-ci, il ne pourrait y avoir novation. Il y aurait indication d'une autre personne pour recevoir le payement; or l'article 1277 nous apprend que la simple indication par le débiteur d'une autre personne qui doit payer à sa place n'entraîne point novation, et qu'il en est de même de la simple indication, faite par le créancier, d'une personne qui doit recevoir pour lui (article 1277,2o).

« Enfin, nous dit Marcadé faisant l'application du principe contenu dans l'article 1273, le changement de créancier, s'il peut présenter un cas de novation, pourrait présenter aussi un cas de cession, ou de payement avec subrogation. Aussi l'article 1271,3° exige-t-il que la substitution d'un nouveau créancier à l'ancien se fasse avec un nouvel engagement de la part du débiteur. Toutes les fois que le débiteur n'aura pas concouru au changement de créancier, il est clair qu'il n'y a pas de sa part engagement nouveau, et par conséquent pas de novation, mais bien une cession de la même créance à un nouveau créancier, ou bien extinction de cette créance par le payement qu'en fait celui qui vient se substituer au créancier primitif. Dans ce cas, et quand le débiteur reste ainsi en dehors, il n'y a pas lieu au doute, puisque la novation est complétement impossible. Mais quand le débiteur est intervenu à l'acte et a consenti à ce qui s'est fait, on conçoit qu'il puisse y avoir doute sur le point de savoir si la volonté de ce débiteur a seulement été de se reconnaître tenu de la *même dette* envers le nouveau créancier, ou s'il a entendu se constituer à nouveau débiteur d'une dette semblable, mais distincte.

« Il est clair que les termes de la convention pourront seulement renseigner sur cette alternative. S'il est dit, par exemple, que le débiteur est libéré de sa dette de 600 francs envers Pierre, au moyen de la *nouvelle dette* de somme exacte *qu'il contracte* envers Paul, il est bien évident qu'il y a novation et que les garanties qui pourraient exister au profit de Pierre n'existent plus sur Paul. Mais on ne s'exprimera pas toujours d'une manière bien précise sur ce qu'on entend faire, et dans le doute on retombera sous la règle de notre article, qui veut que la novation ne se présume point, et les tribunaux devront, par le seul effet de ce doute, déclarer que la novation n'existe pas. » (Marcadé, sur l'article 1273, t. IV, n° 770.)

Ainsi les parties ayant pu vouloir par la substitution d'un nouveau créancier à l'ancien opérer seulement une cession-transport ou une subrogation, et la novation ne se présumant pas, il faudra que la volonté de nover résulte clairement de l'acte, conformément aux dispositions de l'article 1273. Les circonstances et les changements apportés à l'acte primitif pourront faire reconnaître cette intention si elle ne s'induit pas des termes mêmes de l'acte, comme dans l'espèce supposée par Marcadé. Parmi ces circonstances, nous trouvons indiquée par M. Larombière (sur l'article 1273, n° 15) l'initiative prise soit par le créancier, soit par le débiteur. Si l'initiative du nouvel acte émane du créancier, on ne doit le considérer que comme une translation de créance à laquelle le débiteur, qui ne peut s'y opposer, n'intervient que pour adhérer et accepter ; si elle émane, au contraire, du débiteur, et que les autres parties, qui peuvent s'y refuser, y donnent leur adhésion, il y aura novation. M. Larombière observe encore qu'on ne saurait induire de ce que l'ancien créancier intervient comme caution du débiteur dans le nouvel engagement qu'il n'a pas eu l'intention de nover ; au contraire, ce sera là un indice de la novation. La novation, dit-il, n'en sera que mieux marquée.

Entrons maintenant dans l'examen de quelques questions controversées sur la novation par changement de créancier.

(*a*) — Le seul changement du créancier avec la volonté de nover est-il suffisant pour qu'il y ait novation, l'objet de la dette restant le même? Ne faut-il pas au contraire que la dette renferme quelque chose de différent qui la distingue de l'ancienne, outre le changement du créancier?

Nous pensons que le changement seul du créancier est suffisant, et qu'il n'est pas nécessaire que la dette renferme quelque chose de différent qui la distingue de l'ancienne. Nous avons déjà admis une décision semblable en ce qui concerne l'expromission ; nous avons admis qu'elle avait lieu par le seul changement du débiteur. Sans doute, s'il existe d'autres changements, ils pourront faire reconnaître plus facilement l'intention de nover, mais ils ne sont pas nécessaires, si d'ailleurs l'intention de nover de la part du créancier n'est pas douteuse. Ainsi, il n'est pas nécessaire que la prestation du nouvel engagement soit autre que celle de l'ancien; il n'est pas nécessaire que la nouvelle obligation ait un autre objet que la première. (Voy. M. Larombière, sur l'article 1273, n° 5, et Marcadé, *ibid.*, n° 4.)

Nous ne pouvons donc admettre l'opinion de Toullier (t. VII, n° 274) qui des mots *nouvel engagement*, contenus dans l'article 1271, à propos de la novation par changement de créancier, conclut, entendant ces mots dans un sens presque judaïque, que l'objet doit être modifié. Voici du reste comment il s'exprime : « Il faut supposer que le *nouvel engagement* que le débiteur contracte envers le nouveau créancier, de l'ordre de l'ancien, a un autre objet que la première obligation; car s'il avait le même, le nouvel engagement ne produirait point d'autre effet que celui d'un transport de créance, qui substitue, à la vérité, un créancier à un autre, mais non pas une nouvelle obligation à une ancienne. Par exemple, vous me devez 10,000 francs. Je vous en tiens quitte, à condition que vous consentirez à Paul une pareille somme. Si, au contraire, je vous tiens quitte des 10,000 francs que vous me devez, à condition que vous donnerez à Paul tant de tonneaux de vin, il y a substitution d'un créancier à un autre; mais il y a aussi substitution d'une obligation à une autre dont l'objet était différent, et par conséquent novation. (Cette sorte de novation est extrêmement rare.) »

Nous n'hésitons pas à voir dans cette doctrine une erreur évidente de la part de Toullier; nous disons évidente, car son opinion est manifestement contraire aux termes de l'alinéa 3 de l'article 1271, qui n'exige, pour qu'il y ait novation, que le changement de créancier, sans parler le moins du monde d'un objet nouveau dans l'obligation. On peut remarquer, au surplus, que si pour opérer la novation par changement de créancier, les choses devaient se passer comme le veut le savant auteur, il y aurait alors novation tout à la fois par changement d'objet et par changement de créancier. Dans un tel système, le 3° de l'article 1271 ne pourrait jamais recevoir d'application qu'à la condition de se combiner avec le 1° de ce même article, ce qui serait bien bizarre. Enfin l'article 1271 lui-même, en énonçant trois espèces de novation, entend bien que le seul changement du créancier l'opère, puisque, dans le système que nous combattons, il lui eût suffi d'indiquer le changement de dette et le changement de débiteur.

Maintenant, comment se fait-il qu'un auteur aussi éminent que Toullier soit tombé dans l'erreur que nous lui reprochons?

C'est, avons-nous déjà dit, en donnant à ces deux mots de l'article 1271,3°, *nouvel engagement*, qu'il souligne, un sens presque judaïque que Toullier a émis une doctrine inexacte sur le point qui nous occupe. Il semble que Toullier ait pris ces mots comme synonymes d'obligation ayant quelque chose de différent qui la distingue de l'ancienne. Mais quand le Code emploie cette expression, *nouvel engagement*, il parle le langage de la pratique; la novation substitue une nouvelle dette à une ancienne, il y a par conséquent nouvel engagement. Il nous faut ensuite faire remarquer que Toullier fonde son opinion sur ce que l'objet de l'obligation restant le même, il y aurait non pas novation, mais cession de créance dans l'opération intervenue. Or, il y a là une erreur. Nous avons, par avance, réfuté cette doctrine en montrant la différence qui existe entre le transport de créance et la novation par changement de créancier. On peut, dans la cession de créance, se passer du consentement du débiteur, puisque l'article 1690 permet d'y suppléer par la signification du transport; ce consentement est, au contraire, indispensable pour que la novation par changement de créancier se produise.

Enfin, pour donner force à son opinion, Toullier donne à entendre que Pothier la confirmerait. Il dit en effet que Pothier, d'où le § 3 de l'article 1271 est tiré, doit servir à expliquer ce paragraphe un peu obscur, et il cite ce passage que nous connaissons déjà où Pothier dit (n° 584) que « la troisième espèce de novation est celle qui se fait par l'intervention d'un nouveau créancier, lorsqu'un débiteur, pour demeurer quitte envers son créancier, de l'ordre de cet ancien créancier, contracte quelque engagement envers un nouveau créancier. » Or Pothier, dans le passage cité, n'exige en aucune façon un changement d'objet, et le n° 3 de l'article 1271 pas davantage, ainsi que nous en avons déjà fait la remarque. Il y a plus, Pothier lui-même, dans un autre passage, qui aura sans doute échappé à l'attention de Toullier, condamne positivement l'opinion de ce savant maître. On ne saurait mieux faire que de citer ici le guide habituel des rédacteurs du Code. « Lorsque, dit-il plus bas (n° 597), la novation se fait avec l'intervention d'un nouveau débiteur ou d'un *nouveau créancier*, la différence de créancier ou de débiteur est *suffisante* pour rendre la novation utile, sans qu'il soit nécessaire qu'il en intervienne d'autre. » Peut-on être plus formel en notre sens?

Notre opinion sur la question qui vient de nous occuper nous paraissant suffisamment établie, nous allons passer à une autre question.

(*b*) — Nous avons dit et répété plus d'une fois que le transport d'une créance ne doit pas être confondu avec la novation par changement de créancier, qu'il en diffère notamment en ce qu'il peut avoir lieu sans le concours du débiteur. Mais *quid* si ce débiteur accepte purement et simplement le transport opéré : cette acceptation aura-t-elle pour effet de changer le transport en novation? En d'autres termes, l'acceptation pure et simple que fait le débiteur cédé du transport opère-t-elle novation, de telle sorte que celui-ci ne puisse plus opposer au cessionnaire les causes de nullité dont la dette était entachée, les exceptions qu'il pouvait opposer au cédant? Nous ne le croyons pas. La novation, en effet, ne se présume pas, et de ce que le débiteur accepte purement et simplement le transport fait à un tiers de sa dette, il n'en résulte pas qu'il contracte un *nouvel engagement* vis-à-vis de ce dernier; il déclare seulement qu'il considère le transport comme bien et dûment signifié, ce qui le rendra responsable du payement qu'il ferait au créancier cédant, mais il n'entend par là s'obliger envers le cessionnaire que de la même manière qu'il était tenu envers le créancier primitif, et ne payer que ce qu'il doit et s'il doit; car il peut ne découvrir que plus tard les causes de nullité de sa dette. La créance passe au cessionnaire, avec tous les vices qui lui étaient inhérents. L'article 1295 du Code Napoléon vient corroborer ce système. En effet, aux termes de cet article, « le débiteur qui a accepté purement et simplement la cession qu'un créancier a faite de ses droits à un tiers, ne peut plus opposer au cessionnaire la compensation qu'il eût pu, avant l'acceptation, opposer au cédant, » ce qu'il eût été bien inutile d'ériger en disposition législative si l'acceptation pure et simple du transport en opérait novation, puisqu'alors ni compensation ni exceptions ne pourraient être opposées au nouveau créancier. Si la novation avait eu lieu, cet article n'aurait aucune raison d'être, puisque la compensation serait impossible. Enfin, il ne peut dépendre du caprice du débiteur de changer ainsi un transport en une novation, surtout lorsque les parties n'ont pas eu l'intention de nover. (Conf. article 1271,3° et 1273.) (Voyez en ce sens un arrêt fort bien motivé de la Cour de Bourges, 19 mars 1845, et Cass., rej., 2 août 1847 : D. *P.*, 47,1, 315.)

Avant de quitter cette matière, examinons encore quelques hypothèses fournies par la procédure de saisie-arrêt, qui peuvent présenter de l'analogie avec la novation par changement de créancier.

(*c*) — On a agité la question de savoir si le fait par un tiers saisi de payer au préjudice d'une saisie-arrêt ou opposition, ne rend pas ce tiers saisi débiteur direct et personnel du saisissant et n'emporte pas dès lors novation dans la créance de ce dernier. Nous pensons sur cette question délicate que le tiers saisi qui, nonobstant l'opposition formée entre ses mains, paye son créancier, et qui malgré ce payement reste obligé à payer de nouveau au saisissant (article 1242), ne fait pas novation à son obligation et ne devient pas débiteur direct du saisissant; car ce serait là une espèce de novation forcée, s'opérant sans nouvel engagement du débiteur, et contraire, par conséquent, à l'article 1371,3°. Soutiendrait-on que c'est une novation légale? Voyons la disposition de l'article 1242 : « Le payement fait par le débiteur à son créancier, au préjudice d'une saisie ou opposition, n'est pas valable à l'égard des créanciers saisissants ou opposants; ceux-ci peuvent, selon leur droit, le contraindre à payer de nouveau, sauf, en ce cas seulement, son recours contre le créancier. » Remarquez que la loi dit seulement que le payement n'est pas valable à l'égard des créanciers saisissants ou opposants; mais il est valable entre le créancier et le débiteur. Toutefois, comme le payement fait par le débiteur l'est au préjudice du droit qui est acquis aux saisissants par la force attachée à la saisie-arrêt, ce débiteur est soumis à une action en responsabilité, et, comme dit la loi, les créanciers saisissants peuvent le contraindre à payer de nouveau. En d'autres termes, malgré le payement fait par le débiteur à son créancier, les droits des créanciers saisissants ou opposants restent toujours les mêmes, ainsi que la position du tiers saisi vis-à-vis d'eux; il ne devient pas pour cela débiteur direct des saisissants. Si donc, par la suite, la demande en validité de saisie-arrêt se trouve périmée, ou si le créancier saisissant néglige de remplir les formalités nécessaires pour la conservation de son droit, telles que le renouvellement prescrit par la loi du 9 juillet 1836 pour les oppositions formées entre les mains d'un comptable de l'État, et que le tiers saisi ait payé son créancier, il sera à l'abri de toute responsabilité. C'est ce qu'a jugé la Cour de cassation par arrêt de rejet du 8 novembre 1847, dont voici le sommaire : « Le tiers saisi qui, nonobstant l'opposition formée entre ses mains, paye un créancier, et qui malgré ce payement reste obligé à payer de nouveau aux saisissants, ne fait pas novation à son obligation, et ne devient pas débiteur direct des saisissants. Par suite, si le tiers saisi est un comptable de l'État, l'indû payement par lui fait avant l'expiration du délai imparti aux saisissants par la loi du 9 juillet 1836, pour renouveler l'opposition, à peine de déchéance, ne dispense pas les saisissants de ce renouvellement. (L. 9 juillet 1836, articles 14 et 15.) » (Voy. Cass., rej., 8 nov. 1847; conf. Dalloz, *Répert.*, v° Saisie-arrêt, n° 401 et suiv.).

(*d*) — Autre question. Nous avons vu plus haut, lorsque nous nous occupions de la novation par changement de débiteur, qu'un jugement validant une saisie-arrêt n'avait point pour effet d'opérer novation par changement de débiteur, et que le créancier conservait toujours le droit de réclamer de son obligé les sommes dues, non payées. Voyons maintenant si un semblable jugement n'opère point novation par changement de créancier relativement au tiers saisi? Nous pensons qu'il n'y a pas de novation, car le tiers saisi, malgré le jugement intervenu, reste toujours le débiteur de son ancien créancier (arg. articles 1242, 1298). La dette reste toujours la même. Sans doute, il ne peut plus remettre les fonds à son véritable créancier, sans s'exposer à une action en responsabilité de la part du saisissant; mais la preuve que la dette n'a point changé, c'est qu'il peut opposer les exceptions qu'il avait contre son créancier personnel, qu'on ne peut le forcer de payer avant l'échéance indiquée, et le saisissant ne peut avoir plus de droits que le saisi n'en aurait lui-même, puis, le saisissant n'a point eu l'intention de nover sa créance, et, sans cette intention, nous savons qu'il ne peut y avoir novation. Ainsi le jugement de validité d'une saisie-arrêt n'opère point novation dans la dette du tiers saisi, en telle sorte que si ce dernier est un acquéreur, et qu'il opère le délaissement de l'immeuble, il échappe à l'obligation de payer le prix saisi-arrêté (Code Napoléon, articles 1271, 2167, 2172.) C'est ce qu'a décidé la Cour de cassation, par un arrêt du 15 janvier 1839. (Dalloz, *Répert.* v° Saisie-arrêt, n° 445.)

Notons enfin que, dans la novation par changement de créancier comme dans les autres, la première obligation étant toujours la cause de la seconde, contractée à l'égard d'un nouveau créancier, il en résulte que celle-ci est nulle si celle-là l'est déjà comme ayant une cause illicite. Il ne doit pas dépendre d'un créancier d'effacer le vice d'une première obligation, en la faisant remplacer par un autre engagement envers un créancier qui connaîtrait la nullité de la première dette. En d'autres termes, lorsqu'une première obligation est entachée d'une nullité radicale, cette nullité peut être opposée au nouveau créancier, en faveur de qui le débiteur consentirait de renouveler son engagement, si le second créancier connaissait le vice de la première dette. Ainsi, le nouveau créancier d'une obligation ayant pour cause une dette de jeu n'est point à l'abri de l'action en nullité que peut former le débiteur, lorsqu'un nouvel engagement souscrit en sa faveur a opéré novation de la créance, surtout s'il n'a point ignoré le vice de la cause originaire. C'est ce qu'a jugé la Cour de cassation par arrêt du 30 novembre 1826. (Voy. *J. du P.*, à cette date.)

Observons en terminant que la novation par changement de créancier seulement ne se rencontre guère en pratique. Cette sorte de novation est extrêmement rare, d'après Toullier (t. VII, n° 275.) Ajoutons à ce que nous avons déjà dit sur ce point, que la novation par changement de créancier se présente le plus souvent en même temps que le novation par changement débiteur dans l'hypothèse de la délégation. Le délégué consent à s'engager vis-à-vis du délégataire, presque toujours créancier du délégant, moyennant sa propre libération que lui accorde le délégant. Cette opération a l'avantage d'opérer l'extinction de deux dettes, celle du délégué envers le délégant et celle du délégant envers le délégataire. Nous traiterons spécialement de la délégation dans un chapitre à part.

CHAPITRE V.

Effets de la novation.

Après avoir indiqué les différentes manières dont s'opère la novation, nous devons en expliquer les effets.

De quelque manière qu'elle ait lieu, la novation emporte extinction de l'obligation primitive.

Ainsi le principal effet de la novation est d'éteindre la première dette comme le ferait un payement réel.

De là résultent les trois effets secondaires qui suivent, les seuls sur lesquels la loi nous donne quelques détails :

1° Les priviléges et hypothèques de l'ancienne créance sont éteints par la novation, parce qu'ils s'éteignent de plein droit avec la dette principale, dont ils ne sont que l'accessoire, sauf les réserves qu'on peut faire à cet égard, ainsi qu'il sera dit ci-après;

2° Les co-débiteurs sont libérés par la novation faite entre le créancier et l'un des co-débiteurs solidaires, à moins que, le créancier ayant exigé l'accession des co-débiteurs, ceux-ci ne la refusent; car en ce cas l'ancienne créance continue de subsister (article 1281 du Code Napoléon.)

3° Les cautions sont libérées par la novation faite à l'égard du débiteur principal, à moins aussi que le créancier n'exige leur accession et qu'elles ne la refusent, leur refus faisant revivre alors l'ancienne créance, faute d'accomplissement de la condition du nouvel arrangement. (Même article.)

Nous allons d'abord nous expliquer sur ces trois points. Nous verrons plus loin quels sont les autres effets que peut produire la novation.

(*a*) — Commençons par nous occuper de l'effet de la novation relativement aux priviléges et hypothèques. Sur ce point le Code contient trois dispositions (articles 1278, 1279, 1280) qui, ainsi que nous allons le voir, donnent lieu à plus d'une difficulté et partant à plus d'une divergence chez les commentateurs.

L'ancienne dette étant éteinte, les priviléges et hypothèques, qui en sont les accessoires, tombent avec elle : tel est le principe. Cependant les parties peuvent, par une clause *expresse*, détacher de la créance qu'elles éteignent les priviléges ou hypothèques qui en assuraient le payement, et les rattacher à la créance nouvelle : telle est l'exception. Le principe et l'exception sont contenus dans la disposition de l'article 1278 qui porte que :

« Les priviléges et hypothèques de l'ancienne créance ne passent point à celle qui lui est substituée, *à moins que le créancier ne les ait expressément réservés.* »

Sur cette disposition nous avons plusieurs observations à présenter.

Et d'abord rien de plus naturel que les priviléges et hypothèques de l'ancienne créance ne passent pas en principe à la nouvelle. Les hypothèques et priviléges s'éteignent par l'extinction de l'obligation principale (article 2180, 1°, Code Napoléon). La novation éteint totalement l'ancienne obligation pour y en substituer une nouvelle; or l'ancienne obligation disparaissant, les priviléges et hypothèques doivent disparaître. Cela est conforme à la nature des choses. L'hypothèque, selon l'expression de Loyseau, est une obligation accessoire ou subsidiaire de la chose pour confirmer et assurer la promesse et obligation de la personne qui est débitrice. Dites-en autant du privilége. Or, quand la promesse et obligation personnelle est éteinte, il est naturel que l'obligation accessoire et subsidiaire s'éteigne également, l'accessoire ne pouvant survivre au principal. Ajoutons que lorsque l'obligation principale est frappée d'extinction, l'hypothèque ou le privilége est désormais sans objet; or, *un droit sans objet* ne saurait avoir d'existence juridique. (Voy. P. Pont, *Hypothèques*, n° 1226 et suiv.) Mais s'il en est ainsi, si l'extinction de l'obligation principale entraîne l'extinction des priviléges et hypothèques, puisqu'ils seraient désormais sans objet, ceci néanmoins n'est pas sans quelques exceptions. Et ce qui le prouve, c'est la disposition finale de notre article 1278 qui, après avoir dit que les priviléges et hypothèques de l'ancienne créance ne passent point à celle qui lui est substituée, c'est-à-dire ne continuent pas d'appartenir au créancier, ou ne sont pas transmis au nouveau, dans l'hypothèse de l'article 1271, 3°, ajoute immédiatement : *à moins que le créancier ne les ait expressément réservés.*

Nous voyons ici une dérogation au principe que les priviléges et hypothèques s'éteignent avec la dette principale dont ils sont l'accessoire. Du reste, le Code Napoléon, en admettant cette dérogation, n'a fait que consacrer les principes admis en droit romain. Elle était, en effet, autorisée par les lois 3 et 21 du *Dig., Qui potiores,* comme elle l'est par l'article 1278, *in fine.*

« L'effet de la novation, dit M. Bigot de Préameneu, étant d'éteindre l'ancienne dette, cette extinction entraîne celle des hypothèques qui en étaient l'accessoire. Mais il a *toujours* été permis au créancier de transporter sur la seconde dette, et par l'acte même qui contient la novation, les hypothèques sous lesquelles la première avait été stipulée ; la position des créanciers hypothécaires reste la même : ils n'ont pas droit, parce qu'ils n'ont pas d'intérêt de s'y opposer. »

Sur cette réserve des priviléges et hypothèques permise au créancier, M. F. Berriat Saint-Prix (*Notes sur le Code civil,* n° 4813) fait observer que c'est là une application du principe de la liberté des conventions (article 1134, 1°) ; le créancier pouvait ne pas aliéner du tout sa créance ; *a fortiori,* pouvait-il ne l'aliéner que sous la réserve de certaines conditions, et notamment de la translation des hypothèques à la créance nouvelle, ce qui empêche leur extinction, puisqu'elles ne se sont jamais trouvées sans un droit principal auquel elles soient attachées.

Ainsi donc, par suite d'une réserve expresse du créancier, les priviléges et hypothèques peuvent survivre à l'obligation qu'ils garantissaient, mais pour s'appliquer à une autre dette ; c'est là un effet remarquable de la novation, qui, en substituant une dette à une autre, la revêt alors des garanties de sa devancière. Les priviléges et hypothèques passent de la sorte d'une créance à une autre au moment où la première est éteinte et où la seconde lui est substituée.

Les garanties ainsi réservées produisent leur effet, non pas seulement à la date de l'obligation qui opère novation, mais à la date de l'obligation originaire. Dès lors, le créancier hypothécaire, qui, tout en consentant novation de sa créance, s'est réservé son hypothèque, pourra se faire colloquer à la date de l'inscription primitive. Les tiers ne sont aucunement lésés par une telle réserve; le rang des hypothèques n'est en rien changé; celui qui nove garde seulement pour sa deuxième créance le rang qu'il avait pour la première, rang sur lequel personne n'a de droits. (Voy. pourtant Dalloz, *Rép.*, v° Hypothèques, n° 2034.)

Cette transmission des garanties d'une créance à une autre ne s'opère, comme le dit l'article 1278, qu'au moyen d'une réserve expresse; mais cela signifie-t-il que la réserve soit soumise à des expressions sacramentelles? Nous ne le pensons pas. La réserve dont parle l'article peut, croyons-nous, s'exprimer de différentes manières; il suffit qu'elle résulte clairement de l'acte. Elle peut résulter notamment de ce que les parties, substituant un objet à un autre, c'est-à-dire faisant un acte qui emporte novation, auraient déclaré qu'elles n'ont pas entendu faire de novation. Une protestation ne pouvant empêcher l'effet nécessaire et essentiel d'un acte, il ne dépend pas des parties d'empêcher ce qui est d'exister, mais il en résulterait évidemment que les parties n'ont pas voulu changer les accessoires, tels que priviléges et hypothèques. Ainsi, lorsque la novation s'opère par changement de dette, le créancier, pour conserver les priviléges et hypothèques attachés à l'ancienne créance, n'a qu'à déclarer que l'acte a lieu sans novation. Une telle clause ne peut empêcher l'extinction de la dette primitive, mais elle a pour effet d'empêcher celle des priviléges et hypothèques qui sont transférés à la nouvelle dette. (Voy. Toullier, t. VII, n°s 281 et 308; Larombière sur l'article 1278, n° 12; conf. Cassation, 27 nov. 1855, Sirey, 56, 1, 534.)

Il faut remarquer ici que, si la nouvelle créance était plus forte que la première, le créancier ne serait alors conservé dans son rang d'hypothèque que jusqu'à concurrence de la somme qui lui était primitivement due; car cette translation des hypothèques de l'ancienne créance à la nouvelle ne doit pas préjudicier aux créanciers intermédiaires. Si la valeur de la nouvelle créance est plus considérable que la valeur de l'ancienne, la réserve des priviléges et hypothèques n'a donc d'effet que jusqu'à concurrence du montant de la créance éteinte; autrement les créanciers d'un ordre inférieur en éprouveraient un préjudice; or, la novation ne saurait leur nuire (arg. de l'article 1165). Mais il est bien évident que, dans ce cas, le créancier pourrait, si le débiteur y consent et si l'acte de novation est revêtu des formes voulues pour comporter hypothèque (article 2127), prendre, pour l'excédant de la nouvelle créance sur l'ancienne, une inscription dont le rang sera fixé par sa date, d'après les règles ordinaires. La transmission des priviléges et hypothèques se trouve ainsi modifiée par les principes du régime hypothécaire. (Voy. Pothier, *Obligat.*, n° 599; Marcadé, t. IV, n° 778; Larombière sur l'article 1278, n° 11.)

Quid si c'était l'ancienne créance qui fût plus forte que la nouvelle? Si c'était l'ancienne créance qui fût, au contraire, la plus forte, il arriverait alors que l'hypothèque ne serait conservée que jusqu'à concurrence du montant de la nouvelle créance, car l'hypothèque ne peut être jamais plus étendue que la créance qu'elle garantit, et l'accessoire ne peut plus exister là où finit le principal. C'est ainsi que la novation avec réserve des sûretés, qui ne peut jamais nuire aux tiers, peut leur profiter dans le cas où la nouvelle créance est moindre que la première. (Voy. Marcadé et Larombière, *ubi supra.*)

En voilà assez sur la disposition de l'article 1278; passons à la disposition de l'article suivant. L'article 1279 est loin d'être clair; en voici la teneur :

« Lorsque la novation s'opère par la substitution d'un nouveau débiteur, les priviléges et hypothèques primitifs de la créance ne peuvent point passer sur les biens du nouveau débiteur. »

Quel est au juste le sens de cette disposition, qui peut être traduite ainsi : Lorsque la novation s'opère par la substitution d'un nouveau débiteur, les priviléges et hypothèques attachés à la créance éteinte ne peuvent point être établis sur les biens du nouveau débiteur? Le législateur a-t-il seulement voulu dire par là qu'une hypothèque ne pouvait, par l'effet de la novation, voyager sur différents immeubles? Mais cela est tellement rudimentaire, qu'on ne comprend guère un article spécial pour dire une chose qui va de soi. A-t-il plutôt voulu déroger à l'article précédent, qui établit, comme le faisait notre ancien droit, qu'en changeant la dette on peut faire passer à la nouvelle les hypothèques de l'ancienne? On ne voit pas la raison d'une telle dérogation aux principes. Pourquoi ne pourrait-on pas dégrever une personne de certains droits qu'on a sur elle, en réservant les autres? Si quelqu'un vient promettre ce que devait un tiers, le créancier ne pourrait-il pas se dessaisir du droit personnel, en gardant le droit réel? Aucune raison n'empêche d'accepter l'*expromissor* comme débiteur, et d'avoir en même temps son obligation garantie par l'hypothèque établie sur les biens du premier débiteur; il n'est point nécessaire que celui dont l'immeuble est grevé soit personnellement soumis à la dette. (Arg. article 2077 du Code Napoléon.)

La disposition de l'article 1279 est donc assez difficile à justifier.

Voici, croyons-nous, les principes qu'il faut admettre en présence de cette disposition.

« Lorsqu'il y a un nouveau débiteur, observe M. Delvincourt sur notre article, ou l'ancien n'est pas libéré, et alors il n'y a pas de novation; ou bien il est libéré (il y a novation), et alors il est évident, 1° qu'on ne peut transférer sur les biens du nouveau débiteur les hypothèques et priviléges qui existaient sur les biens de l'ancien; 2° qu'on n'aura même d'hypothèque sur les biens du nouveau débiteur qu'autant qu'elle aura été expressément stipulée; et 3° enfin que, même dans ce cas, cette hypothèque n'aura de rang que du jour de l'inscription qui sera prise en vertu de l'acte passé avec ce nouveau débiteur. » (Voy. Delvincourt, édit. de 1819, t. II, p. 782.)

Prenant cette observation pour point de départ, nous pensons que les rédacteurs du Code, en édictant notre article, ont sans doute voulu dire que les priviléges et hypothèques ne peuvent obtenir, sur les biens du nouveau débiteur, le même rang qu'ils avaient sur les biens de l'ancien. Quand l'article 1279 dit que, lorsque la novation s'opère par changement de débiteur, les hypothèques primitives ne peuvent pas passer sur les biens du débiteur nouveau, il faut entendre cette prohibition en ce sens, qu'on ne pourrait pas faire remonter l'hypothèque sur les biens du nouveau débiteur à une date antérieure à la novation. C'est ainsi que l'explique Bigot de Préameneu dans son *Exposé des motifs* du titre des contrats et obligations. « ...Pour que, dit-il, l'ancienne hypothèque soit ainsi transférée (voy. article 1278), il faut que le débiteur reste le même. On ne pourrait pas faire remonter l'hypothèque sur les biens d'un nouveau débiteur à une date antérieure à la novation, sans s'exposer à nuire aux créanciers de ce nouveau débiteur. » (Voy. Taulier, t. IV, p. 400.)

M. Bigot de Préameneu nous indique même, comme on le voit, la raison pour laquelle le Code a prohibé la translation des anciens privilèges et hypothèques sur les biens du nouveau débiteur. Si le créancier ne peut ainsi transporter à leur date primitive, sur les biens du nouveau débiteur, les privilèges et hypothèques existant sur les biens du premier débiteur, la raison en est que cette migration des privilèges et hypothèques des biens du premier débiteur aux biens du second porterait préjudice aux créanciers personnels de ce dernier, qui auraient des privilèges moins avantageux ou des hypothèques inscrites à une date plus récente. Il est clair, remarque en ce sens Marcadé (t. IV, n° 779), qu'on ne pouvait pas permettre à un débiteur nouveau de consentir sur ses biens une hypothèque remontant à la date de celle qui existait sur les biens du débiteur précédent; car une telle dérogation au droit commun aurait été souverainement inique, en permettant à un débiteur d'anéantir à son gré les droits de ses créanciers hypothécaires. Le nouveau débiteur peut seulement consentir une hypothèque ordinaire, prenant rang à la date de son inscription. Ainsi, rien n'empêche le nouveau débiteur de constituer sur ses biens des hypothèques pour la garantie de la nouvelle dette. Seulement, ces hypothèques ne prendront rang qu'à la date de leur inscription (article 2134), et seront dès lors primées par les hypothèques antérieurement inscrites *sur les biens de ce nouveau débiteur*. (Conf. Aubry et Rau, t. III, § 324, note 42.)

Pour nous résumer sur l'article 1279 qui porte que, « lorsque la novation s'opère par la substitution d'un nouveau débiteur, les privilèges et les hypothèques primitifs ne peuvent passer sur les biens du nouveau débiteur, » constatons encore une fois avant d'aller plus loin que cette disposition doit être entendue en ce sens que les hypothèques données par le nouveau débiteur ne peuvent jamais prendre la date et le rang des hypothèques existant sur les biens de l'ancien. Ce point, observent avec juste raison MM. Aubry et Rau, était tellement évident qu'il eût été inutile d'en faire une disposition spéciale. L'article 1279 ainsi entendu, et nous avons montré que c'était le sens qu'avaient voulu lui donner les rédacteurs du Code, est donc en quelque sorte un hors-d'œuvre.

Maintenant, lorsque la novation s'opère par un changement de débiteur, cas prévu par notre article, les hypothèques qui pesaient sur les biens de l'ancien débiteur peuvent-elles être, *sans consentement*, réservées pour sûreté de la nouvelle dette?

Que dans ce cas les hypothèques puissent être réservées sur les biens de l'ancien débiteur, cela ne saurait souffrir de difficulté. Il nous paraît évident que le créancier peut, dans le cas où la novation s'opère par changement de débiteur, comme dans le cas où la novation a lieu entre les mêmes parties par substitution d'une dette à une autre, réserver les hypothèques primitives sur les biens de l'ancien débiteur; car il y a dans le cas de l'article 1279 même raison de décider que dans le cas de l'article 1278. Du reste, le silence même du Code sur ce point est favorable au créancier; en effet, l'article 1279 n'interdit que la convention qui aurait pour objet de faire passer les hypothèques sur les biens d'un nouveau débiteur. Rien n'empêche donc de les conserver par une réserve expresse sur les biens de l'ancien débiteur. Mais faut-il, pour la validité de cette réserve, que l'ancien débiteur y donne son consentement? En d'autres termes, le créancier et le débiteur *nouveau*, c'est-à-dire le tiers qui s'oblige au lieu et place de l'ancien débiteur, peuvent-ils, par leur seule volonté et sans le consentement de ce dernier, réserver pour la sûreté de la nouvelle dette les hypothèques qui pèsent sur ses biens? (Au n° 741 de son *Programme*, t. II, M. Demante pose ainsi la question : « Pourrait-elle (la réserve des priv. et hyp.) porter sur les biens de l'ancien débiteur dans le cas de l'article 1274? Voy. Paul, l. 30, ff. *De novat.* »)

Répondons *a priori* que si nous avions à faire la loi, nous autoriserions cette réserve; car, d'une part, elle ne causerait aucun préjudice à l'ancien débiteur, et, d'autre part, les biens d'un tiers peuvent être valablement hypothéqués à la dette d'autrui. Mais, si nous ne nous trompons, le Code la prohibe. Nous allons, en effet, le voir, dans la suite de nos explications sur les effets de la novation, copiant mot pour mot Pothier, décider que le *cautionnement*, la *solidarité* et les hypothèques qui pèsent sur les biens de ceux des débiteurs avec lesquels le créancier et le nouveau débiteur ne contractent point, ne peuvent pas être réservés *sans le consentement exprès des cautions et des co-débiteurs;* or Pothier (n° 599) dit positivement que, lorsque la novation a lieu par la substitution d'un nouveau débiteur à l'ancien, les hypothèques qui pesaient sur les biens du débiteur libéré ne peuvent pas être réservées sans son consentement; la même solution doit donc être donnée sous le Code? Autrement il faudrait dire, ce qui serait absurde, que les législateurs ont abandonné la théorie de Pothier sur une question qui est de tous points semblables à celle qu'ils ont résolue d'après lui. Aucun texte du Code, dit M. Mourlon, ne nous autorise à croire à une semblable anomalie.

Quoi qu'il en soit, des jurisconsultes fort recommandables soutiennent sous le Code que si, lorsque la novation a lieu par un changement de débiteur, les hypothèques et priviléges qui pesaient sur les biens de l'ancien débiteur ne peuvent être transportés sur ceux du nouveau débiteur, ils peuvent au moins être réservés sur les biens de l'ancien débiteur, par la seule volonté du créancier et du débiteur nouveau, et *sans le consentement* du débiteur précédent.

On peut faire valoir en faveur de cette opinion les trois considérations suivantes :

1° Le silence du Code, dit-on, est favorable à cette décision. Ni l'article 1278 ni l'article 1279 n'exigent l'accession de l'ancien débiteur pour la conservation des priviléges et hypothèques dont ses biens se trouvent grevés. — L'article 1278 fait résulter la translation des anciennes hypothèques, au profit de la nouvelle créance, de la simple réserve que déclare faire le créancier, réserve qui peut aussi bien se faire arrière du premier débiteur qu'avec son concours. Et l'article 1279 se borne à dire que « les hypothèques primitives ne peuvent passer sur les biens du nouveau débiteur, » ce qui est évident; mais il ne dit pas qu'elles ne peuvent être conservées sur les biens de l'ancien débiteur, lorsque le créancier en a fait la réserve expresse. (Voy. [illegible]ranton, t. XII, n° 311; Aubry et Rau sur Zachariæ, t. III, § 324, n[illegible] 42; et M. Colmet de Santerre, t. V, n° 226, *passim.*)

2° En second lieu, l'on s'attaque à l'opinion contraire de Pothier (*Obligat.*, n° 500). Pothier, se fondant sur le droit romain, pensait que la réserve des privilèges et hypothèques primitifs, stipulée par le créancier envers le nouveau débiteur, ne produisait d'effet que lorsqu'elle avait été faite avec le consentement du premier, par la raison que le nouveau débiteur ne pouvait ainsi hypothéquer à la nouvelle dette la chose de l'ancien débiteur, qui ne lui appartient pas. — C'est cette doctrine de Pothier que l'on combat à peu près de la manière suivante :

La loi romaine, sur laquelle Pothier appuie son opinion, ne paraît pas avoir le sens qu'il lui attribue. Voici l'espèce de cette loi, qui est la loi 30, ff. *De novat.* (*Dig.*, 46, 2) : Le créancier fait novation en stipulant d'un nouveau débiteur, de manière que la première obligation est complétement éteinte. Le jurisconsulte Paul décide que, dans ce cas, le nouveau débiteur ne peut réengager les mêmes choses à la dette, *rursum easdem res... obligari,* sans le consentement de l'ancien débiteur. Ceci est manifeste; mais on voit qu'il s'agit d'un réengagement, et non d'une réserve faite par le créancier au moment même de la novation. Cette loi, comme le remarque M. Bugnet, ne s'applique pas au cas où le créancier faisant novation avec un tiers, a réservé, tout en consentant cette novation, les hypothèques qui grevaient les biens de son ancien débiteur; elle suppose que la novation a été complète, sans aucune réserve : « *Ita ut a prima obligatione in universum discederetur.* » Les hypothèques sont donc éteintes et la loi décide avec grande raison que le second débiteur ne peut de nouveau (*rursum*) hypothéquer les mêmes choses sans le consentement du premier. La seule conséquence raisonnable, remarque à son tour Toullier, que l'on puisse tirer de la loi 30, ff. *De novat.*, est que la réserve des hypothèques primitives pour sûreté de la nouvelle ne peut se faire que par le contrat même de novation, et non par une convention postérieure, et c'est là une maxime applicable même aux novations qui s'opèrent entre le créancier et le débiteur, sans l'intervention d'un tiers. La décision de cette loi ne peut donc pas servir d'argument pour soutenir que le créancier, en faisant la novation par la substitution d'un nouveau débiteur, ne peut pas attacher à la nouvelle obligation les hypothèques qui grevaient les biens de l'ancien débiteur sans le consentement de celui-ci, alors que l'on suppose que cette réserve a lieu au moment même de la novation. (Voy. Toullier, t. VII, n° 312, à la note.)

Ainsi, la loi invoquée par Pothier est étrangère à la question qui nous occupe, et si l'on voulait à toute force l'invoquer, loin d'être favorable à l'opinion adverse, elle fournirait plutôt un argument *a contrario* en faveur de l'opinion ci-dessus.

Il est vrai qu'au reproche adressé ici à Pothier on a fait une réponse. L'on a fait remarquer que si Pothier invoquait à tort la loi 30, ff. *De novat.* (*Dig.*, 46, 20), l'opinion qu'il exprime n'en paraît pas moins être celle du droit romain, comme l'atteste la loi *unique C. etiam ob chirograph. pec.* (*C. J.*, 8, 27.) Mais, en admettant que telle fût la doctrine romaine, les raisons par lesquelles on la justifie ne sont d'aucun poids pour la faire admettre en droit français; tout au contraire. En effet, cette disposition du droit romain se justifie par la considération suivante : la novation, mode d'extinction du droit civil, s'opérant par la stipulation, avait des effets absolus. On comprend donc que, lorsque par la novation l'obligation primitive était éteinte, tous ses accessoires devaient disparaître nécessairement. Tout ce qu'on accordait, c'est que l'ancien débiteur pouvait constituer une hypothèque pour la garantie de la nouvelle obligation et même qu'il pouvait empêcher l'extinction de l'ancienne hypothèque, « *tanquam in suum locum succedente creditore;* » mais s'il ne consentait pas à cette conservation de l'hypothèque sur ses biens, l'hypothèque s'éteignait par la novation avec la dette dont elle était l'accessoire. « Si pour nover l'obligation, observe M. Demangeat (*Obligat. solid.*, p. 50), il eût été possible d'employer, au lieu d'une stipulation, un simple pacte, rien ne s'opposerait à ce que l'hypothèque pût être réservée, même sans le consentement de l'ancien débiteur. » On voit d'après cela que la doctrine romaine qui avait son fondement dans le mode par lequel s'opérait la novation, ne peut guère être justifiée en droit français; pourquoi l'effet extinctif de la novation ne pourrait-il pas être limité par la volonté des parties à l'obligation personnelle? Ne résulterait-il pas toujours de cette novation pour l'ancien débiteur cet avantage d'être libéré de l'obligation personnelle, et de n'être tenu que comme tiers détenteur : ce qui est bien possible, puisque rien n'empêche d'avoir des immeubles hypothéqués à la dette d'autrui? Le droit romain s'attachait à l'effet extinctif de la novation sans tenir assez de compte de la volonté des parties, volonté à laquelle on doit donner plein effet sous le Code. Le créancier refuse de dégrever, il ne demande pas à grever de nouveau; on doit donc rationnellement lui permettre de se réserver les hypothèques primitives, même quand la novation a lieu par changement de débiteur.

Ainsi donc, de quelque manière qu'on l'envisage, la doctrine de Pothier paraît très-difficile à admettre en droit français.

3° Enfin, pour écarter l'argument décisif que l'opinion adverse va tirer de l'article 1280 ainsi conçu : « Lorsque la novation s'opère entre le créancier et l'un des débiteurs solidaires, les priviléges et hypothèques de l'ancienne créance ne peuvent être réservées que sur les biens de celui qui contracte la nouvelle dette, » ajoutez (ce que tout le monde du reste admet), d'après Pothier : « Et non sur les biens de ses co-débiteurs, *leurs biens ne pouvant être hypothéqués à cette dette nouvelle sans leur consentement;* » pour écarter cet argument, l'on objecte que l'article 1280 est une anomalie peu rationnelle, et que dès lors « c'est un motif pour ne pas l'étendre au cas où la novation s'opère entre le créancier et un tiers qui n'est pas débiteur solidaire; il faut appliquer ici la maxime *qui dicit de uno negat de altero*, et observer l'article 1280 dans son cas précis, c'est-à-dire dans le cas de la novation faite avec l'un de ses co-débiteurs solidaires. » Ces dernières paroles sont de Toullier (t. VII, n° 213).

Un autre auteur, M. Taulier (t. IV, p. 401), a dit dans le même sens, mais en ajoutant quelques détails bons à rapporter ici : «... Même ainsi modifiée (d'après Pothier), la loi (article 1280) consacre une *véritable hérésie*. En effet, rien n'est plus distinct, en droit, que l'obligation personnelle et l'obligation hypothécaire. On ne voit donc pas pourquoi le créancier ne pourrait pas, au moyen d'une novation, libérer les co-débiteurs, sans leur consentement, de toute obligation personnelle, en se réservant contre eux les droits spéciaux et indépendants qu'il tient de son hypothèque.

« Puisqu'il en devrait être ainsi, ajoute alors notre auteur, gardons-nous de transporter l'erreur de l'article 1280 dans des hypothèses autres que celle qu'il a prévue. Disons dès lors que si le créancier a un débiteur unique, il peut, en acceptant un débiteur nouveau, se réserver sur les biens du premier, *et même à son insu*, les hypothèques qui lui appartiennent. » (Conf. Duranton, t. XII, nos 305 et 311.)

Voici, croyons-nous, le résumé de toutes les considérations que l'on peut faire valoir en faveur de cette première opinion. Ce résumé était assez difficile à faire, car ces considérations se trouvent éparses dans les divers auteurs.

Après mûre réflexion, nous ne croyons pas pouvoir nous ranger à cette opinion. Nous croyons que, sous le Code, il faut décider, comme le faisait Pothier, que lorsque la novation a lieu par la substitution d'un nouveau débiteur à l'ancien, sans le consentement et l'intervention de celui-ci, les priviléges et hypothèques ne peuvent pas être réservés sur les biens de ce dernier sans qu'il y ait consenti.

Et d'abord, l'article 1278 et les motifs de ses dispositions ne sont pas applicables à ce cas; car, dans cet article, il s'agit de la novation qui s'opère par la substitution d'une créance à une autre, le débiteur et le créancier restant les mêmes, ce qui suppose nécessairement le concours de l'un et de l'autre. « Sans doute, dit Marcadé, l'article 1278 n'exige qu'une réserve faite par le créancier; mais il s'agit évidemment d'une réserve acceptée par le débiteur, de manière qu'il y ait convention entre les parties. Si un débiteur peut, sans son assentiment, voir s'opérer une novation qui le libère complétement (article 1274), ce n'est certes pas une raison pour qu'il puisse aussi, sans cet assentiment, voir ses biens hypothéqués pour la dette d'un autre. Si les rédacteurs n'ont pas dit, dans l'article 1278, qu'il s'agissait d'une réserve faite avec le débiteur, c'est précisément parce qu'ils n'écrivaient cet article que dans l'hypothèse d'une novation faite avec le débiteur même, pour ne s'occuper de la novation faite avec un débiteur nouveau que dans l'article suivant. La preuve s'en trouve dans l'exposé des motifs au Corps législatif, où le commissaire, M. Bigot de Préameneu, déclare que « pour que l'ancienne hypothèque soit transférée, d'a- « près cet article, il faut que le débiteur *reste le même.* » Donc, de même que l'article 1279 ne parle que de la novation faite avec un nouveau débiteur, l'article 1279 n'entend parler que de la novation faite avec l'ancien débiteur et par conséquent d'une réserve nécessairement acceptée par lui, puisque c'est avec lui que se fait la convention. Ainsi le *texte* de l'article 1278, qui paraît d'abord favorable au système que nous combattons et permettre le maintien des anciennes hypothèques au moyen de *toute réserve* du créancier, est réellement muet sur la question et n'entend parler que de la réserve faite *avec le débiteur.* » Quant à l'article 1279, s'il est vrai qu'il interdit seulement la convention qui aurait pour objet de faire passer les priviléges et hypothèques sur les biens du nouveau débiteur, d'où l'on tire la conséquence que l'intention des rédacteurs du Code n'a pas été également d'interdire la convention par laquelle le créancier se les réserverait sur les biens de l'ancien, cet article laisse en question le point de savoir à quelles conditions les rédacteurs du Code ont entendu permettre cette dernière convention.

Ainsi donc il n'y a pas d'argument à tirer, en faveur de l'opinion que nous combattons, des articles 1278 et 1279.

La question demeure en conséquence intacte devant le texte de la loi, et doit se décider d'après son esprit.

Or les rédacteurs du Code se sont évidemment inspirés de la doctrine de Pothier qui disait : « Observez aussi que cette translation des hypothèques de l'ancienne créance à la nouvelle ne peut se faire *qu'avec le consentement de la personne à qui les choses hypothéquées appartiennent.* »

Que Pothier ait mal interprété la loi 30, *Dig.*, ff. *De novat.* sur laquelle il appuie sa doctrine; qu'il ait, si l'on aime mieux, tout en interprétant mal cette loi, reproduit exactement la doctrine romaine, contenue dans la loi 1, cod. *Ob chirogr. pec.*, sans s'apercevoir que cette doctrine se justifiait en droit romain par des considérations qui n'ont aucune valeur en droit français, tout cela importe peu, si les rédacteurs du Code ont suivi son opinion.

Maintenant, les rédacteurs du Code Napoléon ont-ils réellement admis l'opinion émise par Pothier dans le passage précité ?

Cela ne saurait faire l'objet d'aucun doute si l'on considère que ces mêmes rédacteurs ont entendu incontestablement reproduire dans l'article 1280 une doctrine que Pothier présentait comme la conséquence de celle contenue dans ce passage. En effet Pothier, après avoir dit que le créancier peut transférer sur la seconde dette les hypothèques de la première, et fait observer, dans le passage ci-dessus cité, que cette translation ne peut jamais se faire qu'avec le consentement de la personne à qui appartiennent les biens hypothéqués, ajoutait immédiatement, comme une conséquence de ce qu'il venait de faire observer (*suivant les mêmes principes,* ajoute-t-il), que : si l'un de plusieurs débiteurs solidaires fait novation de la dette avec réserve des hypothèques, cette réserve ne peut avoir d'effet que pour les biens de ce débiteur et non pour celles des biens de ses co-débiteurs; *leurs biens ne pouvant pas être hypothéqués à cette dette nouvelle sans leur consentement.* Or, les rédacteurs du Code Napoléon ayant admis cette conséquence du principe admis par Pothier, doivent avoir admis le principe lui-même; l'une suppose l'autre. « Si le Code, dit Marcadé, adopte la conséquence, c'est donc qu'il admet le principe..... Il y a plus, ajoute-t-il, le Code aurait pu rejeter cette doctrine de Pothier, sans rejeter pour cela le principe. Car de ce qu'on aurait donné effet, sur les biens de tous les co-débiteurs solidaires, à la réserve de l'hypothèque consentie par l'un de ces débiteurs, il ne s'ensuivrait pas qu'on aurait entendu donner le même effet à la réserve consentie par un individu étranger à la dette, puisque chaque débiteur solidaire peut passer certains consentements au nom de ses co-débiteurs, et se trouve leur mandataire *ad perpetuandam obligationem.* Si donc la loi admet la doctrine de Pothier, même dans le cas de débiteurs solidaires, c'est par *a fortiori* que l'erreur de Toullier, M. Duranton et M. Zachariæ se trouve démontrée. »

Ainsi l'application de la doctrine de Pothier doit être faite non pas seulement *a pari,* mais même *a fortiori* à notre hypothèse, c'est-à-dire au cas où la novation a été opérée avec un débiteur nouveau (article 1274), puisque le Code a fait l'application de cette doctrine au cas où la novation a été opérée avec l'un des co-débiteurs solidaires, qui sont censés respectivement mandataires les uns des autres, et à qui l'on eût dû reconnaître plus facilement qu'à tous autres le droit de continuer les hypothèques sur les biens des autres.

Notre solution est donc la vraie d'après l'intention probable et même certaine des rédacteurs du Code; car, encore une fois, que les rédacteurs du Code aient eu tort ou raison d'admettre le principe enseigné par Pothier et de l'appliquer, là n'est pas la question ; il s'agit uniquement de savoir s'ils l'ont fait ; or nous croyons avoir prouvé qu'ils l'avaient fait. On doit donc résoudre cette question, qui vient de nous occuper longuement, dans ce sens que : lorsque la novation a lieu par un changement de débiteur, il faut, pour que la réserve des hypothèques primitives soit efficace, le consentement de l'ancien débiteur à qui appartiennent les choses hypothéquées. (Voy. en ce sens Marcadé, t. IV, n° 780 ; Delvincourt, t. II, p. 783 ; Bugnet sur Pothier, *loc cit.* ; Massé et Vergé, t. III, p. 447 ; Mourlon sur l'article 1279.)

Arrivons enfin à la disposition de l'article 1280 qui, elle aussi, laisse à désirer sous le rapport de la clarté.

« Lorsque la novation, porte cet article, s'opère entre le créancier et l'un des co-débiteurs solidaires, les priviléges et hypothèques de l'ancienne créance ne peuvent être réservés que sur les biens de celui qui contracte la nouvelle dette. »

D'après cet article, il semble résulter que les priviléges et hypothèques ne peuvent être réservés que sur les biens du débiteur solidaire avec lequel la novation a eu lieu, et non sur les biens des autres co-débiteurs solidaires. Mais la décision de l'article 1280, tout le monde le reconnaît, ne doit pas être prise à la lettre ; il faut l'interpréter raisonnablement. La prohibition de cet article ne doit s'appliquer qu'au cas où le créancier aurait voulu, sans le consentement des autres co-débiteurs, affecter à la nouvelle dette les hypothèques qui grevaient leurs biens pour la garantie de l'ancienne. Il est bien certain en effet qu'une personne peut hypothéquer sa chose sans s'obliger personnellement ; il est certain qu'on peut hypothéquer sa chose pour la dette d'autrui. (Arg. articles 2077 et 2090.) Dès lors rien ne peut empêcher que les hypothèques qui garantissaient la première obligation ne soient transportées à la seconde, du moment que les co-débiteurs à qui appartiennent les biens hypothéqués consentent à cette translation ; et pour que leur consentement ait l'effet de conserver ces hypothèques, il n'est certes pas nécessaire qu'ils s'obligent personnellement. L'article 1280 doit donc être entendu en ce sens que, lorsque le créancier fait novation avec l'un des débiteurs solidaires, il ne peut réserver, pour la garantie de la nouvelle obligation, les priviléges et hypothèques qui grèvent les biens des autres débiteurs solidaires, qui ne seront point obligés à la nouvelle dette sans le consentement de ceux-ci.

Ainsi, en cas de novation opérée entre le créancier et l'un des co-débiteurs solidaires, les priviléges et hypothèques dont se trouvent grevés les biens des autres co-débiteurs ne peuvent être réservés sans leur consentement. Tel est, d'après l'opinion unanime des auteurs, le véritable sens de l'article 1280, dont le but, ainsi que le remarquent fort bien MM. Aubry et Rau, n'est pas de rendre absolument impossible la conservation des priviléges et hypothèques existant sur les biens des autres co-débiteurs solidaires, mais seulement d'en subordonner la conservation au consentement de ces derniers.

Nous sommes tout à fait convaincu qu'en interprétant de la sorte la disposition de l'article 1280, on rentre parfaitement dans les idées qui ont dû l'inspirer. Les rédacteurs du Code, en l'édictant, se sont évidemment inspirés de la doctrine de Pothier sur ce point, puisque toutes les dispositions de la loi relativement à l'extinction des hypothèques et autres sûretés qui étaient attachées à l'obligation primitive sont à peu près copiées de Pothier (comp. *Obligat.*, n° 599, avec les articles 1278-1281 du Code). Or, voici en bref la doctrine de Pothier à cet égard. « D'abord, dit-il, comme la novation éteint la dette primitive, elle doit éteindre ses accessoires et les sûretés qui y étaient attachées; néanmoins le créancier peut réserver les hypothèques et les attacher à la nouvelle obligation, mais cette translation des hypothèques de l'ancienne créance à la nouvelle ne peut se faire *qu'avec le consentement de la personne à qui appartiennent les choses hypothéquées.* » Et puis il ajoute : « Suivant les mêmes principes, si l'un d'entre plusieurs débiteurs solidaires contracte envers le créancier une nouvelle obligation, et qu'il soit porté par l'acte que les parties ont entendu faire novation de la première dette, *sous la réserve des hypothèques,* cette réserve ne peut avoir d'effet que pour l'hypothèque des biens de ce débiteur qui contracte la nouvelle dette, et non pour les hypothèques des biens de ses co-débiteurs; *leurs biens ne pouvant pas être hypothéqués à cette nouvelle dette sans leur consentement.* » Ainsi on voit que Pothier permettait d'attacher à la nouvelle obligation les hypothèques qui grevaient les biens de ces débiteurs solidaires avec lesquels la novation n'avait pas eu lieu, si ces débiteurs y consentaient. Il est donc plus que probable que les rédacteurs du Code, en reproduisant les autres dispositions de Pothier, n'ont pas entendu s'écarter dans l'article 1280 de l'opinion de leur guide habituel. Du reste, les idées de Pothier, qui ont inspiré notre article, peuvent, comme nous l'avons vu sur la question précédente, être critiquées. Pothier les avait tirées du droit romain, et c'est à tort qu'elles ont été reproduites par notre Code.

La disposition de l'article 1280, même interprétée comme nous venons de le faire, n'est pas, en effet, à l'abri de toute critique fondée; car, en admettant que les co-débiteurs solidaires libérés par la novation qui s'est opérée entre le créancier et l'un d'entre eux ne puissent, sans leur consentement, être personnellement tenus des conséquences de la nouvelle obligation, on ne voit pas pourquoi ce consentement est nécessaire pour la réserve d'hypothèques dont l'existence n'est aucunement incompatible avec la libération personnelle des propriétaires des immeubles grevés. Le créancier, dans notre article 1280, aurait pu ne pas consentir à faire la novation et par conséquent maintenir les co-débiteurs solidaires avec lesquels la novation n'a pas eu lieu dans le lien de l'obligation personnelle; pourquoi donc ne pas lui permettre de libérer ces co-débiteurs, tout en réservant, même sans leur consentement, les hypothèques qui garantissaient l'obligation primitive, pour les attacher à la nouvelle obligation? Ne résultera-t-il pas toujours de la novation pour les co-débiteurs solidaires, cet avantage considérable, qu'au lieu d'être obligés personnellement, ils ne seraient désormais tenus qu'hypothécairement, comme des tiers détenteurs d'un immeuble hypothéqué? (Voy. Larombière, sur l'article 1280, n°s 1 et 2.)

La décision de la loi serait plus satisfaisante, ainsi qu'on l'a fait remarquer (M. Valette, cité dans la thèse de M. Lanusse, p. 211 et suiv.), si on entendait l'article 1280 comme signifiant que, lorsque le créancier a fait novation avec l'un des débiteurs solidaires en déclarant qu'il n'entendait pas libérer les autres débiteurs de l'action hypothécaire qu'il a contre eux, cet engagement ne peut nuire à ces débiteurs qui n'y ont pas été parties. Il ne peut pas leur nuire en ce sens que les hypothèques qui grèvent leurs biens ne seront point transportées à la nouvelle dette qui résulte de la novation, de telle sorte qu'ils soient obligés d'exécuter cette nouvelle obligation pour dégager leurs biens de l'hypothèque. Ils ont le droit de regarder cette nouvelle obligation comme leur étant complétement étrangère, et de faire disparaître l'hypothèque qui grève leurs biens en exécutant l'ancienne obligation. — Ainsi, s'il y a eu novation par changement de créancier, les co-débiteurs de celui avec lequel cette novation a été faite sont maîtres de n'avoir affaire qu'à l'ancien créancier, ils auront le droit de se libérer entre ses mains. Pour que le nouveau créancier fût mis, quant à eux, à la place de l'ancien, il faudrait qu'il y eût cession avec signification. S'il y a eu novation par changement d'objet, les co-débiteurs de celui avec lequel cette novation est intervenue peuvent s'en tenir à l'objet de l'ancienne obligation. — Avec cette manière de voir, l'article 1280 signifierait donc que la novation ne peut nuire sous aucun rapport à des débiteurs qui n'y ont pas pris part. Mais ceci ne nous paraît être qu'un aperçu ingénieux inspiré par le désir de donner un sens rationnel à une disposition de la loi assez difficile à justifier quand on l'entend dans le sens probable et même certain qu'ont voulu lui donner ses auteurs, d'après Pothier.

En outre des observations critiques que nous venons de présenter sur l'article 1280, on a adressé un reproche bien grave à ce malencontreux article ; mais nous pensons que c'est à tort.

D'après Toullier (t. VII, n° 313), dont l'opinion sur ce point est partagée par M. Larombière), notre article 1280, outre qu'il est contraire aux principes du droit, se trouverait de plus en contradiction avec l'article 1251, n° 3, qui admet la subrogation de plein droit « au profit de celui qui étant tenu avec d'autres ou pour d'autres au payement de la dette, avait intérêt de l'acquitter. » Supposons deux débiteurs solidaires, Primus et Secundus. Le créancier fait novation avec Primus, Secundus est libéré. Mais Primus, qui a éteint l'obligation primitive par la novation, laquelle équivaut au payement, se trouve subrogé légalement aux droits du créancier contre Secundus; par conséquent, si l'ancienne dette était garantie par une hypothèque, Primus peut la faire valoir contre Secundus. Et si Primus n'exécute pas son obligation, s'il ne paye pas le créancier, celui-ci pourra, sans qu'il y ait eu de réserves de sa part, exercer au nom de son débiteur (article 1166) l'action hypothécaire contre Secundus. Ainsi, dans l'espèce supposée, le créancier de deux débiteurs solidaires, Primus et Secundus, qui a fait novation avec Primus, ne peut plus agir personnellement envers Secundus; mais comme il peut exercer tous les droits de son débiteur Primus, subrogé également dans les anciennes hypothèques, si celui-ci ne le paye pas, il pourra, même sans l'avoir réservée, exercer l'action hypothécaire contre Secundus. C'est ce résultat que Toullier trouve en contradiction avec l'article 1280. « Il nous paraît donc, dit Toullier, qu'il existe entre l'article 1251 et l'article 1280 une contradiction qu'on ne peut faire disparaître qu'en retranchant, lors de la révision du Code, l'article 1280, dont la disposition s'accorde mal avec les règles du droit et avec la raison. »

Nous croyons que le reproche adressé par Toullier à l'article 1280, sous le rapport qui nous occupe, n'est pas fondé. En admettant avec ce grave auteur que le débiteur solidaire Primus, qui a fait la novation avec le créancier commun, soit subrogé, d'après l'article 1250, 3°, aux droits de ce créancier contre ses co-débiteurs, dans l'espèce contre Secundus, il ne résulterait pas de là, croyons-nous, que ce créancier se trouvât, en vertu de cette subrogation accordée à son débiteur Primus, dont il peut exercer les droits, dans la même position que s'il avait conservé sur les biens de Secundus l'hypothèque qui garantissait son ancienne créance, par une réserve faite avec l'adhésion de Secundus. On ne peut pas dire que le créancier, par suite de la subrogation de Primus, se trouve placé dans la même position que si son hypothèque sur les biens de Secundus avait été réservée.

En effet, si le créancier conservait, par suite de la réserve faite avec l'adhésion de Secundus, l'hypothèque qui grevait les biens de celui-ci, il pourrait agir hypothécairement contre lui pour la totalité de l'ancienne dette, tandis que, s'il ne peut se prévaloir de l'hypothèque subsistant sur les biens de Secundus que comme exerçant les droits de son débiteur Primus, il ne pourra exercer l'action hypothécaire contre Secundus que dans la mesure de la part contributive que celui-ci doit supporter dans ses rapports avec son co-débiteur. N'est-il pas évident, en effet, que le créancier, agissant du chef de son débiteur Primus, en vertu de l'article 1166, ne peut avoir des droits plus étendus que Primus lui-même? Or, Primus ne pourrait agir contre Secundus que jusqu'à concurrence de la part que ce dernier devrait supporter dans la dette; c'est donc seulement dans cette mesure que le créancier, exerçant le droit de Primus, pourra faire valoir l'action hypothécaire contre Secundus. — Ajoutez que si le créancier pouvait agir directement contre Secundus, c'est lui seul qui profiterait de tout ce qui serait obtenu de Secundus. Agissant, au contraire, en vertu de l'article 1166, le bénéfice obtenu de Secundus doit être partagé entre lui et tous les créanciers de Primus. — Enfin, si le créancier avait le droit d'agir de son chef contre Secundus, il ne pourrait en être privé sans son fait ou sa volonté. Tandis qu'au contraire, en exerçant le droit de Primus, il peut en être privé par le fait de celui-ci, qui peut y renoncer par suite d'arrangements faits sans fraude avec Secundus, contre qui il doit être exercé. Il y a donc des différences notables entre le cas où le créancier aurait conservé l'hypothèque par une réserve faite avec le consentement de Secundus et le cas où il ne peut l'exercer que du chef de Primus, et c'est là ce qui fait évanouir toute apparence de contradiction entre l'article 1280 et l'article 1251, 3°. (Voy. Delvincourt, t. II, p. 783.)

Le commentaire que nous venons de faire des articles 1278, 1279, 1280 nous a fourni l'occasion de donner tous les développements nécessaires pour l'examen du premier point que nous nous étions proposé d'étudier, à savoir l'effet de la novation relativement aux priviléges et hypothèques.

Il nous reste à examiner les deux autres points indiqués plus haut, à savoir quel est l'effet de la novation à l'égard d'abord des co-débiteurs solidaires, et ensuite à l'égard des cautions.

Sur ces deux points, nous avons l'art. 1281, dont voici la teneur :

« Par la novation faite entre le créancier et l'un des débiteurs solidaires, les co-débiteurs sont libérés.

« La novation opérée à l'égard du débiteur principal libère les cautions.

« Néanmoins, si le créancier a exigé, dans le premier cas, l'accession des co-débiteurs, ou, dans le second, celle des cautions, l'ancienne créance subsiste, si les co-débiteurs ou les cautions refusent d'accéder au nouvel *arrangement.* »

(*b*) — Occupons-nous d'abord de l'effet de la novation relativement aux co-débiteurs solidaires.

Par la novation faite entre le créancier et l'un des débiteurs solidaires, les co-débiteurs sont libérés, nous dit l'article 1281. Ceci est une *conséquence* de la nature de la novation, qui est une manière d'éteindre les obligations (article 1234, 1°); — combinée, d'une part, avec la règle qui permet aux co-débiteurs solidaires d'invoquer les exceptions inhérentes à la dette (article 1208), d'autre part avec cette idée qu'une obligation accessoire ne peut subsister sans une principale.

Notre article ajoute que, néanmoins, si le créancier a exigé l'accession des co-débiteurs, l'ancienne créance subsiste si les co-débiteurs refusent d'accéder au nouvel arrangement. C'est là une application du principe qui attribue force de loi aux conventions des parties (article 1134, 1°). Le créancier peut ne pas libérer du tout, *a fortiori* ne libérer que sous condition; quand la condition a défailli, la convention qui en dépend est comme non avenue.

Ainsi le créancier peut, en faisant novation, se réserver que les co-débiteurs solidaires, qui sont tenus de la dette qu'il veut nover, accéderont à la nouvelle obligation. En pareil cas, la novation sera subordonnée à une condition et n'existera que quand les co-débiteurs auront fourni cet engagement, duquel le créancier a entendu faire dépendre la formation de la nouvelle dette et l'extinction de l'ancienne.

M. Rodière fait observer avec juste raison que « cette réserve du créancier doit être faite au moment même de la novation; plus tard, elle serait inopérante; » et il ajoute que « la réserve du créancier équivaut alors, en général, à une condition suspensive, en sorte qu'il peut exiger le payement de l'ancienne obligation, tant que tous les débiteurs qui l'avaient contractée n'ont pas déclaré accéder à la nouvelle; à moins que les termes du second contrat ne fixent un délai pour cette accession, auquel cas l'exécution de la première obligation devrait être suspendue jusqu'à ce que le délai fût écoulé, et la réserve « serait alors l'effet d'une condition résolutoire plutôt que d'une condition suspensive. » (*De la solidarité*, n° 67.)

On peut se demander, lorsque le créancier n'a consenti la novation que sous la condition que les débiteurs accéderaient à la nouvelle dette, s'il est nécessaire qu'il ait dit expressément qu'ils devaient y accéder solidairement pour que leur engagement solidaire à la nouvelle dette soit la condition de la novation. En d'autres termes, quand le créancier qui nove exige l'adhésion des autres co-débiteurs, est-il censé réserver leur adhésion solidaire? On peut prétendre que le créancier doit, pour avoir le droit d'exiger que les co-débiteurs s'obligent solidairement à la nouvelle dette, avoir formellement exprimé que telle était son intention, et que ce n'était qu'à cette condition qu'il consentait à éteindre sa créance par la novation. En effet, aux termes de l'article 1202, la solidarité ne se présume pas et doit être expressément stipulée. Toutefois, l'on peut répondre que l'article 1202 est ici sans application ; car, dans notre cas, il ne s'agit pas de savoir si la solidarité peut exister sans qu'elle ait été stipulée, mais bien de savoir si les parties n'ont pas entendu subordonner un certain effet juridique à la condition d'une obligation solidaire à contracter. A cette hypothèse il faut, croyons-nous, appliquer plutôt l'article 1175 du Code civil, qui nous dit que « toute condition doit être accomplie de la manière que les parties ont *vraisemblablement* voulu et entendu qu'elle le fût. » Or, lorsque le créancier, traitant avec un seul des débiteurs solidaires, exige l'adhésion des autres, il semble que c'est le lien même de la solidarité qu'il a voulu conserver, et par conséquent que l'adhésion des co-débiteurs doit être solidaire. Quoi qu'il en soit, le plus sûr serait de l'exprimer. (Voy. Rodière, *op. cit.*, n° 28.)

L'on peut encore se demander sur l'article 1281 si, de ce que le créancier a exigé l'adhésion des co-débiteurs solidaires à la nouvelle créance, il s'ensuit nécessairement qu'il ait entendu réserver les priviléges et hypothèques dont leurs biens étaient grevés. La négative ne nous paraît pas faire de difficulté. Exiger l'adhésion des personnes, ce n'est pas exiger le maintien des sûretés. Le créancier peut sans doute exiger l'un et l'autre; mais il faut qu'il s'exprime. La doctrine contraire de M. Larombière, qui enseigne que, lorsque les co-débiteurs auront accédé, les priviléges et hypothèques attachés à l'ancienne dette passent à la nouvelle, nous paraît trop absolue; l'accession à l'obligation personnelle n'emporte pas nécessairement le maintien des privilèges et hypothèques. (Conf. Dalloz, *Rép.*, v° Obligations, n° 2519.)

Notre article prévoit seulement le cas où la novation s'opère entre le créancier et l'un des débiteurs solidaires; les autres co-débiteurs sont libérés.

Quid du cas où la novation s'opérerait entre le créancier et tous les co-débiteurs solidaires? « Si, dit M. Rodière, la créance primitive a été novée avec tous les co-débiteurs, chacun d'eux peut opposer l'extinction de la dette éteinte, et chacun est tenu seulement de l'obligation nouvelle, en supposant que la novation ne se soit pas opérée par la substitution d'un débiteur nouveau. » Et le savant professeur se demande alors si la solidarité stipulée dans la créance primitive passe de plein droit à la créance nouvelle. La négative lui semble résulter clairement de l'article 1278 du Code civil, ainsi conçu : « *Les privilèges et hypothèques de l'ancienne créance ne passent point à celle qui lui est substituée,* à moins que le créancier ne les ait expressément réservées. » Cet article, il est vrai, ne parle nommément que des privilèges et des hypothèques; mais sa disposition lui semble devoir s'appliquer par analogie à la solidarité, qui, comme les privilèges et les hypothèques, constitue une exception au droit commun et ne se présume pas. Qui dit *créance nouvelle* dit créance qui ne tire ses caractères que d'elle-même, et qui n'emprunte implicitement aucun des caractères de la créance éteinte. Pour que la solidarité subsiste pour la seconde créance, il faut donc qu'elle ait été réservée. Nous approuvons complétement cette doctrine de M. Rodière. (*Op. cit.*, n°s 65 et 66.)

(*c*) — Arrivons enfin à l'effet de la novation relativement aux cautions.

La novation opérée à l'égard du débiteur principal libère les cautions, nous dit également l'article 1281 du Code Napoléon. Ainsi la novation qui a lieu entre le créancier et le débiteur principa opère la libération de la caution. C'est une conséquence du principe que la caution ne peut être tenue que de ce dont le débiteur principal est tenu lui-même (article 2013). En effet, comme le dit Pothier; « la caution ne peut plus être tenue de la première dette pour laquelle elle a été caution du débiteur, puisqu'elle ne subsiste plus, ayant été éteinte par la novation; elle ne peut non plus être tenue de la nouvelle dette en laquelle a été convertie la première, puisque cette nouvelle dette n'est pas celle à laquelle elle a accédé. » (Voy. *Obligations*, n° 378.)

Néanmoins, ajoute notre article, si le créancier a exigé l'accession des cautions, l'ancienne créance subsiste, si les cautions refusent d'accéder au nouvel arrangement. Ainsi le créancier qui fait novation avec le débiteur principal peut mettre pour condition à la novation que la caution accédera à la nouvelle dette, qu'elle en répondra comme elle répond de la première; si la caution accède à cet arrangement, la nouvelle créance sera garantie par le cautionnement; si elle refuse, la novation est défaillie; les choses restent dans leur premier état.

Les dispositions de l'article 1281 relativement aux cautions se trouvent en germe dans la loi 4, au *Code, De fidejuss.*: « *Novatione legitime perfecta debiti in alium translati, prioris contractus fidejussores, vel mandatores liberatos esse non ambigitur, si modo in sequenti se non obligaverint.* »

M. Duranton fait justement remarquer sur notre article que, « sauf l'effet de la réserve de l'accession de la caution à la nouvelle obligation, cette caution ne serait pas moins libérée, soit que la novation eût lieu par un simple changement de dette entre le même débiteur et le même créancier, soit qu'elle eût lieu par la substitution d'un nouveau débiteur, ou d'un nouveau créancier; car il serait également vrai de dire dans tous les cas qu'elle a lieu *à l'égard du débiteur principal*, puisque, dans tous, il serait libéré de la dette remplacée par la nouvelle; cette dette serait en effet éteinte dans les trois cas; or, c'était pour cette dette, et non pour une autre, que la caution s'était engagée. » (T. XII, n° 317.)

On peut encore faire remarquer que si l'on agite la question de savoir si le créancier peut réserver les anciennes hypothèques pour sûreté de la nouvelle créance *sans le consentement* du débiteur à qui appartiennent les biens hypothéqués, il est au contraire hors de doute que, quelque stipulation, quelque réserve que le créancier puisse insérer dans le contrat, en l'absence de la caution, le cautionnement n'en est pas moins éteint. Ici pas de réserve possible;

l'article 1281, qui s'y oppose, n'est qu'une conséquence de l'article 1165, qui déclare que les conventions n'ont d'effet qu'entre les parties contractantes, et ne nuisent point aux tiers. Or, ne serait-ce pas nuire à la caution que de pouvoir lui faire garantir autre chose que la dette pour laquelle elle s'est spécialement obligée? Du moment que la première dette est éteinte la caution est libérée,et peu importent les arrangements intervenus entre le créancier et le débiteur, du moment qu'il y a eu novation, pour quelque cause que ce soit, et qu'elle y est restée étrangère. Au contraire, nous l'avons vu plus haut, on comprendrait rationnellement que le créancier pût, même en l'absence du débiteur qu'il change pour un autre, se réserver les hypothèques : car l'ancien débiteur ne pourrait se plaindre de cette réserve qui le laisse seulement soumis à l'action hypothécaire, puisque le créancier pouvait refuser de le dégager de l'action personnelle. Toutefois nous avons pensé que l'intention des rédacteurs du Code n'avait pu être de permettre la réserve des hypothèques si la novation s'opérait sans le concours de l'ancien débiteur.

Avec l'article 1281 nous avons répondu à cette question : la novation faite avec le débiteur principal libère-elle la caution?

Mais notre article est muet sur la question inverse : La novation faite avec la caution libère-t-elle le débiteur principal?

Il est assez difficile de répondre à cette question en présence du silence des auteurs les plus recommandables, qui ne se la posent même pas.

Toutefois il nous semble qu'on pourrait dire, par analogie avec ce qui se passe en matière de serment, que la novation faite avec la caution libère le débiteur principal envers le créancier, lorsque c'est sur la dette et non sur le cautionnement qu'elle porte. M. Demante, le seul auteur, à notre connaissance, qui ait prévu la question, nous paraît partager cette manière de voir, puisqu'il renvoie à ce sujet à l'article 1365, alinéa dernier. Ajoutez que, dans ce cas, la caution serait subrogée légalement aux droits du créancier (article 1251, 3°). (Voy. Demante, *Programme*, t. II, n° 753; mais voy. P. Pont, *Petits Contrats*, t. II, n° 334.)

Maintenant que nous connaissons l'ensemble des dispositions de l'article 1281, nous devons signaler, pour terminer nos explications sur cet article, une décision assez récente de la Cour de cassation, de laquelle il résulte que : la règle d'après laquelle la novation faite entre le créancier et l'un des débiteurs solidaires libère les autres co-débiteurs ne peut pas être étendue à la novation à l'égard d'une caution; cette novation laisse dans les liens de l'obligation le débiteur principal et les cautions, même solidaires; en conséquence le créancier non intégralement payé par la caution qu'il a consenti à substituer à l'une des cautions originaires conserve son droit de créance contre celle des cautions à l'égard desquelles il n'a pas fait novation, et contre le débiteur principal. « La Cour; — Vu les articles 1281 et 2021 du Code Napoléon : — Attendu, en droit, que si par la novation faite entre le créancier et l'un des débiteurs solidaires, les autres débiteurs sont libérés, il n'en peut être de même quand la novation n'a été opérée qu'à l'égard d'une caution; qu'en effet, le cautionnement n'étant qu'un accessoire de la dette principale peut s'éteindre sans que cette dette cesse d'exister; qu'il n'importe d'ailleurs que ce cautionnement soit solidaire, puisque cette solidarité ne change pas sa nature et qu'elle modifie seulement ses effets, etc., etc. » (Voy. Cassat., civ., 18 juillet 1866; *J. du P.*, 1866, p. 1173 et la note.)

Cette décision, nous le ferons remarquer en passant, ne contredit en rien l'opinion que nous avons émise d'après M. Demante sur l'effet de la novation faite avec la caution, car si nous avons dit que cette novation aurait pour effet de libérer le débiteur principal, nous avons restreint notre solution au cas où la novation a porté sur la dette elle-même : dans ce cas elle libérait et le débiteur principal et les autres cautions s'il y en avait. (*Nec obstat* article 1287; voy. en effet les explications de Marcadé sur cet article). Que si, au contraire, la novation a porté sur le cautionnement et non sur la dette, nous n'hésitons pas à décider avec la Cour de cassation que la novation faite à l'égard de la caution ne libère ni le débiteur principal, ni les autres cautions, fussent-elles *solidaires*.

Sous le bénéfice de ces courtes observations, nous acceptons la doctrine développée par l'arrêtiste du *Journal du Palais* sur l'arrêt précité. Voici comment il s'exprime : « L'article 1281 du Code Napoléon, § 2, dispose que « la novation opérée avec le débiteur principal libère les cautions. » Mais cet article ne dit pas que la novation faite avec la caution libère le débiteur principal, ni que, s'il existe plusieurs cautions, la novation avec l'une libère les autres. Or, si le législateur eût voulu que la novation opérée avec la caution libérât le débiteur principal et les autres cautions, il l'eût incontestablement exprimé. Il ne l'a pas fait, parce qu'il n'a pas pensé que les raisons de décider fussent les mêmes; en effet, d'une part, s'il est naturel et nécessaire que l'extinction de l'obligation principale entraîne celle de tous ses accessoires, au nombre desquels se trouve le cautionnement, il n'est ni nécessaire ni naturel que *l'extinction du cautionnement*, c'est-à-dire de l'accessoire, entraîne celle de l'obligation principale; d'autre part, on comprend fort bien que, dans une obligation garantie par plusieurs cautions, l'une des cautions disparaisse par voie de substitution, sans que la situation des autres cautions s'en trouve modifiée. C'est donc intentionnellement que l'article 1281, § 2, a disposé pour un seul cas, d'où il suit que sa prescription ne saurait être étendue à un autre. Il est vrai que, dans l'espèce, il s'agissait de caution *solidaire*, et que l'on pouvait par suite se demander s'il n'y avait pas lieu, pour ce cas, de faire application du § 1er de l'article précité, suivant lequel, par la novation faite entre le créancier et l'un *des débiteurs solidaires*, les co-débiteurs sont libérés. La question, comme on le voit, se réduit à savoir si les cautions solidaires doivent être assimilées aux débiteurs solidaires, ou, plutôt, doivent être réputées tels. Or, la jurisprudence et la doctrine paraissent d'accord pour repousser cette assimilation, qui en réalité n'est qu'une confusion. Il est en effet généralement reconnu que le cautionnement, même alors qu'il est solidaire, n'en conserve pas moins son caractère de cautionnement et de contrat accessoire. *Celui qui déclare s'engager comme caution*, dit M. Troplong, *exclut par là même et nécessairement la qualité de débiteur principal. La solidarité permise ne change rien à cette situation tirée de la nature des choses et proclamée par la puissance des mots.....* »

Avec l'examen de cette question intéressante, nous avons terminé l'explication des dispositions peu nombreuses, mais fort obscures du Code Napoléon sur les effets de la novation relativement aux privilèges, hypothèques et autres sûretés qui pouvaient être attachées à l'obligation novée. Il ne nous reste plus qu'à indiquer brièvement les divers autres effets que peut entraîner l'extinction de cette obligation.

L'effet de la novation étant d'éteindre l'ancienne dette, cette extinction n'entraîne pas seulement l'extinction des priviléges et hypothèques et la libération des co-débiteurs solidaires et des cautions ; elle peut produire d'autres résultats.

C'est ainsi : 1° que, par l'effet de la novation, les intérêts cessent de courir ; 2° que la demeure du débiteur et la peine encourue, s'il y en avait une, sont purgées ; 3° que la contrainte par corps, dans une législation qui l'admet, est anéantie, etc., etc.

Ainsi encore, la substitution d'un titre commercial à un titre civil, et réciproquement, peut entraîner des changements notables au point de vue de la prescription et de la compétence, etc., etc.

Nous n'insisterons pas sur ces divers points, que nous avons eu l'occasion de toucher dans le corps de notre travail en examinant les divers cas où s'agitait une question de novation. (Voy. Toullier, t. VII, n° 297 ; Larombière, sur l'article 1278, et M. Feitu, *loc. cit.*)

N. B. — Une dernière question nous reste à examiner, qu'on peut rattacher aux effets de la novation. On peut se demander si la novation faite par le testateur de la rente ou de la créance léguée, emporte révocation, aux termes de l'article 1038 du Code Napoléon, qui, on en convient, est applicable au legs de toute chose déterminée, soit corporelle, soit incorporelle. Cette question qu'on a jusqu'ici laissée dans l'ombre est délicate, et nous n'avons pas la présomption de croire pouvoir l'éclairer d'une bien vive lumière, les enseignements des maîtres de la science, nos guides habituels, nous faisant ici complétement défaut. En effet, MM. Troplong et Demolombe, ordinairement si complets et si riches de détails, ne disent pas un mot de notre question dans leurs *Traités des donations et des testaments.* Le seul renseignement que nous ayons trouvé nous est fourni par un arrêt de la Cour de Riom, du 29 juin 1830, rendu sous la présidence de M. Grenier, qui décide accessoirement que le legs d'une créance désignée par le nom du débiteur n'est point révoqué par la novation qu'a consentie le testateur depuis la confection du testament qui le contient. (Code civil, article 1038.) Voici les motifs de cet arrêt : « En ce qui touche, dit la Cour, le second rapport sous lequel on peut considérer la question, qui consiste à savoir si, dans l'espèce, il y a eu révocation du legs de la part du testateur: — Considérant qu'une novation, quelque positive qu'elle fût, ne devant produire un effet que du créancier au débiteur, ou entre les créanciers de ce dernier, elle serait sans influence sur la validité du legs qui a été fait de la créance; — considérant que, pour que le legs subsiste, il suffit que la créance soit parfaitement désignée; que la créance en question a été parfaitement désignée sous le nom de créance C..., parce que telle a été son origine; que la novation n'en change pas la nature respectivement aux légataires et aux héritiers; que quelque novation, quelque modification qu'elle ait pu subir, elle est toujours la créance de C..., et qu'il est indifférent qu'elle ait dû être payée par les héritiers S..., ce qui n'a pu avoir lieu que dans l'intérêt des héritiers C..., débiteurs originaires; c'est toujours la même créance qui s'est trouvée dans la succession du testateur; — considérant qu'on ne doit pas facilement supposer de la part du testateur l'intention de révoquer le legs qu'il avait fait; qu'il faudrait, pour admettre cette révocation, une déclaration expresse du testateur qui n'existe pas; que l'extinction du legs, qui serait équipollente à la révocation, n'aurait pu s'opérer que par le payement que le testateur aurait reçu de la créance, ce qui n'existe pas, — dit qu'il a été bien jugé, etc. » — Le rédacteur de cet arrêt nous paraît s'être inspiré des idées romaines passées dans le droit écrit, d'après lesquelles la novation, vue dans son ensemble, est tout autre chose qu'un mode d'extinction ordinaire; car si la créance primitive disparaît, c'est pour se perpétuer dans celle qui prend sa place : « *Novatione facta*, dit Cujas, en commentant la loi 76, *De legat.*, 2° ad § hæres, *non omnino perimitur obligatio, sed nova constituitur et nova causa originem capit a vetere.* » C'est toujours la même créance, dit la Cour, qui s'est trouvée dans la succession du testateur;... quelque novation, quelque modification qu'elle ait pu subir, elle est toujours la créance de C... On voit que ce sont à peu près les mêmes idées. Peut-être même le rédacteur de l'arrêt avait-il présente à l'esprit l'hypothèse de cette loi 76 commentée par Cujas. Nous n'oserions pourtant le supposer, car elle n'offre qu'une analogie apparente avec l'espèce en question. En effet, le jurisconsulte romain suppose que la novation a précédé le legs de la créance, tandis que nous nous demandons ce qui advient dans le cas où elle l'a suivi : un legs de créance ayant été fait, la novation de cette créance consentie par le testateur aura-t-elle pour effet de révoquer le legs? Telle est la question que nous avons à résoudre. Pour le faire, il faut nous reporter aux principes admis sur la révocation tacite, d'après l'article 1038. Cet article peut se réduire à ces mots : « Toute aliénation que fera le testateur de la chose léguée emportera révocation. » Tout le monde, avons-nous dit, convient que cette disposition est applicable au legs de toute chose déterminée, soit corporelle, soit incorporelle. Et M. Demolombe (*Donations,* t. V, n° 237), après avoir émis cette proposition, ajoute : « C'est ainsi que le transport, fait par le testateur, de la rente ou de la créance léguée, emporte révocation. Il faudrait en dire autant de la réception qu'il aurait faite du capital, surtout s'il l'avait exigée, car il y aurait tout à la fois révocation du legs et destruction de la chose léguée (article 1042)... » Mais que faudrait-il dire de la novation faite par ce testateur? Le savant auteur ne nous l'apprend pas. Toutefois, dans la courte citation que nous venons de lui emprunter, se trouvent les données qui doivent servir à résoudre notre question. En effet, soit que l'on compare la novation au transport ou au payement, deux actes avec lesquels elle a de l'analogie, il faudrait dire qu'elle emporte révocation ou bien caducité du legs. (Conf. Cassation, 12 décembre 1831, Bonnefoy; Dalloz, *Pér.* 1833, 1, 30.) Nous ne saurions donc admettre la doctrine contenue dans l'arrêt de la Cour de Riom que nous avons cité.

CHAPITRE VI.

De la délégation.

« La matière des cessions et délégations, disent MM. Championnière et Rigaud, est une des plus épineuses du droit civil; aussi dans le droit fiscal est-elle une des plus embarrassées. L'incertitude et l'obscurité qui s'y rencontrent, dérivent d'abord de l'insuffisance des lois qui, même dans le droit romain, ne contiennent sur plusieurs points importants que quelques décisions incohérentes, et en petit nombre; ensuite, de la confusion qui règne perpétuellement dans l'emploi des mots et dans le sens qu'on leur attribue. — Chez tous les commentateurs et dans la jurisprudence, les expressions de transports, cessions, dation en payement, indications, subrogations, délégations, délégations parfaites, délégations imparfaites, délégations non acceptées, ont signifié tantôt une chose, tantôt une autre; ce n'est qu'avec une attention fatigante qu'on parvient à reconnaître le véritable sens qu'ils leur supposent, mais eux-mêmes s'y sont fréquemment trompés, et de là des erreurs graves et des décisions inconciliables. » (Voy. *Tr. des dr. d'enregistrement*, t. II, n°s 1114 et suiv.)

« L'exposition de ces matières, dit à son tour M. Mourlon, demande de la part de ceux qui les traitent une grande application jointe à des connaissances solides et bien acquises. » Voy. *Exam. crit. du Comm. de Troplong sur les privilèges*, t. II, n° 319.)

A défaut de connaissances solides et bien acquises, nous ne pouvons apporter à l'étude de la matière épineuse de la délégation qu'une grande application. — Nous diviserons cette étude en deux paragraphes; dans le premier nous rechercherons ce que c'est que la délégation et comment elle se fait; dans le second nous examinerons les effets propres à la délégation.

§ 1er. — *Ce que c'est que la délégation et comment elle se fait.*

Suivant la définition du Code Napoléon (article 1275), la délégation est une convention par laquelle « un débiteur donne au créancier un autre débiteur qui s'oblige envers le créancier. » Ce premier débiteur est le *délégant;* le créancier est le *délégataire;* l'autre débiteur est le *délégué.* Le délégant (*qui delegat, delegans*) est ainsi appelé parce qu'il joue le rôle le plus actif dans l'opération; c'est lui, en effet, qui par sa volonté met en rapport les deux autres parties. Le délégué (*qui delegatur, delegatus*) porte ce nom, car il est presque passif dans l'opération; il subit du moins l'influence du délégant. Enfin le délégataire est ainsi désigné parce qu'il acquiert par la délégation un droit contre le délégué; c'est ainsi qu'on appelle donataires, cessionnaires, ceux qui acquièrent par une donation ou une cession.

Notons ici qu'il peut exister divers rapports entre le délégant et le délégué. — La délégation peut se produire dans trois situations diverses, dont la plus simple et la plus usuelle est ainsi décrite par Pothier (*Obligat.*, n° 601) : « Ordinairement, la personne déléguée est un débiteur du délégant, lequel, pour s'acquitter envers le délégant de son obligation, contracte, de l'ordre du délégant, une nouvelle obligation envers le créancier du délégant. » Tel est, en pratique, le cas le plus ordinaire. Mais c'est avec grande raison que Pothier dit *ordinairement*, car cette relation antérieure du délégant et du délégué n'est pas essentielle à la délégation. En effet, le délégué peut encore s'obliger envers le délégataire comme donateur ou créditeur du délégant. (Voy. sur ce point M. G. Demante, *Expos. rais. des princ. de l'enregistr.*, n° 421.)

Ceci dit, transcrivons maintenant la disposition entière de l'article 1275 : « La délégation par laquelle un débiteur donne au créancier un autre débiteur qui s'oblige envers le créancier, *n'opère point de novation*, si le créancier n'a *expressément* déclaré qu'il entendait décharger son débiteur qui a fait la délégation. »

Il est intéressant de rapprocher cette disposition du passage suivant de Pothier : « La *délégation*, nous dit Pothier (n° 600), est *une espèce de novation* par laquelle l'ancien débiteur, pour s'acquitter envers son créancier, lui donne une tierce personne qui à sa place s'oblige envers ce créancier, ou envers la personne qu'il indique : *Delegare est vice sua alium reum dare creditori, vel cui jusserit.* » (L. 11, ff. *De novat.*)

La novation, d'après le Code, bien loin d'être *essentielle* à la délégation, comme le suppose Pothier, lui est purement *accidentelle*. Chez nous la délégation peut exister indépendamment de la novation ; pour que la délégation existe, il suffit que le délégataire trouve dans la convention le fondement d'une action en justice contre le délégué ; il n'est pas nécessaire que le délégué se trouve mis à la place du délégant. — Aussi les commentateurs modernes distinguent-ils deux espèces de délégation. Ils appellent *délégation parfaite*, la délégation opérant novation, et ils qualifient du nom de *délégation imparfaite*, la délégation n'opérant pas novation.

« La *délégation parfaite* est la convention par laquelle un débiteur donne à son créancier qui le décharge un autre débiteur qui s'oblige envers celui-ci au payement de la dette du premier. — La *délégation imparfaite* est l'acte dans lequel un débiteur abandonne à son créancier, pour plus grande sûreté de payement, l'exercice des droits qui lui appartiennent contre un autre débiteur qui s'oblige envers le créancier, mais sans que celui-ci décharge son premier débiteur. » (Voy. Championnière et Rigaud, *op. cit.*, n°s 1115, 1164, 1167 et *passim.*) — En bref, la délégation est dite *parfaite*, quand le délégataire a déchargé le délégant de son obligation ; dans ce cas il y a novation. Elle est *imparfaite*, quand cette décharge n'a pas eu lieu ; le délégué n'est alors que le co-obligé du délégant ; il n'y a pas novation.

Observons que pour qu'il y ait délégation *parfaite* ou *imparfaite*, dans le sens que nous avons donné à ces mots d'après les civilistes modernes, il faut nécessairement le concours de trois personnes : celui du délégant, qui donne ordre au délégué d'aller promettre au créancier délégataire; celui du délégué, qui s'oblige envers ce créancier; et celui du créancier, qui accepte la délégation. — Ainsi, l'un des caractères essentiels de la délégation, c'est le concours de trois personnes : délégant, délégué, délégataire. En cela, notons-le bien, la délégation diffère du transport-cession qui ne se passe qu'entre deux personnes, le cédant et le cessionnaire, puisque le consentement du débiteur sur lequel il est fait n'est jamais nécessaire. (Voy., sur les différences entre la délégation et la cession, M. Troplong, sur l'article 2112 du Code Napoléon.)

Nous devons faire remarquer ici que les anciens auteurs entendaient par la délégation *imparfaite*, non pas une délégation *n'opérant pas novation*, comme l'entendent les modernes, mais bien une délégation pour laquelle le concours des trois personnes : délégant, délégué, délégataire, n'était pas intervenu (*delegatio inchoata*). Ceci ressort clairement du passage suivant de Renusson (*Subrogation*, ch. 2, n° 10) : « Si, dit-il, les trois parties n'y consentent, la délégation est *imparfaite; ou plutôt il n'y a point de délégation*; ce sera une simple assignation ou destination, ou une cession et transport. » En citant ce passage, MM. Championnière et Rigaud (n° 1171) ajoutent : « On trouve dans ce passage une attribution impropre de la qualification d'*imparfaite* à la délégation non acceptée. *Quoique* juste, l'expression est inexacte, parce qu'elle est *consacrée* à une autre idée, » (à savoir la délégation sans novation.) M. G. Demante (n° 420) dit au contraire : « L'expression étant juste, il faut la conserver, car c'est abusivement que les commentateurs du Code Napoléon l'ont employée dans un sens contraire à la logique et à l'histoire, étranger d'ailleurs à la nomenclature du Code. C'est cette *consécration* abusive qu'il faut changer. »

Laissons là cette querelle. Il ne s'agit que de bien s'entendre. Nous continuerons donc à qualifier du nom de *délégation imparfaite* la délégation n'opérant pas novation, tout en reconnaissant d'ailleurs que cette délégation, « quoique imparfaite en tant que novation, n'en est pas moins parfaite comme contrat, puisque toutes les parties nécessaires ont consenti la stipulation caractérisée sous cette dénomination, et de laquelle il résulte que le délégué ne peut plus payer qu'au délégataire. » (Voy. Championnière et Rigaud, *op. cit.*, n° 1107.)

C'est ici le lieu de dire un mot des principes d'enregistrement qui régissent la délégation.

L'article 69, § 3, n° 3 de la loi de frimaire an VII frappe d'un droit de « *un franc par cent francs* les transports, cessions et *délégations* de créances à terme. » Comme cet article ne distingue point entre la délégation parfaite et la délégation imparfaite, entendez la délégation opérant novation et la délégation n'opérant pas novation, il en résulte, disent MM. Championnière et Rigaud (n° 1105), qu'on ne doit pas non plus distinguer et que le droit est également exigible de l'une et de l'autre, parce que l'une et l'autre sont des délégations, suivant les principes du droit civil. Notons ici que la *délégation imparfaite*, dans le sens que M. Demante veut que l'on donne à ces mots, n'étant pas une *délégation véritable* (c'est une convention passée entre le délégant et le délégué en l'absence du délégataire), ne tombe pas sous le coup de l'article 69, § 3, n° 3; et comme cette convention n'est pas prévue par le tarif, on ne peut percevoir sur elle que le droit fixe de 1 franc. (Demante, *op. cit.*, n° 427 et suiv.; conf. Championnière et Rigaud, n° 1107 et suiv.)

Voilà sur le droit proportionnel en matière de délégation. Mais il existe aussi un droit fixe. Article 68, § 1, n° 3. *Droit fixe* (porté à 2 francs, loi de 1850, article 8) sur « les acceptations de transports et de *délégations* de créance à terme, faites par actes séparés, lorsque le droit proportionnel a été acquitté pour le transport ou la délégation, et celles qui se font dans les actes mêmes de *délégation* de créances aussi à terme. » Telle est la loi fiscale. Elle soumet à un droit fixe l'acceptation de la délégation par le délégataire, alors même qu'elle a lieu dans l'acte même de délégation. A cet égard M. Demante fait observer justement que, « puisque régulièrement la délégation suppose le concours de trois personnes, on peut s'étonner que l'acceptation faite incontinent par le débiteur délégué donne lieu à droit particulier, car cette acceptation n'est pas seulement une *disposition dépendante*, elle fait partie intégrante de la délégation véritable et proprement dite. » (Voy. G. Demante, n° 429.)

Nous n'insisterons pas davantage sur les principes de l'enregistrement en matière de délégation; nous avons hâte de revenir aux principes du droit civil.

Après avoir indiqué bien imparfaitement ce que c'est que la délégation, et ce que les auteurs entendent aujourd'hui par délégation *parfaite* et délégation *imparfaite*, nous allons nous occuper uniquement de la délégation ayant un effet novatoire.

Voyons sous quelles conditions la délégation opère novation de la créance d'après les principes du Code Napoléon.

Il faut avant tout se rappeler que la novation qui a lieu par voie de délégation n'est autre que celle qui s'opère par la substitution d'un nouveau débiteur à l'ancien. Or il faut que celui-ci soit déchargé par le créancier. La délégation véritable, c'est-à-dire celle qui a lieu entre trois personnes, ne produira donc novation que lorsque cette décharge aura été convenue. Telle est la disposition formelle de l'article 1275. — Cet article exige même que le créancier déclare *expressément* qu'il entend décharger son débiteur qui a fait la délégation. Ainsi, pour que la délégation soit *parfaite* dans le sens que les modernes donnent à ce mot, c'est-à-dire pour qu'elle opère novation, il faut que l'intention en soit expressément déclarée. — Les anciennes controverses sur le point de savoir si l'acceptation pure et simple du délégué pour débiteur déchargeait le délégant, parce qu'alors le créancier était réputé suivre la foi du délégué, ainsi que le prétendaient de Renusson et d'autres, sont, on le voit, tranchées par le Code pour la négative, parce que de là on peut conclure que le créancier l'a accepté comme unique débiteur et non comme co-obligé.

A ce propos, nous croyons devoir citer un passage, de Pothier, dont la doctrine, exactement vraie dans l'ancien droit, ne l'est plus qu'en partie dans le droit actuel. — Pothier nous dit que la délégation, qui est novation, se fait « *lorsque, pour me libérer de ce que je vous dois, je vous délègue mon débiteur, qui, pour se libérer de ce qu'il me doit, s'oblige envers vous.* Par cette espèce de délégation, la dette que le délégant devait à celui à qui il fait la délégation et celle que le débiteur devait au délégant sont entièrement éteintes, et il s'en contracte à la place une nouvelle de la part du débiteur délégué envers celui à qui la délégation est faite. » (Voy. Pothier, *Traité de la vente*, n° 552; conf. n° 551.) — La novation dont parle ici Pothier n'aura lieu aujourd'hui qu'autant que le créancier aura non-seulement accepté le délégué, mais encore qu'il aura *expressément* déchargé le délégant, débiteur primitif; en un mot, il faut, ainsi que le remarque M. Bugnet sur ce passage de Pothier, que le créancier se soit contenté du nouveau débiteur, le délégué, *fidem secutus fuerit.*

L'article 1275 s'exprime ainsi : « La délégation par laquelle un débiteur donne au créancier un autre débiteur qui s'oblige envers le créancier, *n'opère point novation, si le créancier n'a expressément déclaré qu'il entendait décharger son débiteur qui a fait la délégation.* » Faut-il conclure des derniers mots de cet article que les rédacteurs du Code ont voulu être plus rigoureux pour la délégation que pour toute autre espèce de novation? Quel est le sens du mot *expressément* dans l'article 1275? Faut-il dire que les juges ne pourront pas considérer le debiteur comme libéré si le créancier n'a pas expressément déclaré qu'il entendait le décharger, et cela quand même la volonté de nover pourrait s'induire des clauses de l'acte ou des circonstances qui l'ont accompagné, conformément à l'article 1273?

Voici en deux mots notre opinion sur ce point délicat. Nous pensons qu'il faut conclure du rapprochement des articles 1275 et

1273 que le législateur se montre plus rigoureux dans l'hypothèse d'une délégation que dans l'hypothèse d'une novation ordinaire. Le texte de l'article 1275 exige, pour que la délégation opère novation, que la décharge du débiteur primitif par le créancier soit *expresse*. Il faut s'en tenir à la lettre de la loi; mais, bien entendu, il n'y a pas de formules sacramentelles et solennelles. Ainsi, il ne faut plus seulement ici, comme dans l'article 1273, que l'intention de nover résulte clairement de l'acte; ce qu'il faut, c'est une volonté formellement exprimée, non en termes sacramentels, mais d'une manière catégorique. Les difficultés qu'entraînait autrefois la question de savoir s'il y avait novation ou accroissement de sûretés, ont fait appliquer à la délégation un droit plus rigoureux. — C'est donc avec raison que Marcadé (sur les articles 1273 et 1275) observe que « tandis que la novation par expromission, c'est-à-dire la substitution d'un nouveau débiteur qui est venu s'offrir de lui même reste soumise, comme la novation par simple changement de dette et comme celle qui a lieu par changement de créancier, à la règle générale de l'article 1273, en ce sens qu'elle doit être admise toutes les fois qu'elle résulte clairement de l'acte qui s'est accompli entre les parties; la novation par délégation, au contraire, est soumise à une règle spéciale et plus rigoureuse : il faut pour qu'elle s'accomplisse que le créancier ait manifesté, non plus seulement d'une manière claire, mais *expressément*, la volonté d'avoir le nouvel obligé pour seul débiteur; il ne suffit plus que cette volonté se trouve certaine, il faut qu'elle soit exprimée (article 1275). » — (Conf. Larombière sur l'article 1275; Aubry et Rau sur Zachariæ, t. III, § 324, note 28; *secus* Duranton, t. XII, nos 300 et 324.) Répétons que, en repoussant toute appréciation d'intention qui ne serait qu'implicite, et exigeant une déclaration expresse, l'article 1275 n'impose aucune expression sacramentelle. Tout le monde est d'accord sur ce point.

Nous ferons observer ici que les auteurs qui argumentent des principes de l'ancien droit sur la délégation, pour soutenir que le législateur moderne n'a pas dû se montrer plus rigoureux pour la délégation, qui n'est qu'une espèce de novation, que pour toute autre espèce de novation, Pothier ne signalant point entre la délégation et les autres espèces de novation de différence quant à la recherche de l'*animus novandi*, ces auteurs oublient que notre Code a apporté un changement notable aux principes de l'ancien droit sur la délégation.

Ajoutons que ce que nous avons déjà dit à cet égard se trouve pleinement confirmé par le passage suivant que nous croyons devoir emprunter à l'ouvrage d'un auteur qui a pris part à la rédaction de la loi actuelle : « Le Code civil, observe l'ex-législateur Renault (de l'Orne), sur l'article 1275, a apporté à l'ancienne jurisprudence un changement bien remarquable. Autrefois, quand la délégation avait été acceptée purement et simplement par le créancier, le débiteur qui l'avait faite était déchargé de plein droit. Aujourd'hui, au contraire, pour que son obligation soit éteinte, il faut que le créancier déclare expressément qu'il entend le décharger. Sans cette déclaration expresse, point de novation. — Vous me devez mille francs. Vous me déléguez Desparts qui se charge de payer cette dette. J'accepte purement et simplement la délégation. Desparts devient insolvable; j'aurai mon recours contre vous, parce qu'il aurait fallu, pour éteindre l'obligation à votre égard, que j'eusse déclaré que j'entendais vous décharger. » (Voy. Renault, *Traité des conventions*, p. 207.)

§ 2. — *Des effets de la délégation.*

Nous ne parlerons, bien entendu, que de la délégation parfaite, c'est-à-dire de la délégation opérant novation; la délégation appelée aujourd'hui *imparfaite* n'apportant aucune modification à la dette, si ce n'est l'adjonction d'un débiteur, est en dehors de notre sujet.

La délégation parfaite peut renfermer une novation unique; mais ordinairement elle contient une double novation. Il importe peu, d'après nous, que la personne qui vient s'obliger à la place du premier débiteur, c'est-à-dire la personne *déléguée*, fût ou non débitrice de celui-ci, le *délégant*, pour ce à quoi elle s'oblige envers le créancier *délégataire*. Seulement, selon que la personne déléguée sera ou non débitrice du délégant, la délégation opérera une double novation ou une novation unique; ou bien, si l'on aime mieux, la délégation aura pour effet d'éteindre deux dettes ou une seule. La personne déléguée est-elle débitrice du délégant, alors la délégation contient une double novation; elle renferme alors la combinaison des nos 2 et 3 de l'article 1271; il y a en même temps changement de débiteur et changement de créancier. Dans le cas contraire, il n'y a qu'une novation par changement de débiteur. Des exemples feront mieux comprendre cela. Primus, débiteur de Secundus, délègue à celui-ci Tertius. Tertius n'est pas lui-même débiteur de Primus; alors il y a seulement novation par changement de débiteur; Tertius est obligé à la place de Primus. Au contraire, Tertius est lui-même débiteur de Primus; alors il y aura tout à la fois novation par changement de débiteur et par changement de créancier. En effet, Tertius sera débiteur de Secundus à la place de Primus, et ce même Tertius aura pour créancier Secundus à la place de Primus. Nous n'insisterons pas davantage sur ce point.

La délégation parfaite, par suite de la novation qu'elle opère, a pour effet de libérer le délégant vis-à-vis du délégataire. Le créancier délégataire a désormais le délégué pour débiteur à la place du délégant. Celui-ci ne peut donc plus être inquiété, et il semblerait que dans aucun cas le créancier ne pourrait revenir contre lui parce qu'il doit être considéré comme ayant payé. La loi n'a pas trouvé cette décision trop rigoureuse lorsque le délégué était solvable au moment du contrat; peu importe alors qu'il devienne insolvable dans la suite, le délégant ne pourra pas être inquiété. Mais si des réserves ont été faites pour ce cas d'insolvabilité, ou si même le délégué était dans cette fâcheuse situation au moment de la délégation, la loi vient au secours du délégataire; dans ce cas il peut agir contre le délégant. — L'article 1276 contient le principe général et l'exception; il est ainsi conçu : « Le créancier qui a déchargé le débiteur par qui a été faite la délégation n'a point de recours contre ce débiteur si le délégué devient insolvable, à moins que l'acte n'en contienne une *réserve expresse*, ou que le délégué ne fût déjà en *faillite ouverte* ou tombé en *déconfiture* au moment de la délégation. » — Remarquons en passant la rédaction défectueuse de cet article, qui pose d'abord une règle, et puis présente comme une exception à la règle un cas qui n'y rentre pas. En effet, l'hypothèse prévue par ces derniers mots : *ou que le délégué ne fût déjà en faillite ouverte ou tombé en déconfiture au moment de la délégation*, est-elle bien une exception à la règle : *si le délégué devient insolvable?* Quoi qu'il en soit, on comprend assez la pensée de la loi. En voici l'analyse : le délégataire n'a pas de recours contre le délégant à raison de l'insolvabilité du délégué, à moins qu'il ne l'ait stipulé ou que la ruine du délégué n'ait précédé la délégation.

La règle générale est donc que le délégataire n'a pas de recours contre le délégant si le délégué *devient* insolvable après la délégation. L'insolvabilité future du délégué est pour le créancier délégataire. On comprend facilement les justes motifs qui ont fait édicter cette règle ; le créancier à qui a été faite la délégation ne pouvait pas être contraint de consentir à cette délégation, il a de son plein gré déchargé l'ancien débiteur pour prendre en son lieu et place un autre obligé ; il est donc juste que, si ce dernier devient insolvable, le créancier ne s'en prenne qu'à lui-même de sa trop grande confiance et n'ait aucun recours contre son ancien débiteur qui était valablement libéré.

Maintenant, à cette règle générale deux exceptions ont été apportées. Le délégataire aura recours contre le délégant dans les deux cas suivants : 1° lorsque le créancier s'est réservé ce droit de recours pour le cas d'insolvabilité future du nouveau débiteur ; — cela ne souffre aucune difficulté puisque la convention fait la loi des parties (article 1134, 1°) ; — 2° lorsque le délégué était déjà en faillite ouverte ou en déconfiture au moment de la délégation.

Quand il y a des réserves, rien de plus naturel que le délégataire ait un recours, avons-nous dit, puisque le Code attribue force de loi à la convention des parties ; mais quand il n'y en a pas et que le débiteur était *insolvable* (notre article dit : en *faillite ouverte* ou *tombé en déconfiture*), pourquoi ce recours? Nous savons que le droit romain, bien interprété, ne l'admettait pas, sauf le cas de dol, qui chez nous vicierait, bien entendu, la délégation comme tout autre contrat. Pothier va nous expliquer cette innovation qu'il a puisée dans Cujas, qui, selon nous, a tiré sa décision d'une fausse interprétation de deux lois romaines. Après avoir rapporté cette décision de Cujas, combattue par Despeisses, Pothier l'approuve comme fondée en équité. « La délégation, dit-il (n° 604), renferme entre le délégant et le créancier une convention de la nature de celles qui sont intéressées de part et d'autre, dans lesquelles chacun entend recevoir autant qu'il donne. L'équité de ces conventions consiste dans l'égalité; elles sont iniques lorsqu'une partie donne beaucoup et reçoit peu à la place... » C'est donc par un motif d'équité que le Code, d'après Pothier, n'a pas poussé jusqu'à ses dernières conséquences le principe que la novation équivaut à un payement, et le délégant répond de l'insolvabilité actuelle du délégué, mais non pas de son insolvabilité future, sauf le cas de réserve expresse.

On peut mettre en regard de la disposition finale de l'article 1276 ce qui se passe en matière de cession de créance (articles 1693 et 1694 du Code Napoléon). Si dans le cas de délégation celui qui délègue garantit de droit l'insolvabilité présente du délégué, il n'en est pas de même dans le cas de cession de créance : celui qui cède une créance n'est responsable de l'insolvabilité même actuelle du cédé qu'en cas de stipulation expresse. (Voy. Troplong, *Vente*, t. II, n° 778 et suiv.)

Pourquoi cette différence entre les deux cas ? Il semble qu'on pourrait dire que la délégation que fait un débiteur a beaucoup d'analogie avec la cession qu'il ferait d'une créance contre le délégué, car il est à peu près certain que le délégué était débiteur du délégant. Pourquoi donc le cédant n'est-il pas tenu de garantir, comme dans le cas de délégation, la solvabilité au moins actuelle ? La seule réponse qu'il y ait à faire pour expliquer cette différence, c'est que dans le cas de délégation le délégataire rend service au délégant, car il aurait bien pu ne pas accepter la délégation ; il n'est pas un spéculateur, et n'a pas eu pour mobile de faire un gain. Quand il y a cession de créance, au contraire, il y a une spéculation, et la loi n'aime pas les spéculateurs, les acheteurs de créances, *fortunis alienis inhiantes*, suivant l'énergique expression de la loi romaine, tandis que la loi voit sans peine et sans prévention la délégation (M. Bugnet, à son cours). La raison de cette différence pourrait encore se formuler ainsi : c'est que le créancier qui accepte une délégation n'a d'autre intention que de recevoir son payement, sans profit ni perte, tandis que celui qui achète une créance sans garantie ne la paye pas sa valeur nominale, il veut faire un contrat aléatoire; il doit donc supporter la perte comme il aurait recueilli les bénéfices de la chance qu'il a voulu courir. (Voy. Larombière, sur l'article 1276, n° 3.)

Cette comparaison faite en passant, poursuivons l'explication de l'article 1276.

Voici l'observation d'un des rédacteurs du Code sur la disposition finale qui nous occupe en ce moment : « On a suivi ici, dit Maleville (*Analyse du Code civil*, t. III, p. 114-119), l'équité contre la rigueur des principes *qui veulent que la délégation opère essentiellement novation*, *et par conséquent extinction de la première obligation ;* telle est l'opinion de Cujas contre celle de Despeisses ; — Pothier, n° 604, croyait cependant que si le créancier connaissait à l'époque de la délégation l'insolvabilité du délégué, il n'avait pas de recours contre le délégant. *Mais notre article n'admet pas cette exception*, *sans doute parce qu'un pareil cas est purement hypothétique.* » A cet égard, notez encore l'observation suivante du Tribunal d'appel de Rennes : « Article 166. La commission avait proposé d'ajouter aux mots : *ou tombé en déconfiture*, ceux-ci : *à l'insu du créancier*. Mais après y avoir réfléchi, elle regarde cette addition comme superflue, et le Tribunal l'a jugé ainsi, par le motif que, si le créancier avait eu connaissance de la faillite ou de la déconfiture, il n'eût point accepté la délégation. »

Quoique l'article 1276 ne contienne pas la restriction admise par Pothier, nous pensons avec de bons esprits que cette restriction est trop fondée en raison pour ne pas l'admettre encore aujourd'hui. Si donc le créancier connaissait la faillite ou la déconfiture du délégué lorsqu'il acceptait son engagement, on ne devrait lui accorder aucun recours contre le délégant ; car, puisqu'il connaissait la situation malheureuse du délégué, il n'a pas à se plaindre, et le délégant ne lui a causé aucun tort : *volenti non fit injuria*. (Comp. Aubry et Rau sur Zachariæ, § 324, note 38.)

Ainsi donc, pour appliquer la disposition finale de l'article 1276, il faut que le créancier ait ignoré la faillite ou la déconfiture du délégué. S'il l'avait connue, il serait censé avoir renoncé à tout recours contre le délégant. Mais alors il se présente une question de preuve, en général restée inaperçue. En effet, il faut nous demander ce que nous devrons présumer? Sera-ce la connaissance ou l'ignorance du créancier? Cette question est très-importante au point de vue de la preuve ; car, si nous présumons la connaissance, le créancier devra établir son ignorance; si, au contraire, nous présumons l'ignorance, le délégant devra prouver la connaissance du créancier. Ne voulant pas entrer ici dans tous les développements que comporterait la question, nous nous contenterons de donner brièvement notre opinion. Voici, ce nous semble, l'ordre naturel des preuves. Comme on doit réputer un homme solvable plutôt qu'insolvable (*præsumptio oritur de eo quod plerumque fit*), le créancier délégataire, en recourant contre le délégant, devra établir que le délégué était insolvable au moment de la délégation, et par cela seul il aura prouvé son droit à un recours. Maintenant ce sera au délégant, s'il prétend que le créancier, ayant eu connaissance de la situation du délégué, n'a pas le droit de se plaindre, à établir que l'état de faillite ou de déconfiture était connu du créancier. On peut du reste tirer argument en ce sens des articles 447 et 449 du Code de commerce. (Voy. sur ce point la thèse de M. Arnault, aujourd'hui professeur agrégé; conf. Duranton, t. XII, n° 325, *in fine*, et Dalloz, *Répert.*, v° Obligations, n° 2529.)

Nous savons à présent dans quel cas le créancier délégataire pourra, aux termes de l'article 1276, recourir contre son ancien débiteur, le délégant; il nous reste encore à voir sur cet article quelle est la nature du recours qu'il accorde exceptionnellement au créancier. Faut-il conclure de ce que la loi vient au secours du créancier dans les deux cas que nous savons, que l'on doive alors considérer comme non avenue la délégation qui avait été dans l'intention des parties? En un mot, doit-on accorder au délégataire son ancienne action contre le délégant, ou doit-on lui accorder seulement une action en indemnité pour le tort que lui cause l'inexécution de l'engagement du délégué? Cette question est des plus délicates et intéresse à un très-haut degré le créancier. Car si nous décidons qu'il doit conserver son droit primitif, il pourra l'exercer avec certaines garanties accessoires; tandis que si nous déclarons la délégation parfaite et la première dette éteinte, il n'aura plus qu'une action personnelle qui sera peut-être illusoire.

D'après la doctrine commune, la loi n'ouvrirait ici au créancier délégataire qu'un simple recours. On invoque d'abord en ce sens la fameuse maxime : *obligatio semel extincta non reviviscit*. On argumente ensuite du texte même de l'article 1276 qui qualifie de *recours* l'action qui nous occupe, soit que le créancier se soit réservé expressément ce recours en cas d'insolvabilité future, soit que l'équité lui fasse accorder le même recours s'il y a insolvabilité actuelle; or, dit-on, est-il possible d'appeler *recours* la restauration des anciens droits du créancier? Enfin on ajoute : Et ce recours, quelle cause a-t-il, sinon l'extinction de l'ancienne créance et l'impuissance de la nouvelle?

Telles sont, en résumé, les considérations invoquées en faveur de cette première doctrine. (Comp. Toullier, t. VII, n° 303; Duranton, t. XII, n°s 327, 328; Marcadé, t. IV, n° 775; Larombière, sur l'article 1276, n° 2; Aubry et Rau sur Zachariæ, t. III, § 324, note.)

Nous ne saurions souscrire à cette doctrine. Notre avis est, au contraire, que dans les deux cas exceptionnels où le délégataire peut recourir contre le délégant, il conserve son ancienne créance et partant son ancienne action.

Pour bien établir notre opinion prenons successivement les deux cas où le délégataire peut recourir contre le délégant.

Premier cas. — Le délégataire s'est réservé expressément un recours contre le délégant.

La plupart des auteurs, disons-nous, s'en tenant à la rédaction vicieuse de l'article 1276, voient dans ce cas une délégation parfaite et n'accordent en conséquence au délégataire qu'une simple action en garantie contre le délégant.

Or cette opinion nous paraît impossible à admettre, car ce qui constitue la délégation parfaite, c'est que le débiteur est libéré par son créancier. Ici, au contraire, celui-ci s'est *réservé* expressément un recours; c'est donc qu'il n'a pas libéré le délégant et que la délégation est imparfaite. Il nous paraît impossible qu'après avoir déclaré dans l'article 1275 que la délégation n'opère pas novation quand le créancier n'a pas expressément déchargé le débiteur, le législateur se contredise aussitôt en décidant dans l'article 1276 qu'il y a novation bien que celui-ci reste obligé en vertu d'une *réserve expresse*. Ce ne serait vraiment pas la peine d'établir un principe, si on devait le détruire immédiatement.

Dira-t-on que le délégataire en déchargeant le délégant a entendu substituer à son action primitive une simple action en garantie? Cela pourrait peut-être se présumer lorsque ces deux actions ne présentent pas plus d'avantages l'une que l'autre; mais si l'action primitive est pourvue de sûretés spéciales telles qu'un privilége ou une hypothèque, on ne peut réellement pas présumer que le délégataire qui s'est réservé expressément un recours contre le délégant n'ait pas entendu se le réserver aussi efficace que possible. S'il est un cas où l'on doit appliquer avec rigueur la règle que la novation ne se présume pas, c'est bien celui-ci. Nous croyons donc fermement que le délégataire a le droit de recourir contre le délégant par son action primitive, lorsqu'il s'est réservé expressément un recours, et que la décharge qu'il aura pu donner doit être considérée comme conditionnelle.

En d'autres termes, la convention de délégation dans le cas qui nous occupe nous semble avoir été faite sous la condition que le délégué serait solvable au moment de l'échéance; en cas d'insolvabilité du délégué à cette époque, la novation ne se produit pas, et partant le délégataire conserve son droit primitif avec toutes les garanties accessoires : priviléges, hypothèques, cautionnements; il va de soi que ces garanties ne peuvent pas être éteintes par la novation, quand la novation est conditionnelle et que la condition ne s'est pas réalisée. (Voy. en ce sens Poujol, *Traité des obligations*, t. II, p. 316 et suiv.)

Deuxième cas. — La délégation a eu lieu; le délégataire a déchargé le délégant, mais le délégué était en faillite ouverte ou en déconfiture au moment de la délégation.

Ici encore la plupart des auteurs n'accordent au délégataire qu'une action en indemnité contre le délégant; ils lui refusent formellement son ancienne créance avec ses accessoires; ils s'appuient sur ce que la novation opérée est irrévocable et en général complétement indépendante des événements postérieurs. (MM. Aubry et Rau.)

Or, il nous est encore impossible d'admettre cette manière de voir. Nous ferons remarquer d'abord qu'il ne s'agit pas ici d'une insolvabilité résultant d'événements postérieurs, car ce serait alors une insolvabilité future, et nous savons que la loi a réglé ce cas en refusant tout recours au délégataire; mais il s'agit d'une insolvabilité concomitante avec la délégation, qui frappe celle-ci dans son essence même puisqu'elle existe au moment du contrat. Dire que les effets produits par la novation sont irrévocables et indépendants des événements postérieurs, ce n'est donc pas résoudre la question, puisqu'il faut d'abord savoir si elle produit ses effets, et qu'il ne s'agit pas en outre d'événements postérieurs. Il ne faut pas invoquer à tout propos et partant hors de propos la fameuse maxime : *obligatio sive actio semel extincta non reviviscit*, maxime sur le sens de laquelle on est d'ailleurs peu d'accord, ainsi que nous avons eu déjà occasion de le voir.

Pour bien se fixer sur la nature de l'action qui appartient au délégataire dans le cas où le délégué était insolvable au moment de la délégation, il faut, ce nous semble, voir les motifs qui ont fait admettre cette exception à la règle que le délégant est à l'abri de tout recours de la part du délégataire qui l'a déchargé. Eh bien, voici comment s'exprime à cet égard l'ex-législateur Renault (de l'Orne) : « En déchargeant le délégant, observe-t-il sur l'article 1276, le créancier suit la solvabilité du délégué; d'où il suit qu'il n'a point de recours contre celui-là si celui-ci devient insolvable. Il en serait autrement si l'acte de décharge contenait une réserve en cas d'insolvabilité, ou si le délégué était déjà en faillite ouverte ou tombé en déconfiture au moment de la délégation. Dans ces deux cas, le créancier aurait son recours contre le délégant. La clause de réserve le lui donnerait dans le premier cas, et dans le second, *la décharge qu'il lui aurait donnée serait regardée comme le fruit du dol ou de la surprise.* » On explique cette exception en supposant que la novation a été alors le résultat du dol et de la surprise; car le créancier n'aurait certainement pas accepté un débiteur notoirement insolvable au lieu et place d'un débiteur solvable. Il a donc été trompé, et le consentement qu'il a donné à l'acte nouveau n'a pas été un consentement libre; il est donc reçu à se prévaloir de son ignorance pour se faire restituer contre la libération qu'il a involontairement accordée à son premier débiteur. Il faut évidemment permettre au créancier délégataire de demander ici le bénéfice des articles 1108 et 1109 du Code Napoléon, et conséquemment lui permettre de reprendre son ancienne action. (Voy. en ce sens les *Codes annotés* par Teulet et autres, v° Novation, n°s 25 et 26.)

Notre théorie, du reste, résulte de l'*Exposé des motifs*, présenté par M. Bigot de Préameneu. (Voy. Locré, t. XII, p. 379.) Après avoir parlé de la première exception, que nous connaissons, Bigot de Préameneu ajoute : « ...Le créancier pourrait aussi être admis *à revenir contre la décharge donnée,* si elle avait été surprise, et on le présumerait si la personne déléguée était déjà en faillite ouverte ou tombée en déconfiture au moment de la délégation. L'équité a dû faire consacrer cette opinion. La délégation est un contrat commutatif dans lequel le créancier qui doit recevoir un équivalent de la décharge qu'il consent au premier débiteur, n'en recevrait cependant aucun si le débiteur substitué était dès lors notoirement insolvable. » Notons encore que Cujas avait déjà dit pour notre cas : « *Æquum est ut sit creditori integra actio adversus delegantem.* » Enfin nous pouvons invoquer, en faveur de notre opinion, Maleville, déjà cité, qui nous a dit qu'*on a suivi* pour ce cas l'*équité contre la rigueur des principes qui veulent que la délégation comporte novation, et par conséquent extinction de la première dette;* il résulte bien de ces paroles que, dans l'espèce, la novation n'a pas eu lieu, et que partant le délégataire conserve son ancienne action.

Pour nous résumer sur la question qui vient de nous occuper assez longuement, et que nous avons divisée afin de mieux nous expliquer, nous pensons donc, contrairement à l'opinion qui a pour elle la grande majorité des auteurs, que, dans les deux cas où le délégataire peut recourir contre le délégant, aux termes de l'article 1276, ce délégataire pourra exercer son ancienne action avec les garanties qui l'accompagnent : privilèges, hypothèques, cautionnements. (Comp. M. Colmet de Santerre, t. V, n° 224 *bis*.)

Nous avons terminé l'explication des dispositions du Code Napoléon sur la délégation; mais nous n'avons pas pour cela épuisé cette matière. Il existe dans le Code une lacune que nous allons tâcher de combler de notre mieux à l'aide des principes généraux. Elle nous est signalée par Maleville (*loc. cit.*) dans les termes suivants : « On a omis dans cette section, nous dit-il, une décision bien essentielle, c'est que le débiteur délégué et consentant à la délégation ne peut opposer à son nouveau créancier l'exception qu'il aurait eue contre son créancier originaire, quand même il l'aurait ignorée lors de la délégation, sauf, en ce cas d'ignorance, son recours contre le créancier originaire : l. 12 et 19, ff. *De novat.* (*Dig.*) ; *doli exceptio*, dit cette dernière loi, *quæ poterat deleganti opponi, cessat in persona creditoris cui delegatus est ; idemque est in cæteris similibus exceptionibus... imo et in Macedoniano... aliud in Velleiano, nam et in secunda promissione intercessio est ; idemque est in minore qui circumscriptus delegatur...* (Conf. Pothier, *Obligat.*, n° 602.) » — Maleville, comme on le voit, est bien concis. Aussi croyons-nous devoir entrer ici dans quelques développements que fournissent la doctrine et la jurisprudence sur le point en question.

On se demande notamment ce qui arrivera si celui qui s'est laissé déléguer se croyait à tort débiteur du délégant, soit que sa dette fût nulle ou éteinte, soit qu'elle fût simplement annulable? Sera-t-il obligé envers le délégataire, sauf à recourir contre le délégant, ou faut-il considérer son obligation comme nulle faute de cause?

En droit romain, nous avons vu qu'on distinguait si la délégation avait eu lieu à titre onéreux ou bien à titre gratuit, c'est-à-dire si le délégant était, oui ou non, débiteur du délégataire. Au premier cas, on préférait le délégataire, parce que, s'il y avait quelqu'un en faute, ce n'était pas le délégataire, qui recevait ce qui lui était dû, c'était le délégué, qui avait été assez léger pour ne pas connaître ses affaires ; au deuxième cas, on préférait le délégué, qui combattait *de damno vitando*, au délégataire, qui combattait *de lucro captando*. (Voy. Pothier, *loc. cit.*, et Toullier, t. VII, n° 319.)

Tout ceci marchait très-bien avec les principes rigoureux du droit romain, d'après lesquels on ne s'inquiétait guère de ce que nous appelons la cause de l'obligation. Il suffisait d'une stipulation régulièrement faite pour que le lien fût formé. — Mais doit-il en être de même aujourd'hui?

La question revient à se demander si, dans l'espèce, l'obligation du délégué est sans cause? Si oui, alors appliquer l'article 1131 du Code Napoléon. Or, quelle est la cause de l'obligation du délégué? Marcadé, l'auteur qui a le mieux aperçu ce point de vue de la question, s'exprime ainsi sur ce point (t. IV, n° 774) : « Alors même, dit-il, que le délégué ne serait venu s'obliger que parce qu'il se croyait débiteur du délégant, et qu'il serait ensuite reconnu que la prétendue créance de celui-ci n'existait pas; la novation, ainsi que l'obligation du délégué, n'en existerait pas moins; car l'obligation que ce délégué a contractée a eu pour cause, non pas l'existence de sa prétendue dette envers le délégant, mais bien l'existence de la dette de ce délégant envers le créancier (article 1108, n° 5); ce qui s'évanouit ici a pu être le motif du contrat, mais n'en a pas été la cause; or, c'est seulement l'absence de cause qui rend le contrat nul. Il est bien évident, au surplus, que le délégué devient alors créancier sur le délégant de la somme dont il l'a libéré et pour laquelle il a ainsi fait son affaire. — (Si c'était l'obligation du délégant envers le créancier qui se trouvât ne pas exister, il est clair que la novation serait non avenue, et que, dès lors, l'obligation contractée par le délégué serait nulle pour défaut de cause.) » — S'il est vrai qu'il en soit ainsi, il faut résoudre la question comme à Rome, et c'est, en effet, ce qu'on fait généralement.

Toutefois quelques auteurs, se fondant sur l'article 1377, proposent un tempérament dans le cas où la délégation a eu lieu à titre onéreux, c'est-à-dire dans le cas où le délégataire est véritablement le créancier du délégant. Le délégué ne leur paraît forclos du droit de répéter, soit son obligation, soit le payement contre le délégataire, créancier véritable, que si, par suite de la délégation, ce dernier a de bonne foi supprimé son titre, en recevant ce qui lui était dû. Ils argumentent en ce sens de l'article 1377, ainsi conçu : « Lorsqu'une personne qui, par erreur, se croyait débitrice a acquitté une dette, elle a le droit de répétition contre le créancier. — Néanmoins, ce droit cesse dans le cas où le créancier a supprimé son titre par suite du payement, sauf le recours de celui qui a payé contre le véritable débiteur. » Si le créancier, le *délégataire*, disent-ils, a déchargé son débiteur et détruit son titre, le délégué ne pourra répéter ce qu'il a payé, parce que, si on lui donnait ce droit, le créancier serait en perte; il a, en effet, perdu toute action contre le délégant. Mais si le délégataire a conservé son titre, il a toujours ses droits intacts contre son débiteur, le *délégant*, et, dès lors, il ne doit point pouvoir invoquer l'engagement du délégué à son profit, ni retenir ce que celui-ci lui aurait payé par suite de son erreur. Suivant ces auteurs, le délégué pourrait donc, dans ce dernier cas, se dispenser de payer au délégataire, ou même, s'il l'avait payé, répéter contre lui le payement. (Voy. en ce sens Duranton, t. XII, n° 333; Larombière sur l'article 1377, n° 5.)

Nous ne saurions admettre cette opinion; elle n'a pour base que l'article 1377. Or, l'espèce prévue par cet article est toute différente de celle qui nous occupe. L'article 1377 suppose qu'une personne qui se croyait débitrice a payé par erreur à celui qu'elle croyait son créancier, lequel, en réalité, avait une créance sur un tiers. Dans ce cas, il faut distinguer si le créancier qui a reçu le payement a conservé ou détruit son titre. S'il l'a conservé, ses droits sont intacts contre le débiteur, qui ne peut se prévaloir d'un payement fait par erreur et par une personne qui n'a pas eu l'intention d'éteindre sa dette. Le créancier n'a aucune raison pour retenir ce qui lui a été indûment payé. — Tout autre est notre hypothèse. Le créancier a reçu ce qui lui est dû, et il l'a reçu de celui qui, en vertu de la délégation, est son véritable débiteur; qu'il ait ou non conservé son titre, il n'a plus recours contre son ancien débiteur. C'est en vain qu'il voudrait se prévaloir contre lui de la répétition exercée par le délégué, car ce n'est pas le payement, mais la novation qui a éteint la dette, et, de plus, il n'y a pas lieu à répétition quand un créancier a reçu de son véritable débiteur ce qui lui était dû. Et d'ailleurs, dans l'espèce, les titres sont toujours anéantis, puisque l'ancienne dette est complétement éteinte par la novation, et éteinte de telle façon qu'elle ne peut renaître. (Comp. Dalloz, v° Obligations, n° 2324.)

Par application des principes que nous venons d'indiquer, la Cour de Bordeaux a décidé implicitement, le 2 avril 1835, que « le délégué qui, après avoir accepté la délégation et rempli son engagement envers le délégataire, a fait déclarer nulle la convention qui le constituait débiteur au moment de la délégation, n'a d'action en remboursement que contre le délégant; » elle a décidé, en d'autres termes que, dans ce cas, le *délégataire ayant été valablement payé du montant de sa dette, le délégué est sans recours contre lui, et n'a d'action que contre le délégant.*

« Attendu, disait le Tribunal de commerce de Bordeaux, dont le jugement a été approuvé par la Cour, attendu... qu'en droit, la délégation équivaut au payement; que, suivant la doctrine des auteurs et la jurisprudence consacrée, le délégué qui a accepté la délégation ne peut se dispenser de remplir son engagement envers le délégataire, lors même qu'il ne serait pas réellement débiteur du délégant; — qu'après avoir satisfait à son obligation, il n'a d'action que contre le délégant, en admettant qu'il ne dût pas, et non contre le délégataire qui, en recevant ce qui lui était légitimement dû, ne peut souffrir d'une erreur qui n'est pas de son fait, et dont la conséquence ne doit retomber que sur celui qui l'a commise, etc. » (*J. du P.*, *Chron.*)

C'est également par application des mêmes principes que la Cour de cassation a jugé spécialement, le 31 mars 1852, que « le notaire créancier du prix de son étude, auquel le concessionnaire de son acquéreur paye une partie de ce prix en vertu d'une délégation, n'est pas tenu à restitution bien que, la cession intervenue entre son successeur et ledit concessionnaire ayant été annulée, celui-ci se trouve ne rien devoir au délégant :

« Attendu, dit la Cour suprême, que le délégataire qui a reçu des mains du débiteur ce qui lui était légitimement dû par son propre débiteur, qui lui a fait la délégation, ne peut être tenu à restituer ce qu'il a reçu dans le cas où il serait reconnu plus tard que le débiteur délégué ne devait rien au délégant; — que, dans ce cas, le débiteur délégué n'a qu'une action en indemnité contre le délégant dont il a payé la dette; — attendu que les articles 1131, 1235, 1371, 1376, 1377 du Code Napoléon ne s'appliquent qu'au cas où le payement de la chose due a été fait par l'un sans qu'il dût rien, et reçu par l'autre sans qu'il lui fût rien dû; — que, dans le cas où le payement a été fait par l'intervention d'un tiers, dans les mains de celui à qui la chose était due, quoiqu'il ait été effectué par celui qui ne la devait pas, mais au nom de celui qui la devait, il n'y a pas lieu à répétition, puisqu'une des conditions manque, à savoir qu'il ne fût rien dû à celui qui a reçu le payement, etc. » (Cass., 31 mars 1852; *J. du P.*, 1853, t. II, p. 401.)

Ainsi le délégué demeure irrévocablement obligé envers le délégataire, quoiqu'il soit démontré qu'il n'a consenti à la délégation qu'afin d'obtenir du délégant la décharge d'une dette dont, par *erreur*, il se croyait tenu envers lui. Telle est du moins l'opinion généralement admise.

M. Mourlon ne partage pas complétement cette opinion; il regarde la solution que nous venons de donner comme trop générale. Voici comment il s'explique à cet égard. « ..... La délégation, soutient-on, demeure valable lors même qu'il est constant que le délégué n'y a pris part qu'afin d'obtenir du délégant la décharge d'une dette dont *à tort* il se croyait tenu envers lui. Que cette proposition soit exacte quand le délégué s'est présenté à la délégation sans y prendre la qualité de *débiteur du délégant*, et par conséquent sans indiquer même tacitement qu'il s'oblige envers le délégataire afin d'obtenir la libération de sa dette envers le délégant, je ne le conteste pas; mais ce que je nie formellement, c'est qu'on la doive suivre même au cas où le délégué a pris soin de faire énoncer dans la délégation et sa qualité de débiteur du délégant et le motif qui l'a déterminé à s'obliger envers le délégataire, à savoir, la remise de sa dette envers le délégant. Dans ce cas, en effet, la délégation se fait, du consentement des trois parties qui y prennent part, en vue d'un triple objet, chacune d'elles en y stipulant un certain avantage : le délégataire, l'engagement du délégué; le délégant, la décharge de sa dette envers le délégataire, et enfin le délégué, la remise de la sienne envers le délégant. L'avantage que chacune d'elles stipule étant alors la condition implicite ou la cause de l'avantage qu'elle promet, il en résulte que la délégation tombe tout *entière* du moment qu'elle ne sort point chacun des effets en vue desquels elle a été contractée. Or, quand la dette dont le délégué stipule la décharge n'est qu'une fausse apparence, la délégation est, quant à lui, véritablement boiteuse, puisqu'elle ne lui procure point l'avantage en considération duquel il y a pris part. » (Voy. *Rev. prat.*, t. XVIII, n°s 46 à 53; conf. t. XV, p. 322 et suiv., et t. XVI, p. 82 et suiv.)

Après avoir ainsi exposé sa doctrine, M. Mourlon s'efforce de repousser les objections qu'on ne manquera pas, dit-il, de lui opposer, et nous n'avons pas besoin d'ajouter qu'il le fait avec beaucoup de talent; toutefois, il ne nous a pas convaincu.

Comme il nous est impossible d'entrer ici dans tous les développements que comporterait l'examen critique de la doctrine de

M. Mourlon et des considérations sur lesquelles il l'appuie, nous nous bornerons à présenter deux observations à ce sujet.

1° Et d'abord la doctrine de M. Mourlon ne nous paraît pas, quoi qu'il en dise, en parfait accord avec les principes admis en matière d'erreur. En effet, l'erreur du délégué qui ne s'est engagé que dans la fausse persuasion qu'il était le débiteur du délégant et afin d'obtenir la remise de la dette dont il se croyait tenu envers lui, n'a trait qu'au *motif* qui, de fait, l'a porté à s'obliger envers le délégataire, et partant elle ne saurait vicier l'engagement qu'il a contracté (arg. article 1110 du Code Napoléon). Si ce raisonnement est juste, il faut le suivre, non-seulement au cas où la délégation est muette sur la décharge que le délégué a stipulée du délégant, mais même dans le cas inverse. C'est à tort que M. Mourlon veut faire une distinction que nous trouvons par lui formulée en ces termes, à propos d'une autre question, mais à laquelle il renvoie sur la question qui nous occupe : « ... Oui, dirai-je, oui, il est constant que dans notre droit l'erreur sur le *motif* qui nous porte à agir juridiquement n'est point *par elle-même* un vice de notre consentement, et qu'ainsi elle n'annule point l'acte qu'elle entache ; telle est la *règle ; mais* elle cesse d'être vraie et il n'y a point lieu de la suivre lorsque, *expressément ou tacitement*, il est entendu entre les parties que la convention est faite du chef de l'une d'elles, par *tel motif déterminé :* rien ne tiendra si le motif qui l'a fait agir ne se trouve être qu'une fausse apparence... » (Voy. *Rev. prat.*, p. 322, n° 105.) La distinction qui précède nous paraît formellement condamnée par Pothier qui à cette question, qu'il s'est posée (*Obligat.*, n° 20) : « l'erreur dans le motif annule-t-elle la convention ? » répond d'une manière absolue que « ... l'erreur dans le motif qui a porté l'une des parties à contracter n'influe pas sur la convention, et ne l'empêche pas d'être valable... » Il résulte même des explications que Pothier donne à ce sujet, que cette solution s'applique même au cas où la partie qui a été portée à contracter par un motif erroné *aurait fait part, à celui avec qui elle contractait, de ce motif erroné, qui la portait à contracter.*

2° En second lieu, la doctrine de M. Mourlon nous paraît insoutenable en présence des principes de tout temps admis sur la question en litige. En effet, Pothier, d'après le droit romain, admet, sans faire aucune distinction, que la délégation demeure valable, quoique le délégué ne se soit obligé que dans la fausse persuasion qu'il était débiteur du délégant. « Si, dit Pothier (*Obligat.*, n° 602, *in princ.*), la personne déléguée n'était pas débitrice du délégant, quoiqu'elle ne se fût obligée que dans la fausse persuasion qu'elle était débitrice du délégant, l'obligation qu'elle aurait contractée en faveur de ce créancier n'en serait pas moins valable et elle ne pourrait se défendre de le payer; sauf à elle son recours contre le délégant pour qu'il fût tenu de l'acquitter. Le créancier qui, par l'obligation que contracte envers lui la personne déléguée, ne fait que *retirer ce qui lui était dû* par son ancien débiteur qu'il a déchargé, ne doit point souffrir de cette erreur : *Si per ignorantiam promiserit, nulla quidem exceptione uti poterit adversus creditorem, quia ille suum recepit; sed is qui delegavit, tenetur condictione*. L. 12, ff. *De novat.* » (N'obste Pothier, *Proc. civ.*, p. IV, c. 7, § 7; édit. Bugnet, t. X, p. 287.)

Après les explications que nous venons de donner, nous pouvons répéter avec M. Maleville, à qui nous avons reproché sa manière insuffisante de combler la lacune du Code sur le point qui vient de nous occuper longuement, *que le délégué qui n'a fait aucune réserve ne pourra point opposer au délégataire les exceptions qu'il eût pu invoquer contre le délégant.* Cette solution qui nous est donnée pour le droit romain par la loi 19, *De novat.* (*Dig.*, 46, 2), doit être adoptée en droit français, sans avoir à distinguer si le délégué a connu ou non les exceptions qu'il pouvait opposer. S'il les a connues, il est censé en avoir voulu faire remise; s'il les a ignorées, le délégataire n'en doit pas moins recevoir ce qui lui est dû. (Voy. Massé et Vergé sur Zachariæ, t. III, § 566, note 13.)

C'est ainsi que la Cour de Paris a décidé, le 12 février 1852, que la convention aux termes de laquelle l'acquéreur d'un office ministériel, en acceptant les délégations faites sur le prix, s'est obligé personnellement envers les cessionnaires de ce prix (lisez les *délégataires*) au payement des sommes déléguées, ne saurait recevoir aucune atteinte des exceptions et moyens qu'il peut avoir ensuite à faire valoir contre son vendeur; et que, en conséquence, ces délégations doivent recevoir leur exécution nonobstant la réduction du prix obtenu plus tard par le nouveau titulaire, sauf l'effet de cette réduction entre celui-ci et le vendeur.

On le voit, le débiteur délégué ne peut opposer au délégataire les exceptions qu'il eût pu opposer au délégant.

Ici encore apparaît une différence entre la délégation et la cession-transport; car si, au lieu d'une délégation véritable, nous supposions une cession, il faudrait décider que le débiteur cédé peut opposer au cessionnaire les exceptions qu'il eût pu opposer au cédant. C'est donc avec raison qu'un arrêt de la Cour de cassation, du 2 août 1847, décide que le débiteur du prix d'un office peut opposer au cessionnaire de ce prix les causes de réduction provenant du dol du cédant, malgré l'acceptation du transport. C'est à tort, nous l'avons vu en parlant de la novation par changement de créancier, que l'on voudrait soutenir que la simple acceptation du transport emporte novation; le cessionnaire n'a pas d'autres droits que le cédant, et partant il est passible de toutes les exceptions qui auraient pu être opposées à celui-ci. (Voy. une note dans le *J. du P.*, 1852, t. 1er, p. 625.)

La délégation peut être nuisible aux autres créanciers du délégant: si, par exemple, il est obéré, il pourra payer ainsi intégralement un de ses créanciers, tandis que les autres ne recevront qu'un dividende. Doit-on admettre les autres créanciers du délégant à exercer l'action révocatoire, nommée en droit action Paulienne et consacrée par l'article 1167 du Code Napoléon, contre le délégataire, et peuvent-ils faire ainsi rentrer dans le gage la créance du délégant contre le délégué? Sur cette question délicate, il nous semble qu'il faut distinguer. Le délégant n'est-il pas commerçant, l'action révocatoire ne nous paraît pas possible, encore bien que le créancier délégataire eût connu la préférence dont il était l'objet: *Nihil dolo facit creditor qui suum recipit* (l. 6, § 6, ff. *Quæ in fraudem. Dig.*, 42, 8.) En effet, la délégation est analogue au payement, et les payements ne sont pas soumis à l'action révocatoire lorsqu'ils ont été faits dans l'intérêt légitime d'un des créanciers. *Vigilantibus jura subveniunt.* Que si, au contraire, le délégant est commerçant, la loi commerciale nous oblige à faire une autre distinction, en admettant, cela va sans dire, la délégation faite avant le jugement déclaratif. Si les créances offertes au délégataire sont des effets de commerce, la délégation pourra être annulée par le tribunal, mais à une double condition : 1° qu'elle ait été faite depuis la cessation des payements ; 2° que le délégataire ait eu connaissance de la cessation des payements (article 447 du Code de commerce). Si les créances offertes au délégataire sont autres que des effets de commerce, sont des titres notariés par exemple, que signerait le délégué à la place de ceux qu'avait contre lui le délégant, la délégation sera nulle et de nul effet relativement à la masse, à la condition qu'elle ait été faite depuis l'époque déterminée par le tribunal de commerce comme étant celle de la cessation des payements, ou dans les dix jours qui auront précédé cette époque. (Consultez à cet égard Rogron, *Code de comm. expl.*, sur les articles 446, 447.)

Ici encore, à propos des nullités prononcées par l'article 446, se présente une différence entre la délégation et la cession de créances, si l'on admet l'opinion de certains auteurs. Expliquons-nous. Lorsqu'il s'agit d'une délégation proprement dite qui a été consentie par le débiteur à l'un de ses créanciers, il suffit, pour échapper à l'application de l'article 446, qu'elle ait été consentie avant les dix jours qui précèdent la cessation des payements. Mais quand il s'agit d'une cession, alors, pour échapper à la nullité de plein droit de l'article 446, suffit-il encore qu'elle ait été consentie avant les dix jours? Ne faut-il pas, de plus, qu'avant ces dix jours le créancier cessionnaire ait été saisi par l'un des deux modes qu'indique l'article 1690 du Code Napoléon? D'après quelques auteurs, il faudrait qu'avant ces dix jours le créancier cessionnaire eût été saisi par l'un de ces deux modes; et c'est ce qui établirait une différence entre la cession et la délégation au point de vue qui nous occupe. Et en ce sens on peut invoquer un arrêt de la Cour de cassation, du 4 janvier 1847, dans les *considérants* duquel on lit : « Ce sont particulièrement les intérêts des créanciers du cédant que les transports lèsent le plus souvent, et dès lors il est naturel de penser que ce sont eux que la loi a eus principalement en vue lorsqu'elle a prescrit en faveur des tiers la disposition renfermée dans l'article 1690. » M. Demangeat (sur Bravard, t. V, p. 228, *in notis*) déclare qu'il ne peut admettre cette décision, et dès lors notre différence disparaît. Sans doute, dit le savant professeur, en écrivant l'article 1690, on a voulu pourvoir à l'intérêt des créanciers du cédant, mais assurément on n'a pas pensé au cas particulier qui nous occupe. D'ailleurs, l'article 446 annule certains actes *faits par le débiteur;* or ici le seul acte émané du débiteur, c'est la convention par laquelle il déclare donner sa créance en payement, et cette convention est antérieure aux dix jours. M. Demangeat croit donc que le créancier cessionnaire peut utilement se conformer à l'article 1690, jusqu'au jour du jugement déclaratif de la faillite. Cette opinion nous paraît devoir être suivie. Dès lors pas de différence à ce point de vue entre la cession et la délégation.

Pour terminer sur la délégation, signalons un dernier point que les rédacteurs du Code Napoléon n'ont pas cru devoir régler, et sur lequel partant il peut y avoir doute. Ce point est indiqué de la manière suivante dans les *Observations* du Tribunal d'appel de Rouen : « Nous proposons sous cet article (article 166 du Projet, aujourd'hui article 1275 du Code), un article additionnel conçu en ces termes : *Du moment que la délégation est parfaite par la réunion du fait du délégant, de l'obligation du délégué et de l'acceptation du créancier, celui-ci est réputé saisi de la somme qui en est l'objet, au respect des créanciers du délégant.* » L'article additionnel proposé n'a point passé dans le Code. Or, voici ce que nous lisons sur le point en question dans l'ouvrage de M. Larombière sur les *Obligations* (article 1276, n° 4). Après avoir dit qu'il importe de distinguer la cession de la délégation, M. Larombière ajoute au n° ci-dessus : « Quoi qu'il en soit, dans le cas même de délégation parfaite emportant novation, le délégataire n'est saisi à l'égard des tiers, de même que le cessionnaire, que par l'acceptation du délégué dans un acte authentique (article 1690). Et ces tiers sont *les autres créanciers du délégant*, soit de nouveaux délégataires ou cessionnaires. (Toullier, t. VII, n° 285; Agen, 2 décembre 1851; Sirey, 51, 2, 678.) Mais il est également saisi par la signification qu'il fait de la délégation au délégué, soit pour suppléer son acceptation, soit pour la compléter à l'égard des tiers, si elle a eu lieu seulement par acte sous signature privée. » (Ajout. les décisions de la jurisprudence sur la matière, rappelées par M. Gilbert dans son *Code civil annoté*, sous l'article 1275.)

CHAPITRE VII.

Aperçu sur la novation nécessaire ou judiciaire chez les modernes.

« . . . . . . Peragro loca nullius ante
« Trita solo. . . . . . »

La matière de la novation nécessaire ou judiciaire, que nous nous proposons d'exposer sommairement dans ce dernier chapitre, afin de ne passer sous silence, volontairement du moins, aucune des matières qui se rattachent à notre sujet, est une des plus obscures et partant des plus difficiles à traiter que nous connaissions. C'est peut-être la raison pour laquelle la plupart des docteurs, nos devanciers, ont évité d'en parler, ou bien s'en sont échappés légèrement comme d'un mauvais passage. Quant à nous, nous allons essayer, faute de mieux, de faire connaître les principales données que nous avons pu recueillir sur la novation nécessaire ou judiciaire en droit français.

Pour les anciens jurisconsultes romains, ainsi que nous l'avons vu, la poursuite en justice de ce qui nous est dû et la liaison de l'instance (*litiscontestatio*) avec notre débiteur anéantissent notre droit primitif pour le remplacer par une obligation, à savoir de poursuivre l'instance, de terminer le combat judiciaire, et cette obligation elle-même s'anéantit par la reddition du jugement, et elle est remplacée par celle, pour le perdant, d'exécuter la condamnation (*judicatum*). (Voy. Gaius, III, § 180.) Aux yeux de certains romanistes dont nous avons rapporté et discuté l'opinion dans la partie de notre travail consacrée au droit romain, cette double transformation du droit déduit en justice aurait produit une double novation : 1° une novation résultant de la liaison de l'instance (*litiscontestatio*), 2° une novation résultant du jugement ou de la sentence. Eh bien, on retrouve des traces de ces idées dans notre droit, comme on va le voir par les développements qui vont suivre.

Existe-t-il chez nous une novation judiciaire? Les commentateurs du Code civil se bornent d'ordinaire à renvoyer sur ce point aux commentateurs du Code de procédure, qui eux-mêmes ne sont pas très-explicites à cet égard. Voici la preuve de ce que nous venons d'avancer relativement aux commentateurs du Code civil les plus autorisés.

Marcadé (t. IV, n° 747), après avoir dit « que la novation est le changement d'obligation, la transformation d'une obligation en une autre, » observe que « la novation peut résulter d'un jugement; mais, dit-il, l'explication du quasi-contrat judiciaire appartenant à la procédure, nous n'avons à nous occuper ici que de la novation conventionnelle. » Ainsi Marcadé ne fait qu'affirmer l'existence de la novation judiciaire en droit français; c'est bien peu.

MM. Aubry et Rau sur Zachariæ (t. III, § 324, note 1) ne sont guère plus explicites que le précédent auteur; seulement ils indiquent quelques auteurs à consulter. « A l'exemple du Code Napoléon, disent-ils, nous ne nous occuperons que de la novation volontaire. Cpr. sur la novation forcée qui résulte du contrat judiciaire : Gaius, *Comm.* III, § 180; Merlin, *Rép.*, v° Novation, § 1; Rauter, *Cours de procédure civile*, § 115 et § 145, note *a*; Proudhon, *De l'usufruit*, t. III, n° 1200 et suiv. — Voy. aussi Zachariæ, § 767, texte n° 3 et note 108. » Les deux éminents professeurs de Strasbourg admettent comme Marcadé l'existence de la novation judiciaire, mais ils ne précisent pas assez.

Avant d'aller plus loin, faisons remarquer dès à présent que, tandis que Marcadé fait résulter la novation qui nous occupe d'un quasi-contrat judiciaire, MM. Aubry et Rau la font résulter d'un contrat judiciaire. Or, qu'est-ce que le quasi-contrat judiciaire dont parle Marcadé, et qu'est-ce que le contrat judiciaire dont parlent MM. Aubry et Rau? Nous ne craignons pas d'avouer que, même après une étude sérieuse des auteurs modernes, il est difficile de se faire une opinion bien claire là-dessus. Aussi Marcadé aurait-il bien fait de nous dire ce qu'il entendait par quasi-contrat judiciaire, et MM. Aubry et Rau n'auraient-ils pas dû se contenter de renvoyer aux sources sur le contrat judiciaire? Ajoutons que si l'on consulte les sources indiquées par ces deux derniers auteurs, la lumière ne se fait pas facilement; car si Rauter nous parle bien d'un contrat judiciaire, nous avons une singulière théorie de Proudhon sur ce qu'il appelle le *compromis judiciaire*, dont il fait résulter la novation qui nous occupe.

Quoi qu'il en soit, donnons le résultat de nos recherches sur ces matières délicates : novation nécessaire ou judiciaire, quasi-contrat judiciaire, contrat judiciaire.

Nous savons que l'étude de l'ancien droit ne fournit que bien peu de données sur la novation nécessaire ou judiciaire. Rappelons notamment que Garran de Coulon, dans son remarquable article au *Répert.* de Merlin, v° Novation, n'est point du tout précis à cet égard. En effet, après avoir constaté qu'il existait à Rome, à côté de la novation résultant de la volonté des parties, une autre sorte de novation appelée *nécessaire,* laquelle avait lieu dans les *judicia* soit par la contestation en cause, soit par le jugement, Garran de Coulon commence par dire qu'il croit inutile de s'étendre sur la novation nécessaire ou judiciaire, *parce qu'on n'a point songé à en appliquer les principes à nos mœurs,* et finit par dire que la distinction des novations en novations volontaires ou contractuelles et en novations nécessaires ou judiciaires *n'est point absolument étrangère à nos mœurs,* car les jugements modifient souvent les obligations en diverses manières; ils y ajoutent par exemple des intérêts, des hypothèques, des délais, qui n'étaient pas dans l'obligation primitive. (Voy. Garran de Coulon, *loc. cit.*)

Pas de doute que nos maximes sur les novations judiciaires ne soient différentes de celles du droit romain, comme dit encore l'auteur précité; mais quelles sont au juste les maximes du droit français sur les novations nécessaires ou judiciaires? Là est précisément la question; et nous croyons, quant à nous, que ce qui jette de l'obscurité sur toute cette matière, c'est qu'aujourd'hui on est loin d'être fixé sur la part qu'il faut faire, dans notre droit, aux maximes du droit romain relativement au point qui nous occupe.

Dans l'ancien droit français, une institution importante c'est la *contestation en cause,* qui paraît avoir remplacé la *litiscontestatio* des Romains. Mais, ainsi que l'observe M. Bonnier (*Procédure civile,* n° 402, à la note), « si l'on savait parfaitement à Rome ce que c'était que la *litiscontestatio,* moment où la formule d'action était délivrée aux parties par le préteur, on était loin d'être d'accord chez nous sur ce que c'était que la *contestation en cause.* » M. Boitard (*Leçons de procédure,* t. Ier, n° 401) dit également sur l'article 182 du Code de procédure qui a évité de reproduire l'expression de *contestation en cause* qui se trouvait dans l'ordonnance de 1667 : « Vous connaissez cette expression latine (*litiscontestatio*). Mais ce nom de contestation en cause traduit de la *litiscontestatio* des Romains est, chez nous, une expression équivoque et indéterminée ; on ne sait pas ce que c'est dans la procédure française que la contestation en cause. »

Il résulte des deux citations que nous venons de faire qu'il est difficile d'avoir une idée nette de ce qui peut nous rester de la litiscontestation des Romains et partant de la novation nécessaire ou judiciaire que des commentateurs du droit romain en font résulter.

L'examen d'une théorie de Proudhon dans son *Traité des droits d'usufruit, d'usage, d'habitation et de superficie* (t. III, nº 1290 et suiv.) va, croyons-nous, nous fournir l'occasion de faire connaître dans un ordre plus réel qu'apparent les diverses explications des auteurs sur la question de savoir ce qu'on peut entendre chez nous par novations nécessaires ou judiciaires, et aussi par quasi-contrat judiciaire ou par contrat judiciaire.

« Proudhon, ainsi que le dit M. Louis de Combes dans une excellente thèse sur le quasi-contrat judiciaire, a sur l'introduction d'instance un système qui repose tout entier sur la confusion entre le contrat et le quasi-contrat judiciaire. Excellent romaniste, il a montré tout le danger qu'il y a à consulter sans mesure les textes d'une législation éteinte, surtout lorsqu'on ne les pondère pas assez par les textes de la législation qui nous régit. Son système de compromis judiciaire n'est qu'un chapitre nouveau de l'histoire de la litiscontestation dans les temps modernes. »

Voici le système de Proudhon sur le *compromis judiciaire* dont il fait résulter la novation judiciaire ou nécessaire.

D'après ce célèbre jurisconsulte, « quand un procès est intenté par une personne contre une autre, sitôt que les deux parties sont devant le tribunal, l'une pour demander que la chose qui fait l'objet de sa réclamation lui soit adjugée, l'autre pour défendre au fond sur cette demande, il se forme entre les deux contendants un *compromis judiciaire*, ou, en d'autres termes, une convention tacite par laquelle ils sont censés s'obliger mutuellement l'un envers l'autre à exécuter ce qui sera, en définitive ou en dernier état de cause, prononcé par le juge : tout comme ceux qui remettent leur contestation à la décision d'arbitres, s'obligent mutuellement, et par une convention expresse, à exécuter la sentence arbitrale qui sera rendue; avec cette différence néanmoins que le compromis arbitral est purement volontaire, tandis que le compromis judiciaire n'est point spontané de la part de celui qui est forcé de comparaître pour pouvoir se défendre. *Nam et sicut in stipulatione contrahitur, ita judicio contrahi.* Il se fait même, par ce compromis, une *espèce de novation* dans les obligations des parties, en ce que le jugement qui intervient sur leurs différends, et dont elles sont censées avoir promis l'exécution, remplace tous les autres titres, sans qu'on soit par la suite obligé de remonter aux causes qui l'ont précédé : *proinde non originem judicii spectandam, sed ipsam judicati velut obligationem* (l. 3, § 11, ff. *De peculio*, 15, 1); ou, comme le dit Cujas, la litiscontestation est un contrat qui opère une obligation nouvelle, en ce qu'après le jugement l'action primitive se trouve convertie en une autre qui est l'action de la chose jugée : *litiscontestatio contractus est, et obligatio nova, nam secuta condemnatione, actio pristina convertitur in actionem judicati, atque ita novatur* (Cujacius, ad. l. 29, ff. *De novat.*); mais comme l'observe le jurisconsulte Paul, il y a cette différence entre la novation volontaire et celle qui s'opère par le compromis judiciaire, que l'une emporte l'extinction des priviléges non réservés de la part du créancier, tandis que l'autre n'y porte aucune atteinte et leur donne plutôt de l'efficacité (ici Proudhon cite la loi 29, *De novat.*, qui nous est connue). »

Proudhon, afin de bien établir sa théorie du compromis judiciaire, s'attaque ensuite au quasi-contrat judiciaire admis par certains auteurs.

« Cette espèce de compromis, dit-il, que les auteurs appellent quasi-contrat judiciaire, n'est cependant pas un quasi-contrat proprement dit, mais une véritable convention tacite. — Dans le quasi-contrat proprement dit, on ne trouve pas le *duorum vel plurium in idem placitum consensus,* qui constitue l'essence de la convention, puisqu'il ne résulte que du fait d'un seul qui, agissant dans l'intérêt d'un tiers, s'oblige envers lui, on impose réciproquement et par le fait quelque obligation à ce tiers, encore que celui-ci soit incapable de contracter, ou qu'il soit absent et ignore la négociation dont il s'agit. (Voy. Voët, *ad tit. De obligat. et act.*, n° 5.) Ou, comme le disent les auteurs du Code (1371), les quasi-contrats sont des faits purement volontaires de l'homme, dont il résulte un engagement quelconque, *sans convention*, envers un tiers, et quelquefois un engagement réciproque des deux parties. — Le compromis judiciaire est d'une tout autre nature, parce qu'il n'est formé que par le consentement réciproque des co-litigants. Il ne suffit pas que le gant soit jeté par l'un d'eux, il faut encore qu'il soit relevé par l'autre, pour qu'il y ait acceptation du combat et compromis réellement formé entre eux. C'est là ce que nous indiquent ces mots, *novatio judicii accepti*, qu'on remarque dans la loi romaine citée plus haut; comme encore ces autres expressions qu'on trouve soigneusement répétées par les jurisconsultes romains, lorsqu'ils s'attachent à fixer les effets de la litiscontestation (*vid.* ll. 23 et 30, ff. *De judiciis*, 5, 1) : la chose n'est donc point frappée de litige par la simple assignation donnée à l'une des parties par l'autre, *res in judicium deducta non videtur, si tantum postulatio simplex celebrata sit.* Il est nécessaire, de plus, que la partie assignée comparaissant devant le juge, y ait articulé ses moyens de défense, *lis enim tunc contestata videtur, cum judex per narrationem negotii causam audire cœperit* (l. unic., cod. *De litiscontestat.*, 3, 9). C'est alors seulement qu'on trouve le *duorum vel plurium in idem placitum consensus*, qui est le constitutif essentiel de toute convention véritable; c'est donc alors seulement qu'il est convenu entre les parties que le sort de leurs droits dans la chose qui fait l'objet de leur compromis dépendra de la décision du juge. N'importe que ce consentement réciproque ne soit que tacite, c'est-à-dire ne soit exprimé que par le fait de l'un qui vient répondre à la demande de l'autre; il ne laisse pas d'avoir la même efficacité pour former un vrai contrat, que s'il était exprimé par des paroles, parce que les parties ont la même volonté dans un cas que dans l'autre, *sed etiam tacite consensu convenire intelligitur* (l. 2, ff. *De pactis*, 2, 14)..... »

Proudhon, après avoir ainsi montré la nature de son compromis judiciaire, s'explique sur ses effets.

« Toute la légitimité de la procédure dans son principe, toute sa régularité dans sa marche, tous ses effets dans son résultat, continue notre auteur, reposent sur cette convention tacite et synallagmatique qu'on nomme communément quasi-contrat, et que nous appelons compromis judiciaire, et les conséquences s'en montrent à chaque pas... » — Ainsi, pour ne citer que quelques-unes des conséquences énumérées par Proudhon, tout ce qui est connexe à une cause, tout ce qui en est la suite, doit être porté au même tribunal, car les parties sont censées avoir accepté la juridiction du tribunal sur l'ensemble de leur contestation : *Ubi acceptum est judicium, ibi finem accipere debet* (l. 30, ff. *De judiciis*, 5, 1). Après le compromis, le défendeur ne peut opposer l'incompétence *ratione personæ*, car il est censé avoir reconnu le juge proposé par le demandeur : *Nemo post litem contestatam ordinariæ sedis declinet examen* (l. 4, cod. *De jurisdict. omnium judic.*, 12, 2). Enfin, le défendeur appelé devant un tribunal incompétent doit, aux termes de l'article 169 du Code de procédure, demander le renvoi antérieurement à toutes les exceptions et défenses, car, tant qu'il n'y a pas eu compromis, les parties ne sont pas liées l'une envers l'autre. « Pourquoi, dit Proudhon sur ce dernier point, pourquoi, aux termes de l'article 169 du Code de procédure, le défendeur appelé devant un autre tribunal que celui qui doit connaître la contestation, peut-il et est-il tenu de former sa demande en renvoi préalablement à toutes autres exceptions et défenses ? C'est toujours par la même raison qu'il n'y a encore point de compromis tant qu'il n'y a que la demande qui soit formée, et qu'en conséquence le défendeur n'est point encore lié dans la contestation ; mais une fois qu'il propose ses défenses au fond, il annonce par le fait qu'il consent à ce que le tribunal en connaisse, puisqu'il vient les soumettre à son examen et à sa décision ; il accepte par là la contestation en cause, et dès lors il y a convention tacite et synallagmatique entre les parties, parce qu'il y a *judicium acceptum*, comme le dit la loi romaine, pour faire prononcer le juge sur les différends qu'elles lui soumettent... »

Tel est l'ensemble du système de Proudhon qui nous paraît faire une application par trop absolue des principes du droit romain sur la litiscontestation (*judicium acceptum*) aux difficultés qui s'élèvent de nos jours sur l'introduction d'instance. — Que le contrat nommé par Proudhon *compromis judiciaire* existe, qu'il ait encore quelques-uns des effets de la litiscontestation, nous ne voulons pas le nier. Mais la litiscontestation s'est bien effacée depuis le droit romain classique; beaucoup de ses effets ne sont-ils pas aujourd'hui attachés à l'exploit d'ajournement? L'ajournement est muni d'effets civils : c'est sa signification qui assure le jugement, perpétue certaines actions, interrompt les prescriptions, fait courir les intérêts moratoires. Quelle est la nature juridique de cet acte, dont les effets sont si importants? C'est ce que Proudhon ne se demande même pas.

Ici apparaît le système du *quasi-contrat judiciaire*, considérant l'ajournement comme source d'obligations quasi-contractuelles, à l'instar de la *litiscontestatio* des Romains.

Tel est le sentiment de Berriat Saint-Prix, qui nous dit, dans son *Cours de procédure civile* (7me édition, p. 909, supplément à la page 409), à l'endroit même où il parle du *contrat judiciaire*, que « l'obligation de se soumettre à la sentence dérive d'un contrat tacite ou exprès quand le défendeur comparaît; mais quand le défendeur fait défaut, on ne saurait supposer un consentement de sa part. Il faut donc reconnaître, à côté du contrat judiciaire, un *quasi-contrat* judiciaire formé par l'assignation en vertu de la loi. — C'est l'assignation qui produit aujourd'hui les effets attribués, en droit romain, à la *litiscontestatio* (*judicium acceptum*). Elle substitue à l'obligation primitive (*dare oportere*) l'obligation de se soumettre au jugement (*judicari oportere*), obligation à laquelle le jugement substitue à son tour l'obligation d'exécuter l'ordre du juge (*judicatum facere oportere*). Voy. Gaius, III, 180... La *litiscontestatio* avait un équivalent dans la *contestation en cause* de l'ordonnance de 1667; elle n'en a plus dans le Code de procédure. Donc l'assignation en tient lieu désormais. En effet, c'est par elle que le demandeur engage le procès; c'est par elle que le défendeur est mis en demeure, ou de satisfaire le demandeur, ou de s'en référer à la décision du juge. »

Ainsi, d'après Berriat Saint-Prix, sur les opinions duquel nous faisons nos réserves une fois pour toutes, l'assignation chez nous tiendrait lieu de la *litiscontestatio* des Romains.

Toutefois on se rappelle que, pendant la période classique du droit romain, sous le système formulaire, la litiscontestation éteignait *ipso jure*, dans certains cas, l'obligation primitive pour la remplacer par une obligation nouvelle. Des jurisconsultes croyaient voir là une novation, imparfaite, il est vrai, puisqu'elle laisse subsister les accessoires de la créance. Cet effet de la litiscontestation serait-il donc attaché aujourd'hui à l'assignation, d'après Berriat Saint-Prix? Non. « Le but du demandeur en agissant, dit notre auteur (*loc. cit.*), n'est pas de compromettre ses droits et de les éteindre par une novation; il veut plutôt les conserver en invoquant l'autorité légitime (*non deteriorem causam nostram facimus actionem exercentes;* 29, *Dig.*, *De novat.*). Aussi les Romains n'admettaient-ils dans ce cas qu'une novation imparfaite, qui laissait subsister les hypothèques et d'autres droits accessoires. On serait, je crois, encore plus près de la vérité en disant que la poursuite judiciaire engendre un droit accessoire et auxiliaire qui vient se joindre au droit primitif sans en accroître la valeur. On n'éprouve ainsi aucun embarras à maintenir les engagements des cautions, débiteurs solidaires (Code civil, article 1204) et autres co-obligés; on n'a pas besoin de remplacer un droit réel par une créance personnelle, comme le propose Merlin. »

L'introduction d'instance n'a donc plus chez nous comme à Rome d'effet extinctif; on pourrait donner, s'il en était besoin, un argument à l'appui de l'opinion de Berriat Saint-Prix sur ce dernier point; cet argument le voici : à Rome, où la litiscontestation éteint le droit réclamé, il est impossible de recommencer un nouveau procès quand la péremption met à son tour un terme à l'obligation résultant du *judicium acceptum;* en France, il n'en est plus de même; la péremption invoquée par le défendeur met-elle à néant la procédure commencée, le demandeur peut intenter une nouvelle action (article 401 du Code de procédure). Il résulte bien de là que le droit réclamé survit à l'introduction d'instance; en un mot, que l'assignation, l'exploit d'ajournement, à la différence de la litiscontestation, n'a aucun effet extinctif.

L'article 1204 du Code civil confirme d'ailleurs ce résultat : « Les poursuites faites contre l'un des débiteurs (solidaires) n'empêchent pas le créancier d'en exercer de pareilles contre les autres. » Félix Berriat Saint-Prix, dans ses *Notes sur le Code civil* (n° 1476), présente au surplus la disposition de l'article 1204 comme « une conséquence de la nature de l'obligation solidaire qui est contractée par tous les débiteurs simultanément. — On pouvait en douter, observe-t-il, à cause du principe qui considère la poursuite en justice comme opérant une sorte de novation; mais c'est là une novation imparfaite qui ne saurait nuire au demandeur : en effet, son but, en exerçant une action, est de faire valoir ses droits, et non de les perdre. »

Ainsi, il est bien entendu que chez nous l'effet extinctif de la litiscontestation a disparu. Mais il ne faut pas en dire autant, dans le système que nous exposons, du lien quasi-contractuel engendré par la litiscontestation, ayant pour effet notamment de rendre transmissible les actions personnelles aux parties en cause. Cet effet important serait aujourd'hui attaché à l'exploit d'ajournement introductif d'instance et générateur aussi d'une obligation quasi-contractuelle.

La théorie du quasi-contrat judiciaire explique seule, dit-on, un texte fort important du Code Napoléon, l'article 330 : « Les héritiers peuvent suivre cette action (l'action en réclamation d'*état*) lorsqu'elle a été commencée par l'enfant, à moins qu'il ne s'en fût désisté formellement ou qu'il n'eût laissé passer trois années sans poursuite, à compter du dernier acte de procédure. » Comment expliquer qu'une action exclusivement attachée à la personne, s'éteignant d'habitude avec le titulaire du droit, passe aux héritiers une fois l'instance introduite? De la manière la plus simple, selon les partisans du quasi-contrat judiciaire. La signification de l'exploit d'ajournement engendrant un quasi-contrat donne au demandeur une créance nouvelle qui, elle, n'est pas exclusivement attachée à la personne. Le demandeur mort, le droit primitif s'éteint avec lui, mais l'obligation contractuelle survit, et c'est elle qui passe aux héritiers. Tel est bien le système professé par Félix Berriat Saint-Prix. Dans ses *Notes sur le Code civil* (n° 1178), il présente la disposition de l'article 330, d'après laquelle les héritiers *peuvent suivre* l'action en réclamation intentée par l'enfant, comme une « application des règles sur l'exercice des actions (ou quasi-contrat judiciaire). « Cet exercice, dit-il, produit dans la position des parties un changement qui substitue ou plutôt ajoute au droit primitif du demandeur le droit d'exiger la condamnation du défendeur, droit qui se transmet aux héritiers (article 724), même dans le cas où le droit primitif ne serait pas transmis. »

Cette théorie du quasi-contrat judiciaire, si elle était admise, servirait à résoudre bien des questions aujourd'hui vivement controversées. En effet, toutes les fois qu'il s'agirait d'actions qui sont exclusivement attachées, soit à la personne du demandeur, soit à la personne du défendeur, on dirait que l'introduction d'instance les perpétue, c'est-à-dire les rend transmissibles soit aux héritiers du demandeur, soit contre les héritiers du défendeur : « *Pœnales actiones, quas supra diximus, si ab ipsis principalibus personis fuerint* CONTESTATÆ, *et hæredibus dantur et contra hæredes transeunt.* (*Institutes*, lib. IV, tit. 12, § 1, *in fine.*)

Malheureusement cette théorie, qui paraît trouver sa pleine confirmation dans l'article 330 du Code Napoléon précité, ne peut guère invoquer en sa faveur que cet article. Elle invoque bien encore l'article 957 du même Code ; mais cet article, dont la rédaction soulève d'ailleurs en théorie de grandes difficultés, peut servir à la combattre aussi bien qu'à la défendre. Expliquons-nous.

Il s'agit, dans l'article 957, de l'action en révocation des donations pour cause d'ingratitude, c'est-à-dire d'une de ces actions qui ont pour objet principal la vengeance d'une injure, et dans lesquelles l'intérêt n'est qu'accessoire (*actiones vindiciam spirantes*). Contre qui et par qui peut être exercée l'action en révocation pour cause d'ingratitude? Telle est la question que prévoit notre article dans son paragraphe 2, ainsi conçu : « Cette révocation ne pourra être demandée par le donateur contre les héritiers du donataire, ni par les héritiers du donateur contre le donataire, à moins que, *dans ce dernier cas,* l'action n'ait été intentée par le donateur, ou qu'il ne soit décédé dans l'année du délit. »

La disposition de notre article semble avoir été empruntée à Pothier, *le principal guide du Code civil,* comme dit quelque part Toullier. Or voici ce qu'enseignait Pothier (*Donations,* n° 205) : « L'action en révocation pour cause d'ingratitude étant une action en réparation d'injures, il suit qu'elle ne doit être accordée qu'à la personne même du donateur qui a été offensé, et non pas à ses héritiers, et qu'elle ne peut avoir lieu non plus que contre la personne du donataire, et non contre ses héritiers. C'est ce qui est décidé par la loi 7, Cod. *De revocand. donat : Actionem ita personalem esse volumus, ut vindicationis, id est, vindictæ tantum habeat effectum, nec in hæredem detur, nec tribuatur hæredi.* — Néanmoins, si la demande a été une fois donnée contre le donataire, et qu'il meure pendant l'instance, elle peut être reprise contre les héritiers du donataire, suivant cette règle de droit : *omnes actiones quæ morte aut tempore pereunt, semel inclusæ judicio salvæ permanent.* L. 139, ff. *De reg. juris.* — Par le droit romain, il fallait pour cela qu'il y eût *litiscontestatio;* mais, selon nos mœurs, le simple exploit de demande suffit pour cela et équipolle à la litiscontestation. — Par la même raison, lorsque la demande a été une fois donnée, quoique le donateur meure, son héritier peut suivre l'instance. — Je pense que l'héritier du donateur pourrait, en un cas, donner l'action en révocation de donation pour cause d'ingratitude, savoir, si le donateur n'avait pu la donner, et que l'ingratitude du donataire eût été jusqu'à tuer le donateur. » (*Add.* Pothier, Introduction au tit. XV de la Coutume d'Orléans, n° 116.)

Les principes énoncés en termes si clairs par Pothier doivent-ils être encore aujourd'hui suivis?

Incontestablement oui, dans la théorie du quasi-contrat judiciaire que nous essayons d'exposer, et d'après laquelle toute action, même personnelle, devient transmissible une fois intentée. *Omnes actiones quæ morte aut tempore pereunt, semel inclusæ judicio salvæ permanent.* — Cette règle, dit-on, qui avait passé du droit romain dans notre ancien droit français, est encore applicable aujourd'hui. Tout annonce qu'elle a été maintenue par notre Code : l'article 957 lui-même en est une preuve. Supposant, en effet, le cas où le donateur est mort après avoir intenté l'action, il décide alors que la révocation pourra être demandée par les héritiers de ce donateur. — Le texte suppose, font remarquer les partisans du quasi-contrat judiciaire, que l'obligation active résultant de l'exploit d'ajournement passe aux héritiers du donateur. Ici donc, la théorie du quasi-contrat judiciaire reçoit encore de la loi sa confirmation, comme dans l'article 330. Voilà bien une application de la veille maxime romaine d'après laquelle toute action qui s'éteint par la mort se continue quand elle est une fois formée en justice. Cette maxime reçoit, par conséquent, sa pleine application dans le droit français actuel. Et s'il en est ainsi, il faut l'appliquer dans le cas inverse, où c'est le donataire qui meurt après l'action intentée contre lui, et dire, avec les anciens auteurs, qu'alors la révocation pourra être demandée contre les héritiers du donataire. Il y a même raison de décider dans les deux cas. (Voy. Pothier, cité plus haut.)

Toutefois, cela ne va pas sans difficulté sous le Code. « L'article 957, 2e alinéa, ci-dessus cité, observe M. Bugnet sur Pothier (*loc. cit.*), ne réserve le droit de suivre l'action que dans le cas du décès du donateur qui avait intenté l'action ; alors les héritiers peuvent la continuer contre le donataire, ce qui semble exclure le donateur et ses héritiers du droit de continuer l'instance contre les héritiers du donataire mort après la demande intentée contre lui. »

Le Code ne réserve pas le droit de suivre l'action contre les héritiers du donataire, une fois qu'elle aura été intentée contre celui-ci. Il semble, partant, qu'il n'admet pas l'application de la maxime romaine préconisée par les partisans du quasi-contrat judiciaire. Cette maxime n'est pas d'une application aussi absolue que vous voulez bien le dire, peut-on leur objecter. Prétendrez-vous que les rédacteurs *n'ont pas cru utile* de dire que l'action intentée se continuerait contre les héritiers du donataire, parce que cela leur a paru aller de soi, vu l'adage : *omnes actiones,* etc. ? Mais l'article 957, *in fine,* donne un démenti à cette assertion, puisqu'il prend la peine de s'en expliquer quant aux héritiers du donateur, en ayant soin de dire que cela n'est vrai que « *dans ce dernier cas.* » (Voy. Marcadé, t. III, n° 709 ; conf. t. Ier, n° 642.)

On le voit, la théorie du quasi-contrat judiciaire, telle que nous l'exposons d'après Perriat Saint-Prix, paraît subir un échec devant la disposition de l'article 957, qu'on présente pourtant, avec celle de l'article 330, comme en contenant la confirmation.

Quoi qu'il en soit, tout en reconnaissant ce que l'opinion contraire a de fondé, nous pensons avec plusieurs jurisconsultes, et des meilleurs, que, nonobstant la disposition ambiguë de l'article en question, il faut décider que, lorsque l'action en révocation pour cause d'ingratitude, analogue à l'action d'injure, a été formée contre le donataire, elle peut être suivie contre les héritiers de ce donataire. « C'est, disent MM. Aubry et Rau (t. VI, p. 110), ce qui a toujours été admis, suivant la règle : *omnes actiones quæ morte aut tempore pereunt, semel inclusæ judicio salvæ permanent.* (Comp. Pothier, *loc. cit.*; Ricard, part. III, ch. 4, sect. III, n° 704 et suiv.; Brillon, v° Adultère, n° 37, etc.)

« Le texte du second alinéa de l'article 957 n'a rien de contraire à cette proposition. Si cet article refuse au donateur le droit de *demander* la révocation, c'est-à-dire d'intenter la demande en révocation contre les héritiers du donataire, il ne lui interdit pas de suivre contre eux une demande qu'il aurait formée à cet effet contre le donataire lui-même. (Voy. Toullier, t. V, p. 337; Duranton, VIII, 562; Troplong, III, 1328. *Adde* Coin-Delisle, sous l'article 957.) »

Ajoutez à cela qu'on comprend assez bien que l'article 957 se soit expliqué relativement aux héritiers du donateur, puisqu'il ne leur permet pas seulement de suivre la demande intentée par le donateur lui-même, ce qui allait de soi, mais qu'il les autorise même à *demander* la révocation de la donation, lorsque le donateur est décédé dans l'année à compter du jour où il a eu connaissance du délit, ce qui est contraire à la rigueur des principes. Enfin, pour ne rien cacher de notre pensée intime, disons que aucun indice n'annonce que les rédacteurs du Code aient voulu s'écarter des principes traditionnels admis sur notre question; ici, comme en beaucoup d'autres endroits, ils ont voulu faire passer dans la loi un passage de Pothier, mais ils n'ont pas su le faire clairement.

Avec cette interprétation doctrinale de l'article 957, 2°, interprétation admise par beaucoup d'auteurs, il faut convenir que l'argument qu'on veut tirer du texte, entendu judaïquement, contre la théorie du quasi-contrat judiciaire, se trouve considérablement affaibli, si même il n'est pas complétement écarté. L'on conçoit donc sans peine que des auteurs restent partisans de cette théorie peu connue en général.

Admet-on le quasi-contrat judiciaire, ayant pour effet de rendre transmissibles aux héritiers ou contre les héritiers les actions personnelles une fois intentées, d'après la vieille maxime romaine : *omnes actiones*, etc. ? Deux questions vivement controversées, en outre de celle que nous venons d'examiner brièvement, sont faciles à résoudre.

(*a*) — C'est d'abord la question de savoir si la demande en séparation de corps déjà formée par l'un des époux contre l'autre pourrait être continuée par les héritiers ou successeurs de l'époux demandeur, ou bien contre ceux de l'époux défendeur?

On suppose ordinairement, nous devons le dire, le décès de l'époux demandeur; la plupart des auteurs paraissant reconnaître que l'instance ne pourrait pas être continuée par le demandeur survivant contre les héritiers du défendeur. Zachariæ néanmoins enseigne, sans distinction, que le décès même de l'époux défendeur ne met pas fin à l'instance, qui peut alors être continuée contre ses héritiers et successeurs. Il n'y a pas en effet à distinguer si l'on admet la théorie du quasi-contrat judiciaire.

M. Demolombe dit, en résumé, sur cette grave question : « 1° Je pense que logiquement la demande en séparation de corps ne peut pas être continuée, même par les héritiers de l'époux demandeur, contre le défendeur. — 2° *A fortiori*, je refuse à l'époux demandeur la faculté de continuer l'instance contre les héritiers du défendeur... » Toutefois M. Demolombe reconnaît qu'une opinion fort accréditée enseigne que l'instance peut être continuée par les héritiers de l'époux demandeur. Il discute longuement sur cette hypothèse. Prenons seulement ce qui a trait à notre sujet.

« En logique, dit M. Demolombe, il me paraît bien difficile d'admettre que les héritiers de l'époux prédécédé soient recevables à continuer l'instance, même en séparation de corps, contre l'époux survivant. On reconnaît qu'ils ne pourraient la commencer; pourquoi donc pourraient-ils la continuer? — C'est, dit-on, qu'il y a certaines demandes, que les héritiers n'auraient pas pu introduire, mais qu'ils peuvent suivre néanmoins, lorsqu'elles ont été introduites par leur auteur. (*Inst.*, lib. IV, tit. 12; articles 330 et 957 du Code Napoléon.) Mais j'ai déjà remarqué que nous ne connaissons pas l'*espèce de novation judiciaire* que produisait à Rome la *litiscontestatio* (voy. notre t. III, n° 259); et quant aux articles 330 et 957 je réponds : 1° Que la loi accorde formellement dans ces deux cas aux héritiers le droit de continuer l'instance, tandis qu'aucun texte semblable n'existe dans notre hypothèse; 2° que ces deux actions qu'ils peuvent continuer dans les cas prévus par les articles 330 et 957, ils auraient pu les intenter eux-mêmes, si leur auteur n'était pas mort dans un certain délai (articles 329, 957), tandis que jamais ils n'auraient pu intenter une demande en séparation de corps après le décès de leur auteur; 3° enfin que, dans le cas des articles 330 et 957, l'action peut atteindre son but principal au profit des héritiers comme au profit de la partie elle-même. On déclarera, par exemple, qu'un tel enfant était né d'un tel (article 330), et que la donation est révoquée pour cause d'ingratitude. *De même je conçois que les héritiers aient le droit de continuer et même d'intenter une demande en nullité de mariage du chef de leur auteur.* Il s'agit dans tous ces cas de la déclaration d'un fait, d'une déclaration rétroactive, et la décision peut être rendue aussi bien avec les héritiers qu'avec la partie d'abord personnellement intéressée. Bien différente est la séparation de corps! Qu'est-ce, en effet, autre chose qu'une modification à l'état des personnes; que la faculté qui leur est accordée de vivre à l'avenir séparément? Cette demande a donc un objet essentiellement personnel, comme serait une demande d'aliments *ex officio pietatis*, etc., etc. » (Voy. M. Demolombe, *Traité du mariage et de la séparation de corps*, t. II, n°s 429-431.)

Lorsque l'un des époux meurt (dit également M. Acollas, dont nous devons noter ici l'opinion, on va voir pourquoi), l'action en séparation de corps n'a plus d'objet et le droit de l'intenter s'éteint naturellement. On demande cependant si, la mort de l'un des époux étant survenue durant l'instance, l'action peut être continuée par les héritiers ou successeurs de l'époux demandeur contre ceux de l'époux défendeur. A l'argument tiré pour l'affirmative de ce que « l'ancien droit décidait en ce sens (voy. notamment Pothier, *Tr. du contr. de mar.*, n° 526; Duplessis, consult. 9; Poullain-Duparc, t. V, p. 281, » M. Acollas, à qui la négative ne paraît pas douteuse, répond que, « si l'ancien droit décidait dans le sens du premier système, c'est que les romanistes y avaient transporté à contre-sens le principe romain : *Omnes actiones quæ tempore vel morte pereunt, semel inclusæ judicio, salvæ permanent* (l. 139, *Dig.*, *De reg. jur.*). » M. Acollas a cru devoir développer sa pensée sur ce point, le seul qui nous intéresse. (Voy. *Manuel de droit civil*, t. Ier, p. 276, à la note.)

« A Rome (c'est cette note de M. Acollas que nous tenions à citer), à Rome, sous le système de procédure en vigueur au temps des jurisconsultes classiques (système formulaire), la *litiscontestatio* (*moment de la délivrance de la formule*) avait pour effet de perpétuer notamment les actions qui périssent par la mort de la personne contre laquelle elles existaient. Cet effet tenait à certaines idées particulières au droit romain. Que la *litiscontestatio* opérât novation, comme l'enseignent MM. Ortolan, Bonnier, Machelard, ou qu'elle donnât plutôt lieu à l'application du principe *non bis in idem*, comme le prétendent MM. Pellat, Demangeat, Labbé, il y a un anachronisme entièrement dénué de sens à ressusciter des institutions mortes depuis des siècles pour en tirer des arguments applicables au droit actuel. Quel rapport a avec nos idées le texte de Gaïus : *Incipit teneri reus litiscontestatione, Comm.* III, § 180? »

M. Acollas est, à notre gré, beaucoup trop absolu dans le passage ci-dessus. Sans doute, on ne connaît plus dans notre droit la litiscontestation du droit classique de Rome, et il ne faut pas ress[illegible]iter cette institution du passé : ce à quoi d'ailleurs personne ne songe. Mais de ce qu'une institution a disparu sous le coup du temps, faut-il en conclure que quelques-uns de ses effets n'ont pu lui survivre, se rattachant aux institutions qui en ont pris la place? Une telle conclusion peut paraître à bon droit exagérée. En effet, dès le Bas-Empire on voit la litiscontestation s'effacer, et pourtant quelques-uns de ses effets subsistent, attachés désormais au *libellus conventionis*. C'est ce qu'a fort bien indiqué M. Laferrière (*Recueil de l'Académie de législation*, t. V, p. 423). « Dans le droit romain de l'Empire, après Dioclétien, dit-il, la litiscontestation s'efface par suite de la réunion des pouvoirs du magistrat et du juge dans la même personne, et *l'appel en justice* porte avec lui un caractère obligatoire plus étendu ; il entraîne contre le défendeur insensible à trois appels successifs le jugement par défaut ou par contumace. Le droit pour le demandeur est d'obtenir le jugement ; l'obligation pour le défendeur présent ou absent est d'être jugé. » S'il en est ainsi, n'est-il pas dans une certaine mesure permis, tout en reconnaissant que l'effet extinctif de la litiscontestation signalé par Gaïus n'existe plus dans notre droit français, de rattacher son effet de produire un lien quasi-contractuel rendant transmissibles les actions *quæ tempore pereunt* à l'institution qui remplace aujourd'hui le *libellus conventionis*, c'est-à-dire à l'exploit d'ajournement? Pothier, qui est une autorité avec laquelle il est toujours bon d'être d'accord, ne trouve pas qu'il y ait contradiction à le faire. Cela résulte des deux passages suivants que nous avons déjà eu l'occasion de citer. Au n° 584 de son *Tr. des obligat.*, Pothier s'exprime ainsi : « Nous ne dirons rien de celle (de la novation) qui résultait *ex litiscontestatione*, les principes du droit romain à cet égard n'étant plus d'usage parmi nous. » Maintenant, au n° 205 de son *Tr. des donat.*, Pothier, après avoir invoqué, sur la question aujourd'hui agitée sous l'article 957 du Code civil, l'application de la règle de droit : *Omnes actiones*, etc., nous dit : « Par le droit romain, il fallait pour cela qu'il y eût *litiscontestatio*; mais selon nos mœurs, le simple exploit de demande suffit pour cela, et équipolle à la litiscontestation. » M. Acollas avait évidemment perdu de vue ces deux passages de Pothier quand il a écrit la note précitée.

(*b*)—Ceci dit, d'une manière bien imparfaite, car nous ne pouvons qu'effleurer ici la matière, passons à l'autre question que nous avons annoncée comme facile à résoudre si l'on admet la théorie du quasi-contrat judiciaire. Cette question qui se pose sous l'article 180 du Code Napoléon, article relatif aux nullités de mariage, peut être formulée ainsi : Les héritiers qui ne peuvent pas commencer l'action en nullité, ont-ils du moins le droit de la continuer lorsque l'époux violenté ou induit en erreur, après l'avoir lui-même introduite, est décédé pendant l'instance?

Oui, a-t-on répondu (et c'est ainsi qu'il faut répondre sans balancer dans la théorie du quasi-contrat judiciaire) : en règle générale, l'action soit temporaire, soit personnelle, une fois intentée en justice, se perpétue et se transmet aux héritiers : *Omnes actiones*, etc. (l. 139, ff. *De reg. jur.*). « *Sciendum est ex omnibus causis lites contestatas, et in hæredem similesque personas transire.* » (L. 58, ff. *De obligat. et act.*)

M. Demolombe, à qui nous empruntons encore cet exposé, cite en ce sens Duranton, t. II, n° 271; Duvergier sur Toullier, et Zachariæ; et puis il continue ainsi : « M. Marcadé (t. II, article 180, n° 6) a suivi le sentiment contraire : l'action dont il s'agit est personnelle à l'époux, elle est intransmissible : telle est la règle (article 180); or, aucun texte n'y déroge pour le cas particulier où cette action aurait été introduite par l'époux lui-même avant son décès. Et deux réponses se présentent pour réfuter l'argument tiré des articles 330 et 957. La première c'est qu'en admettant même que, dans ces deux cas, il s'agisse d'actions qui seraient intransmissibles par leur nature, et qui, une fois intentées, deviendraient ainsi transmissibles, *ce seraient là deux dispositions particulières, insuffisantes pour établir une règle générale*, et qu'on ne saurait surtout étendre par analogie au titre du mariage, où les actions en nullité sont limitativement déterminées. La seconde c'est que, dans les deux cas prévus par les articles 330 et 957, *il ne s'agit même pas d'actions intransmissibles*, et qu'il n'y a dès lors entre cette hypothèse et la nôtre aucune espèce d'analogie; en effet, d'une part, l'action en réclamation d'état passe aux héritiers de l'enfant, toutes les fois que la loi ne présume pas qu'il y ait lui-même renoncé; or, il est évident qu'il n'y a pas renoncé quand il meurt en plein procès. Donc ses héritiers ont alors l'action, mais ils ne l'ont pas uniquement parce qu'elle a été intentée, mais parce qu'ils pouvaient l'avoir indépendamment de cette circonstance (comp. 328-330). D'autre part, lisez bien l'article 957, et vous verrez que, malgré la forme ambiguë et inexacte de sa rédaction, les héritiers du donateur ont tout autant de droit que le donateur lui-même en ce qui concerne l'action en révocation pour cause d'ingratitude du donataire; donc cette action est transmissible; donc nulle analogie avec notre hypothèse où l'action est, au contraire, intransmissible. »

Quoi qu'il en soit, M. Demolombe, après avoir développé avec force cette opinion de Marcadé, croit avec les auteurs cités plus haut que les héritiers de l'époux peuvent continuer l'action par lui introduite.

Serait-ce donc que le célèbre auteur se range à la théorie du quasi-contrat judiciaire que Marcadé a si vivement attaquée? Oh non ! Cette théorie que nous lui avons vu repousser sur la question relative à la séparation de corps, il la repousse encore à propos de la question qui nous occupe. Nous devons même faire remarquer que c'est sur cette dernière question que M. Demolombe donne ces arguments contre la théorie du quasi-contrat judiciaire, car c'était la première fois que, dans son grand ouvrage sur le Code civil, il se trouvait en présence de cette théorie. Dans les autres endroits où il la rencontre, il se borne à renvoyer aux arguments qu'il a donnés ici. Ainsi, par exemple, sur la question relative à la demande en révocation pour cause d'ingratitude, M. Demolombe se contente d'affirmer qu'il n'admet pas la vieille maxime romaine. « La maxime : *Actiones quæ tempore vel morte pereunt, semel inclusæ in judicio, salvæ permanent,* dit-il, était chez les Romains le résultat de cette espèce de novation judiciaire que produisait la *litiscontestatio ;* — or, la demande en justice ne produit chez nous rien de semblable; *l'action même intentée demeure toujours la même ;* — donc, si elle est personnelle et intransmissible *avant,* elle doit être aussi personnelle et transmissible *après* (comp. *Traité du mar. et de la sép. de corps,* t. Ier, n° 250, et t. II, n° 420). » (Voy. Demolombe, *Donat.,* t. III, n° 579.)

Voilà l'affirmation; la preuve, les arguments, il faut aller les chercher sur la question qui nous occupe.

La litiscontestation, dit-il, engendrait entre les parties une obligation particulière et nouvelle (Gaius, *Comm.,* lib. III, 180; — l. 29, ff. *De novat.*); or, la demande en justice ne produit pas d'effet semblable; donc..., etc. (nous reproduisons presque textuellement le passage qui se trouve dans le texte sous forme syllogistique). M. Demolombe, comprenant que sa mineure est une affirmation dénuée de preuves, ajoute aussitôt : « Il est vrai que la demande en justice perpétue, même encore aujourd'hui, l'action qui n'était que temporaire. Mais pourquoi? Est-ce qu'elle change de caractère? Est-ce par l'effet d'une *novation?* Non, sans doute; c'est uniquement parce que la prescription est interrompue tant que dure l'instance (articles 2242-2244); c'est parce que le droit exercé ne peut périr par la prescription, qui ne résulte que du défaut d'exercice du droit. *Très-bien pour la durée de l'action! mais sa nature, son caractère ne sont pas changés; et on ne voit pas sur quoi on se fonderait pour dire qu'une action, intransmissible avant l'instance, deviendrait transmissible après!* » (Voy. Demolombe, *Tr. du mar.,* t. Ier, n° 259).

Chose digne de remarque, M. Demolombe lui-même semble reculer devant les conséquences de sa théorie, quand sur notre dernière question il fait passer l'action en nullité aux héritiers du demandeur qui décède avant que la cause soit en état. « C'est bien assez vraiment, dit-il, qu'ils ne puissent pas la commencer, lors même que l'époux est mort sans avoir recouvré sa liberté! N'allons pas du moins jusqu'à dire que son action intentée doit mourir avec lui la veille du jour peut-être où, toutes les preuves étant faites, le mariage allait être annulé. » Quoique, dans un passage cité plus haut, M. Demolombe déclare que l'action intentée demeure toujours la même, pourquoi, lorsqu'il s'agit d'une action intransmissible *avant* l'ajournement (l'action en nullité de mariage est de ce nombre), la déclare-t-il transmissible *après?* Des considérations de sentiment peuvent paraître insuffisantes pour expliquer cela.

A ceux qui invoquent les articles 330 et 957, M. Demolombe, à propos de la question sur la demande en séparation de corps que nous avons examinée, et aussi, sans nul doute, à propos de notre question sur l'action en nullité de mariage, répond que les héritiers auraient pu intenter eux-mêmes les actions dont il s'agit dans ces deux articles, si leur auteur n'était pas mort avant l'expiration d'un certain délai (articles 329, 957), ce qui n'a pas lieu dans les autres hypothèses. Reste toujours à expliquer qu'après l'expiration de ce délai l'introduction d'instance perpétue l'action. D'ailleurs, il est à remarquer que, chaque fois qu'une espèce est régie par un article spécial, deux systèmes se trouvent en présence : l'un qui voit dans le texte une application d'un principe général, l'autre qui y voit une simple exception. Aussi les articles 330 et 957 peuvent-ils paraître insuffisants, en l'absence d'autres raisons, pour établir la théorie du quasi-contrat judiciaire.

Notons pour terminer que l'existence d'un quasi-contrat judiciaire est reconnue par le savant Boitard (*Leçons de procédure*, t. Ier, n° 590), à propos du *désistement*, quand après avoir dit que le demandeur ne peut sans l'acceptation formelle du défendeur se désister de l'instance, il ajoute : « C'est ce qui résulte formellement des articles 402 et 403 du Code de procédure, et ce n'est pas du tout un caprice de la loi. — En effet l'instance, une fois liée, appartient vraiment aux deux parties; le *quasi-contrat judiciaire*, qui est intervenu entre les plaideurs, les enchaîne également, demandeur et défendeur; le premier ne peut plus abandonner l'instance sans le consentement de l'autre. C'est qu'en effet le défendeur a, dans nombre de cas, un intérêt très-réel et très-légitime à ce que l'instance entamée contre lui ne soit point abandonnée... »

Nous en avons assez dit sur le quasi-contrat judiciaire, sur lequel nous avons été amené à faire quelques recherches par la lecture de cette phrase de F. Berriat Saint-Prix (*Notes sur le Code civil*, n° 4782) : « Le Code ne s'est occupé que du contrat de novation (article 1272) et non du quasi-contrat judiciaire qui se forme par l'exercice d'une action en justice. » (Conf. Marcadé, *loc. supra cit.*) — Les développements dans lesquels nous avons cru devoir entrer à cet égard laissent, sans doute, beaucoup à désirer, nous le reconnaissons nous-même; mais il nous était difficile de mieux faire sur un sujet en général peu traité, même par les auteurs les plus complets, qui se contentent d'en parler accessoirement.

Parlons maintenant de la novation nécessaire ou judiciaire qu'on dit résulter du contrat judiciaire ou plutôt du jugement.

Voici d'abord ce que nous enseignent à cet égard MM. Aubry et Rau sur Zachariæ (t. VI, § 769, notes 109 et 111) : « Les jugements qui déclarent l'existence d'une créance ou d'une obligation opèrent *novation* en ce sens que, pour l'avenir, la chose jugée tient lieu de cause à l'obligation. Cette novation a cela de particulier qu'elle ne produit pas l'effet d'un payement, et que, loin d'éteindre l'obligation avec les accessoires qui y sont attachés, elle la confirme au contraire et la corrobore. Voy. les lois romaines... — Tout jugement, ajoutent les savants professeurs, tout jugement qui prononce une condamnation, engendre une action spéciale ayant pour objet l'exécution de la condamnation. Cette action, appelée *actio judicati*, ne se prescrit que par trente ans à dater du jugement, encore qu'il s'agisse d'une condamnation prononcée en vertu d'une créance soumise à une prescription plus courte. Voy. article 2262, Code Napoléon, et Code de commerce, article 189 et arg. de cet article. La nature d'une condamnation judiciaire et de l'action qui en découle est la même, quels que soient les caractères de l'obligation en vertu de laquelle la condamnation a été prononcée : arg.

l. 38, § 11, *Dig.*, *De peculio* (15, 1); Cass. civ., 6 déc. 1852, Sir., 53, 1, 253. » (Il sera bon de rapprocher des passages que nous venons de citer, un passage de Merlin, *Rép.*, v° Réunion, § 1er, qui contient des données assez confuses sur la novation *forcée* de MM. Aubry et Rau.)

On peut tirer un argument en faveur de la novation judiciaire, ainsi que l'entendent les savants professeurs de Strasbourg, de la disposition de l'article 189 du Code de commerce, que voici : « Toutes actions relatives aux lettres de change, et à ceux des billets à ordre souscrits par des négociants, marchands ou banquiers ou pour faits de commerce, *se prescrivent par cinq ans*, à compter du protêt ou de la dernière poursuite juridique, s'il n'y a eu *condamnation* ou si la dette n'a été reconnue par *acte séparé...* » L'argument ne manque pas de force si l'on entend l'article 189 dans le sens que lui donne Locré dans son *Esprit du Code de commerce* (t. II, p. 387) : « *S'il n'y a eu condamnation, ou si la dette n'a été reconnue par acte séparé.* Cette limitation, nous apprend Locré, a été réclamée au Conseil d'État. — On a dit (M. Bigot de Préameneu) que « si la somme portée dans la lettre de change a été stipulée par « un *acte séparé*, il s'est opéré une *novation*, et qu'alors il ne peut y « avoir prescription. » — Il a été répondu (M. Cambacérès) « que ce « principe est certain, mais qu'il est suffisamment établi par le droit « commun; qu'au surplus on peut l'exprimer. » Cette dernière proposition a été adoptée. Le tribunal de commerce de Rouen avait fait la même proposition. — Le tribunal de commerce de Besançon proposa de donner le même effet aux *jugements portant condamnation*. Cette proposition a été adoptée et devait l'être ; car, lorsqu'il y a condamnation, ce n'est plus *en vertu du titre primitif* que la dette est exigible, c'est *en vertu du jugement* qui condamne à la payer... » (Conf. sur le sens de notre article 189, M. Demangeat sur Bravard, t. III, p. 556 et suiv.).

La citation en justice a-t-elle été suivie d'un jugement de condamnation qui a acquis l'autorité de la chose jugée. Évidemment, dit Bédarride (*Lettre de change*, t. II, n° 747), il n'y a plus d'autre titre entre les parties que ce jugement lui-même, des effets duquel le débiteur ne pourra se libérer par aucune autre prescription que par la prescription trentenaire. — Il naît de la condamnation, enseigne à son tour M. Delvincourt (*Instit. de dr. commerc.*, t. II, p. 175), une nouvelle action appelée *actio judicati*, qui ne se prescrit que par trente ans.

Décider ainsi, n'est-ce pas reconnaître que le jugement produit en quelque sorte *aliquid novi?* Il semble dès lors que l'on puisse dire que du jugement résulte une sorte de novation.

Cette novation, reconnue par MM. Aubry et Rau d'après Merlin et Proudhon, l'est aussi par M. Bonnier (*Éléments de procédure*, n° 355), dans les termes suivants : « Le jugement de condamnation, dit M. Bonnier, emporte une *sorte de novation*, en ce sens qu'il substitue à l'action primitive du demandeur une action nouvelle, appelée ordinairement action *judicati*, qui dure trente ans, quelle que fût la durée de l'action première. C'est en sens que les Romains disaient (Gaius, l. 139, ff. *De reg. juris*) : *Omnes actiones quæ tempore pereunt, semel inclusæ judicio salvæ permanent.* Mais il n'y a pas novation, en ce sens que toutes les garanties attachées à la créance, hypothèques, cautionnements, etc., subsistent toujours, le jugement ayant pour effet d'assurer des sûretés nouvelles et non de détruire les anciennes. (Paul, l. 29, ff. *De novat.*). » Notons ici que M. Bonnier (*op. cit.*) trouve l'occasion d'appliquer, relativement à la solidarité, cette idée que la novation judiciaire ne s'opère jamais au préjudice du créancier qui obtient le jugement; d'après M. Bonnier, le créancier est à l'abri de la déchéance de l'article 156 du Code de procédure, pourvu qu'il ait exécuté le jugement vis-à-vis d'un seul des co-débiteurs. (Arg. article 1206 du Code civil.)

Faisons observer maintenant que la novation résultant du jugement, admise par les auteurs précités, est repoussée par Boitard (*Éléments de procédure*, édition de M. Colmet d'Aage, t. Ier, n° 311). Voici à quelle occasion. — Un point fort controversé, c'est de savoir ce qu'il faut entendre, dans l'article 147 du Code de procédure, par signification du jugement, emportant condamnation, à personne ou à domicile, lorsqu'il y avait un domicile élu pour l'exécution de l'acte (article 111 du Code Napoléon). La signification peut-elle être faite à un pareil domicile? Pour soutenir la négative on dit, entre autres choses, que le jugement a opéré dans les rapports des parties une sorte de changement, d'interversion, de *novation*, qui enlève toute force et tout effet à l'élection de domicile faite d'après l'article 111. L'exécution que poursuit le gagnant, et qu'il doit, d'après l'article 147, faire précéder d'une signification à domicile, ce n'est plus, dit-on, l'exécution de l'acte, du contrat, pour lequel élection de domicile avait été faite, c'est l'exécution de la sentence qu'il a obtenue. La signification exigée par l'article 147, *in fine*, doit donc être faite au domicile réel et non pas au domicile élu. M. Boitard n'est pas de cet avis, et voici comment il répond à l'argument ci-dessus : « Quant à cette prétendue novation opérée, dit-on, par le jugement, je réponds que *rien dans le droit français ne justifie, ne consacre chez nous cette idée de novation judiciaire, qui est une idée toute romaine.* » (Voy., pour les détails sur la question, M. Demolombe, t. Ier, n° 380.)

Il nous reste à signaler sur la novation résultant du jugement, l'opinion de M. Rauter, indiquée par MM. Aubry et Rau. M. Rauter, dans son *Cours de procédure civile française*, ouvrage fort difficile à lire et à citer, car il y a presque constamment une foule de notes et de renvois, M. Rauter enseigne (§ 145) que « les effets du jugement sont (suit l'énumération de quatre effets) : 5° de produire entre les parties l'action *judicati* et l'exception *rei judicatæ*, en consommant, dit-il à la note *a* de la page 153, la novation cumulative opérée par le contrat judiciaire (§ 115). » — Maintenant (§ 115 cité) M. Rauter nous dit que « *la défense proprement dite*, directe ou indirecte (défense au fond), suivie d'un règlement judiciaire quelconque (ne serait-ce qu'une indication de jour pour plaider), *constitue la contestation en cause* (*litiscontestatio*) ou établissement du litige, et elle forme la base du contrat *judiciaire* (§ 59). — (Notez que le contrat, quant à son objet, reçoit son accomplissement par le jugement à intervenir.) Si l'objet de la demande est l'accomplissement d'une convention, la contestation en cause forme entre les parties une *novation cumulative* pour le cas où la demande est adjugée et fonde l'action appelée *actio judicati* ou l'*action-exécution du jugement*, dont il sera parlé plus tard... » Enfin il ne sera pas sans intérêt de citer ici ce que M. Rauter dit (Introduction, *in fine*) dans un paragraphe intitulé : *du Contrat judiciaire :* « L'action, dit-il (§ 59), l'action, comme remède de droit, emporte avec elle pour le défendeur l'obligation de répondre à la demande formée, et pour les deux parties l'obligation de procéder selon les règles et de se conformer au jugement à intervenir comme à une transaction ou à un quasi-contrat (voy. article 1370 du Code civil) appelé *contrat judiciaire*. C'est une sorte de fiction de droit, qui consiste à regarder l'instance comme une convention entre le demandeur et le défendeur, par laquelle ils s'obligent de procéder sur l'objet de la demande, sur la défense et sur les incidens naturels de l'instance, et de regarder le futur jugement comme leur règle. Il sera parlé plus amplement du contrat judiciaire dans la procédure même. Ce contrat est naturellement indivisible. L'objet de ce contrat, c'est la chose litigieuse même. La chose litigieuse est inaliénable relativement aux parties; même à l'égard des tiers, son aliénation n'est pas aussi libre que celle de la chose non litigieuse (arg. article 1700 du Code civil; article 692 Code de procédure). Si l'instance était anéantie pour une cause légale, tout le contrat judiciaire et ses conséquences seraient anéantis de même. Pour pouvoir former le contrat judiciaire, il faut avoir la capacité de disposer de la chose litigieuse, et de plus celle d'en disposer en justice (*ester en jugement*). » Telles sont les vues de M. Rauter sur la novation judiciaire et le contrat judiciaire. (Comp. Berriat Saint-Prix, *op. cit.*, appendice au titre IV: *du Contrat judiciaire*, t. Ier, p. 409.)

Pour terminer sur la novation judiciaire, en voici une dernière sorte, dont nous laissons la responsabilité à son auteur qui l'a produite sous l'article 182 du Code de procédure ainsi conçu : « *En garantie formelle, pour les matières réelles ou hypothécaires, le garant pourra toujours prendre le fait et cause du garanti, qui sera mis hors de cause, s'il le requiert avant le premier jugement...* » — « La mise hors de cause du garanti, enseigne M. Bonnier (*op. cit.*, n° 462), implique *une sorte de novation*, laquelle a cela de particulier qu'elle n'exige le consentement ni du demandeur originaire, obligé, s'il n'a point de motifs particuliers à faire valoir, à accepter le garant pour son adversaire, ni du garant lui-même, qui aurait mauvaise grâce à reculer devant un débat dont il doit à tout événement supporter la responsabilité. Il suffit, en effet, au garanti, pour être mis hors de cause, de le *requérir*; mais cette *novation* ne serait plus admissible si la procédure se trouvait déjà sérieusement engagée avec le garanti. De là la disposition de l'ordonnance de 1667 (titre VIII, article 9), qui voulait que la mise hors de cause fût requise *avant la contestation* (*en cause*). Le Code reproduit la même règle en lui donnant plus de précision... »

Nous avons exposé les principes qui régissent la novation tant en droit romain qu'en droit français ancien et moderne. Nous aurions pu multiplier le nombre des questions qui se rattachent à cette importante et difficile matière; mais nous avons dû nécessairement nous imposer des bornes. Nous arrêterons donc ici cette étude sur la novation, nous réservant de la remanier et de la compléter plus tard si l'amour du travail et de la science ne faiblit pas en nous. — Dans le cours de notre travail, nous nous sommes quelquefois écarté des solutions généralement admises : nous avons cru, dans l'intérêt même de la vérité, quelle qu'elle soit, signaler à nos risques et périls les doutes qui s'élevaient dans notre esprit. Mais nous n'avons jamais perdu de vue ces paroles incisives que le fougueux rival de Cujas, François Duaren, adressait aux novateurs de son temps qui croyaient s'illustrer par la singularité de leurs opinions : *Commentis veritatem obruunt, quo aliquid paulo argutius nec ab aliis ante excogitatum in medium adduxisse videantur!* Puissent ces paroles, que notre illustre compatriote, M. le procureur général Dupin, aimait à citer (voy. *J. du P.*, 1858, p. 14), nous avoir préservé de toute erreur. Le lecteur en jugera. Tout ce que nous pouvons affirmer, c'est que nous n'avons manqué dans nos recherches ni d'application ni de bonne foi. Et puis c'est le cas de dire avec le poëte :

. . . . Non gloria nobis
Causa, sed utilitas officiumque fuit.

(Ovide.)

POSITIONS

DROIT ROMAIN.

1° L'identité d'objet dans les deux obligations, dans l'ancienne et la nouvelle, est exigée pour que la novation soit possible.

2° Une stipulation régulière en la forme est nécessaire et suffisante pour faire la novation.

3° Le pacte de constitut ne peut pas servir à opérer une novation véritable.

4° L'un des *correi stipulandi* peut faire seul novation de la créance commune : les lois 31, § 1, *Dig.*, *De novat.*, et 27, pr., *Dig.*, *De pactis*, ne sont pas inconciliables.

5° La clause pénale n'entraîne pas en général novation de l'obligation primitive. (Arg. l. 71, ff. *Pro socio;* l. 28, ff. *De act. empti;* mais voy. l. 44, § 6, ff. *De obligat. et act.*)

6° Dans le cas de novation conditionnelle avec changement de débiteur, aucun des deux débiteurs, de l'ancien ou du nouveau, ne peut être mis en demeure, *pendente conditione*, et la loi 56, § 8, *Dig.*, *De verb. obligat.*, est étrangère à la théorie de la novation.

7° En cas de stipulation contractée, *novandi animo*, entre le délégataire et le délégué, s'il y avait deux dettes, il se fait une double novation.

8° Il n'est pas vrai de dire d'une manière absolue que le délégué ne peut opposer au délégataire les exceptions qu'il pouvait opposer au délégant.

9° En principe, lorsque la femme délègue son débiteur, *dotis causa*, à son mari, les risques de l'insolvabilité du débiteur sont pour la femme.

10° La *litiscontestatio* opère une transformation de l'obligation distincte de la novation; c'est par une assimilation peu exacte qu'on appelle cet effet produit par la *litiscontestatio* : novation *nécessaire*.

11° Il n'est pas permis, en présence de la const. VIII du *Code*, *De novat.* (8, 42), de substituer le mot *causa* au mot *cautio* dans ce petit texte de Paul (*Sent.* V, V. 8) : « Novationes fiunt quoties *cautio* renovatur. » (Arg. l. 6, *Code théodosien*, liv. II, tit. 4.)

12° Il y a antinomie entre les lois 41, *De condict. indeb.*, 59, *De obligat. et act.*, et les autres fragments relatifs à l'obligation naturelle du pupille.

DROIT FRANÇAIS.

DROIT CIVIL.

1° Peut-on nover la dette de jeu? — Non.

2° Une obligation naturelle peut-elle nover une dette civile? — Non.

3° Dans le cas d'une novation par une dette annulable, le créancier exercera son ancienne créance avec toutes ses garanties, sauf peut-être le cautionnement, si la nullité de la nouvelle obligation est prononcée.

4° Le mari peut, sous le régime de la communauté, faire seul novation des créances mobilières propres à la femme.

5° Lorsque le délégué était en faillite ouverte ou tombé en déconfiture au moment de la délégation, le délégataire a contre le délégant son ancienne action, et non pas seulement un simple recours en indemnité.

6° Pour que les priviléges et hypothèques de l'ancienne créance passent à celle qui lui est substituée, les réserves seules du créancier ne suffisent pas : il faut en outre le consentement du propriétaire des immeubles hypothéqués.

7° La dation en payement entraîne-t-elle novation? — Non;

autrement dit : le créancier, évincé de la chose donnée en payement, peut exercer son ancienne créance avec toutes ses garanties, sauf le cautionnement.

8° La disposition de l'article 2038 s'applique aussi bien à la caution solidaire qu'à la caution simple.

9° L'action en révocation de la donation pour cause d'ingratitude, si elle a été intentée contre le donataire, et que celui-ci meure *pendente lite,* peut être continuée contre ses héritiers, par application de la vieille maxime : « *Omnes actiones, quæ morte aut tempore pereunt, semel inclusæ judicio, salvæ permanent.* »

PROCÉDURE CIVILE.

1° La signification du jugement qui condamne le débiteur peut-elle être faite au domicile élu dont parle l'article 111 du Code Napoléon? — Oui.

2° L'exécution d'un jugement par défaut *faute de comparution* contre l'un des débiteurs solidaires suffit-elle pour empêcher vis-à-vis des autres débiteurs solidaires la *prescription* ou *péremption* établie par l'article 156 du Code de procédure? — Oui.

3° Le jugement de *validité* d'une saisie-arrêt a-t-il un effet novatoire? — Non.

DROIT CRIMINEL.

1° L'acquittement prononcé par une cour d'assises est-il un obstacle à une poursuite correctionnelle pour le même fait qualifié délit? — Oui.

2° L'article 11 de la loi du 2 juillet 1849, qui interdit le compte rendu des procès en diffamation et autorise seulement la reproduction du jugement, est-il applicable au compte rendu des procès civils formés pour faits diffamatoires? — Non.

DROIT COMMERCIAL.

1° Le compte courant a un effet novatoire.

2° Dans l'article 189 du Code de commerce, les mots : reconnaissance par *acte séparé,* doivent s'entendre d'un acte opérant novation.

DROIT ADMINISTRATIF.

Lorsque la charge imposée au légataire universel de nourrir un parent désigné paraît, d'après l'exécution que celui-ci lui a donnée pendant un certain temps, avoir eu pour objet une fourniture d'aliments en nature, l'acte par lequel le légataire convient pour l'avenir de servir au bénéficiaire une pension annuelle est avec raison considéré comme renfermant une novation, passible du droit de 2 pour 100.

DROIT DES GENS.

1° Les principes du droit des gens *naturel* réprouvent les représailles exercées contre les biens des particuliers.

2° La houille n'est pas contrebande de guerre.

ANCIEN DROIT ET HISTOIRE DU DROIT.

1° Sous l'ancien droit, si la conversion d'un capital en rente n'opérait pas novation d'après l'opinion générale, cela tenait à ce que l'on suivait la constitution VIII, au *Code* de Justinien.

2° Les *Établissements de saint Louis* sont l'œuvre privée d'un jurisconsulte, et non l'œuvre officielle d'un législateur.

Vu par le Président de la thèse :
C. BUFNOIR.

Vu :
Le doyen,
G. COLMET-D'AAGE.

Vu et permis d'imprimer :
Le Vice-Recteur de l'Académie de Paris.
Pour le Vice-Recteur :
L'Inspecteur d'Académie,
NIBARD.

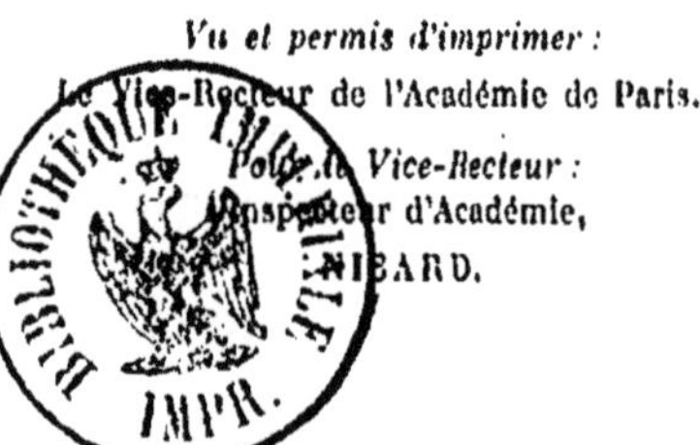

PARIS. — J. CLAYE, IMPRIMEUR, RUE SAINT-BENOIT, 7. — [797]

www.ingramcontent.com/pod-product-compliance
Ingram Content Group UK Ltd.
Pitfield, Milton Keynes, MK11 3LW, UK
UKHW020154250726
13967UKWH00003B/1044

9 782013 537858